田健治郎日記

2

明治四十四年～大正三年

芙蓉書房出版

『田　健治郎日記』編集委員会

※は本巻編集担当

広瀬　順皓（駿河台大学教授）
櫻井　良樹（麗澤大学教授）　※
内藤　一成（宮内庁書陵部）
季武　嘉也（創価大学教授）

＊

上田　和子（尚友倶楽部調査室）
堤　　伊雄（尚友倶楽部調査室）
太田　展子（尚友倶楽部嘱託）
内藤　好以（尚友倶楽部嘱託）
松平　晴子（尚友倶楽部嘱託）
渡辺　順子（尚友倶楽部嘱託）

田 健治郎（1885－1930）

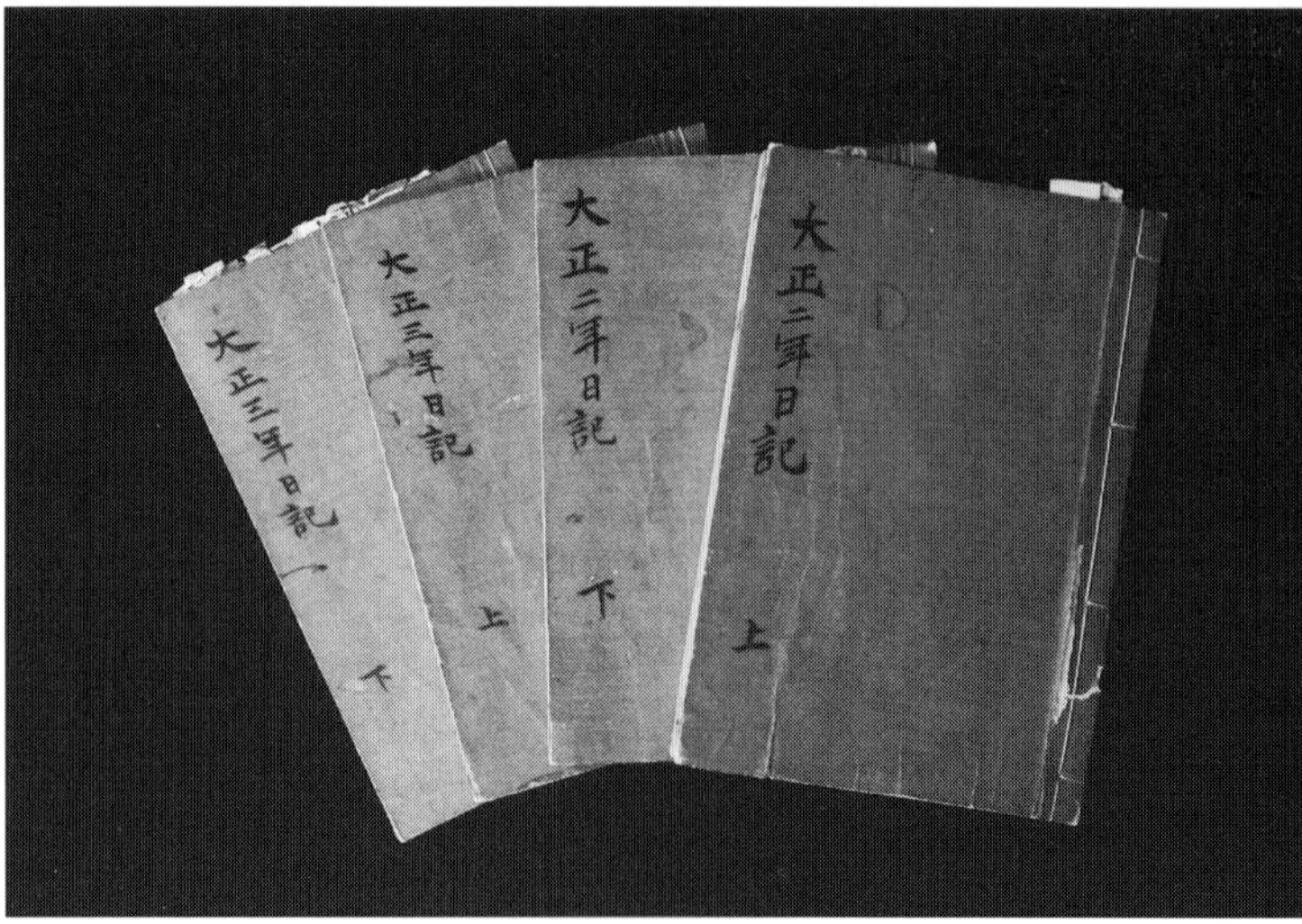

「田 健治郎日記」

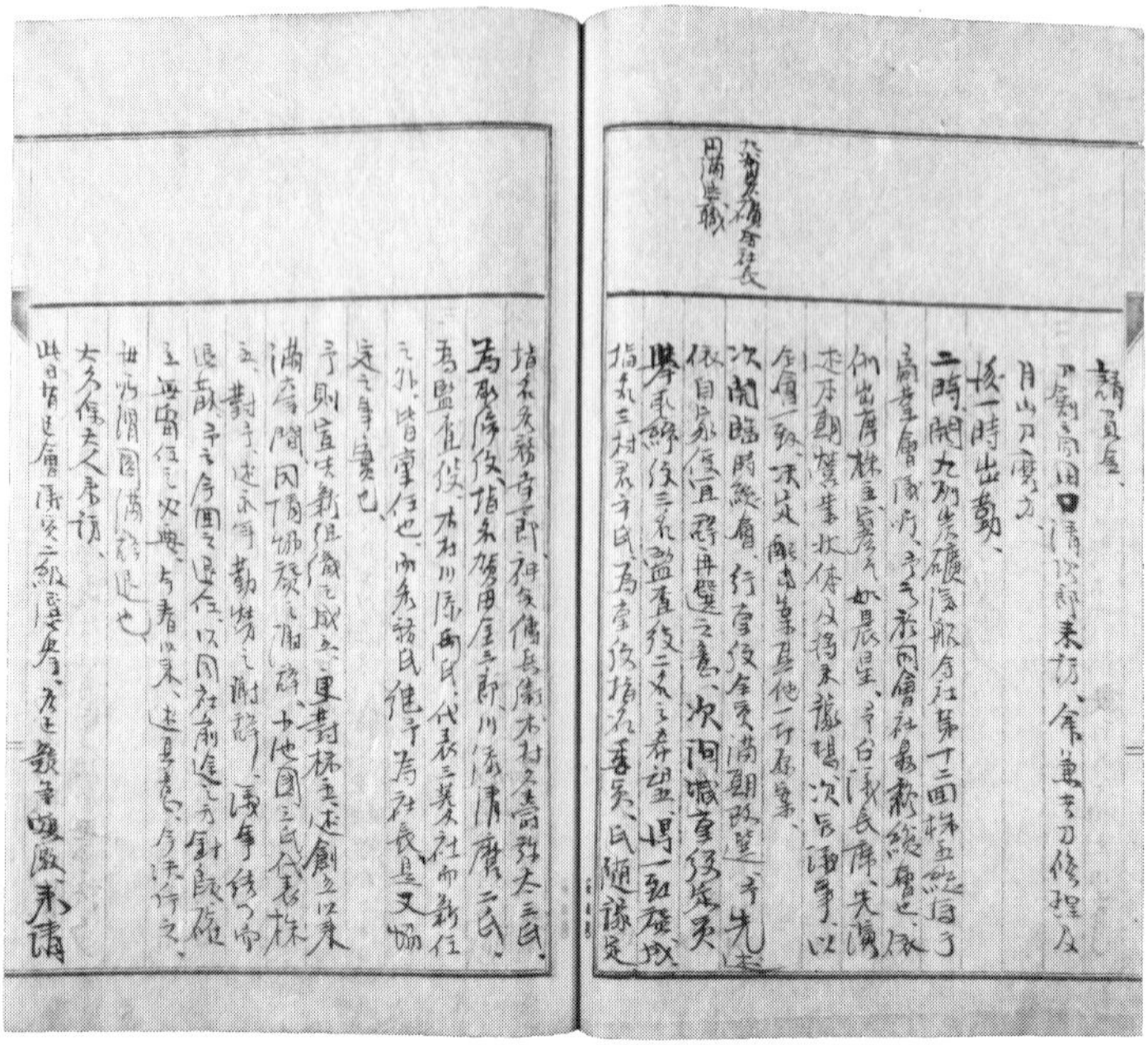

「田 健治郎日記」大正２年11月29日

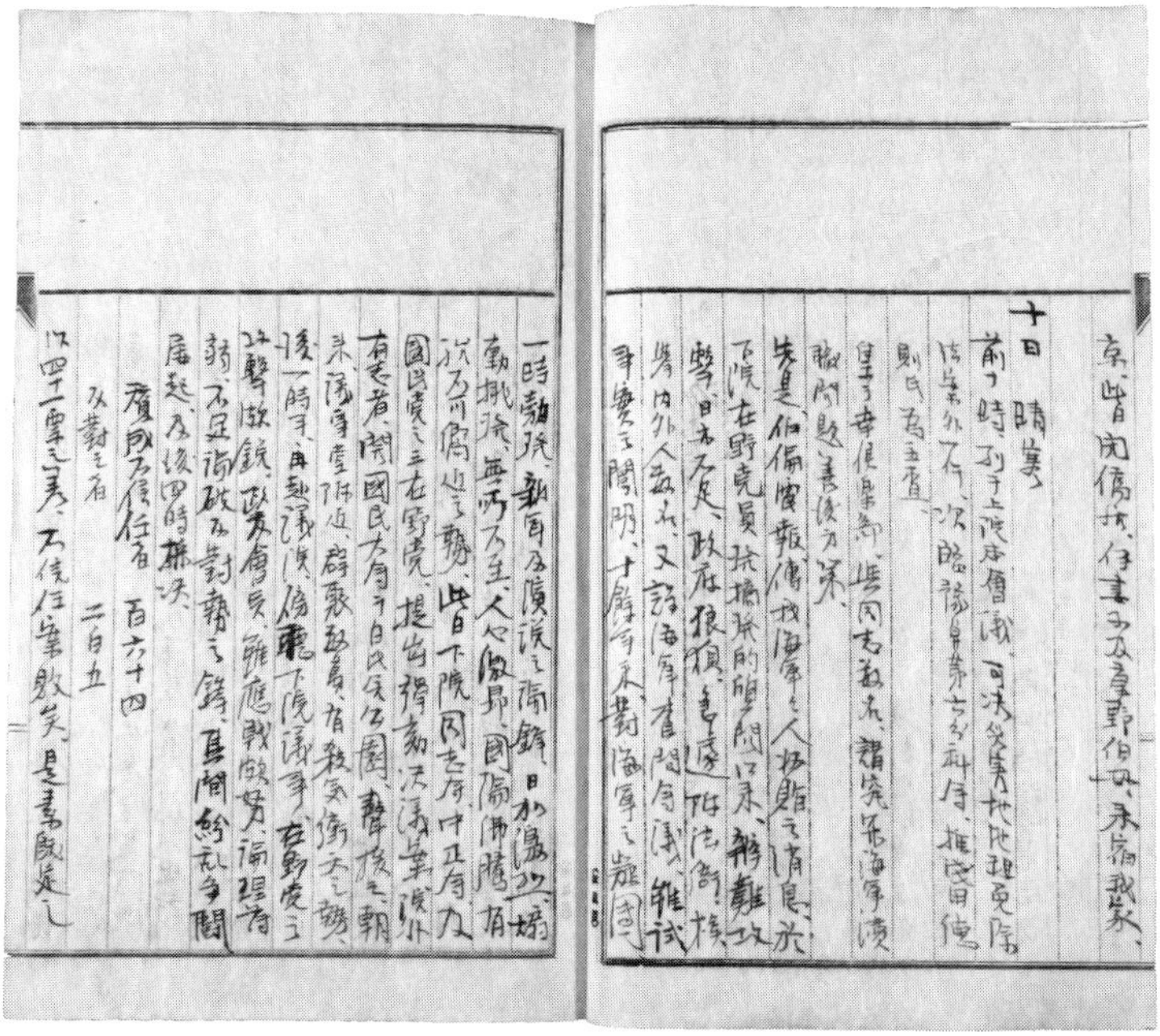

「田 健治郎日記」大正３年２月10日

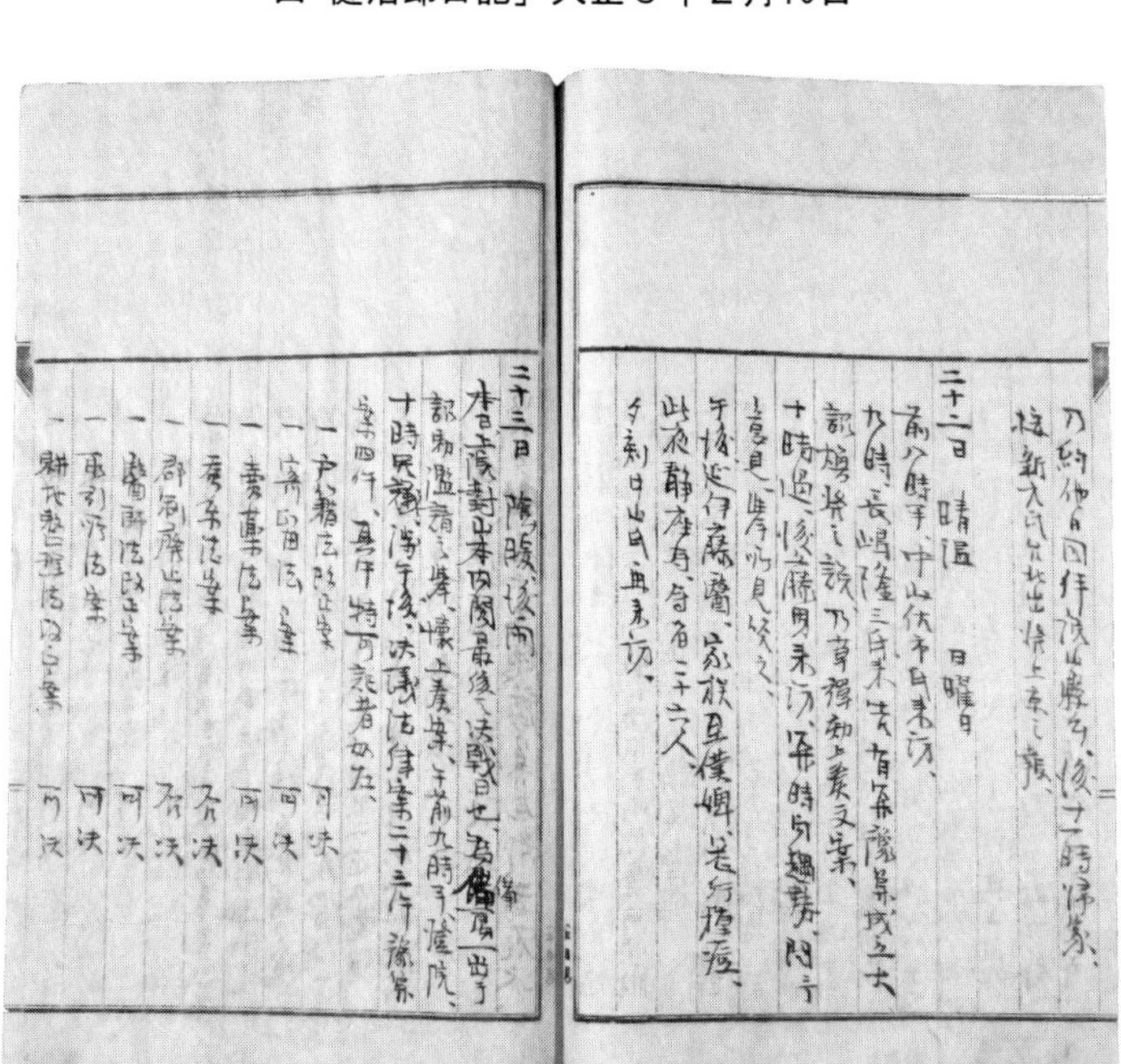

「田 健治郎日記」大正３年３月23日

田家の人々

護国塔

刊行にあたって

今回、尚友叢書は「田健治郎日記」を翻刻する運びとなった。尚友叢書14―2はその第二巻である。男爵 田健治郎（安政二年～昭和五年）は、貴族院議員、逓信大臣、台湾総督、農商務大臣兼司法大臣、枢密顧問官を歴任した官僚出身の政治家であるが、明治三十九年より昭和五年に至るまでの日記が、国立国会図書館憲政資料室に所蔵されている。

この日記には、田健治郎の貴族院における議員活動の詳細、台湾総督府の問題、逓信事業の変遷など、明治末から昭和初期に至る多くの情報を含んでおり、日本近代政治史研究の貴重な史料として多くの研究者に注目されている。しかし日記は漢文で書かれており、現代では難解であるので、今回は「読み下し体」として翻刻した次第である。

本書の翻刻刊行にあたり、田家の現在の当主、敏夫氏からは快諾を賜り、編集校正は櫻井良樹麗澤大学教授にお世話頂いた。両氏に感謝申し上げる。

本書も、日本近代政治史研究に貢献することを願ってやまない。

平成二十一年七月

社団法人 尚友倶楽部
理事長　戸澤奎三郎

田　健治郎日記　2〈明治四十四年～大正三年〉●目次

凡例

一、本書は国立国会図書館憲政資料室所蔵「田健治郎関係文書」の中から明治四十四年より大正三年にいたる日記を翻刻したものである。
二、日記の原文は漢文体で書かれているが、本書では通読の便を考えて読み下し体とした。
三、読み下しにあたっては、新たに句読点を付し、旧仮名遣いを用いた。
四、漢字は原則として新字体を用い、旧字体は最小限にとどめた。
五、明らかな誤字脱字は訂正した。ただし固有名詞で誤用しているものは原本のままとした。
六、異体字は正字に改めた。
七、本文中の〔 〕の記述は編者による註記である。

田　健治郎日記

2

〈明治四十四年～大正三年〉

明治四十四年

一月

一月一日　半晴　日曜日

早起きし旭日を拝し、一行と共に新年を祝ふ。

小林氏と囲碁。

我が家は松島惇の贈る所の鶴肉を送〔ママ〕り来り、大久保氏等と分けて之れを味ふ。

一月二日　晴和

午前、初めて西洋按摩術を腰部の痛む処に試む。

午後、散策、又囲碁。

一月三日　快晴

読書、又囲碁。徳久恒範氏薨去を聞き、電を発して之れを弔す。

一月四日　快晴

小林氏一行帰京。大久保侯と囲碁す。

一月五日　朝烈風　後大雨盆を覆すが如し

園田寛、前七時出発、帰京。

一月六日　晴

前七時大久保侯夫妻と告別、馬車を駆り湯河原を発す。七時五十分門川発軽便鉄道に搭りて九時四十分小田原に着く。田辺家を訪ひ、老人夫妻及び勉吉氏と閑話。後二時半別れを告げ、電車にて国府津に到る。三時四十二分急行車に搭りて夕五時四十五分帰京、直ちに帰家す。是に先だち家族は皆鎌倉重野家に出遊して一昨日帰来。独り誠は再び久能山に出遊すと云ふ。

一月七日　半晴

今朝、菅田政次郎、大木彝雄氏身元調査の事状を来報。

午後出勤し、社務を決裁す。

帰途、徳久家を訪ひ恒範氏の薨去を弔し且つ賻資を贈る。未亡人は、病気頓発の状を頗る詳しく述ぶ。同情の念に堪へず。篤く慰藉して去る。

川相保四郎氏を我が宅に招き、技師任用、年俸四千円支給、崎戸礦業所長を命ずるの辞令書を交付す。且つ前途経営方針を協議す。

岡部則光、園田寛及び山崎の三児来宅。

一月八日　朝小雪　後晴　日曜日
神田鐳蔵来訪。
後、誠を伴ひ玉川荘に遊歩し、田中氏を訪ひて帰る。
此の夕、昌、大阪より帰京し、寛を伴ひ来訪。
本山彦一氏夫人病死を聞き、同氏及び田村市郎氏に書を発して之れを弔す。
亦上院議員伊達宗敦男の訃音に接す。

一月九日　晴
午前十一時幸倶楽部に赴き、沖、有地、波多野、武井、吉川の諸男と共に男爵補欠議員候補人選の件を協議し、坪井九八郎男を挙ぐるに決定す。

次に農工貯蓄銀行に到り、債務部分返済期限改更の事を行ひ、且つ沖男債務延期の件を協定す。

午後一時出勤す。

時事記者羽藤幾次郎、鉄道広軌論序文を来請。諾して之れを返す。


鈴木禄寿来訪。

田中浅次郎、桝内金山売買契約の件を来談。

夕六時九州に向け発車。田昌、寛、太田夫妻送り来る。

一月十日　陰後小雨
前八時六分梅田駅着。小谷哲等来迎し、直ちに桃谷邸に入る。
萱堂、家兄と大木彜雄氏求婚の事を談ず。午餐を喫して別れ、正午発列車に搭り西向す。

一月十一日　半晴
前六時二十分馬関着。直ちに海峡を渡る。門司七時三十分発列車に搭りて発つ。博多を過ぐるに及び、宮田左近氏、松尾寛三氏の命を帯び同行を来請。佐賀駅に於て松尾氏、自身同行能はず宮田をして代行させしを来謝。午後二時佐世保に下車。佐野貞吉来迎し、則ち和田丸に入りて発つ。風波稍嶮しく舟少し動揺す。四時半蠣浦湾に入り、直ちに上陸して礦業地を一巡す。夕刻、肴屋に投ず。此の夜、橋本技師以下社員の来訪者十余人。

一月十二日　天候険悪　北風時に微雪　寒さ甚し
宮田氏、今朝隼人丸に搭りて帰去。
前十時出勤し事を看る。午後、橋本、酒井の二人を帯同して坑内に入り、各方面の開鑿、採炭実況を普く視る。四尺炭北零延は概ね地変を見ると雖も、五尺炭六個零延は皆良相を呈す。喞筒座及び水湧も亦竣功近し。出坑して入浴し、所員を集め訓示する所有り。
五時帰宿す。

一月十三日　陰寒　雪意有り
午後出勤、事業実況を視察す。

一月十四日　晴
前七時半和田丸に搭りて崎戸を発つ。九時半佐世保軍港に入り、直ちに停車場に入る。
十時五十分発列車に搭りて東向す。佐野貞吉来送。途博多駅を過ぎて石田収氏来訪。後六時馬関海峡を越へ、直ちに下関寝台車に投じて発つ。

一月十五日　晴　日曜日
後一時廿二分梅田着。小谷哲等来迎、直ちに桃谷邸に入る。此の夜、日置黙仙、藤江章夫二氏来り、護国塔落成式挙行等の事を協議す。

一月十六日　陰後晴
午後五時在阪新旧重役を灘万楼に招き晩餐を饗す。田辺、桑原二氏は事有る故辞して来らず、田、藤江、久世及び陪賓小林林之助四氏来会。款を尽して散ず。

一月十七日　晴
前七時半桃谷邸を辞し、八時半急行車に搭りて発つ。家兄、小谷哲及び僕来送。
後八時五十分新橋駅着。安、昌、寛等来迎し、直ちに帰家す。

一月十八日　半晴寒
午前関宗喜氏の病を赤十字病院に訪ふ。医戒にて面会を許さず。去りて同氏邸を訪ひ其の夫人を慰問す。昨臘北海道旅行帰途、病中風雪を犯し、帰京して熱を発して高度に昇り、医は腸窒扶斯の為めと診て、一月一日を以て入院し爾後は稍軽快云々と云ふ。

後一時半出勤し事を理す。

帰途、桂二郎氏を訪ひ、九炭会社前途方針及び起債等の件を内議す。

此の日、安は前約に依り小川直子邸に赴き、将に大木氏、修子結婚順序を協定せんとす。適ま近藤氏故有りて来会せず、後に会するを約して帰る。昏暮電話にて近藤久敬氏来るを報じ、則ち安を伴ひて小川邸に到る。二氏と共に結納及び挙式の順序を協定し、且つ近藤氏に媒酌人と為るを嘱す。八時帰宅し、昌を召して之れを告ぐ。

一月十九日　陰寒小雨

後二時島安次郎氏の喪を青松寺に送る。氏は鉄道技師を以て安奉線建築に従事し、過失に依りて轢死す。惜むべき哉。

幸倶楽部に赴き、原、沖二氏と協同会候補選定の事を談じ、且つ荒川、折田二氏の茶話会、内田、伊瀬地二氏の無所属入会の件を聴く。

五時船越男の招きに依り其の晩餐会に赴く。来賓は大浦、後藤、目賀田、一木、下條、予の六人也。其の郷味鱝飯等の饗有り、款談十時に及びて散ず。

後十時家兄、修子を伴ひ来着。昌も亦随ひ来る。

一月二十日　夜来積雪三寸　霏々終日歇まず

朝、日置黙仙師来訪。

十時重役会を社楼上に開く。桂、田辺、浅田三氏の外皆集ひ、予は事業実況を報告し、且つ採炭機買入の件を議す。

散会後、神谷氏と護国塔大庭処分善後策を内議し、其の費消金代弁の事を懇嘱して、其の承諾を獲る。更に之れを日置和尚に報ず。

五時近藤久敬氏、大木彝雄氏を誘ひて来訪。予は家兄と出接し、幾時閑話す。

昌、寛の二人、亦来会。則ち晩餐を饗し、九時辞して散ず。

一月二十一日　晴又陰

前十時上院本会議に臨む。桂首相施政方針を演説。予算正副委員長選挙を行ひ、曾我子正と為り三嶋子副と為る。院内に協同会評議員会を開き、太秦供康男を挙げて男爵補欠議員候補者と為す。

散会後幸倶楽部に集ひ、秋月新太郎氏を挙げて第八部予算委員候補者と為し、之れを各派幹部に交渉す。

正午出勤す。

後三時近藤久敬氏に代り日根野直、大木氏結納品を齎して来宅。家兄及び安、出接し受授の式を了る。酒飯を饗して辞し帰る。夕、重野紹一郎氏来訪。

一月二十二日　好晴　日曜日
朝、田中新七、南海鉄道電気兼業認可斡旋の事を来請。

竹内綱、池田十三郎、太田輝次の諸氏及び昌、相次で来訪。

奥田夫人、此の日美枝分娩看護の為め、札幌に向けて発つ。家兄及び安之れを上野駅に送る。

家兄は夕六時列車に搭りて帰途に就く。

此の夕、鈴木徳松、菅田政次郎来候。

一月二十三日　半晴　後陰寒
午前幸倶楽部に赴き、船越男、古沢、原氏等と会食。
午後出勤。日置黙仙、田中霊鑑、岡田四郎（米井店員）来社。
奥田象三氏来謝。此の夕、奥田夫人函館安着の報有り。
田中武雄氏、夜来訪。

一月二十四日　陰寒後晴
後一時農工貯蓄銀行に赴き債務幾部償還を行ふ。

二時出勤す。今暁、小盗社内に潜入し、郵券拾余円及び雑品数個窃取の報を聞く。又勉吉氏に托して大久保公伝を田辺翁に貸与す。

三時谷中に到りて重野成斎翁の墓を展る。

途、雨宮敬次郎氏の喪を其の九段邸に弔す。

四時重野翁五十日祭に臨む。親族皆集ひ、祠官祭典を行ふ。後、夕食の饗有り、十一時安及び重野老母を伴ひ帰る。

新元氏、台湾蜜柑数箱を贈り来る。

一月二十五日　晴
午前大隅菊次郎をして雨宮氏の喪を築地本願寺に送らしむ。
後二時幸倶楽部に赴く。是に先だち協同会員は穂積八束博士に憲法大義講演を嘱し、此の日初講を開く。聴衆集ふ者約三十人。演述一時間にて了る。
次で出勤す。
新元氏、台湾柑数函贈り、此の日到達す。書を発して之れを謝す。

一月二十六日　好晴
朝、山内喜兵衛来訪。
後二時出勤す。神谷伝兵衛氏と護国塔会計善後処分の件を会談す。
書を川相技師に発して炭礦経営の件を指示す。
此の夕、菅田政次郎来訪。

一月二十七日　晴和後陰
後二時商法改正法案研究会を幸倶楽部に開き、斎藤政府委員の説明を聴く。
又茶話会幹部員と幹事補欠（徳久恒範氏補欠）の件を協議し、原口兼済男を挙ぐるに決す。
此の時桂首相、平山成信氏をして、昨夜西園寺侯及び松田、原の二氏と交渉の結果、下院は予算其の他重要政府案を協賛し、政府は鉄道広軌案の実行を延ばして調査会を設けて審議を行ひ、次年に於て之れを決行の議成立の旨を伝へしむ。予の予想殆ど適中す。

一月二十八日　終日陰雨
朝、日置黙仙師、田中霊鑑氏を伴ひ来訪、護国塔資金下賜願を宮内省進達の嘱有り。
後二時出勤。同師も来社。
山崎秀子来訪。

一月二十九日　晴和　日曜日
前十時重野老母、雅児を伴ひ玉川園に赴く。午後、輝、勲の二児来会。
田中氏、四十三年会計決算を来報。

一月三十日　陰後晴
孝明天皇祭。
午前、安及び正、相次で来園。
夕刻、相伴ひ東京に帰る。

一月三十一日　陰雨終日歇まず
朝、岩倉道倶男、総選挙推薦の事を来請。
大久保夫人、鈴木徳松来訪。
午後出勤す。浅田正文氏、病癒へ来社。則ち崎戸実況及び重役会経過を以て告ぐ。
此の日、大陰暦元旦。

二　月

二月一日　陰　時に小雨
前十時登院す。大浦農相、予を招き朝鮮総督府三〔四〕十三年度追加予算通過の件を嘱す。

次で本会議に臨む。小村外相、外交状体を演述す。

予算第五分科主査互選会を開き、三島子を挙げてこれに充つ。

幹部員と幸倶楽部に集ひ、茶話会四大臣中二大臣無所属転属の件を内議し、同意を与ふるに決し、且つ議会開会後実行の条件を附す。

午後、宮内省に赴き、近藤秘書官に面して護国塔資金下賜の請願書を提出す。

次で出勤す。

此の夕、重野紹一郎氏、同家財産分配の方法を来談。

二月二日　陰又晴　温
後一時予算委員会に臨み、三〔四〕十三度〔年〕度朝鮮総督府追加予算を審議す。議員中緊急勅令未だ事後承諾を経ざるの故を以て決議を延ばすを欲する者有り。予は該予算は韓国併合条約に原づくものにして憲法第六十七条政府の義務に属すと為す者と弁じ即決を主張し、遂に原案を可決す。転じて出勤し、日置、林の二氏と神谷氏家庭調和の斡旋を協議す。

後四時小松原文相の招きに依り其の官邸晩餐会に赴く。大浦、平田、後藤三大臣及び茶話会、無所属幹部員十五人集ふ。食前政府、政友会提携成立の真情を聴く。又食後、無政府党大獄及び善後の意見を聴く。十時散じて帰る。

此の夕、安は太田輝次氏夫妻を招き美音会奏曲を聴く。

神戸源右ヱ門、病癒へ来謝。

二月三日　半晴夕寒

前十時本会議に臨み朝鮮総督府追加予算を可決す。

小松原文相邸を訪ひ、昨夕の饗を謝す。

中谷電気局長を逓信省に訪ひ、南海鉄道電気事業兼業許可の件を懇談し、略ぼ其の同意を得る。

幸倶楽部に到り沖男と会談す。田中康、川辺銅山隣区承認願の調印を来請。諾して之れを返す。

後二時出勤す。林氏を訪ひ、崎戸の実況を談ず。

五時小野、守谷、可児、山内四旧重役及び桂、田辺二氏を香雪軒に招き晩餐を饗す。妓六名来侍。款を尽して散ず。

二月四日　晴　節入立春

朝、日置黙仙師、護国塔内祭壇排列の件を来談。

伯爵嶋津忠磨氏、吉松、宮崎間鉄道線路変更不可の意見を来談、既定線路の支持を請ふ。

松尾寛三氏、瓦斯電灯会社の賛成を来請。之れを諾す。

中谷局長電話、昨春電気事業取締法案両院協議会の経過を問ふ。当時の書類に依り之れに答ふ。

重野伯母来訪。

二月五日　晴和　日曜日

前九時重野伯母、輝、勲の二児を伴ひ玉川荘に赴く。

夕刻帰宅す。重野伯母は市谷自宅に赴く。

太田玉子来訪し、将に八日を以て朝鮮に帰任せんとすと云ふ。

此の夕、昌来訪。

二月六日　晴寒

朝、田中新七を招き南海鉄道電気兼営願主務局交渉の顚末を告ぐ。

市来正吉、益軒全書出版会賛〔ママ〕加を来請。之れを諾す。

正午、船越、沖二男、古沢、古市、原諸氏と幸倶楽部に於て会食す。

一時鉄道院に赴き、理事松木幹一郎氏と崎戸石炭購売契約締結の件を交渉す。

二時半出勤す。川合得三（製鉄所製錬〔ママ〕課長）及び川相保四郎氏に書を発して、崎戸石炭の検定試験を求む。

二月七日　快晴

田中浅太郎、桝内外二礦山税金支弁を来請。諾して之れを給す。

後一時太田夫婦を松尾氏に訪ふ。輝次氏不在、玉子及び松尾氏夫妻に面して去る。

幸倶楽部に赴き幹部会を開く。商法特別委員武井、目賀田二氏の報告を聴き、修正意見の大体を是認す。

後六時桂首相官邸の招宴に赴く。来賓は研究会、茶話会、無所属幹部員二十人。平田、岡部、小松原、斎藤四閣臣之れに陪す。晩餐後、桂侯、政友会と情意投合の顚末を演述。

後、小松原文相、大逆事件影響の状況を報告。後十時辞して散ず。

昨夜、重野伯母来宿。此の日、安之れを誘ひて新富劇を観る。

二月八日　晴和

朝、桂侯官邸を訪ひ、昨夕招宴を謝す。

十時上院本会議に臨み、仲小路逓信次官に面し、南海鉄道電気事業兼営認可の件を嘱す。

農工貯蓄銀行に赴き、債務部分償還を行ふ。

正午出勤す。

後二時幸倶楽部に赴き、穂積博士の憲法講義第二回を聴く。

夕、安と重野伯母、大久保侯夫妻を京橋鈴木町小満津鰻店に招き、夕食を饗す。九時相伴ひ帰る。

二月九日　晴烈風

重野伯母、鎌倉に帰る。

島津隼彦男、総選挙候補推薦の事を来請。
松尾妻君来訪。

二月十日　晴寒

後二時出勤す。橋本技師帰任、崎戸の実況を報ず。
五時鉄道協会評議員会に臨み、寺内子爵を会長、桂侯、
後藤男、山県氏を名誉会員推薦の件を決議す。食後、末
延氏と碁戦し二局皆勝つ。十時帰宅す。
菅田政次郎来訪。

二月十一日　好時　紀元節

此の日、事ある故を以て参内せず、併せて餔宴を辞す。
午後、勤、雅、勲三児及び中嶋僮を携へ玉川園に赴く。

二月十二日　快晴　日曜日

夕刻、三児一僮を伴ひて家に帰る。
後九時岡田虎二郎氏を聘し、初めて静座法の教授を受く。
同受業者は我が家に在りては安、誠、輝、修、勤。来受
者は山崎夫妻、田中武雄氏夫婦及び昌、寛等十二人。約
して来らぬ者は大久保侯夫婦、浅野博士夫妻等也。近時
此の法は紳士貴女の間に大に行はれ、心胆を錬り健康を
進むるの効頗る顕著也と云ふ。

二月十三日　晴後陰

前十時上院本会議に臨む。
次で予算委員総会を開き、満州黒死疫予防費及び英皇即
位軍艦派遣費を議す。
幸倶楽部に集ふ。
後一時出勤す。護国塔委員会を開き、日置、神谷、鈴木
三氏及び伊東博士来会。塔内須弥壇設計及び四月二日除
幕式執行等の件を議決す。夕刻退散す。
此の日、大隅菊次郎をして勝野正節の喪を青山玉窓寺に
送らしむ。
常吉徳寿氏上京、来訪。

二月十四日　曇夜雨

芝電話分局長塚山信三、電話通話中切断の状況を来問。
予、微かに感冒の兆し有り。

二月十五日　半晴温暖

前十時重役例会を開く。桂、浅田、神谷、竹内氏来会。

伊東博士、日置和尚、阿部市三郎氏来訪。

二時幸倶楽部に赴き、幹部員と小学教科書中、南北朝正閏論掲載不穏の件を内議す。

此の日、田辺勉吉氏をして今井彦四郎氏（帝商銀行支配人）の喪を新橋駅に代送せしむ。

二月十六日　晴

正午、安は常吉氏の帰任を上野駅に送る。

後一時出勤す。藤金作、副島延一二氏、崎戸炭業の実況を来問。近況を詳述す。二人は悦服して去る。

橋本技師を召し、其の進退方向を内話す。

二月十七日　晴

前十時上院本会議に臨む。桂首相、四十四年総予算の綱領を演述す。委員審査期限を定め二十日間と為す。次で商法改正案を議し、特別委員修正案を可決し、外数件を議決して散ず。

正午、幸倶楽部に集ひ、後四時退散す。

山崎秀子、昌来訪。


此の日崎戸礦業所電報に曰く、十五日第二坑は十五尺層に着し、炭質良好也と。喜ぶべし、祝ふべし。

二月十八日　陰　雪意有り

前九時岡部氏、瓦斯電灯会社組織進行の状況を来告。

十時出勤し、正午退出す。鈴木来訪。

九州炭礦株式価格、久しく拾弐円内外を上下す。本日俄然上騰し拾五円七拾銭の声有り。蓋し昨電着炭の報の致す所、敢へて怪しむに足らずと雖も亦喜ぶべき也。

二月十九日　暁小雪　後晴寒　日曜日

午後、斎藤二郎（代議士）、水野健治（白石町長）、紺野常二（郡会議長）を伴ひ、大河原区裁判所を白石町に移す法案の賛助を来請。

岩崎彦松氏（西部鉄道管理局長）の逝去を聞き、書を発して之れを弔す。

近藤久敬、那波吉雄二氏、相次で来訪。

此の日、岡田氏、静座法を来授。前受業者の外、新来受者は小牧昌業、松本、二宮三氏及び芳子、大久保夫人等也。

二月二十日　晴寒

前十時上院本会議に臨み、法案数件を議決す。次で予算委員総会に臨み、大体質問を行ふ。後一時幹部員と幸倶楽部に会し、議院建築の緩急、規模大小の得失等を講究す。三時出勤す。井上清（大和記者）来訪。

二月二十一日　好晴

前十時予算総会議に臨む。後一時出勤す。

二月二十二日　快晴

前十時予算委員総会に臨む。教育勅語貫徹、教科書中、南北朝并立及び学制改革の件に関し質問、難詰盛起し、小松原文相頗る答弁に窮す。蓋し南北朝正閏論は事国体に関するを以て頃日世論嗷々極めて沸騰し、是は其の余波也。事体軽からず、恐らく内閣一部の動揺を来す。午後三時終了。

幸倶楽部に集ひ、幹部員と教育方針刷新献議の件を協議す。

四時鈴木充美氏邸に到り、岡田氏静座法の実験を見る。

二月二十三日　晴

前十時予算第五分科会に臨み、先づ農商、逓信両省追加予算を可決し、次で農商務省総予算質問を行ふ。

後一時下院弾劾決議案議事を傍聴す。未だ本議に入らず、政府請求に依りて傍聴を禁ず。乃ち去る。

二時出勤す。浅田氏来社。

田中浅太郎、重野安居翁来訪。

二月二十四日　雨

前十時予算総会に於て農逓両省追加予算を可決す。次で第五分科会を開き質問を行ふ。後、秘密会と為し、中村男の製鉄所拡張案の内容を聴く。

後二時幸倶楽部総会に臨み、荒井度支部長の朝鮮経営実況談を聴く。

次で国民教育徳育振興献議案の件を内議す。

二月二十五日　陰夜雨

前十時上院本会議に臨み予算法案数件を議決す。散会後、柳原伯、鳥居子、千坂、石黒、市川諸氏と電気事業取締法の件を協議し、予、千坂、石黒二氏と桂首相の意見を聞く事に決す。

後一時出勤す。小池国三、副島延一二氏と九州炭礦株若尾逸平氏買収斡旋の件を内議す。

三時幸倶楽部に赴き、政府委員治水事業予算の説明を聴く。夕刻散ず。

鈴木徳松来訪。

杉渓言長男、清交会前途の方針を来議。

二月二十六日　陰小雨一過　日曜日

朝、仲小路逓信次官、電気事業法案両院通過順序斡旋方并に対桂首相交渉の件を来請。

此の夜、例に依り岡田氏静座法を受く。新来者、北垣男、田辺翁、原保太郎、鈴木充美、山崎及び重野老母等也。

津田謙介氏の訃音に接し、書を発して之れを弔賻す。

二月二十七日　陰後晴　温暖

前十時第五分科に於て農商務省予算質問を終結す。

午後、千坂、石黒二氏と昨年両院協議会委員を代表して桂首相に面会し、電気事業法案提出如何を問ふ。首相は提出に決すを以て今正に上奏中に係るの旨を答ふ。

二時出勤す。川相技師着京、崎戸起業設計及び予算を提出す。副島延一氏来社。

日置黙仙師、護国塔除幕式方法順序を来議。

三時華族会館総会に臨む。徳川公を再選して館長と為し、評議員改選を行ひ了る。立食及び講談、活動写真の余興有り、八時退散す。

菅田政次郎、新発明電球の光力、普通電球に数倍するを来示。

二月二十八日　陰後小雨

朝、家兄来京。

前十一時召しに依り参内し、護国塔下賜金参百円を拝受す。東車寄に昇り謝恩を言上す。

返りて上院に昇り、第五分科会に臨む。

後藤逓相と電気事業法の件外一件を談ず。

大浦農相より、上院議員の国民道徳に関する献議案提出時機の内談を受く。

守谷此助氏と九炭株式の事を談ず。

正午後、幸倶楽部に赴き、沖男と献議提出延期の件を談ず。

二時出勤し、神谷、村上の二氏を招き、九炭株割譲の件を談じ、且つ川相技師の報告を聴く。

次で護国塔委員会を開く。神谷、河瀬、日置三氏来会。賜金の恩命を伝へ、除幕式次第方法を議決す。

金地政一（日本火災保険社員）、菅田政次郎、重野蓉子来訪。

此の夜、川相技師を招き、崎戸起業設計及び予算の説明を聴く。

三　月

三月一日　半晴　夜大雨
前十時本会議に臨む。次で第五分科会に臨み、逓信省予算質問を終了す。

後藤男と崎戸炭供給契約締結の件を談ず。

大浦農相に面し、教育献議提出延期の事を内報す。

幸倶楽部に赴き、予算及び法案取捨の件を協議す。

二時出勤す。日置師来社。

四時帝国劇場開場式に臨む。輪奐壮麗、金碧燦爛、居然欧式大劇場成る。主客祝辞の後、新旧劇数齣を行ひ、亦女優の欧風踏舞有り。十一時退散す。

家兄、今朝出発、帰阪。

片岡清四郎（元沖縄丸船長）溺死の悲報を聞き、之れを弔賻す。

三月二日　快晴烈風
午前、事有る故鉄道会計法改正案委員会（予昨日選ばる）に臨む能はず、午後登院す。既に散会後に係る。

幸倶楽部を経て華族会館に赴き、本月廿五日護国塔祭神聖徳太子尊像奉送迎式、会館借用の件を交渉、其の承諾を得る。

二時出勤し、臨時重役会を開く。桂、田辺、竹内三氏の外皆集ひ、川相所長提出の改正設計及び起業予算を協議す。予及び川相技師交も之れを説明し、原案を可決す。

副島延一、川瀬秀治、日置黙仙諸氏来社。

六時精養軒に於て同気倶楽部員と会し、和田日英博覧会事務官長帰朝歓迎会を開く。卓上、同氏の批難風説に対する弁明演説を聴く。事は新聞社員と意見の衝突に原づく。頗る諒すべき者有り。食後、佐々田氏と碁戦し一局を贏得す。十一時帰邸す。

三月三日　晴

朝、浅田進五郎、軽部守信二氏、信託会社創立の件を来説。予は考ふる所有りて之れを謝絶す。

後一時出勤す。小池国三、副島延一二氏、九炭株割譲履行の件を来談。

二時幸倶楽部に集ひ、岡、下岡二局長の工場法案及び蚕種改良法案の説明を聴く。

平井鉄道院副総裁、軽便鉄道補助法案日程変更議事に上ぐる件を来談。

四時幹部員拾余名と大浦農相の招きに応じ、其の官邸に集ふ。平田、後藤、小松原三相亦来会。小松原文相の教科書中南北朝正閏論善後処分の顛末を聴く。晩餐後、時事談論を交はして散ず。

此の日、正巳嘉辰に当り、大久保夫人、山崎家眷等来遊。鈴木徳松、永井嬢写真を齎し来る。

三月四日　晴

前十時上院本会議に臨む。予、日程変更、軽便鉄道補助法追加の件を発議し、鉄道会計法案特別委員に付託さる。次で下院提出鉄道敷設法改正案四件を否決す。我が同志の主張に依る。午後一時第五分科会を開き、農逓二省四十四年総予算全部を可決す。

二時出勤し、九炭株割譲の授受を履行す。

三時農工貯蓄銀行に赴き、債務完済を行ふ。

転じて幸倶楽部に赴き、協同会集会の件を協定す。

五時蜂須賀侯、清浦子、小野、竹内、長松、中川諸氏と精養軒に会し、同気倶楽部修築及び資金増募等の件を協議す。

三月五日　晴暄　日曜日

午前、雅、勲二児及び中嶋僮を携へ玉川荘に赴く。

佐々木勇太郎（南海鉄道社員）来訪、同社電気兼業出願の件進行如何を問ふ。中谷、仲小路二氏交渉顚末を告げ之れを返す。

夕刻、皆帰家す。不在中、神田鐳蔵来訪。

此の夜、岡田氏、例に依り来教。老輩皆来らず、常連の外、新来者は中村静嘉氏、田梅代の二人のみ。

三月六日　晴後陰　夜大雨

前十時本会議に臨む。次で特別委員会を開き、鉄道会計法及び軽便鉄道補助法案を審査し、共に原案を可決す。

午後、幸倶楽部に集ひ、一木内務次官市町村制改正案説明を聴く。又幹部員相集ひ国民徳義献議案の件を内議し、之れを修正内決す。

池田謙蔵氏来部、教科書事件善後処分を説く。

後五時半前田正名氏の招きに依り三縁亭に赴き、其の欧州視察経済意見を聴く。後、晩餐の饗を受けて散ず。

三月七日　陰後晴

前十時予算総会に臨み、四十四年度総予算及び特別会計予算全部を可決す。

飯田精一氏（代議士）来院、予及び吉川男に対し、岩国区裁判所管轄区域変更法案の不当を説く。

三時出勤す。村木謙吉、平山泰来訪。其の請ひに依り、平山の任官を平井鉄道院副総裁に紹介す。

伊藤徳太郎（文明協会員）、副島延一来訪。

五時岩倉鉄道学校評議員会に臨み、四十四年度収支予算案を可決し、九時帰邸す。

此の日、議院に於て斎藤海相に対し佐世保工場崎戸炭の試験を求め、川相技師に、以て松本艦政本部長を訪ひ、其の順序協定の事を命ず。

昨、近藤久敬氏、四月九日（日曜日吉辰）を以て大木氏、修子と結婚式挙行の事を来報。本日、大阪田家に転報す。

三月八日　半晴

後一時十五銀行に到り、新元氏送金為替券を作らしむ。

次で出勤す。神谷、浅田二氏来社。川相、田辺二氏の鉄道院石炭供給交渉顚末を共に聴き、且つ本社移転（新肴町）の件を内定す。

次で幸倶楽部に赴く。穂積博士憲法講義既に了る。則ち協同会幹事会を開き、十一日及び十四日補欠選挙の順序を協議す。

朝、松尾、太田細君来訪。

増田知氏病死の訃音に接し、書を発して之れを弔賻す。又河田烋氏病死の訃音に接す。

此の夕、寛、池上慶造、菅田政次郎来訪。

三月九日　晴暖

前十時上院本会議に列す。朝鮮併合緊急勅令十一件及び朝鮮総督制令委任法案特別委員に選ばる。

本会後予算総会を開き、四十三年度追加予算二件を即決す。後、幸倶楽部員懇親会兼伊藤長次郎氏帰朝歓迎会に臨み、先づ伊藤氏視察談を聴き、次で貞山講談有り、部六十人と晩餐を共にし、八時退散す。

松元剛吉氏来部、平野礦泉善後の事を談ず。

三月十日　陰後雨

前九時日本火災保険会社員金地政一来り、本邸火災保険追加契約を締結す。

十時朝鮮制令委任法案及び朝鮮併合緊急勅令事後承諾案十一件特別委員会に列す。桂首相、寺内総督及び安広氏と質問弁論数回を重ね、全案原案を可決す。

午後、大浦男と清交倶楽部処置の方針を密議す。

三時出勤す。河瀬秀治、鈴木充美二氏来り、護国塔本尊聖徳皇太子奉送迎の順序を協議す。

松元剛吉、東鉄会社常務就任内定の件を来談。

高瀬量、其の姪某をして鬼怒川社に紹介を来請せしむ。

松元氏に嘱し其の労を執らしむ。

五時、原田帋太郎、村上太三郎二氏の招きに依り、新福井楼に赴き晩餐の饗を受く。典山の講談を聴き、後九時辞別す。

昌、寛兄弟来訪。

家僮をして河田烋氏の喪を谷中墓地に送らしむ。

三月十一日　降雪終日霏々

前十時上院本会議に列す。

正午幸倶楽部に集ひ、市町村制改正案の可決を協議す。

此の日、男爵議員補欠選挙を行ふ。我が候補者坪井男、二百八十余票の全票を以て当選す。

四時若宮正音氏来り、火災再保険会社創立発起人加入の件を懇請す。旧誼辞すべからず、乃ち之れを諾す。

岡部則光氏来話。

三月十二日　快晴　日曜日

朝、坪井男来謝。

青木大三郎氏、自動車製造起業の件を来談。

夜九時、岡田氏静座法を行ふ。来学者、常連十五人のみ。

三月十三日　陰小雨　暖

前十時本会議に列し、四十四年度総予算及び朝鮮立法委任法、緊急勅令承諾案十一件を議し、原案を皆可決す。是皆本期重大案件也。

徳川議長の召しに依り各派交渉委員と議長室に集ひ、下院と合同にて、英皇帝即位式に関し、我が皇室特派大使依仁親王殿下及び陪従東郷、乃木両大将等送別宴催開の協議を受く。一同賛同の意を表して散ず。

大浦男と清交会議員の解会、茶話会、無所属両会に加入の件を内議す。

議員、幸倶楽部に集ひ、先づ幹部員と悉く協議し、後各員に対し左数件を付議して悉く同意を得る。

　依仁親王殿下以下送別宴の件。

　本日院議に附したる普通選挙法案は、将来我が憲政の基礎を危ふくする虞れ有るを以て、内閣大臣に対し、予防の方策三件を勧告し、予及び沖男其の交渉の任に当るを決す。

　工場法案、市町村制改正案、勧業、農工、拓殖銀行法案、蚕糸改良法案等可決の件。

右了りて九炭本社に赴く。適ま川相技師、疾を獲て来らず、乃ち田辺氏と鉄道院に到り、松木理事等と石炭供給契約及び炭価協定の件を交渉す。

此の夕、安、山崎一家と有楽座呂昇名人会に赴く。

鈴木徳松来訪。

大阪家兄及び篤に対し金券を郵送す。

三月十四日　陰雨終日

午前十時桂首相の招きに依り、上院大臣室に於て会見す。首相曰く、数年来、毎期普通選挙法案下院に提出有り、故に予、毎に政友会首領に説き、其の反国体の理由を以て之れを否決せしむ、然るに今回下院之れを可決す、是予の疎虞の致す所にて、其の責は予に在り、其の罪を深謝し、遂事追ふべからず、自後慎重警戒、再び此の事莫きを期し、諸家の諒を請ふ云々と。其の反省の情、掬すべきもの有り。予答へて曰く、予等昨此の事を知り、国家の為め深憂に堪へず、同志、幸倶楽部に集ひ、将来防遏の方法を講じ、内閣諸公の決心を促す。予は沖男と有志議員を代表し、閣下に問ふ所有らんと欲す、然るに今、閣下先づ我が問に自ら疎虞の責を引き、深く将来防遏の施設を保証さる、我れ等深く閣下の苦衷を諒し、閣下の決心に満足す、速かに同志に之れを伝へ、之れを安心せしむべし云々と。而して別る。共に此の言を聴く者は穂積八束氏也。

此の日男爵議員補欠選挙を行ひ、太秦供康男、全票を以て当選す。幸倶楽部に到り、拡張委員の労を謝す。

後藤男と石炭供給契約の件を談ず。

後一時出勤す。浅田氏来社、共に起業資本供給の方法を談ず。川相技師、病怠り出勤す。則ち起業資本支出の方法及び鉄道院給炭契約の方法を指示す。

橋本増次郎氏、自働車製造修繕業経営の決心及び方法を来談。則ち無条件を以て三年間に於て出資五千円を許す。同氏は志気堅実、竹内明太郎氏も、亦無条件出資を許す故に、予も此の事有り。

五時華族会館前田正名氏歓迎会に列す。過日予等約三十名三縁亭に招かる。之れに酬ゆる為め此の催し有り。来会者は上院議員八十五名。先づ前田氏実物陳列講演を聴き、後晩餐を開く。款を尽して散ず。

〔符箋貼付〕普選。

三月十五日　晴寒

前十時上院本会議に臨む。蚕種改良法、特損銀行法外数件を全会一致を以て可決し、普通選挙法案を否決す。

午後、幸倶楽部に赴く。

一時半出勤す。関宗喜、河瀬秀治、藤江章夫、川相技師、日置和尚等来社。

夕五時松尾寛三氏の招きに依り新喜楽宴に赴く。帝国瓦斯力電灯会社発起披露の為め也。園田実徳氏等十余名来会。

此の日、仲小路逓信次官、南海鉄道浜寺以南電灯兼業許可再議決定の旨を告ぐ。

三月十六日　陰寒小雨

前十時本会議に列す。

午後出勤し重役会を開く。田辺、神谷、浅田、賀田、竹内諸氏来会、工業資本借入の方針及び鉄道院石炭供給契約の事を決議す。

藤江章夫氏を召し、其の長男周輔将来方向の問に答ふ。

田中新七を招き、南海鉄道電気兼業の件に関し逓信省議を告ぐ。

後五時華族会館協同会春季総会に臨む。会する者三十人、諸般報告後晩餐を共にす。

食後、沖、有地、武井三男と別室に集ひ、清交会解散、所属議員茶話会、無所属入会及び部員漸次協同会転属の件を提議し、其の一致賛成を得る。

三月十七日　夜来雨　暁降雪　後陰雨冷湿

前十時電気事業法案委員会に列し、原案を可決す（予副委員長と為る）。次で予算総会に臨み、追加予算五件を可〔ママ〕す。

後三時海事協会評議員会に列し、四十三年度決算、四十四年度予算及び新造艦船の件を議決す。

三月十八日　晴後曇

前十時上院本会議に列し、国民徳育献議案及び電気事業法案外数件を議決す。午後開会し、商法改正案中下院修正議を議す。同意し難きを以て、両院協議会を開くに決す。

後三時三十九年法律第三十壱号（台湾律令委任法也）改正案委員会を開く。吉井伯委員長と為り、原案を可決す。

下條正雄氏五男悌五郎氏病死を聴き、往きて之れを弔す。

四時出勤す。川相技師、昨日帰任。

五時幸倶楽部に赴き、警保局長の無政府主義者大逆事件経過談を聴く。

此の日、重野伯母及び安と有楽座に赴く約有り。竹葉亭支店を訪ふ。二人来らず。則ち帰る。

家僮大隅菊次郎をして上院議員宮嶋誠一郎氏の喪を青山墓地に送らしむ。

寛来訪。重野伯母来宿。

三月十九日　雨雪交り下る　日曜日

客月、奥田夫人、美枝子分娩を看護の為め札幌に赴く。適ま大島男病篤く、未だ分娩能はず、昨札幌を発ち、本日着京の報有り。安をして之れを慰問に往かしむ。未だ発たざるに再び報じて曰く、明廿日午後着京すべし云々と。

改野耕三氏父重五郎氏病死の訃有り、書を発して之れを弔す。

此の夜、岡田氏例に依り来教。常連以外新参者は重野伯母、田慎治の二人のみ。

三月二十日　厳霜雪の如く　晴寒

朝、田辺勉吉氏、鉄道院給炭の件を来談。

前十一時帝国ホテル依仁親王殿下并に随員東郷、乃木両大将、戸田式部官渡英送別宴に臨む。会員は国務各大臣、両院議員数百名。立食宴を開き、万歳を三呼して別る。

幸倶楽部に集ひ、清交会解散、所属議員十七名茶話会、無所属分属の件を協定す。

後三時本会議に列し、追加予算五件、法律案拾余件を議決す。就中工場法案は反対及び修正意見有り、討論数回、夕七時半に及び、原按を可決して散ず。

此の日、家僮をして下條悌五郎氏の喪を白金興禅寺に送らしむ。

佐々木勇太郎来謝。南海鉄道電灯兼業願、浜寺以南の認可を得たる為め也。

三月二十一日　晴寒

前十時予算総会に列し、追加予算一件を可決す。

次で本会議に列し、市制町村制改正案外数件を議決す。

午後本会議を再開し、法案及び予算数件を議決す。時に商法改正案外一件及び行政裁判所法改正案に関し下院と議協はず、二個の協議会を開き、夕刻、行政裁判所法を先づ決す。然るに商法の交渉、頗る複雑、数刻の間に渉り、皆悉く決を飢待す。午後八時過ぎ妥協漸く成り、直ちに本会議を開く。波多野委員長成案を報告し、全会一致之れを可決す。

後八時半幸倶楽部に集ふ。晩来召集する所の協同会拡張委員、安場、青山、坪井、安藤、津田、神山氏等、既に久しく待つ。予は沖、有地、武井三男に代りて、先づ右諸男を次期総選挙候補に推薦の事を宣告す。次で清交会議員の茶話会、無所属分属の件及び清交倶楽部員約五十名の協同会転属の件を報じ、併せて将来の方針を指示して散ず。

此の日、清交会議員十七名茶話会、無所属入会の件を決行す。本件は実に予と大浦男の計画に係る也。

後九時過ぎ平岡定太郎氏の招きに依り、采女町芳野家の宴に赴く。藤波子、田辺翁、伊藤氏等先に在り、十一時款を尽して散ず。芳野家は老妓幸吉の開く所也。清楚愛すべし。

昨夕、奥田夫人札幌より帰り、今朝往きて之れを慰問す。

此の日、常吉氏男子安産の吉報有り。

三月二十二日　陰　皇霊祭

前十時玉川荘に赴き、田中氏と植樹を指示す。

芳子は女教師ウエストン嬢外十七名を伴ひ来遊。

夕刻、勲児を拉して帰る。

篤電報に曰く、女子出産、母子健全と。喜ぶべし。是に於て予初めて祖父の尊号を有する也。

三月二十三日　陰　時に小雨

前十時小礼服参院し、十一時閉院式に列す。

幸倶楽部に集ひ、杉渓言長男外二十四人協同会入会の順序を行ふ。且つ服装を変へ、農工銀行を経て築地精養軒に赴き、内閣各大臣慰労の饗宴を受く。

後一時出勤す。

二時再び幸倶楽部に赴き、原氏と囲碁す。

五時幸倶楽部多額議員道源権治外十余人の招きに応じ、日本橋倶楽部に赴く。来賓は桂、寺内、大浦、小松原各大臣、松平、船越二枢密及び茶話会、無所属幹部員十余名也。余興中、士張新内節最も聴くべし。総妓二十余名、歌舞、歓談、十時興を尽して散ず。

三月二十四日　陰冷　時に微雨

朝、松元剛吉、日置黙仙、中上君亮（帝国興文協会理事）諸氏来訪。

東郷安男、男爵議員候補推薦の事を来請。

松木鉄道院理事、崎戸石炭供給契約の件を来談。

此の日正午、徳川議長午餐の招き有り。来客輻湊を以て辞して赴かず。

後二時出勤す。日置黙仙、浅田正文氏来訪。

横田千之助、林謙吉郎、松元剛吉氏相伴ひ来訪。松元氏負債整理の事を談ず。

小川直子女史、夕刻来談。大木と修子と結婚式の順序。

園田寛来訪。

三月二十五日　陰　時に小雨

前九時半華族会館に赴き、護国塔本尊聖徳太子尊像送迎式を行ふ。午後零時五十分新橋駅に奉送す。河瀬、日置氏等十余人陪乗して可睡斎に向ふ。

後二時半発、玉川荘に赴く。梅樹移植を督し、遂に留宿す。

三月二十六日　微雨断続　夜に入りて晴る　日曜日

田中氏と梅林移植を指揮す。

午後三時半中嶋生を拉し帰京す。

直ちに築地新喜楽亭の多額議員送別会に臨む。幸倶楽部幹部員十五人主と為り、来賓十一人。余興は典山義士談を聴く。

此の夜、岡田氏の術を受くる者十三人。新加者は井田信子也。子は重野伯母を伴ひ来りて留宿。

此の日郷誠之助男、太秦供康男来訪。

三月二十七日　晴和

前十一時上野精養軒に赴き、徳川議長招待宴に列す。遇ま竹原釗太郎、堀三太郎来社して面会を為すを来請。

後一時出勤す。副島延一、堀三太郎、千住喜作二氏を伴ひ来社。其の請ひに依り、崎戸炭礦経営方針を詳細説示す。

英一番館（ジャチンマゼソン）社員前角茂十郎、電気技師英人（Norman Read ノルマン・リード）氏を伴ひ来訪。

帰途、桂二郎氏を訪ひ、客月来社務進行の経過及び将来施設の方針を談じ、夕刻帰邸す。

此の日、安は重野両老母、井田信子及び静子、大久保尚子を誘ひ帝国劇場観劇に赴く。

昨日、慶応義塾幼稚舎、卒業式を行ひ、勤児優等を以て金巻名誉録に登録さる。本日学習院入学試験を受く。

三月二十八日　好晴温和

前十時発ちて国府津に赴き、大鳥圭介男の病を其の別荘に訪ふ。先づ富士太郎氏夫婦と面晤し、暫く男を病床に看る。食道狭窄の為め粒食通らず衰憊頗る著し。半刻話を交はし辞別す。出観後山、懸崖数仭、瀑布懸焉、老松槎牙、危巌圧屋、南面相洋、面与函嶺、富嶽相対。風景賞すべき也。
後三時十分発、帰京す。
篤は女児を喜多子と命名し、之れを札幌其の他に報じ、且つ出産届を呈す。
八木喜三郎、鬼怒川水電社に入り、高瀬鼂、書を携へ来謝。

三月二十九日　好晴温暖
前十時出勤し、竹原、岩倉二人に護国塔出張を命ず。
正午発ちて玉川園に赴き、田中氏と桧樹移植を督す。安亦次で来る。時に桜花半開、満園春色、看るに飽きず。
黄昏相伴ひ園を出で、九時帰邸す。

三月三十日　曇
前十時協同会幹事会を幸倶楽部に開く。武井男の外皆集ふ。小沢、波多野、吉川、真田諸男は清交倶楽部約五十名の入会を予め謀らざるの故を以て、交も不平を鳴らす。予は急遽相謀るの遑無き事由を陳べ、之れを慰籍〔藉〕し、漸く一同の承認を得る。蓋し清交倶楽部併合の議は、昨秋予が曾て之れを主張す。波多野、吉川、小沢諸男は彼等政派に甚だ不便の為め、之れを強く拒む。此れ等事を大にし、道詢戸訪、障害百出して実行不可。故に今回は疾風迅雷、先づ決して後に報ず。是彼等喋々不平を鳴らす所以也。
後二時出勤す。四時神谷伝兵ヱと其の既に諾せし護国塔大庭私消金代弁の事を談ず。彼、俄然従前の体度を変じ拒みて応ぜず。其の反覆驚くべし。彼曾て義侠の名を得て、今斯くの如し。遂に一賈豎を免かれず、憐れむべき哉。
後六時半有楽座美音会諸芸を聴く。呂昇義太郎、最も聴くべし。安、輝同行す。大久保一家先に在り。

三月三十一日　晴　風
前十時幸倶楽部各政派幹事会を開く。又元清交会入会議員十七名集ふ。予之れを幹部員に紹介し、又之れを協同会拡張委員に紹介す。是に於て清交会員合同の実全く挙がる。

正午出勤す。林氏、本社起業の件を来談。

後二時若宮氏の請ひに応じ、大日本麦酒会社出張所に赴く。若宮氏及び馬越恭平、得能通昌の二氏と若宮氏主唱火災再保険会社創立の件を協議し、松方巌、高木豊三の二氏勧誘の事を決す。

夕、杉渓言長男、協同会前途の方針を来問。

昌、或る人求婚の件を来談。

此の夕、新元氏出発上京の電報に接す。

四　月

四月一日　早朝小雪　午時快晴
早起きし八時十分列車に搭り可睡斎に赴かんと欲し、新橋駅に赴くも、時既に過ぎ、直ちに九炭会社に赴く。更に八時四十分列車に搭りて発つ。寒気料峭、函嶺は雪を戴く。後五時四十分袋井駅に着く。僧侶数名来迎、則ち車を聯ね可睡斎に入り、直ちに護国塔を観る。堅実壮麗、本邦稀有の偉観也。此の夜、日置師、鈴木充美氏等と明日除幕式の順序を協議す。

四月二日　晴　日曜日
前七時半後藤逓相来着。九時半大浦農相亦来る。
十時除幕式を行ふ。予先づ委員長の資格を以て建塔発起の由来、健陀羅《ガンダーラ》式採用の理由、聖徳太子崇祀の理由及び会計の収支を報告し、次で道場を散華して浄む。次で予、久我総裁に代り除幕を行ふ。次で日置和尚開扉し、且つ法語を演じ、衆僧をして読経せしむ。次で鈴木氏、総裁に代り式辞を朗読し、次で大浦逓相及び陸海軍大臣、台湾、関東、朝鮮総都督及び石原静岡知県の祝辞有り。式了りて予、両祖を導き塔内を巡拝し、遂に護国殿に登り撒餅を行ふ。群衆数千、争ひて之れを拾ふ。奇観可笑し。正餐を了りて両相退散し、予亦寺を出る。数万の群衆にて通過すべからず、巡査をして乗車前駆せしむ。漸く袋井駅に達し、家兄、嫂と亦会同し、共に後二時十二分列車に乗りて発つ。静岡駅に於て急行車に転乗し、後八時五十分新橋駅に達し、相伴ひて帰邸す。時に岡田氏、静座術を来授。小話して散ず。

四月三日　雨　神武天皇祭

此の日、予て玉川別荘看花の催し有り、檄を飛し親族、知友児女等百余名の来遊を予約す。朝来適ま微雨。然し劇甚には到らず、則ち雨を侵して之れに赴く。来遊者約八十名。雨降りて外遊すべからず、則ち室内に於て行厨を開く。談笑湧くが如く、後五時に到り、来客漸く散じ、昏暮帰邸す。兄嫂我が邸に滞留。寛来訪。

四月四日　好晴

午前、修子嫁資を観る。午後、本田親済男来訪、近来の欠務を謝し且つ将来の助力を請ふ。

二時半出勤す。

郷誠之助男、互選議員推薦の事を来請。林謙吉郎氏、亦伴ひ来る。則ち近時男爵界の形勢を説き、適応の注意を与ふ。

五時内田嘉吉氏の招に応じ花屋宴に赴く。来賓は広沢伯、浅田氏、沖、有地、野田、安場諸男、関、伊沢諸氏等十余人。絃妓十余名来侍、貞水講談を聴き、九時退散す。岩倉嶺厳を招致し大阪支部送付金券を収受す。

四月五日　半晴　風有り

野口栄世及び幸手屋、大彦等来宅。

後一時半上院議員相浦男の喪を青山墓地に送る。

三時農工銀行を経て出勤す。

四時家兄来社。相伴ひ築地精養軒に赴き、来る九日大木、修子結婚披露宴開設の事を嘱す。

四月六日　晴、風

前九時半新元氏台湾より着京、我が邸に入る。

十一時発、玉川荘に赴き、夕刻帰邸す。

重野安居翁、松尾寛三氏来訪。

修子婚儀近きに在り、兄嫂其の他準備に汲々し、極めて匆忙。

此の日、広軌鉄道改築準備委員会委員仰付けらるの内閣辞令到来。

四月七日　好晴

正親町季董男、互選議員候補推薦の事を来請。

後一時幸倶楽部に赴き、穂積博士憲法講義を聴く。

三時出勤す。松元剛吉氏来社。

川相所長、昨上京、其の報告を聴く。

五時郷誠之助男の招きに応じ烏森今井小宴に赴く。杉山、後藤外数名来会、大小妓十余名来侍。九時退散す。

昌、寛兄弟、夕来訪。

四月八日　晴暖

竹腰正己男、井上泰岳（農業世界記者）来訪。

午後、本多為三郎をして人足を督さしめ、修子嫁装を大木彜雄氏邸に送致す。

此の夕、修子の為め小粗筵を開き、家兄、嫂、昌、梅代、寛、重野老母及び家族一同と共に晩餐を喫す。

四月九日　半陰、後晴　大風　日曜日

午前、田中浅太郎、大沢金礦貸付外一、二件を来談。

押野初（琴平町九）、東隣公道切下げ同意の件を来請。

得能通要、藤沢静象二氏、埔里社製糖株式会社創立賛成の件を来談。謝絶して之れを返す。

岡実（工務局長）氏、工場法通過の労を来謝。

後二時半修子并に兄嫂、安及び婢を伴ひ、日比谷大神宮に赴く。四時結婚式を行ひ、式後双方親族と撮影し、相伴ひ築地精養軒に移る。来賓は佐々木、大久保侯爵夫人外三十余名。貞水、助直講談を聴き、七時晩餐を開く。九時食を了り、暫時歓談して散ず。

此の日、吉原遊廓失火し、適ま風烈しく、延焼六千戸を超ゆと云ふ。

四月十日　朝微雨　後半晴、疾風

中本甫之、石井銅山の事を来談。

前十時協同、陸海軍聯合幹事会に臨み、安藤直雄男互選議員補欠選挙候補推薦の件を決す。杉渓男来部、則ち前項の議決を通告す。

正午出勤し、田辺、川相の二氏鉄道院売炭交渉の件を聴く。

田中浅太郎、大沢金山渡辺弥二文貸付の件を来談。予は林氏と共に之れを聴き、之れを佐分利一嗣氏に移し、交渉の任に当らしむ。

此の日、勤児学習院に入学、生徒寮に寄宿。

夕、昌、寛来訪。

四月十一日　天候陰険　風雨時に到る
午前、片平報知記者来訪。

石井千太郎、満福礦山資金供給の事を来請。則ち兼ねての約に従ひ、権利十分の二割譲の事を確約せしめ、之れを貸付く。

宮森富岐雄氏（大木彜雄氏親族）来訪。

後三時出勤す。

五時石井の請に依り緑屋小宴に赴き、中元外一人満福礦山起業の実況及び将来経営の方針を聴く。後八時半帰る。

此の夕、大木夫婦帰寧し、家兄、嫂、新元氏、昌、寛等と晩餐を饗す。

田中霊鑑氏、日置黙仙氏に代り護国塔除幕出張の労を来謝。

四月十二日　前陰、後晴
前十時協同会幹事会に臨む。拡張委員を集め、安藤男候補推薦の事を通告す。

後二時幸倶楽部例会を開き、国民道徳教育普及献議の実行法を協議す。

四時広軌鉄道改築準備委員会に列す。会員四十二名概ね来会。会長桂侯、大旨を陳述し、次で議事規則を議決して散ず。

直ちに首相官邸に赴く。晩餐の饗を受け、九時散じて帰る。

松方乙彦氏、長兄巌氏紹介を以て来訪。不在にて逢はず。

後書状を以て大倉組動力機購入の件を嘱し来る。

兄嫂、本日より昌宅に転宿。

四月十三日

朝、石井千太郎、有村某を伴ひ、満福礦山資金融通の件を来談。

井上雅二氏、世界漫遊より帰朝、来訪。

市川繁夫（米井商店員）来訪。

後三時出勤す。石井千太郎来社。

六時園田寛の招きに依り、築地精養軒に園田家相続多紀郡人披露宴に赴く。来賓本郷少将、箕原貞明氏以下十七人。家兄、昌及び予陪客と為る。井上雅二氏、阿弗利加《アフリカ》視察談を為し、十時各款を尽して散ず。

四月十四日　晴

朝、賀田金三郎、石井千太郎、寺田市正（時事記者）、関夫人来訪。

後三時出勤し、川相技師と原動力機械各店見積書取捨の事を商量す。

四月十五日　雨

前十時九炭重役会を開く。村上、田辺二氏の外皆集ひ、太敏式《タービン》動力発電機（五百基二台）購入契約締結の件、拡張資金起債の件、鉄道院売炭契約の件及び前重役報酬発案延期の件を議決す。

松元剛吉、田中康二人来社、共有礦山納税分担の件を談ず。

後五時重役諸氏及び川相、田辺、橋本氏等を芳野屋に招き晩餐を饗す。田辺、桂二氏の外皆来り、大小妓十名之れに陪す。歓談快飲十時に及び散ず。

此の日、安、芳、輝子等、家兄の招きに応じ、帝国劇場観劇に赴く。佐々木侯老夫人一家、大木一家皆これに与り、深更散じて帰る。

四月十六日　陰　後晴暖、夜雨　日曜日

前十時新元、山崎、池田（新元随行員）及び勲児と自働車を飛し、大山街道に由り玉川荘に到る。一時五分の時を費す。時に早桜は既に謝し晩桜半開、楓葉新緑、風趣掬すべし。共に園内を散歩し、午餐後再び花を賞ず。後二時発目黒道を経て帰る。三十三分の時を費し、大山道の半ばと為す。

飯牟礼氏来訪。植木工を督し庭樹を移植す。

五時半内田嘉吉夫人を送る為め、同夫人及び新元氏、家兄、嫂を北野屋に招き、安と茶料理を饗す。八時半別れ

て帰る。

九時半例に依り岡田氏教授会を開く。新来者、新元氏、吉田氏、橋本氏、辻川氏、家兄、嫂及び大久保勇子也。受業者、合せて廿二人。十一時散会。

四月十七日　陰雨

午前、家兄来訪。本夕出発、将に大阪に帰らんとすと云ふ。

東京火災保険会社員、次年度本邸火災保険の約を訂しに来る。

後一時出勤す。

三時広軌鉄道委員会に列す。特別委員廿一人選定を決し、桂会長之れを指名し、予亦これに与る。直ちに曾我子爵を挙げ委員長と為す。六時散会す。

家兄、夕六時列車に搭り帰途に就かる。安、之れを新橋駅に送る。

土田叔母、田慎治、新婦賀代子を伴ひ来訪。

四月十八日　晴、烈風

前十時広軌鉄道特別委員会に臨み、三分科を置き、委員各七人分属を議決す。第一分科は広狭軌道の利得損失を審査し、第二分科は財政経済の関係を審査し、第三分科は水陸聯絡其の他の影響を審査す。予は第二分科に属し、且つ主査に選ばる。今より毎週月曜日第一分科、水曜日第二分科、金曜日第三分科を開く。

帰途、近藤久敬氏を四谷仲町邸に訪ひ、修子結婚媒酌の労を謝す。

後二時半故野村子爵夫人の喪を築地本願寺に送る。

三時半出勤す。浅田正文、守谷此助氏来社。

五時服部兵庫知県を訪ひ、松元氏経営平野礦泉争論調停の件を嘱す。又、神戸港保税倉庫拡張の必要を聴く。

六時鉄道協会員寺内会長歓迎、野村博士洋行送別宴を帝国ホテルに開く。会する者七十六人。九時散会。

朝、片山丹二（柏原人）来訪、其の請ひに依り之れを下啓介氏に紹介す。

家嫂、園田寛、菅田政次郎来訪。

此の夜、鎌倉電話、下長発変死の凶音を報ず。重野伯母、時に在京、驚歎、下夫妻と急行して鎌倉に帰る。

四月十九日　快晴

朝、田沼大吉、直居史郎（伊勢新聞社員）来訪。

有村藤兵衛、石井甲州礦山善後の事を来談。

午前、下啓助氏を大塚坂下町邸に訪ひ、長発氏の変死を弔す。前二年、長発氏、大学在学中狂疾を発して呉精神病院に入る。頃日病少し怠り医の言に依り退院し、遇ま弟と鎌倉重野別邸に遊ぶ。伯母時に我が邸に来り在り、昨日無人を窺ひて別室にて縊死す。蓋し狂疾厭世の致す所、憐れむべき也。

正午出勤す。

午後、新元氏の招きに依り歌舞妓〔伎〕座観劇に赴く。安、誠、芳、輝及び家嫂、梅代、重野老母、老人、山崎一家等十余人来観す。天野拾遺（楠正儀妻子伝）、勧進帳及び伊賀越等を演じ、皆観賞に可。九時散じて帰る。

此の日、田辺勉吉氏をして木下淑夫氏妻の喪を築地本願寺に送らしむ。大隅生をして鈴木録寿の喪を板橋に送らしむ。

四月二十日　晴、強風
前十一時出勤す。小池国三氏、起業拡張資本三菱家借入交渉の件を来談。

桂二郎氏来社し、セールフレザー社起債及び杉山茂丸氏一時金融の件を談ず。

藤江章夫氏来社。

後二時半浜離宮観桜御宴に赴く。遇ま烈風大に起り、両陛下行幸啓は之の為め罷む。内外臣民、召に応ずる者数千人、多に失望の色有り。賜宴了りて三時退出す。

新元氏、夕六時列車に搭り帰途に就く。家族概ね之れを新橋駅に送る。

家嫂、山崎老母、昌、大久保夫人来訪。

四月二十一日　好晴　和暄
朝、若宮正音氏、東邦火災保険会社発起人の調印を来請。之れを諾す。
賀田金三郎氏来訪。家嫂来訪。
桂氏、人をして杉山金融の件を来請せしむ。応じて之れを交付す。
正午、安は重野老母、大久保夫人を伴ひ下家葬儀を送る。
夕六時発急行列車に搭り、九州行の途に就く。車中中橋徳五郎氏夫妻と語る。

四月二十二日　快晴

前九時六分大阪駅に着く。小谷哲等来迎、直ちに桃谷邸に入る。萱堂、家兄と歓話す。竹原釗太郎来訪。

正午大阪を発ち西向す。

四月二十三日　快晴　日曜日

前六時廿分下関着。直ちに海峡を渡り、門司七時廿四分発列車に搭りて発つ。木戸侯夫婦、児女及び松尾寛二（代議士）、田中貴道氏等同室に在りて相語らふ。鳥栖駅に到り車を換ゆ。的場半介（代議士）氏亦同乗。午後零時五十分早岐駅着。大橋書記来迎、直ちに和田丸に搭りて発つ。

二時捕獲湾（日露役捕獲船碇繫する所、故に此の名有り）に船を寄せ、艇を下り上陸す。日片駅に到り地勢を観る。此の地は他日新市街と為すの勢ひ有り、先づ会社の根拠地の位置を占めさんと欲する故に、之れを視察す。只水田汚窪と海底遠浅、大土功を用いざれば、街地に供し難し。是聊か失望に属す。

三時十五分、再び搭乗して発ち、五時十五分蠣浦港に入る。川相所長、社員と来迎、直ちに肴屋に投宿す。

四月二十四日　午前雨　午後暴風雨

前九時雨を侵して事業地を視る。之れを前視察時に比すに、諸種工程大に進み、撰炭貯炭地の開鑿、礦夫納屋の増築、仮設撰炭機、発電機及び電気喞筒の運用等、面目一新、観るべき者尠からず。

午後、服装を換へ構内に入り視る。先づ四尺及び五尺層を視、遂に十五尺層に及ぶ。層は厚く偉大、炭質良好。坑道高七尺、或ひは上層に現れ或ひは下層に現れ、全層を一坑道に於て観ること能はざる所也。蓋し炭層の偉大、我が邦に於て斯くの如き者、独り本礦と夕張炭礦有るのみ。而して運輸の至便、炭層傾斜の緩平、夕張は本礦に遠く及ばず。然らば則ち本礦は本邦無比の良礦と謂ふも過言に非ず。前途の好望期待すべき也。

数日前、本層一時溜水突湧（一分間三十五立方尺）、坑底水を被り、両日の間全然排出し、今は則ち水量僅少にて、開鑿益す進み憂ひ無き也。佐世保川副氏来観、則ち相伴ひ空車に搭りて出坑す。入浴す。

五時半川相技師と暴風雨を侵し、将に艇に乗り帰宿せんとす。時に波瀾兇湧し疾風横打ち、葉の如く簸揚す。船夫は操舟を練習し何等危険無くして帰る。

此の夜、川副氏を招き日片駅近傍土地調査の件を談ず。

四月二十五日　快晴　温暄

今朝、川副綱、佐世保に辞し帰る。

十時事業地に赴き工夫納屋、社宅建築地及び埋築地、水槽築造地等を巡視す。午後、更に撰炭労働状況及び貯炭地、開鑿土功、其の他起業進行の状況を視て、五時半帰宿す。

是に先だち三井物産社益田孝氏、植田三池炭礦所長をして予を伴はしめ、我が崎戸炭礦来観の約有り。来るは則ち数日前、植田氏既に来りて実検を了る。此の日、益田氏、電を致し報じて曰く、植田視察を了り上京す、君の帰京を俟ち会晤を請ふと。蓋し三井は我が炭礦に資本を大に投じ、以て其の主権を握るの意有り。時機既に遅く、笑ふべき也。

四月二十六日　半晴風有り

前七時川相技師と和田丸に搭り崎戸を発つ。夜来風波稍や高し。大阪招客の約有るを以て延滞するを得ず、決意して発つ。九時半佐世保に着き、直ちに十時五十五分列車に搭り東向す。後七時十分下関夜列車に転乗して進む。

四月二十七日　快晴

前五時睡眠中、川相氏福山駅に下車。後一時半、大阪に着き、直ちに桃谷邸に入る。

三時半、萱堂、家兄と箕面電車に搭り、山本村坂本牡丹園を観る。花開くこと僅かに三、四分、朝倉山椒苗を購入して帰る。此の夜、藤江氏来訪。

四月二十八日　好晴

久世義之助氏来訪。

午後、小島友吉を招き、九州炭礦実況記事を大阪各新聞上掲載の件を嘱す。

五時大阪株式取引所役員及び仲買委員を灘万楼に招く。来る者は浜崎永三郎（理事長）、田中太七郎、飯田精一（常務理事）、寺井栄三郎（理事兼支配人）、梅原亀七（理事）、増山忠次（副支配人）、阪口彦三郎、浜崎健吉、芝田太吉、小川平助、山内卯之助、岩本栄之助、薮田忠次郎（以上仲買委員）、野村徳七、黒川幸七、竹原荘治

郎（以上直取引委員）及び陪賓の田艇吉、藤江章夫、田辺貞吉三氏。予、先づ崎戸炭礦起業沿革及び現状并に将来発展の予定を詳述す。了りて晩餐を饗す。南廓住妓数名来侍し、主客款を尽して散ず。我が社株式は五月を以て該取引所定期売買に附す、故に此の饗有る也。

十時過ぎ桃谷邸に帰り、母、兄に辞別し、十一時三十五分列車に搭りて発つ。小谷哲等来送。

四月二十九日　半晴
前七時起床す。時に列車は舞阪を過ぐ。木戸侯一族亦同窓に在り。往返同車するは奇遇也。後二時半着京し、昌来迎して直ちに家に入る。
三島子爵、議会中斡旋の労を来謝。
家嫂来訪。菅田政次郎、電球発明の件を来談。

四月三十日　細雨　日曜日
朝倉長恕来訪。

十時中嶋生を拉して玉川荘に赴く。家嫂先に在り。躑躅花正に盛りにて紅白燃ゆるが如し。藤花亦紫瀾を漲り、春色満園。盛観名状すべからず。再昨及び昨、青山女学院及び京華女学校生徒各三百名来遊し、各歓を尽して去ると云ふ。

夕刻帰家す。

此の夜、岡田氏来教、授業者十三人。

五　月

五月一日　前晴　後陰寒、夕刻驟雨

前八時半家嫂帰途に就かる。安、芳、輝、之れを新橋駅に送る。

山本俊子、妹睦子、素木晃治求婚に応ずる可否を来議。

後一時出勤す。小池国三氏、嚮に嘱せる所の本社興業資本三菱家借入交渉の好望を来報、則ち豊川良平と直接交渉を為すべしと告げ別る。

四時豊川氏を三菱本社に訪ひ、崎戸起業の沿革及び実況を詳しく語り、且つ将来発展の有望且つ必要を告げ、礦区担保を以て壱百万円を借るを求め、略ぼ同意を得る。明日同社重役会の議に附し、決議報告を為す旨を以て約す。日暮辞して帰る。

五月二日　晴冷

午前、田中新七氏、南海鉄道会社長を代表して、電灯兼業認可尽力の恩を来謝し、且つ謝儀を致して去る。

常吉徳寿氏来訪。

午後二時出勤す。

三時前約を践み再び豊川氏を訪ふ。管事南部球吾、礦山部長原田慎次、営業部長江口定條氏来会し、予再び説明を与ふ。豊川氏予を別室に導き、重役会資金貸付の件可決を告げ、且つ二、三条件を附すを求む。皆聴許すべき也。則ち技師実験契約締結を約して別る。

帰途、桂二郎を訪ひ、以て前項借款交渉の結果を告ぐ。氏大に悦ぶ。夕刻帰家す。

此の日、大隅生をして真野真二夫人の喪を送らしめ、常吉氏に河嶋醇氏の喪を青山墓地に送らしむ。

五月三日　快晴

朝、増嶋六一郎、田中霊鑑二氏来訪。

後二時鉄道院に赴き、後藤男と面じ三菱借款交渉の顚末を告ぐ。

二時広軌準備会第二分科会に臨む。会する者は科員四名、員外十余名。予主査席に就き、先づ分科審議順序を議定す。次で桂蔵相の出席を求め、委員数名交も財源の由る所を質問す。桂公、弁明に頗る勉む。四時散会す。

直ちに前約に依り、沖、有地、武井、波多野、吉川諸男

と船越男邸に集ひ、男爵互選議員選挙の方針を密議す。二七会に対する体度（其の交渉事に応ぜず）、各派定員分配方法及び予と吉川男と特別委員と為し、候補者予選案を作成等の件を内決す。夕食の饗を受け十時退散す。

五月四日　陰風、小雨

鈴木繁太郎、鵜沼直（日本興信所員）来訪。

原口兼済男、男爵議員選挙の事を来談。

家兄、今朝来京。

此の日、書を益田孝氏に発し、資金供給の交渉を謝絶す。

後二時出勤す。

土田叔母、田慎治、新婦を伴ひ来訪。安之れを誘ひ帝国劇場に赴く。

此の夕、昌、寛及び菅田政次〔政次郎〕、家兄を来訪。

五月五日　細雨

朝、菅田政次郎、金沢信豊（元陸軍薬剤官、信州小諸人）を伴ひ来訪。予は家兄と其の発明せる所の金沢式電球の説明を聴く。氏は頗る化学に邃く、発明する所多し。電球は未完成と雖も、光力強烈にして頗る感賞すべし。

次で徳川厚男、男爵議員候補の推選を来請。

田辺勉吉氏、崎戸隣区入江礦区購入の件を来談。

後二時広軌第三分科会に列す。一木氏主査と為り、先づ各港海陸接続工事設計説明を聴く。予、次会に於て神戸、馬関築港第二計画予算書提出及び主務省主任者出席、弁明の二事を求めて散ず。

五月六日　陰　微雨時に来る

午前、関宗喜氏、家兄来訪。

午後二時出勤す。

四時半同気倶楽部に赴き、新築工事を観る。構造略ぼ成る。

六時半家兄及び土田叔母の帰郷を新橋駅に送る。安、芳、輝等亦送り来る。

七時吉田、常吉二氏を北野屋に招く。寛、陪賓と為り、予と安と主と為りて茶料理を饗す。十時別れて帰る。

五月七日　少雨、後陰　日曜日

此の日、玉川荘に赴くを期すも、雨に阻まれて罷む。

後二時安は芳、輝二女を伴ひ、恵比寿ビール庭園に近藤久敬氏息結婚披露園遊会に赴く。

此の夕、岡田氏来授。受業者十五人。重野伯母来会。

五月八日　快晴

午前、松元剛吉氏来訪。

午後一時出勤す。

二時広軌第一分科会に列し、質問弁論五時に及びて帰る。

五月九日　快晴

午前、綾部致（太陽記者）、日置黙仙、田中霊鑑、稲垣豊相次で来訪。

後一時吉川男を駿河台邸に訪ひ、男爵議員候補者予選の件を密議す。

三時豊川氏を三菱会社に訪ひ、其の借款法を聴く。答へて曰く、

元金　百万円　　今明両年、本社の便に随ひ分割借入

期限　三年据置　　後五年、随意償還

利子　三年間七朱　後五年、別に協定を為す

担保　礦区、付属土地、器械

右条件頗る妥当と為す。明後日、臨時に重役を召集し決定を行ふ。

四時出勤す。

此の時、佐分利、林、松元三氏と大沢金山滞税の件を協議す。松元、林の請ひに依り、予、佐分利氏と一行の代弁を為すを諾す。

五時沖男と幸倶楽部に会し、協同会の事を談ず。

此の夕、井上雅二氏、森村氏の嘱に応じ、馬来半島護謨樹栽培経営に専任の可否を来談。予、其の事を是とし、其の嘱に応ずるを勧告して別る。

園田寛、将に明夕を以て帰郷せんとし、告別に来る。

五月十日　快晴

朝、可児弥太郎来訪。

前十時広軌第一分科会に列す。午餐後、尚質問を継続す。後二時第二分科会を開き、略ぼ一応質問を了る。

五時豊川氏と三菱会社に赴き、借款契約草案に関し双方の意思一致す。

九炭株価大騰貴し、本日弐拾七円八拾銭に上る。蓋し前項借款成立に依る也。

五月十一日　晴

前十時重役会を開く。桂、田辺、神谷、村上四氏来会し、三菱借款契約案を議す。皆大満足を以て之れを一致可決し、其の細目を社長の処理に一任す。次で入江礦区買収の件（代価八万五千円）を議し、是亦之れを可決し、後一時散会す。

田中霊鑑来り、大庭亨私消金返弁証書案を呈出。

直ちに幸倶楽部協同会幹事会に赴く。沖、小沢、波多野、吉川、真田諸男来会、総選挙処理の方針を協議し、予と吉川男と順序方法及び定員分配等の立案に任ずるを決す。且つ南部男を選挙管理人に挙ぐるの件及び候補運動を禁じ、選挙費醵集方法等を定むるの件を内定す。

四時三菱会社に到り、豊川氏及び銀行部長三村君平氏に面して、借款契約案重役一致可決の旨を報告し、且つ其の履行順序を協定す。

太田玉子来訪し、将に明後日を以て出発、京城に赴かんとすと云ふ。告別して別る。

五月十二日　朝小雨　後晴

朝、須佐美雄造、大沢金山最近の窮状を来報。

前十時上院議員堀田正養子の喪を牛込邸に弔す。

十一時出勤す。小池国三氏を招き、九炭取締役推薦の意を告ぐ。氏深く之れを辞す。川相技師に書を発し、起業借款応用の方針及び応急処理の方法を訓告す。

田中霊鑑を招き、大庭亨誓書訂正文を授く。

後一時広軌第三分科会に列す。内務技師近藤、一瀬二技師及び橋本関税局長、大蔵技師妻木、丹羽二氏出席し、神戸横浜築港事業の大体を説明す。

桂公を三田私邸に訪ふ。不在。

加藤敬三郎氏来訪。

五月十三日　晴暖

朝、岡田修（法学士）、九炭社員採用を来請。

九時小池国三氏電話、九炭重役の推選を辞退。

十時上院議員山田為暄氏の喪を山本町邸に弔す。

次で出勤す。田中正夫氏来訪、崎戸炭礦船積場築港の設計を嘱す。

田中霊鑑、大庭交渉の顚末を来報。

後一時重役会を開く。神谷、田辺、村上三氏来会。通常株主総会及び臨時総会議案并に前重役慰労金贈与延期の件を議決す。

井上雅二氏、森村市左エ門交渉の馬来半島護謨栽培担当契約成立の事を来告。

四時半秦源祐氏を訪ひ、舞鶴共有地道路敷地買収応諾書の調印を求む。

五時聖馬利亜館ミス・ウエストン及び女教師、日英婦人六名、女生二人を招き、安、芳、輝と帝国劇場女優劇を観る。十時半に及びて散ず。

五月十四日　陰雨　日曜日

朝、工学士（電気科）前田滋樹（横須賀中里八十五）、中野教授紹介を帯び来訪。九州炭礦の聘用に応ずる為め也。

京華女学校教頭関口有文、玉川荘縦覧を来謝。

岡部則光氏来訪。

此の夕、岡田氏授業に来る。来受者十余人。蓋し雨降りに依り道悪しき也。

五月十五日　陰寒

前十時出勤す。高嶋礦長杉本恵氏来訪。後二時広軌第一分科に列す。大沢少将、軍事関係の得失を説明す。夕刻帰る。

菅田政次郎来訪。

五月十六日　晴

正午、幸倶楽部に赴き、沖、安場二男と男爵議員選挙の件を議す。

谷干城子の喪を其の市谷田町邸に弔す。

一時出勤す。副島延一来社。

五時華族会館同族晩餐会に列す。宴後、卓上松方侯の不換紙幣整理談及び坂〔阪〕谷男の欧米各国経済界趨勢談有り。皆謹聴に価す。宴後歓談十時に及びて散ず。会する者八十余名。

此の夕、鈴木徳松来訪。

五月十七日　陰冷

前十一時出勤す。和田維四郎来訪、礦業懇話会加入を求め、之れを諾す。

午後、財部海軍次官を海軍省に訪ひ、同氏及び大佐中野直枝氏と会見し、崎戸港測量員嘱托斡旋の事を嘱す。

二時広軌特別委員総会に臨み、押川次官生産力増減の説明を聴く。後、横浜、大阪、神戸築港実検の事を決す。五時半再び出勤す。浅田、村上二氏来訪。此の夜、杉渓言長男を招き、男爵選挙準備行為の進行状況を告ぐ。

朝、片平茂十郎（報知記者）来訪。

五月十八日　晴

前九時四十分発列車に搭り、横浜築港視察に赴く。同車する者、委員曾我子爵外十五名及び山内鉄道院理事外数名。横浜駅に於て列車を分離し、築港線に入る。下車し直ちに港状を視る。築港埋立地は六万八千六百坪。原とは海面の為め埋築し一島と為す。岸壁高十二尺余、周囲壱千百余尺、洋行巨船十三隻繫留を可とす。陸上起重機、上屋倉庫等の設備、頗る壮観に属す。鉄道其の中間を縫ひ、其の利用未だ全からずと雖も、規模頗る大なり。午餐後汽艇に添ひ、上東防波堤を視察し、転じて浚渫船運用を視る。後三時二十分列車に搭りて帰途に就く。品川より山手線を経て玉川園に赴き、園内修理を視る。八時発ち帰家す。

此の日、家僮をして能勢辰五郎の喪を青山墓地に代送せしむ。

五月十九日　好晴

朝、横田千之助氏、松元債務整理の為め千円の恩借を来請。諾して之れを交附す。

岡儀三郎（在台湾）、中尾五郎（報知記者）来訪。

夕七時半列車に搭り、大阪、神戸築港視察の途に就く。同伴者、平井副総裁、山内、森本、岡田、大道等鉄道院職員、鳥居、酒井、青木、古市、豊川、伊藤、吉植、白石、渡辺等委員十余名、共に特別車に乗りて発つ。論談湧くが如く、夜半に至りて眠る。

五月二十日　半晴

前八時十分梅田駅に着く。大阪植村市長以下来迎。直ちに西成線に転乗して進み、安治川駅を経て桜島駅に着す。此の駅は新たに埋築構成する所、予に於ては初見に属す。構内を巡視し、更に汽船に搭り対岸新荷揚場を巡視す。桟橋際に上陸し、大槻関長、妻木技師等交も工事を説明す。高崎知県亦来会し、午餐後、再び汽船に搭り、築港内外を巡航して、安治川筋を遡る。船舶輻湊、帆檣林立して他港見ざる所也。返りて桟橋に上陸し、電車に搭りて進む。予は衆と別れ、後四時桃谷邸に入る。後六時、植村市長の招きに応じ、堺町楼の宴に赴く。来賓四十名。大小妓亦三十余名来侍。宴後市長の誘ひに応じて南地演舞場に赴き、蘆辺踊を観る。館は新築に係り、構造優美、絃妓奏楽百二十人、舞百三十六人、艶麗人の目を眩ます。十一時、曲了りて帰る。

園田寛及び家嫂、丹波より帰来。

五月二十一日　午前少雨後霽　日曜日

前八時十分会員と大阪を発ち、三宮駅に下車、直ちに車を飛し神戸税関に到る。築港模型に就き其の説明を聴く。了りて埋築既成地を巡視し、更に小汽艇に搭り、港内を巡航す。遂に人造石塊製造の実況を視る。塊長二十間、幅六間、高約六間、巍然一大厦也。質は鉄筋混利土《コンクリート》より成り、中空にして外堅し。塊成の後、浮渠を用ひ之れを海上に運搬し、之れを適処に沈む。実に磈沙に擬すを以て、其の堅実は偉大、怒涛も揺るがす能はず。真に千歳の天工也。近時文明技術の進歩は真に驚くべき也。而して築港の業、尚初歩に属し、十数年後に非ずんば竣功し難しと雖も、其の規模の大は遥かに横浜港の上に在り。更に船を飛して三菱造船場、浮船渠二個、其の他鉄工所の設を視る。之れを長崎造船所に比すに、雄大実に美しく、亦観るべき者有り。楼上に於て午餐の饗を受く。遇ま服部知県、瀧川弁三氏の須磨別荘園遊会に赴くを求む。則ち二汽船を聯ね之れに赴く。白砂青松、雅致愛ずるべし。後四時辞別して東京倉庫に航入す。埋築地及び鉄道桟橋を巡視す。就中鉄筋混利土造りの倉庫は一千八百坪、堅穿質実最も喜ぶべき也。近時、混擬土工事の進歩、諸種建築、皆之れを無限に応用す。一大発展也。

五時半御門ホテルに入る。鹿嶋市長、参事会員、商業会議所、一行の為め晩餐会を開く。卓上需めに依り、予は、神戸築港須く東洋中心市場と為すの設備を施すべき必要を演述す。

後七時三十分特別車に搭りて発つ。田村良子来送。

五月二十二日　好晴

前十一時新橋に着き、直ちに出勤す。田辺より留守中社務を聴き、正午帰家す。

午後、鈴木徳松来訪。

此の夕、杉渓言長男、協同会務を来議。

五月二十三日　小雨

朝、松元剛吉氏、大貫龍城氏身分調査の結果を来報。

五月二十四日　小雨時に到る

前十時広軌第一分科会に列し、略ぼ質問を了る。

午後、第二分科を開き質問を終了す。予、広軌実行方針九条を提議す。

　一に曰く、継続年度十二年を短縮して、八年継続事業と為す（中橋氏提案）。

二に曰く、簡易改築法（白石博士提議）に依り、本州一般広軌改築を行ふ。

三に曰く、軽便線を除くの外、現在将来新設の鉄道、総軌道、隧道、橋梁、停車場を広軌建築規程に拠り、之れを築造（予提案）。

四に曰く、九州（予の提案）、北海道、四国鉄道は、第二簡易改築の方法を用ふ（北海道、四国は益田孝氏提議）。

五に曰く、前原・敦賀間線路、第一期広軌改築計画中に追加す（中橋氏提議）。

六に曰く、大阪築港連絡線亦前項の如く、第一期線に加ふ（予提案）。

七に曰く、広軌改築予算、継続年数及び総費額を単定し、毎年度割の現行法を廃す（予提議）。

八に曰く、神戸築港及び馬関陸海聯絡設備（内務省計画）事業は挙げて之れを鉄道院所管に移し、鉄道経済を以て之れを経営す（予提案）。

九に曰く、建築費利率、須く四歩二厘と改め、若干率を昇すべし（予提案）。

以上提案は分科員賛同せる所と為し、之れを他分科に交渉するを決し、暫く休会と為し四時退散す。

直ちに出勤し社務を看る。

此の日、大清潔法を行ふ。警察令に依る也。

此の夜、伊東子を訪ひ、緩談深更に及びて帰る。

五月二十五日　晴寒

前十時沖男と幸倶楽部に会し、男爵議員候補分配選定の件を内議す。

正午出勤す。

後二時吉川男と我が邸に会し、男爵議員候補予選の件を内議す。

農僕竹次郎来り報じて曰く、昨降雹劇烈にして花園、菜園を害する頗る甚しと。

川相技師、崎戸より来る。今夜我が邸に召致し、炭礦経営の方針を告ぐ。

園田寛、郷里より帰京し、親族会員謝儀を贈り来る。

後十時、菅田政次郎の請ひに依り、笄町金沢宅に往き、金沢式電球発明実験を観る。貧苦中、此の発明を為す。感ずべし。夜半帰邸す。

五月二十六日

前八時半進経太郎氏、炭礦機械買弁の事を来請。

十時広軌第一分科会に列す。午餐後、先に辞去す。

一時出勤して川相、田辺二氏と会し、崎戸第二起業経営方針及び職員配置等の件を告示す。

五時蜂須賀侯、清浦子、長松男、小野氏と精養軒に会し、同気倶楽部改築竣功式挙行及び会規改正の件を協議す。別室に於て長松男に対し、男爵議員総選挙準備行為の進行を内告す。十時散じて帰る。

五月二十七日　前陰後晴

前九時臨時列車に搭り新橋駅を発ち、横浜に赴く。直ちに腕車を飛して波戸場に到り、艦隊汽艇に入りて薩摩艦に昇る。上村大将、来賓約六百人を接迎す。

此の日、恰も明治三十八年日本大海戦祝勝日に当り、第一艦隊は定期演習を了り横浜港に入る。此の日、貴紳を招き、艦隊操練を演じ、以て祝意を表す也。

午餐了り、後一時水雷駆逐艦隊（四隻）、水雷艇隊（四隻）先発、第一艦隊薩摩、朝日、鹿嶋、筑波、肥前、伊吹六艦、舳艫相銜りて発つ。進みて東京湾中心に到り、先づ艦隊繰練を演ず。縦横転回し進退指を動かす掌の如し。次に戦闘部署に入り、本艦隊は水雷隊と擬戦す。駆逐艦隊と水雷艇隊と本艦隊を夾撃し、巨砲を交も発して相撃つ。殷々轟々砲烟海を圧し、交互に回転し、相迫る状は実戦と異ならず、壮快言語を絶す。交戦約一時間、則ち兵を載し互ひに敬意を表し、奏楽相送りて別る。実に昭代の偉観也。近世戦術の進歩、機器の霊妙、善を尽し美を尽す。世界各国雄を争ふの時、兵備の拡張止むべからざる也。演習了りて横浜湾に入り、後四時半列車に搭りて帰る。

後七時岩下清周氏の招きに依り、安、芳、輝三人を伴ひ帝国劇場観劇に赴く。蓋し同氏女は岩倉具光、山本三郎に嫁し、其の祝意を表する也。曽我復仇及び喜劇一齣を演ず。後立食の饗有り、後十一時散じて帰る。

五月二十八日　晴暄　日曜日

朝、中村敬太郎、菅田政次郎来訪。

十時発、玉川荘に赴き、田中氏と休憩所位置を議す。

後八時帰家す。

此の夕、岡田氏の業を受く。

勲児、廿六日来岸病院に入り鼻腔施術を受く。此の日退院し帰来。

五月二十九日　陰

桂二郎氏、人をして杉山氏一時恩貸金を返完し来せしむ。

前十時協同会幹事会に臨み、予の草せし所の男爵議員総選挙の方法順序及び選挙事務日程を議決す。

正午出勤す。川相、田辺二氏をして三菱会社に赴かせ、売炭の方法順序を交渉せしむ。

後二時沖男を伴ひ桂首相を三田邸に訪ひ、男爵議員総選挙の日程及び方法順序を告げ、次で候補者人名を内告す。公皆之れを首肯す。予亦阪谷男の来書を示し、意向を問ふ。公選挙反対の意を以て答ふ。

次で広軌準備会の経過を語り、且つ予の提出せる所の方針九条の事を告ぐ。年限短縮の外、公皆之れを是認す。

四時半辞して帰る。

此の日午後、広軌第一分科会有り。右会見の為め出席する能はず。

大隅生をして萩原守一氏の喪を護国寺に送らしむ（外務省通商局長）。

五月三十日　陰雨

朝、松平正直男、男爵議員選挙事務進行の実状を来問。詳悉答ふる所有り、男は意を安んじて去る。

時事記者高橋某来訪。

前十一時出勤す。

後二時九州炭礦会社株主総会を鉄道協会に開く。重役桂、浅田、村上、賀田四氏及び株主守屋、山内、日置外数名

来会。先づ前半季計算報告書を可決し、次で臨時会を開き、金百万円借款の件を可決し、後四時散会す。

此の日、菅田政次郎、金沢信豊を伴ひ、其の発明電球完成資金の出資を来請。則ち権利三割の割譲を約して、一千金を給付す。

此の日、男爵議員補欠選挙を行ひ、安藤直雄男（我が協同会員）、一致を以て当選す。

五月三十一日　晴

前十時沖、有地、吉川三男と、黒瀬、山内二男と会見し、協同会海陸軍人議員定員分配の件を談ず。

正午出勤し、川相、田辺二氏に対し、試錐機等購買及び入江礦区買収の件を指示す。

此の夜、安を伴ひ大久保侯を訪ふ。既に湯河原に向け発ち家に在らず。帰途大木彝雄氏を訪ひ、暫く閑談して帰る。

此の日、有爵議員選挙管理人投票を行ひ、南部甕男男、予選の如く当選。

玉川荘留守岩佐伝八郎夫妻、家族病の故を以て職を辞退す。乃ち小出由之助母詮（永坂町五十六）を傭ひ、留守を代らしむ。

六月

六月一日　晴

前九時吉川男来り、安場、青山、坪井三男を招き、総選挙に対する事務処理の経過を共に語り、将来進行の方針を内示す。

後一時出勤す。浅田正文氏、村上太三郎氏来社。岡田修（法学士）を主事、月俸百五拾円、崎戸在勤、竹原釗太郎を主事補、崎戸在勤に任用す。

海軍測量師某、将に我が嘱に応じて測量の為め崎戸に赴かんとして来社。

後七時吉川、杉渓、長松、諫早四男我が邸に会す。総選挙事務進行の実況を告げ、且つ将来の方針を内示す。

此の夕、奥田夫人、園田寛来訪。

六月二日　陰雨

前十時広軌第一分科会に列す。

後一時出勤す。副島延一来社。

奥田母、梅代、修、山崎秀等、割烹術を来学。

此の夕、寛来訪。

六月三日　微雨時に到り　夜烈風

前九時幸倶楽部に赴き、吉川氏と共に原口、黒瀬二男と会見、陸軍同志会定員分配意見を聴く。又村上男より海軍親睦会回答を聴く。

午後、沖、有地、波多野三男来会、総挙〔総選挙〕に対する方略を内議す。更に野村、高木、野田、目賀田、有地各評議員を集め、総選挙事務進行の顚末及び将来方針に関し報告し、賛同を求めて散ず。

六月四日　快晴厚暑　日曜日

前九時安、芳、輝、雅、勲等を伴ひ玉川荘に赴く。山崎秀子、亦諸児を携へ来会。終日園内を遊敖し、日暮れ、相伴ひ帰る。

岡本学（博文社員）来訪、予に養生法を質問。

此の日、岡田氏来教。東郷男外常連十三人也。

六月五日　陰　夜小雨

前十時沖、吉川、竹井〔武〕、有地諸男と協同会に会し、総選挙に対する時宜を協議す。
田中霊鑑来訪。
午後、原口、黒瀬、村上三男、陸軍同志会、海軍親睦会定員分配案の回報を来致、協定成立す。則ち男爵互選議員定員を各団体に分配す、左の如し。
定員六十三人
　内　八人　局外者（二七会）分配選挙
　　十二人　旧清交会議員再選保証者
　残り四十三人　之れを連合総員弐百十八人に按分配当
　協同会三十一人　清交会再選者を併せ計四十三人
　同志会　八人
　親睦会　四人
斯くの如く妥協成立し、男爵互選の平和無競争也。予め知るべき也。
三時半出勤す。田中霊鑑来社。
四時半安と田中筑関氏夫妻及び其の長女を誘ひ、帝国座演劇を観る。散じて帰り、我が邸に留宿す。

六月六日　陰
田中氏一族今朝辞去。

岡田修を招き、崎戸礦業所処理方針を訓示す。

前田利一来訪。請ひに依り、之れを鉄道院木下淑夫氏に紹介す。

吉田善佑（独立通信社員）来訪。

後一時沖、有地、吉川三男と協同会に会す。安場、中川、青山、若王子、坪井、安藤五男を総選挙準備委員に嘱任し、幹事補欠の件を内議す。夕刻帰家す。

田慎治夫妻来訪。

六月七日　陰　後半晴
前十時出勤す。田辺、岡田、鈴木と玉川漁遊の方法を議し、彼等をして之れの実験に往かしむ。

徳川厚男を招き、議員候補の件を内示す。深く忠告する所有り。

後一時協同会幹事会を開く。小沢、沖、武井、吉川、真田五男皆集ひ、男爵議員六十三名中協同会選出四十三名、局外選出八名、候補者選出の件を内議す。北大路男を以て金子男に換ゆるの外は、総て予と吉川男と予選せる所の人名に決して散ず。

次に陸海軍交渉会を開き、陸軍人選出八名、海軍人選出四名の候補者を認め、之れを可決す。亦陸海軍人をして局外選出八名を是認せしむ。後六時半安、輝及び山崎秀子を伴ひ、有楽座美音会演芸会に赴く。深更に帰る。

六月八日　晴暑　夕雷雨

朝、高崎正風男、藤枝雅之男再選を来嘱。落選に既決の理由を述べて之れを謝絶す。前九時半協同会に赴き、予選候補総人名を作る。十時評議員会を開き、先づ幹事補欠、評議員補欠、選挙費醵集方法等延期を決す。次で予は幹事会候補者予選の経過及び成案を詳述し、全会一致之れを可決す。後一時協同会総会を開く。会する者五十四人。辻新次男を挙げて座長と為し、先づ有地男を挙げて幹事に補すの件及び評議員補欠延期、爾後当選者は醵出金百円を会費に充つる件を可決す。終りて予は各幹事を代表し、協同会拡張の成蹟、各派定員分配の事由、候補者予選の精神等を詳しく演述し、予選人名を朗読して其の同意を求む。満場一致之れを可決す。抑も明治四十一年協同会の設立を見るや、当時会員は約四十名を過ぎず。而して敵手二七会員は百七十名を超へ勢力懸隔甚しく、我が協同会は選挙界に於て一指を染むる能はず。爾来我が幹部五名奮励周旋して、勢力日に加はり、我が百五十四名の会員を有するの外、尚陸軍同志会員四十二名、海軍親睦会員二十二名の聯盟を有す。其の数弐百十八名に及び、而して二七会は則ち勢日に蹙み僅かに七十余名を有するのみ。盛衰の激変、桑田碧海の感無きに非ざる也。其の故何也。二七会の強を頼み勢を誇り専横壟断、自ら之れを招きし也。今日我が聯合団の優勢を以て何事か成らざる。然し大を以て小を凌ぐは、二七会往年の暴横に学び、是我れ等同志の取らざる所。則ち彼等中の賢良八名を挙げ、之れを候補名簿に列し、以て我が男爵選挙界の平和を保つ。彼等をして中心〔ママ〕恥じて敢へて抗はざらしむ。是予が此の予選案作成の精神也。会員総員、亦能く我が案の旨趣を諒し、一人の異動も加へず、満場一致之れを可決す。近日予が日夜苦心の目的、始めて貫徹す。快心無限。後六時新聞通信社員十九名に対し予選候補人名表を交付し、且つ定員分配の旨趣、二七会員推選の精神等を演告して別る。

六月九日　晴暑

朝、杉渓言長男、牧野男爵夫人来訪。

零時半出勤す。藤江章夫氏来社。

二時玉川荘に赴く。安、雅二人先に在り。田中氏と明後日漁遊の事を談ず。日暮れて相携へ帰る。

夜、園田寛来訪。

六月十日　半晴

午前出勤す。藤江氏、植田為造、落合幹三郎二人を伴ひ来社、入江礦区買収交渉開始の件を談ず。

後一時幸倶楽部を経て玉川荘に赴く。安、雅、季等先に在り。園内清掃を指揮す。夕刻、安等帰京し、予と勲児と留守す。

六月十一日　梅雨始めて到る　日曜日

此の日、豊川良平、南部球吾氏等三菱会社員十余名及び和田維四郎、白石直治二氏并に其の家族三十余名を招き玉川に於て鮎漁を催すの約在り。主客併せ約七十名、午餐及び舟遊の準備を為す。此の日斡旋、準備漸く整ふも、天公の奇癖何事ぞ、今朝起きて窓を推するに、梅雨黙滴し迷雲溟濛にして園遊、舟行共に不可。則ち此の遊を止む。遺憾極り無し。

佐野実親氏来園。則ち同氏及び田中氏と京地送り来る所の行厨を開き、共に午餐す。夕刻勲児を携へ帰家す。

此の夕、岡田氏例に依り来教、授業者十二人。

六月十二日　半晴

朝、大和新聞記者関某来訪。

南光利男、協同会入会の件を来談。

仁尾惟茂氏来訪。

井上雅二氏、朝鮮より帰り、将に馬来〔マレー〕半島に赴かんとして来訪。則ち其の嘱に依り、之れを内田台湾民政長官及び柳生台湾銀行頭取に紹介す。

正午出勤す。郷誠之助男、推薦の恩を来謝。

二時幸倶楽部例会に列す。吉川男、新議員政派所属自由撰択の件を来議。予之れに賛成し、沖、竹〔武〕井、安場、青山、坪井、杉渓諸男に之れを通知す。

六月十三日　半晴　夜驟雨

前八時半大浦男を訪ひ、男爵議員総選挙準備事務の進行及び其の結果を告ぐ。

岩倉道倶男、推薦の恩を来謝。

午後一時出勤し、十六日重役会開催及び三菱重役職員招宴の件を決す。

二時半幸倶楽部に赴き、有地、沖二男と新議員政団所属分配の件を談ず。

一昨日来季子発熱し、伊藤医の来診を受く。本日来診して曰く、体温常体に復し、憂ふる所無しと。

六月十四日　陰又晴

前十時広軌第一分科会に列し、人哩頓哩算出率及び収支算率修正案を可決す。

後二時出勤し、帰途幸倶楽部を訪ふ。

魚住某来訪。

六月十五日　陰雨

前十時広軌第二分科会を開き、経済界影響の実状及び資本償却の利率を審議す。

後一時幸倶楽部を経て出勤す。

二時大浦男を農省に訪ひ、新議員各派分配の多額議員招来の件を内談し、帰社す。

五時、豊川氏の招きにより、木挽町山口屋の宴に赴く。仙石、白石、中橋、伊藤、本田諸氏来会。絃妓及び力士（黒瀬川、土州山）等来りて宴に侍る。歓笑十時に及びて帰る。

新聞紙、大鳥男薨去の報を報ず。

六月十六日　雨後霽

山本綾子、大貫龍城子、睦子に対する求婚交渉の顛末を来問。

後一時九炭重役会を開く。桂、神谷、村上、賀田諸氏来会し、重役報酬復活の件及び入江礦区買取交渉の件を内定す。

五時三菱会社重役豊川、南部の両幹事及び各部長を常盤楼に招き晩餐を饗す。借款成立の謝意を表する為め也。来会者は賓客十人及び九炭重役等四人。歓飲十時に及びて散ず。

園田寛来訪。

六月十七日　晴暑

午前、梅代、修等、割烹術を来学。

家兄、朝満漫遊より帰阪の報有り。

午後二時出勤す。願に依り橋本増次郎の技師を免ず。自働車製造修繕の業を開始の為め也。

四時四十五分大鳥男遺骨を新橋駅に迎ふ。送りて三河台邸に到り弔問且つ焼香して帰る。

芳、輝、雅、勲等、玉川荘に赴く。予亦次で赴く。

六月十八日　半晴　日曜日

午前、安来園。勤亦来る。

夕刻、相携へ帰家す。

此の夕、岡田氏来教。

六月十九日　颶風に雨交る　午後に及びて霽

夜来の暴風雨遂に颶風と為り、牆垣、庭樹頗る劇しく害を被る。東京市内の外、東海、関西害を被らざる無しと雖も、電信不通にて概況不明。梅雨の候に斯くの如きは絶へて見ざる所也。

後三時協同会を代表して大鳥男の喪を弔す。

四時男爵議員候補者懇親会に紅葉館に臨む。会する者四十余人。談笑湧くが如く、歌舞迭起し、八時款を尽して散ず。

此の日、安は学習院女学部中等科家庭会に臨む。

六月二十日　半晴暑

朝、立川雲平氏、入江礦区の件を来談。

後一時出勤す。

二時大鳥男の喪を青山墓地に送る。会葬者数百人、貴紳多く集ふ。予は親族席に列す。式了り埋棺を観て散ず。

松尾寛三氏、明日次女結婚式の臨席を来請。

後七時平田、大浦、沖、吉川諸男及び酒井、入江、牧野三子と内相邸に会し、互選議員各派所属分配の件を協議す。

六月二十一日　晴又陰　夜小雨

前十時広軌第二分科会を開き、資本償還利率の件を審議す。

後一時出勤す。三菱会社植松京氏（営業部副長）来訪。則ち相伴ひ築地明石町海岸に到り、崎戸輸送粉炭を検ず。

三時同気倶楽部落成式に臨む。安、芳、輝三人来会す。先づ総会を開きて会則改正案を議決し、次で落成式を行ふ。能楽其の他種々余興有り。

六時安を伴ひ星岡茶寮星野勉三（半六長男、慶応義塾教授）、松尾近子（寛三氏次女）結婚披露宴に赴く。

九時予は先に辞し再び同気倶楽部に赴く。余興終り、十時芳、輝二児を伴ひ帰る。

六月二十二日　陰

此の日、我が同盟君主英国皇帝襄慈《ジョージ》五世陛下即位式を行ふ。我が銀行、会社等は敬祝の意を表す為め、休業する者頗る多し。予は則ち玉川荘に赴く。午後安、誠二人次で来る。

十九日の颶風、園樹数十幹を顚倒し、竹木の折れ傷むもの頗る多し。園裏に雹害を受け、花木傷損す。今亦暴風の時ならず此の禍害を到し、荒寥殆ど秋季候景に類す。傷むべし、歎ずべし。

夕刻、相伴ひて帰家す。児女等挑〔提〕灯行列を観る為め、日比谷公園に赴き、唯季児一人家に留るのみ。

六月二十三日　半陰　夕小雨

前十時広軌第一分科会に列す。

後一時出勤す。

帰途松尾氏を訪ひ、前日招宴の謝意を述ぶ。

重野伯母、荒木次女を伴ひ来訪。

六月二十四日　半晴

午後、安、芳、輝、雅、勲、季諸児を伴ひ玉川荘に赴く。

六月二十五日　晴又陰　日曜日

朝、勤亦来園。

後五時相携へ帰京す。

不在中、星野勉三夫妻来謝。

此の夕、岡田氏来教、授業者十二人。

六月二十六日　半晴　夜小雨

朝、法科大学生今野正蔵（築地二ノ十六、平野方寓）、荒川済紹介書を以て来訪。

前十時古沢滋氏の病を其の綱町邸に訪ふ。家人は、病少し怠り、数日前療養の為め鎌倉に転寓すと云ふ。

幸倶楽部に赴き、選挙準備委員鞅掌の状を観る。投票既に集るもの約百二十票と云ふ。

午後出勤す。

六月二十七日　雨　晩烈風

朝、橋本五雄氏来訪。

九時浅田、古市、武井、江木、目賀田諸氏と下条正雄氏邸に会し、多額納税議員幸倶楽部入会勧誘の件を協議す。後、午餐の饗を受けて散ず。

二時幸倶楽部に赴き、沖男と会談す。

三時半出勤す。神谷氏来社。

六時豊川良平氏の招きに応じ常盤屋宴に赴く。九炭重役及び三菱社員、主客約二十名。柳一戯曲演芸有り、其の記臆術は白石一を失せず、驚嘆すべき也。歓談満を引き十一時に及びて散ず。

此の宴、蓋し曩日我が招宴に酬ゆるの意也。

六月二十八日　暴風雨

前十時広軌分科会を開き、資本債却利率推算法を議決す。午餐を喫して散ず。

後二時岩崎久弥、同小弥太二男を三菱会社に訪ひ、九州炭礦資金融通の謝意を述ぶ。

六月二十九日　霖雨滂沱　各地洪水

後二時出勤す。

三時仲小路次官を逓信省に訪ひ、崎戸嶋海底電信沈設の件を嘱す。

帰途、織田子爵を永坂町邸に訪ひ、子爵議員選挙に関し、尚友会候補者推薦の件を嘱す。

此の朝、菅田政次郎、金沢発明電球資金追給の件を来談。

此の夜、橋本五雄（但馬人）来り、下院議員選挙に就き教へを請ふ。反覆して実験所存を述べ、之れに答ふ。

六月三十日　梅霖終日歇まず

吉田善佑（独立通信社員）来訪。

松平男、藤枝雅之男上院議員候補選択の件を来嘱。

午後、入江子爵を笄町邸に訪ひ、織田子の子爵議員選挙に対する確答を談ず。

関宗喜氏を其の邸に訪ふ。不在にして其の夫人に面晤して去る。

家兄昨日の書に接す。曰く、萱堂近頃は不予にて、数日来顔面手足浮腫し、且つ嘔気有り食物を受けず、医岩崎、坪井診て、心臓病と腎臓病とを併発し、重症にあらずと雖も、全治に多日を要す、専ら静養に勉め、粒食を絶ち単に牛乳を用ゐ、且つ発汗に勉むるを要す云々と云ふと。驚愕涯無し。萱堂は平素強健にして日夕活動し、近週上京の予報有りて、子女皆鶴首して俟つ。今忽ち此の報に接し青天の霹靂、失望何ぞ限らん。唯皇天の祐助を垂れられ、快復の日有るを希ふの仰望、懇祈の至りに堪へず。直ちに一書を裁して、慰問且つ後状を問ふ。

七　月

七月一日　細雨

前十時幸倶楽部に赴き、選挙準備事務進行の状を看る。群馬県議員江原田平に書を発して入会を勧誘す。正午出勤す。田辺氏に会ひ、三菱社借款履行の事を行ふ。午後、鈴木徳松来訪。

七月二日　前小雨　後曇　日曜日

午前、尾崎三良男、男爵議員候補者選定方針を来問。則ち所信を挙げて詳しく之れに答ふ。

午後、大浦農相乗馬にて来訪。時局を数時款談して去る。片山睦太郎（戸山学校助教、歩兵軍曹）来訪。野々村政也氏来訪。山口宗義嬢、寛結婚媒介談を聴く。此の夕、岡田氏来教、受業者十二人。予頗る深く感応す。通信協会山崎麓来訪。

七月三日　終日雨脚繁し

前十時電召に依り松方侯を三田邸に訪ふ。島津久賢男互選議員補欠候補者推薦の嘱有り。

正午出勤す。

後二時広軌第一分科会に列し、審査報告案を可決す。

深江基太郎、将に大阪に赴任せんとして告別に来る。

山崎秀子来訪。

七月四日　雨霖滂沱　晩に至りて歇む
柚木慶二氏（鹿児島県代議士）、島津久賢男上院議員補欠候補推薦の斡旋を来請。
橋本主計局長、広軌鉄道改築費公債募集の順序方法を来談。
大和記者関亮、東京電車鉄道市有実行の得失を来問。予、持論を挙げて之れに答ふ。

七月五日　晴暑
朝、松元剛吉氏来訪。大浦男の意を承け、東京鉄道主宰の件を談ず。

前十一時出勤す。森本鉄太郎氏（煉炭会社重役）来社、崎戸粉炭購買の件を談ず。

後一時広軌第二分科会を開き、広軌改築工費継続年度を議決す。

五時松尾、星野両家の招きに依り、安と精養軒結婚披露宴に列す。来賓百余人。貞水講談及び文士劇有り。晩餐の饗を受けて散ず。

九時半大浦男を私邸に訪ひ、市鉄道主宰の件を密議す。

七月六日　晴暑
朝、松元剛吉氏、昨日の経過を来談。

日置黙仙、関宗喜氏、護国塔建設事務終結の件を来談。

前十一時船越、浅田、古市、目賀田、江木、石井、下條、平山、原及び浜口諸氏と華族会館に会して閑談、午餐を共にして散ず。

後二時第二分科小委員会を開き、財政経済関係を審議し、更に起草委員四名を選定して散ず。

五時半幸倶楽部囲碁会に臨み、夕刻帰る。

七月七日　晴暑
前九時第二分科起草委員会を開く。起草に着手し、主任幹事をして執筆せしむ。
一時幸倶楽部に赴く。直ちに出勤す。

二時男爵会臨時総会に臨む。平田内相、済生会資金義捐の事を来嘱す。

此の夕、岡部則光氏来訪。

七月八日　晴暑　風強

朝、岩倉道倶男来訪。梶浦逓信技師、仲小路次官の命を帯びて、崎戸炭礦海底電線敷設の件を来議。

後一時男爵議員選挙管理者南部男の招きに依り、華族会館に赴く。立会人協議会に列し、総選挙投票点検方法を協議して別る。

三時出勤す。

家兄、萱堂の病大に佳良に赴くを報ず。喜ぶべし、祝ふべし。

夕刻、安、芳、輝、誠、勤、雅、勲、季及び三婢を伴ひ玉川園に赴き、留宿。

七月九日　快晴、烈暑　日曜日

午前、誠、勤、勲等帰京。

夕刻、家眷一同を伴ひ帰る。

此の夕、岡田氏来教、受業者十六人。

昨日、東京市会は電車鉄道買収案を可決す。

七月十日　快晴　烈暑、八十五度に昇る

前七時半南部管理者及び立会人二十一名と華族会館に会す。八時男爵議員選挙会を開く。十時投票函を閉じ、十時半開函す。立会人を七科に分け、一科三人、点検を行ふ。其の結果左の如し。

　選挙有権者確定名簿有権者

　　参百五十六人

　　　内　一人　　　　　大鳥男薨去、之れを除く

　　残参百五十五人

　　　内　六十七人　　　棄権者

　　　　　五十四人　　　出席投票者

　　　　　弐百三拾四人　委托投票者

　　右投票総数弐百八十八票

　　　内　五票　　　無記名者或ひは用紙違式無効

　　残弐百八十三票　有効投票総数

当選者六十三名、皆我が協同会指定する所一名も違はず。而して得票数各弐百七十二票乃至弐百八十一票、其の差

亦十票を昇らず。歩武整粛、伯爵、子爵の競争劇甚にして得票の差大に懸隔すと、全然観を殊にす。積日の苦心、始めて酬はる。祝すべき也。

後四時選挙の結果を公表して退散す。

直ちに幸倶楽部に集ふ。会する者約五十名、互ひに祝杯を挙げて散ず。

増〔益〕田孝氏来部、広軌委員会献議の件を談ず。

七月十一日　快暑　劇暑昨の如し

前、沖男、家人をして約手形三葉の更換を来請せしむ。諾して之れを返す。

九時第二分科小委員会を開き報告書案を審査す。

十一時半出勤す。田辺氏九州に向けて発つ。

林謙吉郎氏来社。

阪谷男、此の夕万国平和経済会議に向けて発つ。橋本主計局長に嘱して之れを新橋駅に代送す。

新選上院議員南岩倉、太秦、竹腰、坪井、辻、諫早、北嶋、藤大路、島津、安場、青山、中川、山内、若王子、千秋各男、推薦の恩を来謝。

大久保侯夫妻、湯河原より帰り来訪。

六時平田、大浦、有地、沖、吉川各男と農相官邸に会食し、協同会の二七会に対する方針及び有爵、多額議員各派所属分配方法を協議し、深更に及びて散ず。

七月十二日　全晴大暑

朝、南光利男、協同会加入の紹介を来請。

山本泰雄（東洋実業新報員）来訪。

郷誠之助、岩倉道倶、杉渓言長、山路義路男等来謝。

菅田政次郎、金沢信豊の為め電球発明費追給を来請。則ち其の幾分を許し、之れに追貸す。

後七時半敦賀外二港視察の為め、広軌委員約二十名と特別車に搭り新橋を発つ。

〔貼付、印刷物〕

本月十二日より左記日割を以て敦賀、下関其の他の港湾視察の為め、有志者出張のことに申合せ候間、御同行否、乍勝手本月八日迄に御回答相煩度候。

　七月五日　　広軌鉄道改築準備委員会幹事

　男爵田委員殿

　　敦賀及下関視察旅行日割

第一日（十二日）午後七時三十分新橋発

第二日（十三日）午前七時二十分米原着
午前七時四十分米原発、仝九時廿六分敦賀着
午後三時頃臨時敦賀発、仝五時頃米原着
仝六時五分米原発、仝九時二十分神戸着一泊
第三日（十四日）午前七時廿五分神戸発、午後八時二十五分下関着一泊
第四日（十五日）関門、戸畑、若松等視察、下関着一泊
第五日（十六日）枝光製鉄所視察の上、午後四時六分枝光発、仝七時二十三分大牟田着、三池三井倶楽部一泊
第六日（十七日）大牟田視察の上、午後十二時四十七分発、午後五時三十分門司着、下関一泊
第七日（十八日）午前九時三十分下関発
第八日（十九日）午後二時十分東京着

七月十三日　快晴炎暑　午後雷雨一過

前七時半米原駅を過ぎ、北陸線に入る。敦賀港有志者数名来迎す。九時二十六分敦賀駅に下車し、車を聯ねて築港地に着す。直ちに小汽船に搭り港勢を視、進みて立山岬灯台下に到る。舳を返し、常宮湾を経て公会堂下に上陸す。直ちに入りて休む。時に午後零時半也。

敦賀湾は日本海に北面し、金崎岬は其の東を扼して小港形を形成す。冬時北風激浪を起して繋泊に不便。近時岬頭、防波堤を延築し港内浚渫を行ひ、以て巨船数隻の碇泊に供すと雖も、未だ以て良港と為すべからず。常宮湾は、則ち湾、東南に面し港勢雄大、敦賀港に数等優ると雖も、市街及び鉄道皆相懸隔し、数千万金を費さずば実用に供するに足らず。是亦謂ふは可にして、之れを行ふは不可の論。暫く敦賀港修築のみにて、亦止むを得ざる也。時に独逸艦隊四隻舳艫相合せて碇繋す。商船則ち浦塩定航船鳳山丸外一隻、碇繫するのみ。

公会堂に於て敦賀港町長等に因り、午餐の饗を受く。東宮殿下歓迎堂に於て休憩す。川原茂輔と囲碁一番す。午後三時五十五分発特発列車に搭りて前〔米〕原駅に返し、六時五分発急行列車に連結して発つ。時に雷雨一過す。

八時半大阪駅を過ぐ。是に先だち、一行は神戸一泊の約有り。故に予は独り大阪に下車し、萱堂の病を訪はんと欲し、之れを家兄に予報して小谷哲等来迎す。然し途上衆議は一変し、下関直行と為る。則ち哲等と別れて西進し、神戸駅に下車す。休憩中加藤旅館に入る。一浴洒然、十時五十五分発車し、須磨、舞子を過ぐ。月色海波に映

えて涼味翟々快言ふべからず。

七月十四日　快晴　烈暑依然

前八時起床す。列車は厳島辺を過ぐ。内海の風色、蓋し松島の大聚団也。午後二時過ぎ車は下関に着す。鳥居、酒井、青木三子爵と川卯支店に投宿す。

五時筑豊礦業組合の招きに応じ、其の小戸観瀾閣歓迎宴に赴く。一行は汽艇に搭り停車場を発し、直ちに小戸海峡に入る。時は正に退潮に属し、周防灘と玄海洋と、潮汐干満の差蓋し数尺を下らず。海水は激湍を為し、蕩々海峡に入る。汽艇は之れに逆ひて進む。恰も急川を上るが如し。両岸、奇岩老松峡を夾めて迂曲し、奇観名状すべからず。艇は玄海洋を出て再び急潮に順ひて返し、遂に観瀾閣に上る。山水の奇勝、希に観る所也。夜間楼下、漁艇数十隻を放ち、篝火は激湍網魚を照らす、亦一奇観也。十時帰宿し、鳥居子と囲碁数番す。

七月十五日　烈暑益劇　四時驟雨沛然一両過す

前九時一行は汽艇に分乗して照海図を行ひ、築港計画案を審案して進む。若松港に入り、十時半製鉄所に上陸す。

中村長官在京して未だ帰らず、吉川雄輔氏（経理部長）出接す。先づ熔礦炉及び骸炭製造の実状を視、長官官邸にて午餐。更に延鉄、錬鋼、軌條、鋳版、円鉄、其の他各種製工場を歴巡す。事業の進歩は、之れを往年に於る視察の時に比すに、実に霄壌の差有り。蓋し器械の革新、職工の練熟、与りて力有り。此の工場内視察は、特に列車を運転し、之れに多く頼りて巡回す。猶且つ流汗淋漓、炎暑耐ゆべからず。三時皆汽艇に入り復航に就く。遽かに驟雨大に到る。五時上陸し山陽ホテルに入る。

三菱若松支店長三好重道氏来訪。

今朝、楯田五大（馬関毎日新聞主筆）、石川良道（関門日々新聞社員）二氏、下関経済会を代表して我が経済意見の演説を来請す。則ち応じて之れに赴く。下関市長小林重威外約三十名来会し、五十分演述して辞去す。

六時、藤田鬲力氏（九州管理局長）の招きに依り、其の春帆楼晩餐宴に赴く。十時、歓を尽して散ず。

七月十六日　快晴、烈暑　日曜日

前七時連絡船に搭り下関を発つ。一行、七時四十分発列車に同乗して門司を発つ。平井、中橋氏等下関に留る。

十一時半大牟田駅に下車。三池炭礦職員及び山田博士等来迎し、直ちに車を聯ねて開港地に到る。一英船、福州の出港を観る。大牟田は原と遠浅の地、三池炭輸出者は皆、小船に依り口之津に送り、之れを巨船に転載す。其の労費は計るべからず。数年前、三井家は四百万円余の巨資を投じて築港事業を行ふ。現欧州航船若狭丸及び壱万余頓の英船其の他二巨船入港し、輸出入貨物の揚卸を行ふ。三池石炭一年採掘百五六十万頓の過半、海外に輸出する者は皆最新式起重機を用ゆ。一分間に八頓を積載能する者三台を備へ、其の規模の大は刮目すべき也。

後一時三井倶楽部に帰り、午餐を喫す。再び車を聯ね築港岸壁、起重機石炭積載の状を観る。更に客車に搭り万田坑を観る。出炭量一日約四千頓、三池炭礦最大坑也。其の湧水一分間一千立方尺、是亦他に類例無き所也。一行、将に礦業学校を観んとす。予は腹痛の兆有るを以て直ちに三井倶楽部に入り、医を招き診治を受く。

夕食後、山田博士と囲碁三番し、二勝一敗。所長植田氏は病を以て他行し、副長植木平之允氏、代り斡旋し、山田博士、主として東道の任に当る。接待、饗応極めて慇懃。

七月十七日　快晴、甚暑

前七時半車を聯ねて三井倶楽部を辞す。直ちに築港に到り、汽船に入る。八時抜錨、防波堤を循りて島原海に出る。山田氏以下職員は一汽船を引艤して、洋中に送り来りて別る。温泉嶽右に矗立し、三角半島は左に互連し、観望頗る雄。正午ロノ津港口を過ぐ。大牟田築港全成後、該港は俄然寥寞に陥る。天然の良港、亦用ゆる所無く、憐れむべき也。

後二時茂木港に上陸す。長崎県事務官、市長其の他来迎する者多し。人力数拾輛を聯ね長崎に入り、直ちに汽艇に搭りて港勢及び三菱造船所を観る。六時、迎陽亭に分宿す。犬塚知事、秦、竹井二事務官、塩田泰助氏（造船所長）、杉本、妻木技師其の他来訪。

此の夕、迎陽亭に於て三菱会社の饗を受く。一行以外、県市職員其の他来賓数十人。老小妓来侍する者、亦数十輩。耳飲夜半に及びて散ず。川相、田辺二人、亦三菱一行中に在り。明日を以て崎戸炭礦に同往する為め也。

七月十八日　好晴炎暑

前八時三菱長崎支店に到り、豊川、杉本、江口、其の他三菱社員約二十名及び川相、田辺氏等と夕顔丸に同乗し、崎戸嶋に向ひて発つ。船裡約三十浬、海波大に余波を送るに会し、頗る劇しく簸り揚げ、器物顚倒する者尠からず。十一時半蠣浦港に着く。午食して上陸、事務所に入る。別伍して視察す。坑内に入る者、坑外及び港湾を視る者、図を按じ説明を聴く者、皆港湾の良好、炭量の豊富に関して、満足の意を表はさざる者無し。後三時夕顔丸に搭りて復航に就く。七時大波止場に上陸し、迎陽亭に入る。

此の夕、亦豊川氏の招きに依り、三菱社員饗宴に列す。広軌委員一行、一両名を除く外、皆今朝列車に搭りて博多歓迎会に往き、下関に向ふ。予は吉植氏と十一時半列車に搭り、之れを追尾す。

七月十九日　快晴盛暑

前九時半下関に着し一行と会す。直ちに九時発特別車に入り東向す。炎暑燬ゆる如く、流汗淋漓、殆ど堪ゆべからず。

後十一時廿五分大阪駅に着き下車す。小谷哲、園田寛来迎。共に電車に乗り桃谷邸に入る。

直ちに萱堂を病床に看る。諸症大に緩和し、水腫減退して嘔気消失す。温体、脈膊は平常に同じ。軽快喜ぶべし。唯飲食未だ充分ならず、是憂ふべき也。横尾謙七、来りて灸を点じ、其の効験頗る著しと云ふ。

土田叔母、太田慎、宇野乙士、池上平三郎等来りて省病す。

七月二十日　快晴烈暑

日置黙仙、横尾謙七氏等来訪。

萱堂病状益佳良、一家皆愁眉を開く。天公の祐助を垂れ速かに全快に赴くを切に祈る。

後十時半寛を伴ひ大阪駅を発つ。家兄送り来る。山本綾子、亦幼児を伴ひ同車して東帰す。

七月二十一日　半晴冷湿　土用節入り

前六時起床す。列車は正に嶽麓を過ぐ。国府津に到るに及び、松元剛吉氏、利光鶴松氏の意を来伝し、切に電車局長の任を受くるを請ふ。予固く辞意を述ぶ。

九時新橋駅に着す。岡部則光氏来翰の趣に依り、直ちに伊東子を訪ふ。子は後藤逓相の意を受け、電車局長の事を談ず。予、之れを固辞す。子、亦之れを深く諒す。

十一時出勤す。

後一時大浦農相を私邸に訪ひ、前件の辞意を表して帰る。

林謙吉郎、松元剛吉氏、前件に関して来訪。

後八時松元氏を伴ひ、大浦男を訪ふ。利光氏亦来会。互ひに前件に関し意見を交換す。大浦、利光二氏は任を受くるを深く希望す。予、固く辞意を表す。要領を得ずして別る。

関宗喜氏来訪。

此の日、家僮をして上院議員四條隆平男の喪を青山墓地に送らしむ。

昨、財部海軍次官、英国海軍士官十余名を玉川に召き、鮎漁を行ひ、且つ我が別荘に於て晩餐を饗す。此の日、編輯浅井将秀をして来謝せしむ（浅井氏、借用を来請する也。来請者は海軍大佐小林躋造氏也。追訂す）。

予、旅行不在中、新議員尾崎、津田、本田、長松、黒瀬、藤堂、生駒、楠本、神山、平野諸男来謝。

島津久賢男、亦来り敬意を表す。

七月二十二日　陰　時に微雨

朝、関宗喜氏来訪、将に明日を以て北海道に赴かんとすと云ふ。

十時小松原文相の招きに依り、其の官邸に赴く。茶話会、無所属幹部員十余名来会。文相、学制改正の沿革顛末を詳述し、且つ其の修正案の通過枢密院の状を告げ、来会者の同意を求む。後、午餐の饗を受け散ず。

後二時杉山茂丸氏を台華社に訪ふ。林氏来り面晤を求むるに依る也。氏は縷々時局変遷の真相及び電車市有裡面の顚末を説き、予其の局に当るの不可を切言す。予は則ち昨来固辞の事情を挙げて之れに答ふ。

夕刻、芳、輝、雅、勲及び一婢を携へ玉川荘に来る。

此の夕、安は山本綾子、土田睦子を伴ひ、帝国劇場観劇に托し、睦子と大貫龍城氏と会見せしむ。

七月二十三日　陰雨梅天の如し　日曜日

午前、安来会し、共に園内憩亭建築工事を視る。

夕刻相伴ひ帰る。勲児独り留る。

此の夕、岡田氏の業を受く。園田寛来り、将に官命を以て樺太に到らんとすと云ふ。行程約六十日と云ふ。

七月二十四日　半晴　小雨時に到る

今朝、輝児、扁桃腺腫物切開の治術を受くる為め、築地岸耳鼻咽喉病院に入る。

山本綾子、佐原竹次郎（鉄道共攻会編輯員）、菅田政次郎来訪。

午後一時出勤す。浅田氏及び森本大八郎、橋本繁（日々記者）、村木謙吉相次で来社。

七月二十五日　驟雨数回

午前出勤す。林氏来社。

織田子爵来訪。

宗秩寮、属韮沢幾蔵をして、男爵議員総選挙明細書の調印を来求せしむ。諾して之れを返す。

松方侯、書を送りて島津久賢男上院議員補欠の推薦を嘱す。陸海軍人予定の事情を述べて、之れに答ふ。

七月二十六日　夜来颶風暴雨暁に及び息晴暑

昨日来豪雨盆を覆す。風力漸加し、今暁二、三時に及び遂に颶風と為る。天地震動し、凄惨極り無し。今朝起きて之れを検ずるに、墻垣顚倒し庭樹折倒、之れを客月十九日の暴風被害に比すに、其の惨状倍加す。市内風害水災の惨は頗る劇し。州崎遊廓の如きは、海嘯妓楼を覆没して、死者五十人に及ぶと云ふ。蓋し暴風中心の過ぐる所、風速殆ど一時間七十哩、其の被害の惨は怪しむに足らざる也。

前十時広軌第三分科に列し、海陸聯絡事業完成献議の事を議決す。午後、第二分科小委員と分科報告案修正の件を協議す。

後二時出勤す。

三時野々村政也氏を東五軒町邸に訪ふ。家兄の託に依り、園田寛の山口嬢に対する求婚の事を通告し、其の媒酌を求む。

七時、芳子、雅子、山崎梅子及び一婢と玉川荘に来る。

松本恒之助氏来訪。

七月二十七日　半晴暑　強風

園丁を督し顚倒庭樹を扶植す。田中氏を招き、本月経費金百五十円を交付す。

夕刻、芳児を伴ひ帰家す。

昨来、園丁相集ひ庭樹を扶植す。

七月二十八日　晴暑

前九時広軌第二分科会を開き、審査報告案及び広軌改築継続年度短縮及び本州線全部広軌改築実行の件、本州以外全鉄道広軌改築調査着手の件、鉄道材料内地生産奨励の件献議案を議決す。

午後、前分科会を継続し、産業発達輸出奨励、鉄道政策確立の件献議案を修正議決す。

二時第三分科会に列し、其の報告案及び築港湾行政統一の件及び海陸聯絡工事年度財源確定の件献議案を議決す。

三時退散す。

直ちに出勤、事を視る。

夜、神田鐳蔵、証券信托会社設立の件を来談。

重野紹一郎氏を招き、鎌倉叔母との間遺産分配の方法を協議し、略ぼ其の要領を得る。

七月二十九日　前雨　後半晴

前九時白石直治氏を飯倉邸に訪ふ。会津長瀬川水力事業経営の件を協議し、其の調査及び出願の事を嘱す。

公爵岩倉具張氏、道倶男上院議員推挙の恩を来謝。

午後、玉川園に赴く。安は諸児、山崎梅子、二婢を伴ひ亦来会。

曾根盛鎮氏来園。

七月三十日　夜来大雨風有り　日曜日

午後四時一行十人相伴ひ帰る。

新元新電報に曰く、本日後四時基隆発上京すと。

此の夕、岡田氏来教。

足立孫六氏の訃を聞き、書を発して之れを弔す。

七月三十一日　半晴

前九時広軌特別委員会に列す。古市博士、柳沢主査（洋行中）に代り第一分科審査の結果を報告し、予第二分科審査の結果を報告し、併せて広軌速成外三件献議案の旨趣を演説す。次で一木博士、第三分科審査及び行政統一外一件献議案を報告す。各報告及び献議案、皆全会一致を以てここに可決す。

午餐後出勤す。岡田四郎（米井商会）来社。

午後三時九州派出の委員十余名相謀り、後藤総裁以下鉄

道院広軌関係職員十七名を新喜楽に招き、晩餐を饗す。休憩中、森本、小林の二氏と囲碁す。亦典山講談有り、酒間談笑し、各款を尽して散ず。

夜、菅田政次郎、新電球三個を携へ来訪（十時半一個を点火す）。

大石誠一（柏原中学校長）来訪。不在にして逢はずして去る。

八　月

八月一日　快晴　静爽

後一時出勤す。田辺勉吉氏、九州より帰り、其の復命を聴く。神谷伝兵衛、加藤市蔵来社。

大石誠一来訪。

夜、橋本五雄氏、来年下院総挙〔総選挙〕に対する希望の件を来語。

八月二日　半晴暑

朝、松本恒之助氏、時局趨勢を来問。予見る所の形勢の遷移を挙げて之れに答ふ。

重野紹一郎を招き、予の草す所の其の継母養老に対する方法取極書草案を示し、其の所見を問ふ。氏大に同意の旨を表す。

関亮（大和記者）、時局問題を来問。所見を以て之れに答ふ。

後一時出勤す。

大久保利武夫人、松本少尉来訪。荒川済、亦来る。

安をして山本綾子を訪ひ、大貫氏対睦子結婚談の結果を告げしむ。

大鳥富士太郎男、将に浦塩港に赴かんとして来謝、且つ告別す。

此の夕、田慎治、弟諒吉を伴ひ来訪。

八月三日　潤雨

朝、中尾五郎（報知記者）来訪。

佐原竹次郎（鉄道共攻会員）、広軌改築問題に対する意見を来問。準備会の審査せる所の結果を挙げて之れに答ふ。

重野紹一郎氏、取極書本書を携へ来訪。

新元新、神戸より飛報に曰く、将に明朝を以て着京すと。

重野老母、之れを聞知し玉川荘より来宿。

八月四日　夜来豪雨　後断続

前九時新元新台湾より着京、二幼児を携へ直ちに我が邸に入る。野々村氏、山口嬢縁談の件を来告。

十時協同会総会に臨み、沖原光孚男今回補欠選挙候補、鹿野勇之進次回補欠選挙候補推選及び選挙委員指名の件を議決す。

今朝、本多政以男来訪、二七会議員分配数増加及び補欠選挙候補加入の件に就き、懇請する所有り。共に容認し難き件に属す。則ち幹事会を開き、此の意を伝へ、併せて青山、本多、藤堂、岩倉、東郷五男を選挙委員に指定す。

後一時出勤す。浅田、林二氏来社。

松島惇、妻児を携へ朝鮮より帰省、午後来訪。

八月五日　好晴

前十時十五分に搭り鎌倉に赴く。重野伯母を訪ひ重野家取極書を示し、詳しく説明を加へ同意を求む。大に満足の意を表され、斡旋の労を深謝して、之れに記名調印す。

後三時三十五分列車に搭り鎌倉を辞す。烏森に於て山手電車に乗り玉川荘に赴く。重野老母、安及び諸児、新元一族皆先に在り。

此の夜、新月を踏み園庭を逍徉す。清涼秋の如く、快言ふべからず。

昨日の豪雨、東海、東山洪水被害の報頻りに至る。

八月六日　晴暑　午前驟雨大に到る　日曜日

田中氏と園丁を督して風害倒仆せる園樹を扶植す。

夕刻、一行十二人相携へ帰家す。

野口栄世、内田誠太郎、不在中に来訪。

此の夜、岡田氏来教。

八月七日　朝驟雨一過　後快晴烈暑

朝、原保太郎氏来訪、内閣更迭風説に関し反対意見を述ぶ。

松本正之助来訪、印章彫刻の件を談ず。

重野安居翁来訪、則ち重野家取極書協定事情を告ぐ。

後一時鉄道院に赴き、広軌鉄道改築準備委員会に列す。桂公会長と為り、予は曾我特別委員長に代り委員会経過及び結果を報告す。仍ち予の発議に依り、各分科主査をして議案を説明せしむ。古市博士、柳沢主査に代り第一分科報告を説明し、予第二分科報告を説明し、一木博士第三分科報告を説明す。予更に献議四件の趣旨を説明し、終りに全会一致を以て各報告及び献議六件を可決す。四時半散会す。

石黒、古市、仁尾、橋本、山崎諸氏と幸倶楽部に小憩す。

六時半桂首相邸晩餐会に赴く。委員等皆集ひ、卓上紀念文鎮を頒つ。九時過ぎ散じて帰る。

八月八日　快晴　烈暑

朝、益田孝氏、広軌委員提撕の厚を来謝。

片山舟二来訪。

後一時本郷房太郎氏父貫之助氏（弗措塾同学生）の喪を青山私邸に弔し、且つ香賻を贈る。

二時出勤す。鈴木徳松来社。

帰途、桂首相を三田邸を訪ひ、昨夕の饗を謝し、且つ政局遷移の真相を問ふ。公真意を告げて曰く、今現に平田内相を召し真意を以て告ぐに、将に明後十日を以て君等同志数名を内相官邸に招き、平田、大浦二相を介して、我が進退の真意の在る所を君等に伝へんとす、幸ひ面談の機を得る、密に真相を挙げて君に告ぐべしと。則ち約二時間密談し、其の枢機を穿ふを得る。蓋し公は時流の表に超然として立ち、一面後進の途を開き、以て後代政治家の訓練に資し、一面政局の受授を滑らかにし、以て政権槍奪党同伐異の弊を遏む。其の自ら期する所、遥かに伊藤、山県の上を凌駕し、天下の諸豪を挙げて、之れを其の薬籠中に措かんと欲す、其の抱負の大は欽ぶべき也。予は伊藤、山県二公の長短を挙げて、公をして一層其の大を成さしめんと欲して勧告する所有り。遇ま古市公威氏来訪、予、別室に俟つ。則ち予、談話了りて同室し、数十分　相語り、夕六時に及びて去る。

松方侯を訪ふ。遇ま奈須〔那〕に赴きて不在。

五日以来、東海道洪水、鉄道閉塞して交通杜絶す。本夕に及びて、大阪四日以来発する書信、一時に之れを配達し来る。家信に依り、萱堂二日以来症状不良、日々嘔吐数回、往々血液混じり屎尿亦然り、蓋し胃中毛細管損傷の致す所、飲食薬液共に受けず、尿量減少して四肢浮腫し、心臓鼓動漸加し、脈搏時に九十を超ゆる云々と。一読一憂愁苦の至に堪へず。太田慎、亦書を致し苦悩の裏を報ず。即時に家兄に書を裁して、医治の最善を求講す。

鈴木徳松来訪。

八月九日　驟雨屢到り、後二時豪雨盆を覆し、夜に及び大雨

前十一時三菱会社に到り、豊川、杉本、江口諸氏と立坑設計を協議し、方法及び販売委託順序等を議定す。午餐の饗を受け、後一時辞去す。

直ちに出勤す。四時家に帰る。

前十一時誠、正、勤三児は九州修学旅行を終りて帰る。日向を除くの外、九州各県及び四国一部に足跡を遍くし、見聞して得る所尠からずと云ふ。旅行日数二十七日間也。

此の日、大隅生をして本郷貫之助氏の喪を青山墓地に送らしむ。

此の日、家信及び誠帰り報じて云ふに、去る七日萱堂、中西博士の来診を受け、症状稍佳、未だ良兆を得ず、荏苒久しきに渉るを恐ると云ふ。

此の夜、正児休業中行状に関し通信を草し、之れを同人に授け、中央幼年学校生徒監米村靖雄氏に致さしむ。

八月十日　前大雨　夕に及びて霽

昨夜来の豪雨、今午前一、二時に及びて益々激しく、雷鳴時に起り、今正午前に及びて漸く歇む。其の雨量の多大は蓋し稀有の所也。未だ四方の報に接さずと雖も、洪水の害は遥かに前二回を超ゆる也と知るべき也。

後三時和田維四郎氏を東京倶楽部に訪ひ、本社技術顧問嘱託の件を談じ、其の快諾を得る。電話又書信を以て之れを豊川氏及び川相技師に転報す。

四時出勤す。

六時平田男の招きに依り、平山、原、武井、有地、沖、高橋、穂積七氏と内相官邸に集ふ。大浦、小松原二相亦来会す。晩餐後、三相より、桂首相将に其の職を辞し西園寺侯を推薦し新内閣を組織せしむるの意有るを告げ、衆意の帰向する所を問ふ。数多反対の見を持つ。予は既に桂公真意の所存を聴くと雖も、焉に暴露できず、乃ち円〔婉〕曲に利害の所存を説き之れを緩和す。衆心漸く解け、款談十一時に及びて帰る。

八月十一日　晴暑

朝、松元剛吉氏来訪。

重野紹一郎氏を召し、取極書一致決定の旨を告げ、且つ証書及び決算書を交附す。九炭株式等一件終決す。

夕、下啓介氏来訪。晩餐を共にし、且つ重野家取極協定の顚末を告ぐ。

八月十二日　晴暑

萱堂の病を省る為め、前八時半発急行列車に搭り新橋を発つ。

過日洪水は鉄道線路を破り、東海線〔東海道線〕は昨日を以て僅かに全通を得る。遠州地方の惨害尤も甚だしく、掛川駅以西、袋井、中泉、天龍川、見附諸駅の間、人家田園掩没し、堤塘、橋梁多く流亡し、鉄軌僅かに通ると雖も、稲禾枯れ腐り、惨害は名状すべからず。後八時半着阪し、直ちに桃谷邸に入る。

直ちに病床を省る。諸症少し怠り稍小康を獲る。親族の来り省る者、土田叔母、広内琴江、西村小静、田小松等、少し愁眉を開く。坪井博士、岩崎医来診し、老体重患、予後の安否は未だ予卜すべからずと雖も、昨今両日の吐出中に虫各一条、若し胃痛原因が斯く在らば、厳しく駆虫を行はば、或ひは幾分回春を観るに到るか云々と。則ち駆虫策を講ずるに至る。

八月十三日　晴暑　日曜日

此の日、萱堂病状安靖、唯食機未だ動かず、僅かに氷塊を食すのみ。則ち滋養灌腸を行ふ。

午後、太田慎来りて家兄と療養方針を協議し、且つ慎に経過及び予后の摂養方針を以て告ぐ。

八月十四日　晴暑

前七時半萱堂に告別して桃谷邸を出る。八時半発列車に搭りて発つ。遇ま大木修子、北陸道より帰省して来看。列車は同時に発着して相面することを得ずして別る。車中高楠博士有り、時事を論談す。夜九時（延着半時）帰京す。

此の日、昌一家は祖母を省る為め大阪に赴く。

鉄道院、広軌委員慰労辞令、贈り来る（金五百円給与）。

八月十五日　晴暑　驟雨両三過す

前十時出勤し、重役会を開く。唯浅田、村上二氏来会するのみ。第二計画起業設計の件及び三菱社委托販売方法交渉経過を報告し、和田維四郎氏顧問嘱托の件を協議す。

日置黙仙師来社し、林氏と護国塔事務閉鎖の件を談ず。

山内喜兵ヱ、唐津水電免許申請の助力を来請。

季児を除くの外、家人及び新元母子等皆玉川荘に赴き、本邸は唯だ予と安と季の三人のみ。

正児、昨学校に帰り入る。本日、将に明日を以て片瀬に赴き、水泳の練習に従事すと来告。

八月十六日　暴風　時に小雨交る　晩晴

午前、安、季及び一婢を伴ひ玉川荘に赴く。

朝、暴風猛烈。幸ひ雨少きを以て家屋、禾稼を害するに至らず。

八月十七日　快晴、烈暑

午後、安、季及び一婢を伴ひ帰家す。

八月十八日　半晴溽暑

芳、輝及び新元一族、今朝帰る。

午後一時出勤す。鈴木徳松を召して、猪苗代水力電気社員と福島県に赴き、長瀬川筋水利使用願訂正書を提出の件を嘱す。

午後、家兄より飛電有り、萱堂病状不良、速かに来るを請ふ。失望名状すべからず。則ち安を伴ひ後六時半急行列車に搭り西向す。

逓信技手松本重太郎、電話交換中断の弊を来謝。

八月十九日　朝微雨　後晴暑

前六時、前原(米)駅に於て起床朝食す。八時六分梅田駅に着く。昌、哲、修、和子等来迎し、直ちに桃谷邸に入る。

萱堂容体は少し緩和すと雖も、之れを前省問の時に比すに衰弱大に加はり、諸症悪しきを増す。就中脈膊乱調、望を繋ぐに難多し。萱堂予に托して曰く、斯く衆子孫の厚養を受く、我が望足れり、毫も残懐無し云々と。実に断腸の極み也。昨私嚢を開き、浴衣二十端を贖ひ、之れを家人男女一統に頒かつと云ふ。

主治医岩崎氏を訪ひ、積日の勤務を謝す。

土田文治氏慰問に来る。藤江章夫氏来訪。

八月二十日　晴暑　日曜日

今朝、小谷哲は保太郎氏の病を省る為め、池上平三郎を伴ひ柏原に帰る。

小谷富貴丹波より、田慎治東京より、太田太左ヱ門但馬より、渡辺章江京都より、病を問ひに来る。

野々村政也氏の電致り、山口実義氏、其の娘桂子をして園田寛求婚の交渉に応じせしむ事を報ず。乃ち之れを樺太に在る寛に転報す。

萱堂病状稍小康、自ら回春を期するの意有るがごとし。皆一縷の望を属す。

此の夕、田村市郎氏夫妻、神戸より存問に来る。

八月二十一日　晴暑

前九時坪井博士を其の病院に訪ひ、謝意を表し、且つ来診を嘱す。帰邸後少時して来診、岩崎氏と協議して曰く、諸症稍緩和すと雖も、衰弱日に加はるを以て未だ大に安心すべからず、然し数日の間は危急の虞無かるべしと。依て安と一旦今夕発ちて帰京し、数日の後再び来る事に決す。

八月二十二日　晴暑

午前四時半薩陀浜を過ぎるころ醒覚す。交も奇勝を観て快感極り無し。富嶽全景車窓を圧し、涼味掬すべし。前九時新橋に着く。誠及び松元、田辺氏等来迎。予直ちに出勤す。

三菱長崎支店長三谷氏、委托販売手数料（百分ノ三）及び引受炭価（鉄道院山元同価）の件を来議。乃ち明年三月の期限を以て之れを約諾す。

海軍測量手和田氏、崎戸港実測の功程を来報。

家兄電報に曰く、萱堂容体稍不良と。

八月二十三日　晴烈暑　美濃路に於て驟雨一過

午前四時家兄の午前一時四十分発急電に接す。曰く、母危篤と。須く速かに来るべしと。驚歎悲痛の極み也。急ぎ旅装を整へ八時半列車に搭り西行す。名古屋を過ぎし時、駅助長来り告げて曰く、大阪駅長電報、閣下に伝言、母公前十一時を以て遠逝さると。嗚呼、哀しき哉。幽明隔絶、亦慈顔を仰ぐに由無し。天下の人皆母有りて親子の情素より軽重厚薄無し。然し我が兄弟の慈母に於る、薫陶訓育の厚、家門維持の恩、多く比類を見ざる所。今日名を成し身を立つ所以は、慈母覆育の恩に非ざるは一も無し。追慕限り無し。

後八時半到着す。直ちに桃谷邸に入り、亡骸に拝謁す。親族朋友来集、葬事を処理す。

大久保侯夫妻、梅田駅に来迎。

八月二十四日　晴烈暑

植村市長、後藤助役、藤田平太郎、湯川寛吉、中橋徳五郎氏等数十名、相次で来弔。

日置黙仙師及び西楽寺蓮友和尚来弔し、各勤経を行ひ、且つ血脈を授く。

昌、葬事を準備の為め、今朝土田卯之助氏を伴ひ郷里に赴く。当邸に於ては小島友吉、柘丁吉、西野守蔵、荒木政次郎、其の他諸氏、諸務を分担し斡旋鞅掌す。

此の日、西楽寺和尚と協議して故萱堂に追諡す。号して

　慈光院恭誉袖琴大姉

此の夕、本山彦一氏来弔。

八月二十五日　晴暑

早起きして準備を行ふ。前七時十五分、二馬棺車に霊柩を奉搭し、我が兄弟と導師と馬車に同乗し、来会親族は腕車にて次々発つ。蓋し大阪市棺車を用ゆるの始め也と云ふ。八時十五分梅田駅に着き、霊柩を借り切りたる一等室に移す。知人来送者は高崎知県、植村市長、中橋徳五郎、大久保侯夫妻、土居道夫氏等知名の士、百余人。

坂本駅長以下職員、周旋最も努め、九時十五分発車す。

後零時半柏原駅に着き乗車を解放す。来迎する者数十人。安、誠、芳、輝、正、勤六人、今朝梅田に着き同車に移乗して来る。

則ち輿丁をして霊柩を舁がしめ、後二時我が家に入る。数僧供養の後、五時略式を以て内葬を行ふ。先考墓側に

セメントを用ひて葬り、棺槨の間に補充す。従来無き所也。日暮れ、葬事を了りて帰る。

八月二十六日　晴暑

此の日は専ら翌日施行の葬儀順序を協定す。葬儀係をして其の実行を督促せしむ。

且つ再び墓所に赴き内葬工事を検べ、又儀場配置を指示す。

八月二十七日　晴暑　日曜日

此の日午後一時出棺す。二時、本葬儀を廟所先塋の前地に於て行ふ。前十時出棺を予告すと雖も、旧慣に従ふを以て、会葬者に対し一々酒食を供して大に時間を要し、遂に午後に及びて出棺す。此の日会葬者三百余人、遠く京都、大阪、神戸、播磨、美作より来弔者十余人、生花を贈る者三十余対。当地田舎間に稀に見る盛儀の如き也。後五時家族親族約三十人、車を聯ねて西楽寺に詣で、祭儀に臨み、七時帰る。

郵便電信にて弔意を表す者、大浦、後藤閣臣の外約数百人。

新聞紙は一昨日を以て、桂内閣辞表を闕下に捧ずるの事を伝ふ。

八月二十八日　晴暑

誠、芳、輝、正、勤五児、柏原十二時三十七分発列車に搭り、摂州芦屋大久保侯寓居に向けて発つ。

此の日初七日待夜に当り、西楽寺和尚来り読経す。村民の葬事に尽力せし者拾余名を招きて斎飯を饗す。

八月二十九日　晴暑

正午、初七日法事を行ふ。和尚来りて読経し、一同墓塚に参拝す。

午後三時半安、梅代、小静等数名を伴ひ柏原駅を発す。村人等、送り来る者二、三十名。五時、予は安と宝塚駅に下車し、大阪花外楼支店和田孝新築旅館に入り一泊す。頃日、有馬箕面電鉄会社は巨資を投じて宝塚に遊楽機関を大に興す。洋風大浴場、音楽館、其の他割烹店、旅館等甍を聯ねて新しく興し、山間閑地頓に雑沓歓楽の境と為る。安を伴ひ家族浴室に浴す。室は三室に分れ、浴場は行楽を兼ねる。蓋し欧州式を採る也。食後共に遊歩し、悶を遣る。

八月三十日　晴暑　晩小雨

前九時五十分発列車に搭り宝塚を発つ。家兄と昌と先に在り、共に大阪駅に下車す。予等二人は分袂し阪神電車に転乗し、芦屋に下車す。大久保侯来迎、車行約半里、同侯仮寓に達す。寓は芦屋最高地に在り、眺望濶大。誠等五児尚留る。

閑話数時、後五時辞出す。誠、正、勤は大阪に向ひ、予及び安、芳、輝は神戸に向ふ。大久保侯夫婦送り来る。予等四人は神戸六時半急行車に搭りて発つ。大阪に達し、誠、正、勤及び昌、梅代、修母子等、亦同車して発つ。

八月三十一日　午前陰冷　後晴

函嶺中に於て起床、朝餐す。九時着京、直ちに邸に入る。関宗喜、秦源祐、昌及び淳吉、池上慶造等来訪。

不在中来客及び郵書弔問者数十人。則ち点検整理す。

桂二郎氏来弔。

岡部則光氏、夜に入りて来弔。

此の日、先妣絶筆を題し、後之れを田小松子に返す。

前に玉川留守居小出詮、病を以て辞去し、更に鈴木正信（赤坂区田町五丁目十番）を傭ひ留守居と為す。一昨日を以て夫妻（名は縫）来り職を執る。

九月

九月一日　快晴

神田鐳蔵、仁尾惟茂、男爵本田親済、福間甲松、山崎四男六氏等来弔。

本日、来弔及び贈賻人名簿を整理し、之れを家兄に転送す。

鈴木徳松氏来弔、且つ福島県下水利願書提出の件を復命す。

松本正之介来訪。

九月二日　快晴

此の日、二百十日風災日に当る。天気晴朗和風静爽、農家の喜び知るべき也。

小松謙次郎、林謙吉郎、杉本蔚、桂二郎、波多野庸氏来弔。

午後、芳、輝及び重野老母、書生を拉して玉川荘に赴く。

九月三日　晴暑　日曜日

午前、安子来会。

新留守番鈴木夫妻、先月廿九日より来荘し、永続雇用を決す。

夕刻、相伴ひ帰る。

此の夜、岡田氏来教。授業者は昌、新元、山崎一家のみ。

町田重備、伊藤清一郎、村瀬譲、奥田夫人、石井千太郎、金沢、杉、菅田の三人等来弔。

九月四日　快晴烈暑

朝、片平報知記者来訪。

野口栄世、重野紹一郎氏来弔。

猪苗代水力電気会社奥村簡二（白石氏代）、人をして会津水利調査立入願を齎し来せしむ。調印して之れを返す。

川相技師、田辺勉吉氏を招き、経営方針及び立坑開鑿設計の件を指示す。且つ和田維四郎氏に対し、本社顧問嘱托状を発す。

山内喜兵ヱ来弔。

九月五日　曇　微雨時に到る

朝、吉田武乗（太平生命保険会社員、小石川区原町三十

九番地)、故鈴木禄寿妻の生計困厄事情を来訴。乃ち五十金を贈りて之れを慰撫せしむ。

柘丁吉来訪。乃ち九炭社員採用の件を宣示す。

安は諸児及び新元一家を伴ひ上野、浅草観覧に赴き、深更に及びて帰る。

九月六日 夜来少雨断続 夕晴
午後一時出勤す。川相、田辺の二氏と会ひ、崎戸炭礦経営方法、則ち職員配置、倉庫管理、売炭順序等の件を指示す。
浅田正文、林謙吉郎氏来社。
堀貞氏夫人の喪に接し、書を発して之れを弔し、且つ香賻を贈る。

九月七日 晴暑
山崎老母、筒井定之丞、佐藤信、近藤久敬氏等相次で来弔。
大井方太郎氏、崎戸嶋海底電線敷設願の経過を来問。
新元新、其の二幼児及び勲児を伴ひ、鎌倉重野家に赴く。
田中武雄氏、熊本逓信管理局長に任ぜられ将に赴任せんとして告別に来る。
広瀬昌三、菅田政次郎来訪。

九月八日 快晴烈暑
後一時出勤す。
大隅生をして堀貞氏亡夫人の喪を青山に送らしむ。
夜、田慎治来訪。

九月九日 半晴溽暑
朝、可児弥太郎氏来訪。

十一時出勤す。和田維四郎と会見し、同氏崎戸実検、海陸連絡工事設計の件を談ず。

鈴木徳松来社。

福島県、会津水力調査立入願を返送し来る。乃ち之れを奥村簡二氏に転送す。

家兄来信に云ふ、専門医湯川玄洋氏、小谷保太郎氏を診て食道狭窄癌と断定し、余命半月を保せずと言ふ。又渡辺老祖母危篤、命旦夕に迫るの報に接す。凶聞相次ぎ懊悩に堪へず。就中小谷氏は未だ老境に入らずして此の悪症に逢ふ。痛歎すべき也。書を発して之れを問ふ。

夕、芳、輝及び中嶋生を伴ひ玉川荘に赴く。

九月十日　半晴　微雨時に降る　日曜日

吉松一家児童十二人来園し、終日遊戯を為す。

夕刻、相伴ひ帰京す。

渡辺弗措先生未亡人逝去の訃電に接し、直ちに電を発して之れを弔す。齢を重ねて殆ど九十歳、孫婦章江子の孝養を受けて今天年〔ママ〕を全うし、遺憾無しと謂ふべし。書を発して厚く之れを弔賻す。

此の夜、岡田氏来教。

九月十一日　晴暑

前九時出勤す。護国塔委員会を開く。日置、河瀬、関三氏来会し、決算審査を行ひ、大庭欠損金処分案外数件を議決す。後三時散会す。

帰途、大浦子爵を訪ひ、中央党待遇方法及び男爵議員候補選定の件を協議す。

此の夕、鈴木徳松氏、其の子重春の大学入校保証を来請。乃ち許諾して記名捺印を与ふ。

岡部則光氏来訪、閑話数刻して去る。

学休終了、児輩昨今多く帰校若しくは通学。

九月十二日　陰雨冷湿

桂二郎氏、病を以て赤十字社病院に入るを聞き、後一時往訪して細君に面し病状を問ふ。曰く、四十度以上発熱し脈膊百二十回を超へ腸窒扶斯の疑ひ有り、医案未だ決せずと。則ち篤く慰問して去る。

二時幸倶楽部例会に臨む。会する者約五十人。平田、大浦二子、内閣総辞職理由及び大同派に対する関係を演述す。後大浦、武井二氏と男爵議員候補の件を協議し、夕刻散じて帰る。

中山佐市氏来訪、武田額三氏求婚の件を談ず。

九月十三日　夜来陰雨　寒冷後曇

昨来冷涼、秋深きが如し。温度は急に二十余度に降る。衣を重ねるも尚冷を覚ゆ。

朝、神田鐳蔵、其の銀行営業部長佐藤善夫をして、貸借契約の改訂を来請せしむ。乃ち当座借越契約書及び為替手形割引契約証書を作成して、之れを交付す。

此の日、亦農工貯蓄銀行と当座借越契約を締結し、証書及び担保証書を作成して之れを交付す。
後二時出勤す。伊東工学博士を召して護国塔漏水防遏工事意見を聴く。夕刻帰家す。
野々村氏と電話に依り園田、山口結婚の順序を談ず。

九月十四日　快晴烈暑
午前九時野々村政也氏来り、園田、山口結婚結納授受媒酌人嘱托等の件を協議す。
吉田善佑（独立通信員）、土田睦子来訪。
夕、伊東子爵を訪ひ、時事を談論し、深更に及びて帰る。

九月十五日　快晴烈暑　夜雨
前九時重役会を本社楼上に開く。会する者は浅田、村上二氏のみ。三菱会社委托売炭手数料等協定事項及び和田維四郎氏顧問嘱托等の件を報告して散ず。
後二時後藤男を宮村町邸に訪ひ、時事を談論す。
財部海軍次官、玉川別荘借用外賓接待の謝意を表す為め、日本海々戦東郷大将三笠艦上諸艦指揮の図大額面を贈り来る。書を発して之れを謝す。

九月十六日　陰欝溽暑　時に小雨
前九時平田、大浦の二氏、有地、沖、武井三男と幸倶楽部に会し、横山隆俊男協同会加入承認の件外一、二件を協議す。
後一時護国塔委員会を九炭社楼上に開く。日置、関、鈴木三氏来会し、最終決算及び本会解散、護国塔可睡斎引渡後保存其の他条件等を議決す。是を最終委員会と為し、不日引渡を了り、本会事業はここに全然完結終了す。満五年間苦心煩慮尠小ならず、半途大庭享会金私消の厄有りと雖も、建塔完成百事緒に就き、其の巍然聳雲の大塔永く千歳に伝ふべし。聊か以て我が心を慰むに足る也。築工費金十七万余円は総て四方の喜捨に因る寄贈金也。

九月十七日　半晴　夕刻微雨一過　日曜日
鉄筆家武嶋合大（神田今川小路二ノ九光明館）、嚮に嘱せし所の彫刻印章を齎し来る。材は紫檀を用ひ、雅古喜ぶべき也。
永田貞次郎（中央通信社員）、人名録出版予約を来請、之れを諾す。
前十時発ちて玉川荘に赴く。井上雅二、一友人と来荘、

夕刻相伴ひ帰京す。聞〔空白〕

昨夜、小松逓信次官、賊の為め重傷を負ふ。電話にて之れを慰問す。予後の良否未だ知るべからず。

此の夜、岡田氏授業に来る。

九月十八日　半晴溽暑　微雨時に来る

朝、今野正蔵（法学士）来訪。

午後一時小松次官を其の官邸に訪ひ、其の負傷を慰問す。家人、昨来平穏、唯温度常時七分を超へ、多少の懸念を免れず、幸ひ化膿せず、三週日にて癒ゆべしと云ふ。

出勤す。山内喜兵ヱ来社、将に唐津に帰らんとすと云ふ。

九月十九日　半晴溽暑　夜小雨

此の日家に在り、新公論社に嘱されし所の痛快事論文を草し、之れを郵送す。

重野老母、玉川荘より来る。

九月二十日　曇　昨の如く溽暑　夜小雨

後一時出勤す。

帰途、高嶋歯科医に就き、歯痛治術を受く。

朝、大塚善太郎（大和記者）、広軌鉄道起業の得失を来問。広狭比較論を挙げて之れに答ふ。

夕、昌、園田寛結婚順序に関して野々村氏斡旋談を来告。

此の日、先妣墓碑誌文を草し、略ぼ成る。

九月二十一日　陰　時に小雨

時秋冷に近く、都下盗賊の警頗る喧し。此の日、本多為三郎を督して共に家屋周囲窓戸管鑰を検べ、修理改良を行はしむ。

此の日、又所蔵刀剣を検べ、清拭施油を行ふ。

此の夜、護国塔最終委員会決議の旨趣に依り、可睡斎護国塔交付条件、本会解散通牒書案を起草す。

九月二十二日　夜来陰雨滂沱　午後歇む

午後出勤す。

帰路、高嶋歯科の歯施術を受く。

昌来り、寛結婚順序を協議す。是日、野々村氏と協議し、若槻礼次郎に媒酌人を嘱し、来る廿四日吉辰を以て納結を交換するに決す。之れを大阪家兄に転報す。

此の日、大阪より東京方面故妣弔問に対する礼状到来。

乃ち之れを整理し、将に明日を以て配布を行はんとす。此の夕、菅田政次郎、金沢信豊発明電球経営進行の状を来談。

九月二十三日　快晴涼爽

前十時若槻礼次郎を中六番町邸に訪ひ謝意を述ぶ。後一時学習院初等科父兄会に臨む。先づ乃木院長に面し、嚮に提出せる勤児日曜日帰宿願取消の理由を告ぐ。次で初等一等生、則ち勲児級主任林尚氏より幼児薫陶方法希望談を聴く。後院長、教頭演説、児童採集品陳列縦覧等有り、三時退散す。

久我侯を訪ひ、護国塔完成、本会解散の件を告ぐ。野々村氏を訪ふ。不在。細君に面し斡旋の労を謝す。

鎌倉重野伯母来訪、一泊。

内田嘉吉夫人、台湾より上京し来訪。

南光利男来訪。

此の日男爵議員補欠選挙有り、我が選ぶ所の候補者沖原光孚男、二百五十二票を以て当選。

昨日は先妣歿没後三十日に当る。則ち家兄と約し、今朝を以て除喪を行ひ、初めて鬚髯を剃り、一般交際を開く。但し尚五十日間、心喪を持し、遊楽的若しくは祝賀的宴会を謝絶す。其の義務的若しくは職務的宴会は之れを辞さず也。

九月二十四日　秋晴清朗　日曜日　秋季皇霊祭

此の日午前十時、園田寛、山口桂子結婚結納交換式を行ふ。当方は池上慶造をして之れを贈らしむ。先方亦執事をして齎し来せしむ。十時若槻礼次郎氏、先づ山口家に到り、次で我が家に来り媒妁成立の儀を述ぶ。昌来り、之れに列す。

新元一行及び我が児童相伴ひ大師河原に遊ぶ。安、輝亦追尾して之れに赴き、夕刻帰る。

九月二十五日　陰雨淋瀝

前十時茶話会幹部会に臨む。平田、大浦、後藤、小松原及び幹事交渉委員皆集ひ、政務研究、幹部更任等の件を協議す。

途、桂二郎氏邸を過ぎ、病を問ふ。家人、病漸く怠りて一昨日退院し、熱海温泉に転療すと云ふ。

後一時出社す。

三時高嶋氏に到りて金冠鉗入の施術を受く。

重野伯母再び来り、故翁墓碑建設及び鎌倉別荘売却、新荘建築の件を協議す。

九月二十六日　陰霖霧の如し

朝、後藤男来訪、閑談時を超へて去る。

若槻夫人、園田婚約の成立を来賀。

午後、東京倶楽部に到り、白石直治氏と長瀬川水力事業共同経営の件を談ず。

遇ま和田維四郎氏ここに在りて曰く、昨日九州より帰ると。則ち崎戸実検談を聴く。

豊川良平氏を三菱会社に訪ひ、九炭会社常務取締役人選の件を談ず。

高嶋氏に到り治術を受く。

此の夕、安は田中夫人を招き帝国座観劇に赴く。

九月二十七日　陰後晴

朝、田中某外一人来訪。

後一時桂公を訪ひ閑話一時、更に小松原氏、平田子を歴訪す。退官慰問の為め也。

後五時研究会三島、酒井、入江、牧野四子、茶話会及び無所属幹部員十七名と桂公、平田、大浦、岡部三子、後藤男、小松原氏の前閣臣六名を浜町常盤に招きて晩餐を饗す。九時、歓を尽して散ず。

杉本蔚、不在中、樺太赴任の件を来告。

安、輝、雅等は重野両伯母及び新元夫人を誘ひ有楽座人形劇を観る。

九月二十八日　半晴甚暑

前九時協同会を代表して故山沢幾太郎男の喪を材木町邸に往弔し、弔辞を呈す。

直ちに出勤す。神戸源右ヱ門、昨私事を以て京都に赴く。

後一時玉川荘に赴く。暫くして安は重野両伯母を伴ひ来会し、重野老母隠宅建築の位置を按視す。夕刻、安を伴ひ帰る。

菅田政次郎、金沢電球起債の件を来談。

朝、山口宗義氏来訪、園田婚約の斡旋を謝す。

九月二十九日　曇　午後微雨

朝、矢田部起四郎来訪。

昨日、金千円十年賦寄附の件を済生会に移牒す。

田中武雄氏夫妻、将に熊本に移住せんとして告別に来る。

九月三十日　晴冷
朝、笠原恵氏来弔。

後一時出勤す。田辺氏九州より帰り、其の復命を聴く。日置黙仙師来社。則ち護国塔に関する資産物件書類簿冊等一切を交附す。是に於て護国塔事務全然結了す。是日を以て閉鎖解散を行ふ。杉本蔚来社。

高嶋氏に到り義歯を鉗す（左齶終了す）。

伊太利政府、昨日土耳格《トルコ》政府に対し開戦を宣告し、直ちに土領土里保里《トリポリ》の占領を行ふ。又土水雷艇を砲撃す。師は無名、全く土国の積弱に乗ずる也。世の平和論者これを須く三思すべし。

十　月

十月一日　晴　日曜日
前九時発、玉川荘に赴く。雅、勲及び山崎梅子等来会。矢田部起四郎、約を践みて来園。則ち田中氏と共に重野伯母隠棲建築地点を検べ、農夫屋舎を他所に移して其の跡に新築し、矢田部をして設計を作らしむるに決す。夕刻、諸児を携へ帰る。
此の夕、岡田氏授業に来る。受業者は家族以外新元及び梅代の二人のみ。
両三日来、秋涼大に加はる。

十月二日　陰晴定まらず　微雨一過　夜豪雨
朝、橋本五雄氏来訪。

前十時幸倶楽部に赴く。船越男外五名と午餐を共にす。

後一時出勤す。江口氏来社。

帰途、高嶋医院に到る。不在。

途、山口宗義氏を牛込柳方町に訪ふ。訪問の礼を返す也。夫人及び二嬢出接し、閑話数十分して辞去す。

此の夕、安、芳、輝、雅は有楽座美音会に赴く。

十月三日　天候昨の如く暗淡　夜雨

朝、川辺真蔵（万朝報記者）来訪。

前十時幸倶楽部男爵議員会に臨む。

後一時出勤す。橋本増次郎来社。

高嶋医に到り義歯を安定す。

夜、岡部則光来話。

十月四日　陰霖終日歇まず

朝、寺内伯を高樹町邸に訪ふ。不在にして乃ち帰る。伯は将に明日を以て朝鮮に赴かんとす。故にここに存問す。

十月五日　陰湿

朝、矢田部起四郎、玉川別荘重野隠宅建築設計を来議。

杉渓言長男、生駒、山名二男爵議員幸倶楽部入会の件を来談。

後二時出勤す。一昨日来、田辺、病を以て出勤せず。

帰途、豊川氏を三菱会社に訪ひ、各務幸次郎氏九炭取締役任用の件を内議す。

十月六日　快晴冷涼

午後一時出勤す。中山佐市氏、武田額三氏求婚の件を来談。

和田維四郎氏、崎戸起業設計の件を来談、且つ視察報告書を提出。

今朝、山本綾子を招き、武田額三氏の睦子に対し求婚の件を談じ、本人の意向を尋ねしむ。後電話に依り之れを謝絶し来る。

此の夜、昌来訪。

鈴木徳松、白石氏調査長瀬川水力電気事業設計及び特許願を齎し来る。則ち調印して之れを返付し、之れを福島県庁に提出せしむ。

矢田部氏、玉川新築隠宅仕様書を来呈。

此の日、大隅生をして鳩山和夫氏の喪を谷中墓地に送らしむ。

十月七日　半晴

園田寛、今朝樺太、北海道視察より帰京して来訪。

佐野貞吉、崎戸より横須賀に帰り来訪。

杉本蔚、将に樺太に赴任せんとして告別に来る。

午後六時半急行列車に搭りて郷里に向ふ。鈴木、佐野等送り来る。

十月八日　雨　日曜日
今暁機関車損所を生じ、之れが為め一時三十分遅延、前九時四十分梅田駅に着く。阪鶴線列車は既に発す。小谷哲等来迎、休憩二時間余、十一時四十八分列車に搭りて丹波に向ふ。
後三時四十分柏原駅に着く。池上等来迎、直ちに車に搭りて家郷に入る。家兄、嫂及び太田慎先に在り、園田寛結婚期日等の件を協定す。

十月九日　陰晴定まらず　小雨一過
午前、土田文次氏を訪ふ。同氏及び祖母出接す。

小谷保太郎を其の病床に訪ふ。氏は一月前湯川氏の診を受け、食道癌命旬日に迫ると断言、家人をして絶望に陥らしむ。然し爾後病状漸く佳く、日に牛乳六、七度飲みて気力日に加はり、恢復望むべくに似たり。蓋し肝臓腫大に食道を圧す。医をして食道狭窄を誤診せしむる也。大に摂養厳守を激励して別る。

午後、田友吉氏を訪ふ。

土田叔母君、大山より来会。

西村淳蔵氏、児淳二郎を伴ひ夕刻来着。

十月十日　陰晴常ならず　午後驟雨
正午慈光院満中陰法事を行ふ。西楽寺、円城寺和尚勤経に来る。午後、親族知人を同して展墓し、尚西楽寺に詣づ。適ま雨大に到り、亦歇まず。
太田太左ヱ門、土田文次、土田卯之助、園田代理和田弘、其の他百数人来会。

十月十一日　陰又晴、欲雨不雨
朝、前川万吉（郡長）、大石誠一（元中学校長）二氏来訪。前川氏の請ひに依り、長谷川西部管理局長に対し柏原駅を以て下車駅と為す希望書を作り、之れを附与す。
十時、家兄一家、太田、西村、新宅、池上一族及び小谷家族等十余名を伴ひ、懸山に登り茸狩を行ふ。松茸発生は未だ最盛期に至らず。然し各自頗る獲る所有り、遂に行厨を山巓に開きて健啖快飲、黄昏に及びて帰る。山村の遊は茸狩と狩猟とに過ぐる無し。此の遊を為さざること既に十年、此の期に会逢して快極り無し。

十月十二日　天候昨の如し

早朝、兄嫂、太田、西村一行に告別し家郷を発つ。前七時卅九分列車に搭りて発つ。土田其の他送り来る者数人。大阪駅に於て正午発山陽線急行列車に転乗して西向す。

十月十三日　天候昨の如し

前六時二十分下関に着き、直ちに門司に渡る。七時四十分列車に搭りて発ち、鳥栖駅に到りて車を換ゆ。後一時十一分早岐駅に着す。社員来迎し、直ちに迎船高砂丸に搭る。本船は大きさ五十九噸余、当夏購入する所。後四時、蠣浦港に入り、直ちに上陸して事業地を観る。汽船江浦丸入港し石炭を搭載す。外帆船四、五隻亦港に在りて搭炭を俟つ。面目を一新し、初めて出炭港の趣を備ふ。六時肴屋に入宿す。

此の夕、三菱会社出張員小倉清彦及び各社員来訪。

十月十四日　暁前驟雨　後半晴

前九時半川相所長、酒井技師補、伊野傭及び一、二夫を率ゐて和田丸に搭り、小島本に上陸して、浅浦立坑開鑿地点を視る。榛莽を排し荊棘を拓き断崖を攀りて登る。地点は半腹百五十尺高の位置に在り。遂に登りて丘頂に達す。高さ百八十尺、一望闊然、近海皆一眸中に入る。遂に地勢を按じ菅牟田を経て下崎に到る。小艇を浮べて礦業所に入る。

午餐後、川相所長の導きに依り、礦業地を巡視す。事務所、倉庫、社宅、礦夫納屋、其の他工場等の移転、増築益進む。仮設撰炭及び洗炭機の設備、船舶積載の実況等、之れを七月来観の時に比すに大に面目を殊にす。唯出炭量は予定の如くには能はず。蓋し礦夫応募の少きと、捲揚機調整の不良との致す所、是恨むべき也。

石炭積込装置船を允許し、且つ待賓館建設地を視て、夕刻帰宿す。

此の夜、的野技手を召して待賓館設計を議す。

法学士今福新一来謁。今朝我が社に採用を約す為め也。

十月十五日　晴　日曜日

前十時礦業地を巡察して、遂に礦業所に到る。事を看て、社宅増設等の件を指示す。

午後綱干場用地を視察し、待賓館設計を審按す。

阪田主事補来宿。礦業財団設定順序を聴く。

此の夜、川相氏以下社員二十三名及び小倉三菱社員を肴屋に招き、晩餐を饗す。各自款を尽して散ず。

此の日、崎戸村長、西彼杵郡長予の来島を聴き、明日を以て特に第二起業地土地収用調停の事を来議を報ず。則ち明日出発帰東の予定を変更して、之れを俟つ。

十月十六日　夜来烈風雨を送る　後晴夜雨
夜来烈風激浪洶湧。本嶋以外航通杜絶して西彼杵郡長来航能はず。
午後、川相、酒井氏等と小艇を湾内に浮べ魚を釣る。二十余尾の小魚を獲、三時事業地に上陸す。洗炭機改築及び巻揚機据換工事を観る。此の日炭礦は公休。

十月十七日　半晴　新嘗祭
前八時廿五分、高砂丸に搭りて崎戸を発つ。風波未だ全く収まらず、船簸揚頗る劇しく、之れが為め平日より多く時を費し、早岐に上陸す。十一時廿四分列車は既に過ぐ。則ち小亭に午食す。後一時四十分列車を俟ちて之れに搭りて発つ。七時五十分門司に於て下車し、直ちに海峡を航し、九時発下関列車に入りて東向す。車中唯予と神戸万太郎氏との二人のみ。

十月十八日　快晴温暖
前七時神戸氏尾道駅に下りる。

昨日新聞紙上、支那武昌革命軍猖獗の状を益す詳しく伝ふ。蓋し軍隊叛徒に加はるの致す所、満廷の運命未だ予知すべからざる也。

後三時大阪駅に着す。小谷哲外一人来迎、直ちに桃谷邸に入る。土田叔母既に在り。

此の夕、小谷哲、上村達次、大橋某来訪。

十月十九日　晴
午前、平川潤亮、田辺貞吉の二氏来訪。数刻用談し、午餐を共にして別る。
後六時家兄の誘引に依り、大阪ホテル氷上郷友支部会に臨む。会する者は塚口、三崎、松本諸氏約二十名。晩餐、卓上縦談快論、九時半に及びて散ず。

十月二十日　朝晴　夜小雨

前八時三十分、梅田を発つ。家兄、小谷哲来送。後八時半新橋に到着す。神戸、佐野等来迎。新元新及び児女、後六時半列車に搭りて帰途に就く。重野老母送りて芦屋に赴く。

此の日、大隅生、中田敬義氏母の喪を青山墓地に送る。

十月二十一日　陰雨陰湿

午前、桂二郎氏来訪。九炭常務重役選定、入江礦区買取其の他の件を協議す。

午後、伊東義五郎男来訪、時局を数時論談して去る。後五時大浦、小松原、沖、有地、原、平山諸氏と晩餐を共にし、時事を論談して別る。所謂十金会是也。

昨今の両日、大掃除法を行ふ。雨霖滂沱して僕隷は困頓す。

十月二十二日　半晴　正午日蝕一分六厘　日曜日

朝、東亜（雑誌）社主関北浜来訪、予の小伝を二雑誌に載せるを齎す。暫く時事を論談して去る。

安等は重野伯母を伴ひ玉川荘に赴き、即日帰る。

此の夜、岡田氏来教。常連の外、矢野氏母子業を受けに来る。

時事記者平野光雄来訪、時事意見を問ふ。縦横論談して去る。

十月二十三日　晴冷

午前十一時中山佐市氏と農工銀行に会見す。土田睦子、武田額三氏求婚謝絶の事情を伝へ、且つ芳子縁談の件を内話す。

直ちに出勤して事を看る。

後一時重役会を開く。桂、神谷、村上三氏来会、各務幸一郎氏を挙げて常務取締役と為す件外数件を議決す。

此の夕、橋本増次郎来訪、兼ての約に依り、自働車工場資金一千円を貸付く。

此の日、鈴木徳松来社、報じて曰く、去る十四日福島県庁に到り、長瀬川水利使用願書を提出す、山上土木課長、仙石貢、白石直治二氏参加届の提出を促すと云ふ。

十月二十四日　晴寒

朝、重野伯母鎌倉に帰る。

矢田部起四郎来訪。玉川別荘内重野隠栖建築の件を確定し、且つ請ひに応じて、之れを仙石貢氏に紹介す。

前十一時幸倶楽部幹部員と同部に集会す。午餐を共にし、時事を論談して散ず。

一時三菱会社に到り、豊川氏と各務幸一郎氏常務取締役選挙の事を協議す。

又江口氏と鉄道院に対する売炭方針及び四、五尺炭層試掘の件を協議す。

転じて仙石、白石二氏を猪苗代水電社に訪ひ、長瀬川水利出願人追加の件及び広瀬昌三採用の件を談ず。

三時半出勤し、会計規程追加の件を決す。

広瀬昌三を招き、添書を与へ仙石、白石二氏を訪はしむ。

五時同気倶楽部評議員会に列し、会則細目を決議す。晩餐を共にして散ず。

十月二十五日　快晴清爽

午前、関宗喜氏を青山邸に訪ひ、九炭重役組織の大意を談ず。

頃日若宮正音氏、郵書にて東邦火災保険会社認可の事を報ず。此の日、予重役推挙を辞すを欲して之れを問ふ。不在則ち去る。

正午出勤す。林謙吉郎氏を招き、九炭重役新組織の件を談ず。

此の夕、金沢信豊、我が所有クローム電球権利三分一無償割譲の事を来請。証書訂正の為め一旦之れを返す。

此の夜、電話に依り大浦子を訪ふ。子は株式取引所理事長受任の事を以て勧む。熟慮決答すべく約し、更に時事を論談して帰る。

十月二十六日　曇又晴

朝、中山佐市氏来り、武田額三氏の為め芳子に対する求婚の意を述ぶ。予は安と出接し、双方写真を交換す。

後一時出勤す。若宮正音氏、東邦保険会社認可の経過を来告。予は重任選任辞退の意を懇ろに述ぶ。同氏懇ろに求めて息まず、止むを得ずして同意を表す。

白石直治氏に対し長瀬川水利共同契約草案を送る。

帰途、大浦子を訪ひ、株式取引所理事長応否の問題を協議す。子の発意に依り、明日を以て十金会を催開し、政友一致の意向に依り進止を可決するに決す。十金会は、幸倶楽部、茶話会、無所属幹部中、中枢を執る者、則ち平田、大浦、小松原、平山、原、沖、高橋、有地、穂積及び予等の所密組織。事の重大枢機に渉る者は、先づ此の会の内決を経て、而して後、之れを他の政友に及ぼす也。

園田寛を霞町新寓に訪ふ。不在にして居宅を一観して去る。

星野勉三氏を青山南町寓に訪ひ、暫く話して帰る。

吉田平吾氏母死去の訃を聴き、書を発して之れを弔賻す。

此の日、安をして田辺勉吉氏の病を朝倉病院に慰問せしむ。

〔符箋貼付〕十金会。

十月二十七日　快晴

午前、龍野周一郎来り、株式理事長就任を勧告。予知らざる為め慰諭して別る。

重野紹一郎氏、故老人遺稿印刷、墓碑建設等の件を来談。

午後二時出勤す。

大浦子電報にて報じて曰く、十金会員予の受諾を一致希望すと。

菅田政次郎、電球特許権処理の事を来談。

此の夕、園田寛、結婚の順序を来談。

十月二十八日　晴後陰　夜大雨

今朝、新元一行昨朝基隆港安着の飛電に接す。

午後、大浦子来訪して曰く、昨十金会員、沖、有地、穂積、原、武井等、皆君の受諾を切望し、未だ本人の快諾を経ずと雖も、推薦は田男の外適任者無きの意を以て、則ち中野現理事長及び委員総代渡辺、織田二人に答ふ、蓋し両三日中彼等来りて受諾を求むべし、去就の決は、宜しく其の条件如何に依り定む云々と。

夕刻、野々村氏来訪、園田、山口結婚順序を協定す。

夜、沖男、予去就の件及び同男将来進路の件を来話。

十月二十九日　暁霽　快晴　日曜日

朝、金沢信豊、電球発明権の事を来談。

前十時安を伴ひ玉川荘に赴き、田中氏と植樹配置地点を視て夕刻帰る。

此の日、学習院初等科運動会を行ふ。芳、輝、雅、季諸児往きて参観す。勲児銀牌賞を獲て、欣躍して帰る。

此の夜、岡田氏来教。

受業後、昌、寛と結婚順序及び氷上郷友会集会催問〔ママ〕の件を談ず。

十月三十日　午前陰　後晴

朝、神田鐳蔵、理事長候補応否及び自己明年代議士候補の可否を来問。前者は含蓄之れに答へ、後者は之れを勧告す。

後一時田辺勉吉の病を朝倉病院に訪ふ。

高嶋医院に到り、右齶義歯鉗入準備の施術を受く。

三時出勤す。桂氏、田辺氏重役候補問題を来談。予は、時尚早を以て須く時機の到るを俟つべしと答ふ。

井上定次（古河礦業会社西部礦業所員）、入江礦区買収の件を来談。嚮に同技師田辺勝次郎、川相技師に書を致せし趣旨也。

沖男、荻原弘之をして、農工銀行約束手形の裏書を来請せしむ。諾して之れを与ふ。

林謙吉郎氏を招き、田辺候補運動の不可を諭し、之れを止めしむ。


此の夕、同気倶楽部に赴き、東邦火災保険会社発起人総会に列す。若宮氏、認可の経過を報告し、重役候補を協定す。予及び日下義雄氏辞意を述ぶを得ず、遂に若宮、馬越及び予の三人取締役に、日下、粟津、宅三氏監査役に内決す。晩餐を共にし、食後創立順序を協議して別る。

十月三十一日　快晴

朝、山崎光明、燐寸会社創立の賛助を来請。予、面会せずして之れを謝絶す。

後一時桂二郎氏を訪ひ、田辺候補問題撤廃の事を告げ、且つ同氏退職希望の廃棄を勧告して其の同意を得る。

三時出勤す。井上定次、入江礦区買収代価（金廿五万円）を来告。不当の高価を以て直ちに之れを謝絶す。

帰途、高島医院に到り、右歯齶に金冠二歯を鉗す。

此の夕、松元剛吉氏、取引所理事長問題等を来談。

十一月

十一月一日　晴　夕微雨

朝、広瀬昌三、仙石氏会見の顚末を来告。

前十一時幸倶楽部午餐会に列す。

後一時豊川氏を三菱社に訪ひ、其の照会に依り、各務幸一郎氏と九炭専務取締役就任の件を談ず。

三時出勤す。可児弥太郎来訪。

井上雅二氏、本月中旬、知己紳士招待宴の件を来談。則ち同意を表して別る。

此の夕、松元氏、理事長問題の趨勢を来報。

十一月二日　快晴拭ふが如し

朝、松元氏、再び取引所問題の趨勢を来報。

午後二時出勤す。根岸由太郎（英文通信社員）、日米聯鎖出版の賛助を来請。之れを諾す。

四時小松謙次郎氏を官邸に訪ふ。不在にして則ち其の夫人に面し、負傷全癒の速かなるを祝す。

同気倶楽部に到り、暫く球戯を観る。

六時安を伴ひ築地精養軒に赴き、五十嵐秀助氏長男秀一、馬島渡妹勢子結婚披露宴に列す。来賓約弐百人。金子子、後藤男等来会し、仲小路廉氏媒酌を為す。九時散会す。

此の日、小松氏来謝。

十一月三日　快晴清爽　天長節

所労を以て参賀せず、且つ賜宴を辞す。

午後、安、雅、勲、季を携へ玉川園に赴く。

此の日秋空拭ふが如く、四民歓呼し、我が皇聖寿を奉祝す。

十一月四日　晴

尚玉川荘に留り在り。雅、勲は登校帰宿。

芳、輝等来園。

戸倉能利、本邸に来訪。

松元氏、价をして来園せしむ。

十一月五日　快晴温和　日曜日

正、勤二児、朝来り、夕帰る。校友一人同伴して来る。

昌、梅代児を携へ、園田寛、山口桂子を伴ひ来遊。夕刻相伴ひ帰京。
此の夜、岡田氏来教。

十一月六日　半晴温暖　夜小雨
朝、松元氏、利光氏理事長候補運動（郷男推挙）激烈の状況を来報。
矢田部起四郎、玉川荘隠宅建築計画の件を来談。
菅田政次郎、電球特許権譲渡の件を来談。
午後一時出勤し、上半期決算の方法を指示す。
重野伯母、展墓に来京、遂に留宿。
此の夕、関宗喜氏、理事長問題辞退の意見を来談。
此の日、五十嵐秀助氏を訪ひ、招宴の謝意を表す。

十一月七日　晴和　夜雨
今朝、我が皇陛下九州陸軍大演習統監の為め、鳳車九州に向けて発つ。
後一時出勤す。
帰途、高島医院に到り施術を受く。前歯誤て脱落し、仮装して帰る。
早崎雅之助病死の訃音に接し、太田太左ヱ門に書を送りて之れを弔賻す。

十一月八日　晴和
午前、稲垣豊来訪。
午後一時出勤す。岡田修、崎戸より来り、則ち半期営業決算方式を研究し、其の調査編成方針を指授す。夜十時に及びて帰る。
此の日、安、芳、輝は重野伯母を伴ひ、歌舞座観劇に赴く。
後十一時過ぎ強震あり。

十一月九日　晴
朝、重野伯母鎌倉に帰る。
午後一時押川則吉氏を青山南町邸に訪ひ、其の母の喪を弔す。
二時高島医院に赴き施術を受く。
三時出勤し、決算方法を指示す。
広瀬昌三、鬼怒川水電会社試用受命の事を来報。
村木謙吉来社、其の請ひに依り、之れを男爵山内満寿美氏に紹介す。

夕、広瀬昌三来訪。

兵庫県朝来郡梁瀬村長田治米績、出石白焼花瓶一個を贈り来り、且つ書を致し山陰従〔縦〕貫鉄道梁瀬村通過斡旋の恩を謝す。

十一月十日　晴寒

昨夜深更、家兄は中央線鉄道を経て園田寛邸に入宿し、今朝来訪。

〔**十一月十一日**　記述なし〕

十一月十二日　陰晴常無く　小雨再び過ぎて風有り　日曜日

朝、野々村氏、寛、家兄を来訪。

橋本五雄、安井勝次郎来訪。

前十一時安及び勲児、重野老母、誠を伴ひ玉川荘に赴き、重野隠宅建築上棟式を観る。酒肴料を職工等に給与し、日暮帰宅す。

夜、岡田修、石炭運賃の調査を来報。乃ち鉄道院に対する方針を指示す。

此の夜、岡田氏来教。関宗喜氏これに参加。

太田休蔵妻初子男児出生（八日夕）、母子健全の報に接す。

家兄、夕六時半発列車に搭りて西帰す。誠をして之れを新橋駅に送らしむ。

十一月十三日　好晴温和

午後一時出勤す。岡田氏、鉄道院納炭代価交渉顛末を報ず。

西山想治（氷上郡竹田村人）、女児教育小学設置計画の賛助を来請。之れを諾す。

二時幸倶楽部例会に臨む。

四時高嶋医の施術を受く。

十一月十四日　快晴

朝、小牧昌業氏を三橋邸に訪ひ、昨其の諾を受くる所の丹波鐘坂隧道記功碑文起稿を嘱す。遇ま家に在らず、則ち一件書類を家人に托して去る。

前十一時出勤す。

後一時幸倶楽部総会に臨む。部員の請ひに依り、広軌鉄道改築調査の結果を演述す。古市博士先づ技術利害得失に関して約二時間述べ、予次で財政経済調査の結果に関して約一時間半述ぶ。共に広軌改築の利益を論断す。傍聴する者約四十人。

五時ジャッバン・アドバァタイザー新聞社里度《サトウ》氏、通訳者金井重雄を伴ひ来訪、米国鉱業団体来遊歓迎記事の賛助を請ふ。諾して之れを返す。

鈴木敏彦来訪。不在。

此の夕、園田寛来り、結婚披露宴順序を協議す。

此の日、大隅生をして中田敬義夫人の喪を青山に送らしむ。

十一月十五日　陰寒　夜微雨

朝、松元剛吉、矢田部起四郎来訪。

前十一時松尾寛三氏、露領より帰りて来訪、松尾広吉氏（上院議員）研究会入会の件を告ぐ。

正午出勤す。坂田長之助、崎戸より帰任出勤。

後二時赤坂離宮観菊会に赴く。来賓は千人を超へ、外客殊に多し。皇后陛下臨御、舗宴を賜はる。菊花及び紅葉、例に依り清美。

後七時三井八右ヱ門〔八郎右衛門〕男、岩崎久弥男、古河虎之助氏夫妻の招きに応じ、安を伴ひ帝国劇場観劇会に赴く。米国鉱業団観光員約百名の為め此の催し有る也。内外紳士約千余人集会す。演劇三齣、老優斎入（旧左団次）父子、幸四郎（高麗蔵改名）等主と為る。劇后、立食の饗有り、夜半に及びて帰る。

十一月十六日　陰冷

前九時半有地、沖、浅田三氏と幸倶楽部に会す。十時相伴ひ外務省に到り、内田外相と会見して、支那内乱真相及び本邦及び列国対満政策を質問す。外相答弁の大要。

清国内乱は其の極に達し、勢士崩の如く、鎮定は恐らく数年の時を要す。列国皆唯其の国人保護に務むるも、独りとして兵力にて内事に干渉せざるものあらず〔編者注、原文は「不独不兵力干渉内事」〕。金力官賊に勢援を与ふる者は蓋し絶無なり。本邦は唇歯の形に接壌し、其の一挙一動は皆列国注目する所也。然らば我が邦亦内事に干渉せず、厳正中立の体度を保持し、以て静かに形勢を傍観す。一旦緩急座視すべからず、則ち兵を送り以て我が官民を保護する、亦止むを得ざる也。英米露三国は恐らく我と一致の動作に出づ。要は須く各列国と意思を疎通し、緩急宜しきを失はざるに務むべきのみ云々。

交話一時半間、幸倶楽部に帰る。来る十八日を以て集会を開くに決し、之れを部員に報告す。

正午参内し、観菊宴招待の恩を謝す。

出勤す。監査役加田（賀）金三郎氏来り、上半季決算の監査を行ひ、之れを結了す。

三時高嶋医に到り施術を受く。

四時小川写真店に到り撮影す。

中島気峥（国民記者）、西山想治、相次で来訪。

寛及び昌、夜に及びて来訪。

十月十七日　陰晴定まり無し　温暖、午後驟雨大に到る

午前、伊達宗曜男、中尾五郎（報知記者）、河合清（日々記者）、相次で来訪。

午後、高嶋氏に到り施術を受く。

二時出勤す。林謙吉郎氏、入江礦区の件を来談。

十一月十八日　半晴　暖燠夏期の如し

朝、鈴木敏彦、笘崎神苑会賛助を来請。之れを諾す。

前十時幸倶楽部臨時会に臨む。予と沖男と、一昨内田外相と問答の顛末を報告す。会する者約五十名。

後二時協同会秋季総会を開く。沖男庶務を報告し、予会計を報告す。後、会則改正案を議決す。

三時高嶋医に到り、前歯義歯鉗入の施術を受く。

神田鐳蔵、理事三好海三郎をして、其の結婚披露園遊会の臨席を来請せしむ。

此の日、若宮氏、町田常雄をして、東邦火災保険会社定款調印を来請せしむ。諾して之れに応ず。

十一月十九日　陰後雨　日曜日

前十時安及び雅、勲二児、一婢を伴ひ玉川園に赴き、庭樹移植を観て夕刻帰る。

吉田平吾氏二男徳郎病死（脳膜炎）の飛電に接し、弔電を発し且つ生花を贈る。

此の夕、岡田氏来教。常連の外、関氏夫妻受業に来る。

十一月二十日　晴冷　夜雨

朝、高橋辰也再び渡清費補助を来請。乃ち小金を与ふ。

鈴木敏彦来謝。

前十時出勤す。三谷三菱長崎支店長、鉄道院納炭精選等の件を来議。

後二時黒江屋に到り火鉢を購ふ。

農工銀行に到り、中山、伊東二氏に面し、当座貸越増額の件を約す。

三時高嶋医に到り義歯を鉗す。

此の夜、岡田修を招きて選炭改良、売炭分掌、事務整理等の件を訓示す。

後八時半家嫂大阪より着京。安をして之れを新橋駅に迎へしむ。寛邸に入らる。

十一月二十一日　半晴冷

朝、重野氏、僕をして保管金を来領せしむ。

後一時出勤す。根岸由太郎来社。

帰途、高嶋医に到る。

鉄道院、広軌委員調査書冊を贈り来る。

山内喜兵衛来訪。

十一月二十二日　晴

朝、家嫂来訪。

後一時高嶋医に到り義歯を試む。

二時出勤す。山内喜兵衛来社。

三時半浅田正文氏の病を池端邸に訪ふ。逢ふを得ずして帰る。三浦、佐藤二博士、診て胃癌と為すを聞く。蓋し救ふべからざるの病なり。而して氏は未だ之れを知らず、自ら以て普通腸胃の疾と為す。憐掉すべき也。

此の日、但馬出石鶴山保勝会の嘱に応じ、一絶を賦し之れを贈りて曰く、

　曾伴楊州客　乗軒気更雄　仙姿昭代瑞　迎日疾松風

十一月二十三日　陰暖　微雨時に過ぐ

新嘗祭。参拝せず。

朝、石渡邦之丞氏、支那騒乱実況を来語。

竹内綱、岡部則光、町田重備、池田十三郎諸氏相次で来訪。

午後一時安、芳、輝を伴ひ神田鐳蔵、清水沢子結婚披露園遊会に赴く。来賓約百名。諸種余興有り頗る盛会也。

黄昏退散す。

夕、園田寛来訪。

十一月二十四日　雨後陰

朝、神田鐳蔵夫妻、昨日来臨を来謝。

午後一時高島医院に到る。

二時出社す。松本代議士来社。

三時竹川町大日本麦酒会社に赴く。東邦火災保険会社発起人会に列し、創立総会議事順序を協定す。六時総会を開き発起人創立報告を是認し、次で予定議事を進行す。若宮正音、馬越恭平及び予三人を挙げて取締役と為し、宅徳平、日下義雄、粟津清亮三人を挙げて監査役と為す。更に互選会を開き、若宮氏を挙げて専務取締役社長と為す。株主一致の決議を以て、発起人の献身的尽力の労を謝す。

午後九時全部結了して退散す。

十一月二十五日　晴暖春の如し

朝、中山佐市氏、武田頴三氏、芳子に対し求婚の意を来述。則ち各熟考して答ふ所有るべし。

家兄、昨日上京して今朝来訪。園田結婚準備を協議。家嫂亦来会。

後一時出勤す。若宮氏、東邦保険会社職員任用の件を来議。

三時豊川氏を三菱社に訪ふ。各務、江口氏来会、則ち和田、竹内、白石氏等礼謝の件、重役賞与分配の件等を協議す。後、豊川氏より町田忠治氏取引所関係の件を聴く。

四時半桂二郎氏を訪ひ、常務取締役選挙及び其の報酬、旧重役慰労金分配、重役賞与金分配、職員増俸及び賞与、和田氏等報酬及び謝儀等の件を協議す。

此の夕、安と芳、輝二女、家兄、家嫂を誘ひ帝国劇場観劇に赴く。

夕、昌来り、十二月三日氷上郷友会開設の件を決定し、後時局経済の消長に関して大論談す。

田辺勉吉氏、朝倉病院退院の事を報ず。

此の日不在中、三輪田真佐子、岡田修妻（曾根静夫娘）、坂田長之助諸氏、相次で来訪。

十一月二十六日　晴温　風有り　日曜日

朝、南光利男及び二六記者来訪。暇無きを以て辞して逢はず。

前十時雅、勲二児及び婢を拉して園田寛邸を訪ふ。昨日、山口家新婦嫁装送り来り、小屋脚を容るべからず、正に整理中に在り。直ちに辞して玉川荘に赴く。重野隠宅は瓦壁将に成らんとす。田中氏と之れを検ぶ。夕刻、帰家す。

大久保侯夫人、芦屋より帰りて来訪。

竹内友次郎氏来訪、先妣弔賻を贈る。

此の夕、岡田氏来教。家兄、嫂来会。大久保夫人再び来る。受業了りて後、家兄、嫂、昌、寛、誠及び大久保夫人、山崎氏と武田氏求婚の件を協議す。総員一致其の婚約の成立を希ひ、交渉継続を決す。

小村侯葉山にて薨去の報を聴き、電を飛し之れを弔す。

十一月二十七日　快晴

朝、神田鐳蔵、関亮（大和記者）、片平茂市郎（報知記者）、相次で来訪。

岩倉男、猟獲鶉を贈り来る。

後一時半安を伴ひ日比谷神宮に赴き、園田寛、山口桂結婚式に列す。二時式を行ひ、我が親族、家兄、嫂、昌夫婦、大和夫妻参列す。三時了る。

途次、中山氏を農工銀行に訪ひ、武田求婚応諾の意を答ふ。

次で紅葉館披露宴に列す。主客五十人。六時宴を開きて献酬交錯し、九時半退散す。

十一月二十八日　陰雨冷湿

朝、大塚善太郎（大和記者）来訪。

家兄、嫂来宅、遂に留宿。

後一時出社す。藤江章夫、松元剛吉氏来訪。

此の夕、大浦子を訪ひ、理事長問題、中野等反覆して競争の勢を醸し、断然拒絶の顚末を聴く。

園田寛、桂新夫婦来謝。乃ち家兄、嫂と晩餐を饗す。十一時辞去。

十一月二十九日　晴寒

前十時出社し、重役会を開く。神谷、村上二氏の外参会す。常務取締役報酬（年額三千円）、旧重役慰労方法、技師主事以下賞与、田辺主事増俸、和田顧問報酬、竹内明太郎、白石直治、和田維四郎氏謝儀等の件を議決す。

後二時第八回株主通常総会を開き、全会一致を以て決算及び利益配当案を議決す。次で臨時総会を開き、定款中監査役任期満二ヶ年規定の件を可決し、取締役一名補欠選挙を行ふ。予は委任に依り、各務幸一郎氏を指名す。監査役満期改選に関し、竹内、賀田二氏重任し、終に旧重役七名慰労金壱万円を可決して散ず。

重役会を再開し、重役賞与金及び交際費分配法を審議す。百分の二十を以て交際費に充て、社長の支弁に一任、三十を社長に充て（常務を置く時は社長は六分を取り常務は四分を取る）、五十を取締役（社長、常務包含）、監査役全員に分配、唯本年は旧重役七名に対し特に千四百円を分贈して、余は従前率分配することを内決す。

五時山口宗義氏の招きに応じて其の払方町新築邸に赴く。安、家兄、嫂、昌、大木、園田各夫婦及び若槻、野々村二氏夫婦并に山口鋭之助夫妻、山口平六未亡人来会。晩餐の饗を受け、歓笑数刻して帰る。

十一月三十日　晴寒

前十時出社し、昨日総会決議実施の順序方法を指揮す。

和田維四郎氏、白石氏設計崎戸築港の件を来談。

常務取締役各務氏及び田辺勉吉氏出勤。則ち社務経営の大綱を指示す。

鈴木徳松来社。

帰途、中山氏を農工銀行に訪ひ、武田氏会見の事を談ず。

午後三時帰宅す。家兄既に来宅。則ち昨総会の経過を談じ、且つ帝国瓦斯力電灯会社不整理の状況を聴きて、其の改善方法を講ず。

木村定勝、坂田長之助来訪。

十二月

十二月一日　晴寒
朝、家兄、松尾寛三氏来訪。

前十一時家を出て、先づ東邦火災保険会社に到りて開業を祝し、若宮社長と会談す。

次で出社す。各務、田辺二氏亦出勤。

青山禄郎、六日晩餐会臨席を来請。

午後二時農工銀行に到り、中山氏と面晤し、来る三日武田氏と玉川荘に来遊を約し、且つ預金を為して去る。

次で幸倶楽部財政調査会に臨み、国際貸〔債〕借決済方法を研究す。

夕刻、大久保夫人来訪。

十二月二日　晴、後半陰
前九時四十分、小村侯柩車を新橋駅に迎へ弔意を表す。

此の日、青山墓地に於て葬儀を行ふ。予は会葬能はず、大隅生をして予に代りて篤く之れを送らしむ。

午前、高嶋医に到り右下齶義歯鉗入を試行す。直ちに出勤す。

午後一時半農工銀行に到りて預金を為す。

華族会館に到りて園田寛結婚披露会に列す。来賓は渡辺宮相、石本陸相、山本蔵相、元田拓殖総裁、高橋男夫妻、豊川氏其の他約二百三十人（同時刻小村侯葬儀有り、故に男客欠席多し）、其の三分の二は貴婦人也。講談、狂言、三曲の余興有り、四時半食堂を開く。渡辺伯祝辞を述べ、衆款を尽して散ず。芳、輝、雅、勲及び誠亦これに参列す。

阪田長之助、社務を帯びて来談。

笠原立定来訪。

十二月三日　晴温和　日曜日
前九時発玉川園に赴く。安、芳、輝、正、勤、雅、勲、季及び四婢一僕相次で来会。
此の日、我が園に於て氷上郡郷友会を開く。家兄亦来会。会員は昌、井上、阪東、上山、本庄、其の他集ひ来る者四十人。正午、予前会以来の経過及び将来の希望を演述し、幹事の昌、会計を報ず。幹事六名の選挙を行ふ。現幹事六名の内、昌、上山、本庄三名留任し、池上慶造、生駒高常、津田輝雄三名新任す。皆予の指名に依りて定まる。会了り会費を以て午餐を饗す。食後庭園を一観し、夕刻、随意退散す。

此の日午前、中山佐市氏兼ての約に依り、武田額三氏を伴ひ来園。乃ち午餐を共にし、数刻款談して辞去す。

此の日、若宮氏は東邦火災保険社員倉持勝次郎をして、保険契約の為め、我が別荘家屋及び重野隠宅を来検せしむ。

此の日、学習院中学科は第二懇話会を開き、父母保証人を招く。予等郷友会の故を以て赴く能はず、大隅をして代りに往かしむ。

岡田氏、例に依り来教。家兄夫妻遂に宿に留る。

十二月四日　前陰後晴

前十時伊東子を訪ひ、息太郎氏結婚を賀し、且つ帝国瓦斯電灯会社善後の事を談ず。

十一時出勤す。川相技師、一昨日着京して出勤。竹原主事補亦上京、則ち鉄道院納炭方法及び本期起業営業分担方法を協議す。

倉持勝次郎、亦玉川別荘保険契約締結を来請。諾して之れを約す。

此の日、山本繁に対し、其の女教育資補助金を贈る。

後四時半家兄及び園田寛の招きに依り、安と星岡茶寮晩餐宴に赴く。主賓若槻氏夫妻、山口、野々村各夫妻及び山口一族、田一族、大木修等十七名。貞水講談を聴き、款談歓笑十時に及びて散ず。

此の日、東亜主筆関某に対し補助金を贈る。

十二月五日　晴和

朝、白石直治氏、長瀬川筋水力事業共同経営締約延期の件を来談。

藤田秀寿（帝国興信所員）来訪。

前十時東邦保険社重役会に臨む。若宮、馬越及び粟津氏集会して、資金運用方針外十余件を決議す。

正午出勤し、各務、川相二氏と職員昇給、賞与、売炭運炭等数件を協定す。

後五時青山録郎の招きに応じて、帝国ホテル晩餐会に列す。来賓は仲小路、小松氏等、逓信省員其の他約六、七十名。予は来賓を代表して謝辞を述べ、且つ将来の発展を祝福す。氏は二十六年電信学校を出て逓信省に十一年奉職。三十七年、比林具《ヒリング》商店に入りて爾来要地を占め、推重する所と為る。此の宴は蓋し謝意と祝意を表す為め也。九時退散す。

不在中、重野両伯母、家兄来訪。

十二月六日　半晴寒冷

朝、今野正蔵、西山想治来訪。

前十時出勤し、竹原主事補に対し、選炭運炭方法を指示して、直ちに出発西帰せしむ。

後二時故重野安繹翁の墓を展べ、満一周年祭を行ふ。安及び重野家親族并に小牧昌業、寺田弘氏来会。神官祭事を行ひ、祭後精養軒に於て晩餐の饗有り。

予は他約有るを以て先に辞去し、鉄道協会寺内伯晩餐会に赴く。理事、評議員等、集ふ者二十名。時事を縦談し、九時散じて帰る。

青山禄郎、昨夕の来臨を来謝。

十二月七日　晴寒

朝、家兄、嫂及び野々村氏来訪。

前十一時半出社す。川相技師と本期出炭納炭其の他営業方針を協議し、且つ職員増俸及び半期賞与の件を決定す。

勝野秀麿（東邦保険社主事）、官林伊勢吉（日本火災保険社神戸支店長）来社。其の請ひに依り之れを家兄に紹介す。

後四時半寺内伯を訪ひ、昨夕招宴の謝意を表す。

途次、園田寓を訪ひ、家兄、嫂と会談す。

十二月八日　晴　寒気益加はる

朝、山内喜兵ヱ来謝。

前十時出勤す。川相技師、将に明日を以て帰任せんとして来社告別。

午後、高島医に到り、右齶下歯鉗入術を行ふ。

一時幸倶楽部に集ひ、財部海軍次官の海軍補充計画の説明を聴く。大綱を質問して散ず。

五時桂二郎氏を訪ひ、十日招宴の出席を諾す。

家兄、嫂は夕六時半列車に搭りて西帰す。安をして之れを新橋駅に送らしむ。

此の日、重野老母、玉川荘に帰る。

十二月九日　晴寒

朝、安と芳子を別室に召して武田氏求婚の事を内諭し、其の承諾を得る。則ち懇々と家庭内助の心得を訓誨す。

後二時出社す。山内喜兵衛来社。

工学士佐伯正孝、昨山川博士の紹介に依り、川相技師と崎戸電気主任技師と為るを約す。本日来訪し、則ち現今の状況及び将来の方針を説示し、本月下旬を以て就任すべきを約して別る。

此の日、宗秩寮総裁より勤児に対し、来る明治四十五年新年式御裳捧持御用を命ずるの辞令書到来す。

十二月十日　半晴風寒　日曜日
前九時半発、玉川園に赴き、後四時帰る。

五時桂二郎氏招宴に赴く。来賓は桂侯〔公〕、後藤伯、長島、下阪、賀田、金子、林、後藤諸氏。小三落語を聴き、九時歓を尽して散ず。

岡田氏、例に依り来教。

筑田和平、朝鮮より来り、来訪して朝鮮国宝大観一冊を贈る。

十二月十一日　陰寒
午後二時出勤す。勝野秀麿来訪。
帰途、高嶋医を訪ひ歯痛局所を検べしむ。
此の日理髪す。

十二月十二日　晴又陰寒
午前、山口宗義氏次男山口張雄氏（日本車輛会社技師、工学士）、欧米より帰りて来訪。

午後二時幸倶楽部例会に列す。坂田長之助来部。

夕刻、田中艇一（氷上郡人）来訪。

此の日、安と芳子嫁装順序方法を協定す。

十二月十三日　陰寒　欲雪降らず
午前、高橋虎豹太（自由通信記者）来訪。

次で時事記者平野光雄、行政整理意見に関して来問。予は英国主義と独逸主義との区別、影響を詳論して之れに答ふ。大に感謝して去る。

菅田政次郎、電球発明権譲与代価を来納。

重野伯母、玉川より来る。

午後二時出勤す。鈴木徳松来社。

帰途、若槻氏を訪ひ、園田結婚媒酌の謝意を表す。又山口宗義氏を訪ひ、張雄氏の来訪を返す。共に不在にして、夫人に面晤して去る。

此の日、安は重野伯母、山崎老母、大久保夫人を誘ひ帝国劇場に赴き、文楽一座義太夫節を聴く。

大阪家に対し、郷里山林購買代価を送る。

重野老母、大久保夫人来泊。

十二月十四日　晴陰相半

午前、羽室庸之助氏上京来訪。

重野伯母、大久保夫人辞去。

後一時出勤す。鈴木徳松来社。

二時安と精養軒伊東子爵嗣子太郎氏結婚披露宴に臨む。朝野紳士貴女集ふ者三百余人。講談、歌舞、曲芸等の余興有りて、主客祝答儀を了し、立食の饗を受けて夕刻退散す。

十二月十五日　陰寒

午前、都通信社長筒井住蓮来訪。其の請ひに依り、開業一周年祝辞及び賛助金を与ふ。

報知記者片平茂市郎来訪。

後二時出勤す。中鉢美明氏来訪。

五時石本陸相の招きに応じて香雪軒招宴に赴く。明治三十八年臘月、日露戦役当局次官相別会を此の亭に開く。爾来毎年一開を例と為すの外、若し其の中相位に昇る者有れば他会員を招きて之れを饗す、亦例中の一と為す。石本男此の例を追ひ、此の催し有り。来賓は斎藤、坂〔阪〕谷、柴田、和田、一木、石渡、木場及び予を正会員と為す外、仲小路、岡田、河村、財部、石井、南等前閣者、現閣次官連来り加はる。是異例と為すのみ。予の発議に依りて曰く、会員の増加は甚だ喜ぶべし、自今柴田氏を挙げ督促委員と為し、此の中に相位有る者は速かに此の会を開かしめ、且つ新たに爵を賜り又は親任官昇者亦之れに準ずと。衆歓呼して決す。琵琶歌を聴き、大小妓酒を侑め、各款を尽して散ず。

十一日来、義歯鉗入局所腫れ起り鈍痛不快。此の夕、自ら検ぶるに脈膊九十体温三十八度七分。蓋し感冒併発の致す所。則ち発汗剤を取り覆ひを重被して寝る。流汗淋漓。

十二月十六日　快晴穏和

朝起きて口腔を検ぶるに、右下齶局所膿血浸出す。蓐を移して温養す。

松元氏、大沢金山調査の結果を来談。

後一時出勤し、重役会を開く。会する者は各務、村上、竹内、賀田四氏のみ。三菱会社に対する借款、礦業財団抵当権設定証書文案を仮決定す。

四時石本陸相邸、伊東子爵邸を訪ひ、前日の招宴を謝す。五時九炭重役を新喜楽亭に招き、晩餐を饗す。予と各務氏と主と為る。本日出社三氏の外、桂氏来会。八時半退散す。

十二月十七日　快晴　日曜日
頃日の風邪、温養の暇無く、昨夜体温三十八度二歩。本日休暇を利して朝来就蓐静養す。午時、竹内友二郎来訪。則ち蓐辺に引き時事を談論す。既に伊藤医来診して、体熱既に去る、蓋し腫部膿血排除して然らしむる也と云ふ。

三時、中山佐市氏来訪、武田氏求婚の決意を伝ふ。則ち安を呼びて共に結納交換等の順序を協議す。

尚順男、当夏上院議員当選の恩を来謝。

此の日、岡田氏来教。

十二月十八日　晴寒
家に在りて安養す。

午前、大久保侯令弟利賢氏、新婦和喜子（高橋是清男嬢）を伴ひ来訪。

神田鐳蔵氏来訪。

此の日、安をして重居〔野〕安居翁を訪はしめ、芳子、武田結婚の同意を求めしむ。悦びて賛成さる。是に於て大阪田家、土田、小谷、太田、新元諸家皆同意を経る。

十二月十九日　陰雨終日歇まず
家に在りて安養す。
山口夫人来訪、安出接す。
幸手屋を召して芳子髪飾製作を命ず。
山崎秀子来訪。

十二月二十日　晴和
朝、今野正蔵を召し、九炭会社採用の意を諭示す。
橋本五雄、兵庫県代議士候補運動の件を来談。
後一時出勤す。今野正蔵来社。乃ち書記（月俸三十円）

に採用、之れを崎戸礦業所に使はすを決す。

二時幸倶楽部に集ひ、山本條太郎氏清国騒乱の貿易影響談を聴く。

帰途、中山佐市氏宅を訪ふ。不在、乃ち令閨に面晤して芳子結婚媒酌斡旋の謝意を述ぶ。此の日、安亦同家を訪ふ。

松元卓氏来訪。不在。

本日、勤、勲二児は休校帰宅。

勤児、式服試着の為め参内。

十二月二十一日　陰寒　欲雪　後晴
松元卓氏来訪。
後二時出勤す。林謙吉郎氏来談。
三時半豊川氏を三菱会社に訪ひ大沢金山調査の件を談じ、関係図書を交附す。
山崎秀子来訪。
此の夕、芳、輝二児、聖麻利亜《マリア》館の招きに依り其の耶蘇誕生日晩餐会に赴く。
竹腰正巳男、菅田政次郎来訪。

十二月二十二日　朝霜柱浮くが如く　晴和
後二時出社す。帰途、高島医院を訪ふ。
太田玉子、幼児を携へ朝鮮より松尾家に帰寧し、来訪。
矢野栄子（次郎氏未亡人）逝去を聴き、安往きてこれを弔す。
又産婆山田久米病死を聴き、中島生をして弔賻に往かしむ。
岡田修室来訪。
輝、雅二児、本日より休校。

十二月二十三日　半晴寒　冬至
前九時貴族院に登る。抽籤に依り部属を定め、予は第二部に属す。部長理事選挙を行ひ、上院は成立を告ぐ。

十一時幸倶楽部に集ひ、常任委員選挙準備を為す。予は原、下條二氏を挙げ、明日の交渉会に赴くを約す。旁総会を開き、諸般報告を行ふ。

後二時出勤す。廿六日を以て清浦、木村、小野、小池、副島諸氏を耕《香》雪軒に招くの準備を為す。

大久保夫人来訪、大久保侯塩屋に赴くと云ふ。

古沢滋氏薨去の訃音を聴く。

誠児、本日より休校。明日校友を伴ひ艇を飛し総常地方を漫航すと云ふ。

十二月二十四日　陰寒　日曜日

正午半幸倶楽部に赴く。原、下條二氏及び無所属沖、有地、高木三委員と相伴ひ、研究会各派交渉会に列す。先づ木曜会交渉委員参列許否の件（木曜会員減じ十人と為る故也）を議し、新旧団体会員二十五人に充たざるは参列を許さずの件を議し、之れを可決す。次で上院常任委員分配方法を協定し、総て按分法に因ると決す。茶話会は予算委員十二人、請願及び決算委員各八人、資格委員二人、懲罰委員一人、合計三十一人を獲る。則ち茶話会員六十二人に照らし半数を為す也。此の日交渉会に列する者は、前記の外、研究会三嶋、吉川、入江、日高氏、土曜会曾我、小沢、桑田氏也。

後五時漸く協定を了りて幸倶楽部に帰る。此の日、総会を開く。会する者約九十名。種々余興有り、六時食堂を開く。祝杯を挙げて散ず。

今朝、大隅生をして矢野栄子の喪を青山塋域に送らしむ。

此の夜、岡田氏来教。

今朝、重野招一郎氏来訪、且つ新鐫成斎文集第二編三冊を贈る。是成斎老人病中に半ば成る所、同氏遺志を継ぎて之れを完成する也。

十二月二十五日　朝晴　後陰　夜雨

後一時古沢滋氏の喪を同邸に弔し、且つ香賻を贈る。

二時出勤す。各務氏、昨大阪に赴く。

小池国三氏来社、謝して云ふ、故有りて明夕招宴に来る能はずと。

四時多額議員武石橘次氏の招きに応じ、深川亭の宴に赴く。来賓は大浦子等茶話会幹事、交渉委員及び沖、高橋氏等十余名。秀妓宴に侍る者十余名。九時、款を尽して散ず。

嚮に安藤広太郎氏所有大部谷上谷山林壱町四反余の買取を諾す。本日郷報は、去る二十日登記受授済完の事を告げ来る。

十二月二十六日　好晴　暖和

午前、中山令室、武田氏結納順序を来談。

森盛一郎氏、大浦子の紹介を以て来訪。

今野正蔵、木村定勝来訪。

後三時出社し、今野正蔵に書記を命ず。月俸三十円。

勝野秀麿来訪。

五時木村省吾、小野金六、副島延一、桂二郎、林謙吉郎氏を香雪軒に招き晩餐を饗す。清浦子、小池国三氏は事故に依り辞して来らず。八妓酒を侑め興を助く。九時各款を尽して散ず。

夕、大久保夫人来訪。

不在中、園田夫妻、不日出発帰省の旨を来告。

十二月二十七日 晴

前十時大礼服にて登院す。十一時天皇陛下親臨、第二十八議会開院式を行ふ。十二時式了りて帰る。

登院中、小野光景氏の希望に依り、佐々田懋氏と請願決算両委員更換の交渉を為す。

後二時勲児を拉して玉川荘に赴き、重野隠宅工事を検ぶ。造作略ぼ成る。唯矢田部起四郎重患に罹り、来監能はず。

黄昏勲を留め予単身帰家す。

此の日午前、大隅生をして故古沢滋氏の喪を青山墓地に送らしむ。

佐野貞吉、池上慶造等来宅。

十二月二十八日 半晴寒

前十時上院本会議に列す。勅語奉答文を議決し、次で全院委員長選挙を行ふ。二條公当選す。次で各部に於て常任委員選挙を行ふ。予は予算委員と為る。十一時半再び開会し、徳川議長、拝謁奉答の顚末を報告して散ず。

直ちに幸倶楽部に集ひ、茶話会幹事会を開く。将来活動中心を定むる為め、予は浅田、江木二氏と幹部を代表し、大浦子と交渉の議内定す。

後二時出勤す。田辺氏出勤。各務氏亦帰京出勤、則ち鉄道院納炭評価を定む。

小池代人田中悔一来訪、小池氏将に明春を以て崎戸礦業地を視ると云ふ。相当の便宜を与ふるを約す。

橋本増次郎来訪。

四時半十金会を富士見軒に開く。会する者は大浦、小松原、原、一木、予、沖、有地、高橋、穂積、三嶋、吉川、山田、日高、平山氏の十四人也。主に鉄道広軌及び予算の件を談じ、遂に広く時事を談論して九時退散す。

此の日、広瀬昌三を招き結納目録の浄写を嘱す。

〔符箋貼付〕十金会員十五人。

十二月二十九日　好晴、寒

前十時中山佐市氏、武田額三氏結納を齎して来贈。受領了り、更に我が家結納を托して、之れをして武田氏に贈らしむ。式了り、祝酒を饗して、芳子婚約全く整ふ。

園田寛、昌夫妻来賀。

後二時出勤し、各務、田辺二氏と汽船購入等の件を協議す。此の日以後休業す。

三時参内して、歳末祝詞を言上す。

三時半浅田、江木二氏と大浦子を訪ひ、茶話会対無所属の関係を内談して、将来の方針を協定す。

五時帰家す。松元氏来訪して我れを俟ち、原田三菱礦業部長会見久慈金山調査の件を伝ふ。

園田寛夫婦帰郷の途に上る。芳、輝二児をして之れを新橋駅に送らしむ。

島津隼彦男来訪。

十二月三十日　晴寒

終日家に在り、歳末雑務を理す。芳子嫁資準備の事有りて忽忙殊に甚し。終日書算〔ママ〕に於て録を労す。

後藤男、其の著官僚政治を贈り来る。

十二月三十一日　好晴穏和

家に在りて迎年準備を為す。

安をして中山氏に到り、媒酌斡旋の労を謝せしむ。

十月中旬、支那革命軍武漢に於て起ち、江南各省蜂起に響応す。山東、山西及び陝西亦騒擾す。袁世凱入りて首相と為り、征討軍を発す。互ひに勝敗有り、実力の優劣未だ俄かに判定すべからずと雖も、清朝宰臣及び皇族は固陋因循にして首鼠両端、瀕りに平和の解決を求む。先づ摂政王を退けて次に講和使を発す。形勢敗を露はし、革徒をして日に益す勢焔を揚げしむ。予は曾て戦ふべし、而して後に以て和すべし、戦はずして和を求むるは降也と評す。官軍は革徒に比して、軍隊の精練、武器の鋭利、遥かに革軍に勝る。為めに袁は一戦再戦先づ優勝の位置を占め、而して後有利の平和初めて復すべき也。謀是に出でず、遂に革軍をして勢威日に熾ならしめ、降服の止むを得ざるに到る。今や清朝皇位廃滅の機、数旬に瀕す。古語に所謂邦の無良、邦国の沈衰は歎くべき哉。

満州朝廷は原と韃靼に起りて四百余州を有する者。邦人古来漢種と親近す。今漢人起ちて満朝を倒す。此の点に於て、邦人たる者、誰か愉快を感ぜざる哉。唯三百年三億衆に君臨せし清朝其の滅亡に瀕す。亦一人の義士無く、道義徳操の敗頽此の極みに達するは、是予の痛歎措く能はざる所也のみ。嗚呼、満朝の亡、惜むに足らざる也。只一義士の無きを深く惜む也。

此の日、新喜楽伊藤キン女、護国塔建設募集金百参拾円を委托し来る。之れを可睡斎主日置默仙和尚に転送すべしと答へ、暫く之れを保管す。

明治四十五年・大正元年

一月

一月一日　快晴　夜半雨
此の日、旅行の故を以て、拝賀及び新年の賜宴を辞し奉る。
前九時発、玉川村荘に赴く。安、雅、勲、季及び二婢先に到る。
田中氏を訪ひ祝賀、相伴ひ重野新居を検ぶ。
年賀状百五十五通を発す。
昨来、東京電気局車掌運転手数千人、旧電鉄会社解散贈与の分配に関し、不平を抱き同盟罷業をなす。本日、市内電車全部運転せず。大晦日及び元旦、実に公衆電車利用の最要最盛時に係る。然るに俄然休業、公衆の不便損害、測り知るべからざるもの有り。元来贈与の多少は、旧会社精算人の交渉と係り、市電気局と相関せず。然るに彼等、公私の別を謬り、旧会社の不平に対し、これに報ゆるに新属の市庁に挙ぐ。俗に謂ふ所の江戸の仇を長崎に報ずる。其の無知軽挙憎むべき也。

一月二日　快晴　南風大に至る　燠暖
烈風戸外に出ずべからず、室内に在り賀状を整理す。

一月三日　快晴
園内を倘佯、薪を焼き煖を取る。
佐野実親氏、二児を伴ひ来園。
後三時家眷を伴ひ帰家す。昨日電車員罷業、旧社精算人分配贈与の調停に依り、業に復し運転、乃ち電車に乗りて帰る。これを要するに、罷業の結果、従業者の利益に帰し、実に社会的一大悪例を遺すもの也。将来同盟罷業の趨勢、漸く我が邦に入る。戦慄すべき也。

一月四日　快晴
前十一時出勤す。各務、田辺二氏と社務を協議す。
田昌、広瀬昌三来賀、則ち広瀬氏に賀状整理を嘱し、答祝数百通を発す。
午後試筆、絹紙数葉に分ち、これの郵送を土田卯之助、広内繁吉及び小川義堂（鹿嶋根来寺僧）に嘱す。

一月五日　快晴

朝、宮内大臣の允許を請ふ為め、芳子婚姻願を作る。先づ昌の連署を求め、大隅生をして鎌倉に赴き重野紹一郎氏の連署を求めしむ。

家に在り行李を理む。

岩佐伝八郎来訪。

兵庫県多額議員岸本豊太郎氏の訃音に接し、書を発しこれを弔す。

又調所広丈男勅選議員及び本城清彦氏の訃音に接す。

又東久世通禧伯薨去の報を聞く。

後六時半各務氏を伴ひ、崎戸出張の途に登る。

一月六日　雨

前八時六分大阪駅に下車、直ちに桃谷邸に到る。家兄出接、家嫂寛夫妻を伴ひ帰省、尚郷里に在り。閑談少時辞去し、正午発の列車に搭り西向す。

此の日、芳子婚姻願を宮内省に提出す。

一月七日　半晴　日曜日

前六時十六分下関に着し直ちに連絡船に入り、航して門司に渡る。七時四十分発列車に搭りて発す。途、下村宏氏と同車。

十二時十二分武雄駅に下車、同温泉に浴する為め、東京ホテルに投宿す。

後三時温泉に一浴す。浴場一所にて、これを数区に分け、独浴混浴各二三区有り。概ね有馬の法の如し。清徹無臭、何病に有効なるかを知らず。唯浴后に膺り温燠の気を有するのみ。浴罷め後丘を散歩す。危岩嵯峨、松桜交錯し、奇勝観るべし。名は蓬莱山、三船山と相対し、自ずと風趣を成す。里人開きて公園となし、桜山公園と称す。

各務氏と帰宿、対局十四局、互ひに先に始め、遂に常白の贏を獲る。

一月八日　好晴

早起きし前八時列車に搭りて発す。地方列車、速度急行車の半ばにて、六十五哩に五時間を費す。遅緩厭ふべし。唯大村湾辺り、紆余曲折、風景転変し、倦むを覚へざる也。後零時五十七分長崎に着す。三谷三菱支店長及び岡田修、竹原釧太郎等来迎。車を聯ね迎陽亭に投宿す。

後六時地方縉紳招待の宴を同亭に開く。来賓安藤知事及び山川検事長、佐藤検事正、市長其の他官公私紳士四十六人、主客を合せ五十人参列。予、招宴の主旨を述べ、安藤知事これに答ふ。絃妓演舞技二齣、献立亦頗る趣向を尽す。主客款を尽して散ず。此の宴、主に三谷氏の斡旋に係る。準備宜しきを得、喜ぶべき也。

一月九日　陰後雨

朝、門脇武助、三谷一二氏来訪。

九時迎陽亭を辞し、途安藤知県を官邸に訪ふ。居留地波戸場、三菱支店に到り、朝顔丸に搭る。三菱社の予の為め特発する所也。三菱社員数名及び藪内局長、迎陽亭主門脇氏等来り送る。又千住喜作（東京人）来訪、乃ち同船して発す。海風頗る寒し。

後零時半蠣浦湾に着す。川相所長直ちに来迎、船中に於て洋食の饗を受く。食了りて上陸、事務所に入り、後場内を巡察す。毎日出炭五百屯を超へ、業務の盛ん、前日と新観なり。五時半各務氏と肴屋に投宿す。

夜、川相、千住二氏来談。

一月十日　陰　天候険悪　航路杜絶

前十時礦業所に赴き事を看る。四十五年四月以降四十六年三月に至る出炭高を審議し、二十七万余屯と決す。切込炭十五万余屯を獲、鉄道院の求めに対し、九万屯を納むべし。且つ電気鉄道線路図を審査す。

午後、各務、川相、酒井三氏を伴ひ坑道内に入り、採掘状況を視る。前回に比し開鑿大に進み、採炭進境頗る佳し。且つ湧水稍減じ八十三立方尺を過ぎず。是最も喜ぶべき也。五時半帰宿す。

此の夜、岡田、酒井、栢、小倉等来訪。訓示するところ有り。

此の日、礦夫娯楽費の為め、予、土産の意を以て金二百円を与ふ。

一月十一日　朝降雹又降雪　天候険悪

午後一時礦業所に赴き、各務、河相、岡田氏等と、分掌規程案を審議し、尚諸規定草案を起草すべしを命ず。又四十五年四月以降出炭予算明細区別を徴す。

此の日、社員三十余名を招き慰労兼常務披露宴を我が宿に開かんと欲し、旅主をして早岐に赴かしめ設備を整へしむ。適ま風波大に起こり、帰船の能否、頗る懸念を抱く。五時漸く諸設備及び絃妓数名を携へ帰る。

七時開宴、絃妓興を助け、歌舞歓笑、屋を震はさんとす。予各務氏と中座して、別室に退き対局十余局、夜半漸く宴を撤して散去す。

一月十二日　天候陰険　降雪断続

此の日、帰途に登るを欲するも、風波洶湧、航すべからず。則ち各務氏と終日対局、夜に及び交戦二十余局、結局互先の初時に帰着す。

中島嘉則及び川相、岡田、酒井其の他相次で来訪。

一月十三日　半晴

今朝、風波漸く収まる。前九時、単独高砂丸に搭りて発す。各務、川相氏以下、送りて船に至る。十二時早岐に上陸し、一旗亭に入り休憩午食、後一時四十分東行列車に乗りて発す。後七時五十分門司に着し、渡海、直ちに九時六分発の列車に搭りて東進す。

一月十四日　半晴　日曜日

朝七時笠岡を過ぎ、病友菊池氏を思ふも、訪問の時を得ず。後二時五十分大阪に着し、直ちに桃谷邸に入る。家兄待つこと久し。

山口張雄、小谷哲、田中亮蔵、林謙吉郎諸氏、予の来阪を聞き、相次で来訪款話。

一月十五日　快晴

前七時半桃谷邸を辞し、八時半の列車に搭りて発す。小谷、田中等来り送る。江濃界を過ぐるに及び、山野村落満目皚白。此の地方降雪の多きこと、本線中比類無き所也。八時半帰着、阪田外数人来迎。直ちに帰家す。

一月十六日　半晴後小雪

前十一時出勤し、不在中の社務を聴く。

後二時幸倶楽部に赴き、橋本大蔵次官の四十五年度予算編製の説明を聴く。

後四時秦豊助氏夫婦を帝国劇場に招きて観劇す。安亦誠、芳、輝、雅、諸児を伴ひ来会。十一時散じて帰る。

本日、新諸聞〔ママ〕号外を発す。大阪南区大火災を喧伝す。道頓堀南千日前に発火、高津生魂に焼延、燃焼戸数五千余戸、幸ひ桃谷辺に及ばずして熄むと云ふ。

一月十七日　晴寒

書を発し、家兄の近火を慰問す。

岡部則光、帝国瓦斯力電灯会社改善方法、調査協定進行の状況を来語。

高橋痡豹太（自由通信社員）来訪。

後一時東邦火災保険会社に到り、勝野秀麿氏に面し、大阪火災被害の有無を問ふ。被害一件損失弐千四百円、是開業以来初度の損害事件と為す。火災の大に比し、寧ろ被害の小、これを他社の実状に較べ、幸運と為す也。

直ちに出勤し事を看る。

夜、昌来訪、乃ち和子東京留学の方法を談ず。

一月十八日　晴寒

前十一時半平山、浅田、江木、目賀田、原口、仁尾、浜口、古市諸氏と、華族会館に会食す。茶話会の無所属に対する勢力権衡維持及び会内責任者新設の方法を密議し、平田、大浦二子に交渉を決す。是昨各交渉の結果を獲たる為め也。

後三時半出勤す。

此の日、学習院初等科父兄懇話会を開く。大隅生をして代りに赴かしむ。両三日来、勳児腸胃を損し登校せず、此の日稍佳し。

一月十九日　快晴穏和

朝、表具師鳴鹿留蔵、萬象閣襖修繕の指揮を来請。

前十一時発、玉川荘に赴き、田中氏と重野隠宅工事を検べ、請負人高橋代人に対し改修若しくは追補の点を指示、黄昏帰家す。

去る十四日、重野紹一郎氏次男出生、此の日芳子をしてこれを存問せしむ。命名厚次、諱安道と云ふ。

山崎秀子来訪。

此の日、大隅生をして山中正道氏の喪を霊南坂澄泉寺に送らしむ。

一月二十日　晴穏

朝、松本恒之助氏来訪、伊勢新聞壱万号紀念書画帖を贈り来る。

前十一時出勤す。昨夜崎戸来電を田辺氏に示し、四十五年度納炭増加約二万屯の件を鉄道院に交渉せしむ。

渡辺千秋伯、輝子に対し其の三男鹿児麿氏求婚の申し込みを聞く。熟考答ふる所有るべしと約す。

野々村令閨来訪。

一月二十一日　快晴夜小雨　日曜日

宮内省、芳子婚姻願允許書到来。

益田孝氏、不老長生秘訳一冊贈り来る。書を発して之れを謝す。

肥田景之氏、其の子武治及び工学士有田平一郎をして、岡田氏静座の入門を来請せしむ。之れを諾す。

昌来訪、乃ち渡辺伯求婚の調査を嘱す。

前十一時半中山佐市氏兼ねての約に依り、武田額三氏を伴ひ来訪、乃ち昌と共に午餐を供す。来月三日結婚式の順序を協議す。

奥田夫人、芳子婚約の成立を来賀。

松元剛吉氏来訪、共有鉱区費決算を行ふ。

伊藤医、勲児を来診、頗る佳しと云ふ。尚渡辺鹿児麿氏の健康探問の事を嘱す。

夜、昌来訪、前件探問の件を内報す。

夜、岡田氏例に依り来教。有田平一郎氏、肥田武治二氏初めて来り受業す。

一月二十二日　快晴温和

午前十時仲小路廉氏来訪、時事を縦談す。

十一時中山慶子（純市氏令閨）、幼女を伴ひ来訪。時に安他行して不在。予出て接し結婚順序を談ず。

午後出勤す。中屋印刷部鈴木釼三を召し、芳子結婚披露宴招待状の印刷を命ず。

二時精養軒に赴き、服部奈良吉に面晤し、来月三日結婚披露宴調理方其の他一切の準備を命ず。

橋本五雄氏来訪。

三嶋子電話に依り、明日予算総会に於て曾我子を挙げて委員長となし、吉川男を副委員長となすの希望を述べ、同意を求め来る。則ち賛同の意を表し、之れを浅田、下条二氏に伝ふ。

沖男亦電話を以て、伊沢修二氏を挙げて請願委員長と為すの件を交渉し来る。乃ち同意の旨を答ふ。

此の夜、山口夫人来訪、昨昌依り転嘱するところの渡辺家情内探の事情を密報。

一月二十三日　好晴春の如し

朝、鳴鹿表具師来る。意に適はずを以て之れを謝絶す。

前十時上院本会議に臨み、西園寺首相、施政綱領を演述、内田外相、外交状況を演説。後、東京府神奈川県管轄区域変更法案を委員に附托して散ず。

幸倶楽部に集ひ、大浦、浅田、原及び杉渓諸氏と、茶話会幹部組織及び男爵議員候補の件を内議す。

原氏と囲碁数番す。

後三時高木兼寛男の病を西紺屋町邸に慰問す。家人、病状大に佳く、本日を以て大磯に転療すと云ふ。

下院に赴き議事を傍聴、外交及び財政に関し数回の質問答弁有り。

小松逓信次官と会見し、原保太郎氏電話特設の件を嘱す。

此の日、安、中山氏を訪ひ、明日武田家往訪の事を談ず。

昨来、雅児亦感冒発熱。勲児と伊藤医を招き診治。

此の日、飛馬、我が門に躍入して止まる有り。児女輩大に悦び、以て吉瑞と為す。

夜、昌来訪。

一月二十四日　晴或陰　烈寒

朝、電気局使池部某、電灯供給契約締結の事を来請。諾して之れに応ず。

昨上院議員諫早家崇男病篤の報を聞き、山鹿昌治をして幸倶楽部幹部を代し〔ママ〕鎌倉に往き之れを慰問せしむ。今朝、杉渓男、諫早男今暁逝去の訃を報ず。悼むべき也。

塩原又策夫人、芳子婚約の成立を来賀。

小松次官書を致し、原氏特設電話架設応諾の旨を報ず。

後二時半兼ねての約に依り、安、芳二人を伴ひ、武田氏を千駄谷邸に訪ふ。中山夫人先に来り待つ。既に武田氏亦帰り来る。共に新居を検べ、芳子嫁装配置の準備を為し、夕刻帰る。

此の日、佐野貞吉に披露宴招待状整写を嘱す。

新紙、第十二師団南満州出動の件を伝ふ。蓋し革命騒乱以来、南北相持し政令行はず、蒙古地方将に独立して露国に内附せんとす。是此の挙有る所以也。後、此の報訛伝に属すの報有り。

一月二十五日　晴寒

在米重野彦熊、書を致し起業貸金の一部を返還。本日書を裁し之れに答ふ。

田慎治妻嘉代来訪。

此の日来月二日披露宴招待状を発付す。

後一時出勤す。帰途、芝芳香園を観る。獲る所無し。

後六時茶話会、無所属幹部員二十余名と所属多額議員十余名を華族会館に招き、晩餐を饗す。大浦子、主人方に代り、小野吉景氏来賓に代り、祝詞又謝辞を述べ、八時半退散す。

昨日来、季児発熱、且つ眼疾に罹る。是に於て幼児三人皆就蓐。蓋し旧冬来潤雨数十日無く、空気過燥、世間感冒者甚だ多し。幼児等亦其の累を受く。伊藤医日々来診、数年来未曾有の事也。

一月二十六日　陰雨冷湿
後一時、安、学習院女学部中学科輝子所属家庭会に赴く。
大木修子来訪。
後四時半激震。
此の日、家に在りて披露宴席次調等諸般の準備を為す。
季児発熱未だ去らず、且つトラホーム眼に悩み、気分殊に悪し。

一月二十七日　晴後陰　寒夜小雪
午前、広瀬昌三、園田桂来賀。

福島県庁、予の長瀬川水利願を訂正補足の為め、一切の願書及び附属図書を返付し来る。広瀬氏に嘱し、之れを白石氏に伝達せしむ。

古沢篋三郎氏（千葉医学士眼科専門、麻布宮下町住）を招く。季児を診、凲眼頗る劇し、発病以来、恐らく多少の年を経る所と云ふ。療治を依托、次で雅、勳、安及び予を迭診、安独り懸念無し、自余三人、多少の懸念無きに非ずと云ふ。依て又薬治を受く。

後三時出勤す。

四時大浦、小松原、平山、沖、有地、原諸氏と、富士見軒に会食、大に時局の趨勢を談論す。財政計画の欠漏を有するの外、対清政策多く機宜を失し、外邦に於て信を失するもの尠からず。之れを匡済の為め、相当の手段を講じてこれを断行するに決す。九時散じ帰る。

一月二十八日　半晴
朝、中山氏、結婚式順序を来談。
野々村政也、浅野博士、田辺勉吉、小嶋誠夫人、重野老母来賀。

午後、古沢医来り施術、且つ家族及び僕婢一般の眼目を検診。他に病眼患者無しと雖も、多少疾患を帯ぶる者数人、皆治術を受けしむ。

二時諫早男の喪を高輪南町に弔す。

三時半伊藤氏来診、雅、勲、症状大に佳しと云ふ。

此の日、岡田氏例に依り来教。古沢氏初めて之れに列す。

一月二十九日　晴寒
朝、岡部氏来訪、則ち精養軒披露宴の斡旋を嘱す。

後一時幸倶楽部に赴き、来月五日新築開き祝宴、山鹿書記に斡旋委員指名（茶話会古市、長松、浜口三氏）を指示す。

又内田、梨羽二男と会談し、諫早男補欠候補者鹿野勇之進男に茶話会加入勧誘の事を約す。

二時半出勤す。副島氏来社、入江礦区の件を談ず。

沖男、昨日急病を発し榎町五番地石井邸に療養を聞き、帰途之れを存問す。昨中毒症状を発し、一時危険の症を呈す、治術宜しきを得、今殆ど快癒と云ふ。

途、大浦子を訪ふ。鎌倉に往きて不在。

田慎治、山崎秀子来訪。

一月三十日　快晴寒　孝明天皇祭
朝、岡部則光、鈴木徳松二氏、披露宴順序を来談。
午前十一時親戚婦人児女を招き、芳、輝箏曲得業披露会、寓に芳子嫁装展覧の意を兼ねて開く。会する者約三十人、則ち、

山崎一家六人　昌方二人
園田桂　大木修　下二人
奥田一人　松尾夫人　太田玉子
山本綾子　土田睦子　広瀬小井に幼児
田嘉代　吉松夫人外一人

芳、輝二人、箏師松島糸寿外二人と交も数曲を奏じ、半ばに午餐を饗し、曲了りて後、芳子礼装等を展覧、夕刻散去す。

古沢医、伊藤医来り治療を行ふを決す。

夕、重野伯母鎌倉より来り、宿に留る。

小松原英太郎氏葉山より、四十五年度予算案に対する意見書を送り来る。

大久保夫人、芦屋より来り、宿に留る。

一月三十一日　好晴
此の日、晦日決算期兼芳子嫁装準備にて極めて繁忙。
野口栄世氏来賀。披露宴斡旋を嘱す。
矢田部起四郎、病癒へ来謝。
中山佐市氏来訪、結婚順序を談ず。
古沢医施術を受く。受術者、外に数人有り。
広瀬氏を召し、嫁装目録其の他を清書。

二　月

二月一日　快晴
朝、奥田象三氏来賀。

午前十時芳子嫁装を武田家に送付。箪笥三棹、長持弐棹、小箪笥二個、琴、屏風等九荷弐車、人夫二十五人をしてこれを運搬せしむ。鈴木正信、本多為三郎二人、宰領を為す。

野口彦兵衛息来賀。

池上平三郎、慶造新婦麻佐を伴ひ来謁。

古沢医来り施術。

昨日来、予少し下痢を覚へ、伊藤氏の診治を受く。

広瀬氏を召し、食卓名刺浄書を嘱す。

此の日、安、武田家に赴き、嫁装荷物配置の状を観る。

二月二日　終日細雨
大久保利賢夫人和喜子来賀。
松元剛吉氏来賀。
古沢医の施術を受く。

関夫人来賀。

夜間、大浦子を訪ふ。子曰く、本日茶話会幹部集議し、武井、江木二氏を挙げ常務幹事と為し、会務を処理せしめ、且つ外交財政問題に関し討議する所有り、一層講究を要す云々。

夜一書を認め、前項事情を原保太郎氏に報ず。

二月三日　昨来細雨、夜に入りて晴、後雨雪

此の日、芳子、武田家帰嫁式に行く。早朝準備を為し、衣装附及び結髪師を召し、衣髪を治めしむ。中山夫人、馬車を以て来迎。

後零時半家族及び親族、芳子と車を聯ね、日比谷大神宮に到り、直ちに式場に就く。参列者、

田家方　予及び安　重野安居翁夫妻　田艇吉

大久保夫人　山崎夫人　重野老母

誠　田昌夫妻　輝子

武田家方　武田老母　武田省吾　林義信

林勝三郎

一時十分始式、四十五分式を了る。安及び武田新夫婦、小川店に赴き撮影。予及び親族等直ちに精養軒に赴く。

四時、招待の賓客既に来集。主客九十名。貞水講談、古童三曲及び小仙の曲芸を演じ、六時余興了る。直ちに食卓に就く。男客五十二人、女客三十八人。菓宴（デザートコース）に及び、中山氏媒酌式辞を演述、宇都宮少将、来賓を代表し祝詞を述べ、平井博士発声し、武田、田両家の万歳を三唱、九時主客款を尽して散ず。

田家方来賓　平井博士夫妻　山口宗義夫妻　関宗喜夫妻

田艇吉　重野紹一郎　山崎四男六夫妻、母

下啓助夫妻、娘　奥田象三夫妻及娘

奉源祐　重野安居夫妻　重野老母

田辺勉吉夫妻　田辺老夫人　吉松夫人

林謙吉郎夫妻、娘　野々村政也夫妻

田昌夫妻　園田寛夫妻　大木夫人

山本夫人　太田夫人　小嶋誠夫妻

大久保侯爵夫人　松尾夫人　神田鐳蔵

岡部則光　松元剛吉　野口栄世　佐野貞吉

広瀬昌三　ミス・ウエストン

ミス・バンカム　ミス・セロバード

ミス・トロット　長谷川喜多子　堀内和子

予及び安　誠　輝子　鈴木徳松

武田家方　　宇都宮少将　武藤大佐夫妻　高梨中佐
坂部少佐　小沢少佐　谷村少佐　川崎大尉
工藤大尉　中村大尉　福井大尉　斎藤大尉
橋本大尉　三矢大尉　小川大尉　平佐中尉
古城中尉　小松原中尉　藤岡好古
白鳥博士　堀越源次郎夫妻　藤岡好春
斎藤勇吉　武田省吾　林義信　林勝三郎
木村若子　中山佐市夫妻　新夫妻
以上九十人

二月四日　快晴　日曜日　節分

午前、桂二郎氏を訪ひ、入江及び片岡礦区買収の件を協議す。

午後、家兄、寛及び関宗喜氏来謝。

本郷少将を青山邸に訪ひ、曩日武田氏身分調査斡旋の労を謝す。

帰途、中山氏を訪ひ、媒酌の労を謝す。

沖守固男、内閣外交財政失誤に対する矯正方策を来談。

両重野老母、大師河原を経、玉川荘に赴く。

此の夜、岡田氏来教、家兄、有田、古沢氏等之れに参ず。

二月五日　晴寒　立春節

朝、本多政以男、上院議員候補者選定の件を来談。

岡部則光、山口宗義、野々村政也氏来訪。

前十一時出勤す。

後一時武井、沖、目賀田、有地四男及び関清英氏と幸倶楽部に会し、外交特に対支那問題政策矯正の件及び無経済財政策究問の件を討論し、遂に先づ外交に関し、外相及び首相に交渉、予、目賀田、沖、有地三氏を訪問委員と為し、将に日を期して先づ内田外相を訪はむとすることを決す。

夕、武田夫妻、中山夫妻及び重野老夫妻、重野伯母、大久保夫人、家兄、昌を招き、晩餐を饗す。婿入り及び里帰りの略式を行ひ、歓笑款談、十時に及びて散ず。

二月六日　曇後雨

朝、古沢医師来り施術。

重野伯母、大久保夫人、鎌倉及び芦屋に向けて発す。

後二時幸倶楽部予算研究会に臨む。

六時徳川議長華族会館第一二三部議員招待の晩餐会に赴

く。出席者約八十人。九時退散す。

各務常務、今朝九州より帰着の報有り。

二月七日　快晴温和

家兄、前八時半列車に搭り、帰途に就かせらる。

季児、重野老婆と武田家を訪ふ。

後一時出勤す。各務常務の崎戸実況報告を聴く。

四時、和田維四郎氏と東京倶楽部に会見し、崎戸礦業所副長（技術部推挙）選定の件を談ず。

平井夫人、ウヱストン、トロット、セッハード、バンカム及び長谷川多喜子来謝。

二月八日　好晴穏和

朝、辻嘉六氏、台湾より来訪、新元氏夫妻の写真を伝達。

山口夫人来謝。

後零時半幸倶楽部に赴き、沖、有地、吉川、武井諸男と、男爵議員新候補伊丹春雄、正親町季董推薦の件を内定す。

一時協同会幹事会を開く。前記四男の外、小沢、真田、二男来会。補欠候補者鹿野勇之進男選挙順序及び委員、長松、津田、坪井、南岩倉、安藤五男選定の件を議決し、次で前件、伊丹、正親町二男選定の件を議し之れを可決す。

二時沖、有地、武井、目賀田、関諸氏と、対清外交問題を討じ、明日を以て桂公に面晤、意見を交換することを決す。四時散去。

小松夫人来訪。

今朝、徳川議長官邸に到る。

田中右平室の訃音に接し、書を発し之れを弔す。

本日幸倶楽部に於て、平井鉄道副総裁と邂逅、柏原町下車駅指定の件を嘱す。

此の夜、杉渓男来訪、則ち男爵議員所属配分の事を談ず。

二月九日　晴和

前十時上院本会議に臨み、東京府神奈川県堺境変更法案を可決す。

次で予算第五分科会に臨み、武井男を挙げ主査と為す。

幸倶楽部に集ひ、原口、梨羽二男に対し、伊丹、正親町二男候補選定の件を通告し其の同意を求む。

後一時沖、有地、武井、目賀田、関五氏と、車を聯ね、桂公を三田邸に訪ふ。現内閣財政経綸無く、外交機宜を謬るの二件に関し、所見を述べ公の意見を叩く。公之れに応じ、財政計画の経過及び外交の経過を述べ、縦横弁論する所有り。結局現閣の失政、坐視すべからずの結論に帰着す。四時辞去、再び倶楽部に集ひ、来る十二日夜を以て内田外相を訪ひ、実況を質問するに決す。

二月十日　好晴温和

正午出勤す。副島氏、入江礦区の件を来談。

松元氏、大沢金山礦区税分担のことを来談。

若宮氏、信用保険兼営の事を来談。

後二時幸倶楽部逓信部予算研究会に臨む。

四時半伊東子爵を訪ひ、時事を縦談す。子、請願権に関し、熱心に憲法制定以来の経歴を詳説、請願令制定の必要を論じ、且つ内局外交失政に就き大に上下議論す。

中川四郎、不在中来訪。

二月十一日　快晴和暢　日曜日

紀元節。所労に依り拝賀并に賜饌を辞す。

前十時学習院女学部失火、時に祝典既に終り、雅、勲等小学児童皆帰去、輝等少数女生尚留り、倉皇と聖影を捧持して他へ移ると云ふ。

蔵内次郎作氏（代議士）、旧入江礦区堀外四人連合買収の事情を来談。

武田夫婦来訪。片平報知記者来訪。

池上平三郎、将に帰郷せんとして告別に来る。

古沢氏施術を受け、臚脖炎概ね除去と云ふ。

岡田氏亦来り授業。

二月十二日　快晴風寒

朝、松元剛吉氏来訪、礦区税追加支出を行ふ。

正午出勤す。各務、田辺二氏と、入江礦区買収の件を協定す。

神田鐳蔵氏来社、金壱万円借款追加の事を行ふ。

二時学習院及び聖麻利亜館に到り、火災及び近火の災厄を慰問す。

幸倶楽部増築落成祝賀会に臨む。集ふ者約百人。一、二余興有り、共に祝杯を挙ぐ。

午後七時半兼ねての約に依り、沖、目賀田、関三氏を伴ひ、内田外相を官邸に訪ね、対支那内乱問題の質問を為す。弁難論評二時半間に及び、十時に及びて辞去す。答ふる所要領を得ずと雖も、一、二機宜を失するを認むべきは、亦無きに非ず。日英共同調停に関し、官革間の動機及び我が邦主持の立君憲政問題は是也。尚充分の討究を要す。

二月十三日　晴　強寒

前十一時幸倶楽部に赴き、幹部員数人と外交及び財政問題の対政府策を内議す。

後二時台湾銀行員の支那に於る円銀通用策を聴く。

四時半沖、目賀田、関三氏と桂公を訪ね、外交及び財政問題に関し大に意見を闘はせ、遂に晩餐の饗を受け、後七時半辞し帰る。

竹腰正己男来訪。

清国皇帝、昨日を以て、共和政体承認の上諭を宣布。満朝三百年の社稷是に於て亡ぶ。而して其の間一人の義士国事に於て死する無きは、憐れむべき哉。主権者既に亡く、後継者未定、列国盟約皆湮滅に帰す。各国皆条約国無きを以て、之れを待つ。岌々乎危うき哉。

二月十四日　陰寒　夜雨

前十一時出勤す。小閑を以て、内田外相問答筆記を作る。

井上清（大和記者）来訪。

後二時部属予算委員会を幸倶楽部に開く。予、目賀田氏と交も立ち講究する所を述ぶ。対予算案方針を略ぼ定む。蓋し四十五年度予算、姑息孟浪、経綸見るべき絶無、政府唯口を後日の行政整理に托し、一時を糊塗せんと欲す。我々立法に当る者、其の言責を大に徴し、以て後日実行の責任を明らかにせざるべからず。些少の如き増減は、抑も末のみ。

二月十五日　陰雨滂沱

前十時上院本会議に列す。四十五年度総予算、日程に上る。山本蔵相、財政方針を演述、帝国大学特別会計法改正案を可決す。

直ちに幸倶楽部に集ひ、各予算委員と予算会質問順序を協議す。

後一時出勤す。副島延一、入江礦区買収交渉顛末を来報。次で重役会を開く。参会者、予、各務、神谷、村上の取締役四人のみ。代金拾八万円を以て堀三太郎外四人所有の入江及び吉田礦区四十余万坪を買収することを議決す。

分掌規程制定の件、社長裁定に委任せらる。五時散会す。

帰途、大浦子を訪ひ、対政府策を密談す。外交失政に関し弾劾行為を取らず、財政無経綸に関し言責を徴するに止め、査定削減の方針を行はざることを内決す。

二月十六日　陰小雨

前九時半沖、目賀田、関三氏と、予め幸倶楽部に会し、相携へ西園寺首相を官邸に訪ひ、外交政策質問を行ふ。体度和平、応対慇懃、汲々前日外相答弁の欠漏を補ひ、弁疏大に努む。応対二時間余、正午辞去す。

再び幸倶楽部に集ひ、議会に於る我が同志の体度の向ふべき所を協議す。

後二時半出勤す。

五時、大浦子を訪ひ対政府策を内談す。

二月十七日　晴和

前九時半幸倶楽部に到り、沖男と対議会順序を談ず。

次で議院に赴き、予算総会に列す。先づ秘密会を開き、内田外相の対清政策の顚末を聴く。予定順序に随ふ也。

次で予算綱領に就き、首相、蔵相、海軍相に対し質問を行ふ。正午過ぎ散会。直ちに幹部員と幸倶楽部に集ふ。予三人に代り、対支那問題に関する首相、外相訪問の顚末を詳報す。午後三時散会す。

二月十八日　薄曇　日曜日　此の日陰暦元日

前十時幸倶楽部議員総会に臨む。予、目賀田男と、四十五年度予算案審議の結果を演述す。

午後、茶話会幹部員と、議会干係の事務順序を協議す。

二時華族会館大久保利賢氏新婚披露会に臨む。来客約百名、安亦来会。楽隊及び長唄の余興有り。

三時半予、中座辞去す。沖男、目賀田男、関氏を伴ひ、桂公を三田邸に訪ひ、西園寺首相訪問の顚末を談ず。公、英国政府は清国皇族満州に集り再興を謀るの陰謀を予防の為め、趙東三省総督に警告、これを我が政府に転報するの実情を密かに告ぐ。嗚呼我が外交の不振、外国をして我が勢力圏内に於て夾喙せしむ。慨すべき也。

内田嘉吉、佐藤信両氏来訪。

此の夜、岡田氏来り授業。

今朝、中川四郎、一等運転手免交付方斡旋の事を来請。

二月十九日　快晴強寒

前九時大浦子を訪ひ、対予算案結局方針を内議す。十時予算総会に臨む。沖男先づ行政整理問題の応対失序を問ふ。多少失体の感無きに非ず。之れを要するに幸倶楽部員、船頭多くして船山に登るの傾き有り。歎ずべし。正午散会す。

直ちに幸倶楽部に集ひ、対議会策を協議す。議論徒らに多く、遂に目賀田と江木、仁尾との衝突を来す。衆之れに和を勧め、漸く収まり、四時散じ帰る。

此の日、沖男の請に応じ、農工銀行に於て割引金九千円の約手形に奥印す。

此の日、議院に於て、平井、山之内両氏に対し、柏原駅下車駅指定の件を懇談、又湯川管船局長に対し、中川四郎一等運転手免状交付の件を懇談す。

安子、太田玉子等を誘ひ、歌舞伎座観劇に赴く。

二月二十日　晴寒

前十時登院し、予算総会に臨む。昨日論戦頗る鋭しと雖も、軍容整はず一進一退、未だ結落如何を観るべからず。則ち高木男をして質問を継続せしむ。予、沖、有地、目賀田三氏と、研究会三島子以下幹事数名と内談室に会同し、対政府策を討究、遂に委員を選び西園寺首相に交渉するに決す。予、三島子、山田春三氏、沖、目賀田二男と、計五人を委員と為し、後一時大臣室に於て、左の五大要件を挙げ、政府の決意を問ひ、悉く同意を得る。

一、非常事変の場合を除く外、四十六年度に於て、海軍充実案を設定の事。

二、行政整理、独り政務改善に止まらず、兼ねて政費節約の実を挙ぐる事。

三、税制整理、減税を以て目的と為す。仮令其の中に幾部増税の目有るも、通算上減税の実を挙ぐる事。

四、公債借入金額頗る巨額に登り、加ふるに以て証券一億円発行するは、経済界に向け幾多の悪影響を及ぼすを切に恐る。政府は慎重注意し、経済界の撹乱せざる措置を取る事。

五、海軍充実の財源、主に政費節約所生の資金に因ると雖も、もし不足有らば、増税其の他適当の方法に因り、必ず其の実を挙ぐべき事。

後二時再び総会を開き、目賀田男、先づ第三、第四の二項の旨趣を敷衍し、首相決意の在る所を問ふ。

首相曰く、諾、必ず其の旨趣を実行すべし。

次で予、先づ第二項の旨趣を敷術演述し、之れを問ふ。

首相曰く、必ず政費節約の実を挙ぐべしと。

予次で第一項及び第五項海軍充実及び其の資源の旨趣を演述、首相の決意を問ふ。

首相曰く、質問の如く、仮令増税を行ふも、必ず其の実行を期すと。

此の一挙、予等数人の斡旋交渉に係り、自他委員知る者無し。昨来紛々帰する所無き趣の時に於て、突然首相をして此の五大要件の実行を確約せしむ。真に是青天の霹靂、聴く者驚歎、満場寂然として一語を発する者無し。曾我委員長、即ち閉会を宣告し、且つ各分科会に之れを移すを告げて散ず。

直ちに幸倶楽部に集ふ。傍聴議員、皆以て一大勝利と為し、多く来り賀を言ふ。

後四時、大浦子を訪ひ、前記顛末を告ぐ。沖男亦次で来る。

四時半沖男を伴ひ、桂公を訪ひ、前記顛末を詳らかに告ぐ。公大に悦び、以て一大成功と為し、且つ曰く、此の一挙、実に穏健允［ママ］当、貴族院体度として最適なり、唯内閣、此の言責を輒誓、能く其の実を挙ぐるや否や、是独り疑ふべきのみと。

適ま杉山茂丸、有松英義二氏先に在り、則ち共に夕餐の饗を受く。

談対清政策に及び、杉山氏清国来電を挙げ、大に対清政策の不振、満州勢力将に失墜せんとするの状に有るを慨く。恰も十八日桂公密話と相符す。我が政府の無能益甚しく、国家の為め痛歎に堪へず。則ち元老傍観の非を共に痛論す。午後九時半辞し帰る。

二月二十一日　快晴温和

朝、松元氏、活動写真会社創立の件を来談。

前十時半登院す。本会議正に終了、直ちに第五分科会に臨み、農商務省所管の予算質問を行ふ。正午退散す。

直ちに幸倶楽部に赴き、会務を協議す。後、尾崎男と囲碁二局を贏ち、午後五時別れ去る。

直ちに木挽町山口屋に赴き、豊川良平氏等三菱高等社員及び郵船会社員等約十名を招き、晩餐を饗す。後九時半、興を尽して散ず。

此の日、田辺勉吉氏、入江礦区買収履行の命を含み、九州に赴く。

今朝、矢田部起四郎、重野隠宅建築工費の事を来談。

午後、大隅生をして古川阪次郎氏亡父庄八氏の喪を光林寺に送らしむ。

予算案、対政府策に関し、小松原英太郎氏より意見書到来、直ちに答書を発し、昨日の顚末を告ぐ。

二月二十二日 南風小雨を送る 暴温
前十時第一分科会に列し、大蔵省部質問を行ふ。予、国資運用の経済界影響の件に関し質問を為し、山本蔵相をして深慎実行の意を言明せしむ。

後一時出勤す。

三時若宮、馬越二氏と、東邦火災保険会社に会す。若宮氏、報告して曰く、本社は原と日本火災と提携、以て其の再保険を受くるを主眼と為す。何ぞ図らん、日本火災、一独逸保険会社と再保険全部の約托を約す。本社全然其の根蔕を失ふ。善後の策果して如何と。予、馬越氏と慎重考慮を約して別る。

広瀬満正氏（多額議員）来訪。

二月二十三日 快晴
前九時半大浦子を訪ひ、対議会策及び園田実徳氏北海道牧場処分の件を内談す。

十時過ぎ第五分科会に列し、牧野農相に対し、工場法施行の時期を質問、四十六年を期し施行すべしの答を得る。

午後一時幸倶楽部所属議員総会を開く。来会者六、七十人、予、目賀田男と交も予算案に関する西園寺首相と交渉の顚末及び政府言明重件五個条の実行の真相を演述し、各員の体度大に定まる。

次で目賀田男、衆議院議員選挙法改正法案調査会の経過を報告し、次で穂積、一木両博士、学説上より、改正案小選挙区制の不便不利、以て他日改正案否決の素地を作らんことを期すと論弁す。

次で、予、請願委員十九名を集め、請願法の不備及び委員提唱参考送付の不当を論じ、五名の委員を選び調査を行ふことを決す。則ち伊東義五郎、青山元、坪井九八郎、東郷安、佐々田懋五氏を指名、委員と為す。

後六時徳川議長の招きに依り、其の官邸晩餐会に赴く。

来賓、左の如し。

国務大臣　西園寺首相　斎藤海相　原内相　松田法相

研究会　牧野農相　長谷場文相　林逓相　石本陸相
山本蔵相　内田外相
黒田副議長　三嶋子　牧野子　入江子
吉川男
茶話会　浅田氏　江木子　予
無所属　沖男　有地男　石黒男
辛亥倶楽部　柳沢伯　寺島伯　徳川伯
土曜会　曾我子　小沢男　桑田氏
木曜会　本多男　鎌田氏
無所属　徳川侯外三人　及び黒田翰長
川井書記官等
計三十五人

分卓七卓と為し、各五人を一団と為す。予、徳川公、西園寺首相、長谷場文相、三嶋子と第一席を占める。宴酣にして、徳川公起ち、立法行政両府間意思疎通の必要上、此の会を催すの旨趣を述ぶ。西園寺首相、来賓を代表し謝辞を述ぶ。宴後、舟陵、紅飛二画伯をして席画を為さしめ、或ひは囲碁将碁を闘はせ、歓笑款談九時半に及びて散ず。真に一代の清遊也。

此の日、幹部員と内議、清国事件特別資金流用法案原案通過の件を決す。三嶋子に之れを内報す。軍資欠乏に因り外交不振の虞を来すを避くる為め也。

二月二十四日　好晴

今朝、各務氏、電話にて田辺氏来電を報じ、元入江礦区買収契約完結の旨を報告す。

前十時予算総会に列す。即ち四十四年度追加予算五件。

正午、幸倶楽部に集ふ。

途、徳川議長官舎に到り、招宴の謝意を表す。

後二時内田民政長官の招に依り、精養軒に赴き、台湾拓殖事業各種幻図及び生蕃征討活動写真を観る。峻嶺窮谷苦闘の状、歴々観るべし。五時半結了、茶菓の饗を受けて散ず。

六時帝国劇場観劇に赴く。安、誠、輝及び招きたる所の山崎夫妻、武田夫妻先に在り、十一時散じ帰る。劇中柴田環女演ずる所の熊野歌劇一齣有り。彼、昨年洋歌を唱ひ、今則ち劇を演ず。声楽聴くべきも、歌劇観るに堪へず、蓋し彼、歌の人にして劇の人に非ざる也。

二月二十五日　晴温　日曜日

前九時柴原仁造、川口宇太郎（仁造氏実兄）来訪。

同時に松元剛吉、横田千之助二氏、活動写真会社創立発起の同意を来請。之れを固辞するも、懇請止まず、則ち単に賛成の事を諾す。

十時半柴原、川口二氏を伴ひ玉川園に赴く。川口国次郎氏（皆同胞也）三児を伴ひ来会、共に園内を倘佯し、午餐を饗し、後二時辞去。

矢田部起四郎亦来園、田中氏と共に新築工事を検べ、黄昏帰家す。

佐野実親、工藤十三雄、釈義堂、古沢懿人諸氏来訪。

此の夜、岡田氏来教。

大久保利武夫人、田中武雄夫人来訪。

二月二十六日　晴

朝、日下真佐市（拓殖新報記者）来訪。

十時本会議に列し、清国事件資金流用法案外一案及び四十五年度追加予算五案を可決す。

次で第一分科会に列し、質問を行ふ。

午後、幸倶楽部に集ひ、大浦、小松原氏等と対予算案方針を内議し、略ぼ原案を可決に決す。

三時出勤す。

五時豊川良平氏の招きに応じ、花屋の宴に赴く。予に酬ゆる招宴也。神谷、各務氏亦来賓中に在り。歓談湧くが如く、午後十時過ぎ散じ去る。

此の日、大隅生をして故鹿嶋岩蔵の喪を吉祥寺に送らしむ。

二月二十七日　小雨

前十時登院し、逓信部審査を行ふ。予、林逓相に対し、大北電信会社上海及び浦塩線免許期限経過後の処分方針の質問を為す。逓相の求めに依り、秘密会と為す。逓相及び小松次官の弁明を聞き、正午退散す。

三島子、沖男、古市氏と内談室に集ひ、予算審査の方針を協議し、略ぼ原案全部可決を内決す。幸倶楽部に赴き、二時半帰家す。

二月二十八日　夜来豪雨　夜晴

朝、山之内一次氏、鉄道敷設法及び同予算上院通過の事を来談。

午前十時登院す。第五分科会に列し、昨日に継ぎ秘密会を開き、大北会社電線の件を質問、林逓相、小松次官及び石井外務次官、迭りて説明を為す。要するに外交の機宜を失ふに帰着す。予、最後に、今後の施設に対し希望を述べて局を結ぶ。

三嶋子、沖男、古市氏と内談室に集ひ、広軌改築条件附鉄道新線可決の件及び北見鉄道再調査条件附可決の件を内議す。

午後、幹部員と幸倶楽部に集ひ、前二件交渉の顚末を伝へ、其の同意を得る。

二時華族会館に赴き、本願寺大谷光瑞伯催す所の法話会に臨む。貴衆両院議員等、来会者二百有余人、伯先づ一場の法話を演じ、赤松連城師、仏法根本義を説く。雄弁蕩々懸河の如く、聴く者歎賞せざるなし。四時立食の饗有り、予、法主、北垣男、大浦子、後藤男、大岡氏と一卓を共にす。五時辞去す。

直ちに富士見軒十金会に赴く。会する者、大浦子、沖、有地、平山、原、高橋、小松原、武井氏及び予の九人也。先づ対議会策を協議し、後時事談に及び、十時散じ帰る。

二月二十九日　陰雨終日滂沱

前十時登院す。第五分科会に列し、逓信省予算を可決す。午後一時第一分科会に列し、鉄道及び台湾特別会計予算を質問す。石原北海道長官答弁の不誠意を責め、其の説明を聴かずと決し、之れを排斥す。

其の間、予、沖、三島諸子と対政府策を交渉、予算全部可決、決議案及び広軌鉄道に関する希望決議案、陸軍省政府委員に対し速記録改竄処分案等の件を協定す。部署大に定まる。

二時幸倶楽部に赴く。

三時華族会館総会に臨む。会する者約七、八十人、前年度決算報告を是認す。

五時広瀬満正氏の招に応じ、其の河内屋の宴に赴く。沖、浅田、目賀田、古市、石黒、加太、若槻、富井、高木諸氏来会。十時帰家す。

三　月

三月一日　細雨濛暝梅雨の如し

後一時登院す。第一分科会に列し、朝鮮樺太等特別会計予算を質問し、後、秘密会を開き、石原委員排斥問題処分方法を内議す。予、本人をして出席陳謝せしめて前議を抹消することを主張す。而して各委員委倚決する能はずして散ず。

四時幸倶楽部に赴き、沖、有地、浜口、仁尾諸氏と前件を内議す。

田中浅太郎、鹿折金山売却の件を来談。

六時大岡下院議長の招に応じ、其の官邸晩餐会に赴く。来賓、西園寺首相、松田、原、長場〔長谷場〕各大臣、上院に在りては徳川侯、徳川伯、柳沢伯、曾我子、入江子、有地、沖、予の三男、浅田、古市、下條、桑田、日高及び本多男の十四人、下院に在りては、箕浦、武富、柴、岡崎、花井五氏及び書記官長、書記人等、主客二十八人也。食後閑談縦横、十時に及びて散ず。

三月二日　晴和

朝、高階瓏仙僧（曹洞大学教授）、日置師印度行き歓迎会発起の承認を来請。之れを諾す。

前十一時登院し、第一分科会に列す。大蔵省所管予算全部を可決し、次で目賀田男同志に代り、左記決議案を提出す。

　四十五年度予算、鉄道新設等後年度に影響するもの少からずと雖も、客月二十日、西園寺首相、我れ等の問ひに対し、減税、政費節約、国資運用調節、海軍充実及び其の財源調達の実行を声明す、故に我れ等首相の言責を信頼し、切に其の実蹟の挙ぐるを期し、予算全部、総て原案を決するを以て意思を明らかにす。

右、全会一致を以て之れを可決す。次で同男亦同志を代表して曰く、

　鉄道予算、総て原案を可決し、政府宜しく実行に臨み、相当の施設をなし、以て広軌改築実行の時に支障を招かざるを期すの特に希望を表はす。

右可決の後、吉川男、北見鉄道工事に関し、実地再調査の希望を述ぶ。原内相、同意の旨を答ふ。次で原内相、

石原委員の挙動に関し陳謝の意を述べ、之れを寛恕することを請ふ。衆之れを諒とし、事全て平和に帰す。第一分科、是に於て終了す。

第三分科秘密会を傍聴、江木氏、山川九州大学総長演説の件に関し、一決議案を提し其の理由を縷述。

午後、幸倶楽部に赴く。

一時出勤す。

途次、大岡議長及び広瀬満正氏の寓を訪ひ、招宴の謝意を表す。

竹井貞太郎氏来訪。

山之内一次氏、鉄道予算可決斡旋の厚意を来謝。一時萩線及び北見線、否決の兆有り、故に然り。

三月三日　細雨陰湿　日曜日
午前、田辺勉吉氏来訪、旧入江礦区買収の顚末を復命。

後二時半桂公を訪ひ、予算審査の経過及び結果を談ず。談支那騒乱に及び、四時辞し帰る。

此の日、俗に雛祭に当り、重野老母、武田夫婦等来遊。

此の日、大隅生をして高崎正風男の喪を青山墓地に送らしむ。

此の夕、岡田氏授業に来る。武田夫妻亦教を受く。

三月四日　天候険悪　風雨終日歇まず
正午登院し、予算総会に臨む。先づ秘密会を求め、内田外相より北京政変の真相及び帝国の今後の方針を聴く。蓋し北京無政府の状を呈し、帝国既に関東都督に命を伝へ、戦時編制の一大隊千二百余人を北京に派遣すと云ふ。次で柳沢伯、第一分科審査状況を報じ、最後に前に記す所の首相言責五条の決議案を述ぶ。浅田氏、江木氏相次で第二第三分科審査の結果を報告し、四時退散す。
直ちに日本橋倶楽部に赴き、幸倶楽部所属多額納税議員招宴に列す。来賓、桂公、大浦氏、小松原氏及び茶話会無所属幹部員十九人也。円右昔話を聴き、九時散会す。
本日、画家岡精一の請に応じ、美術展覧会常設の請願書を貴族院に紹介提出す。

三月五日　晴
朝、橋本五雄氏来訪。
前十時半登院し、予算総会に列す。小沢男、第四分科経過結果を報告、武井男、第五分科会審査状況を報告し、総予算及び各特別会計全部の原案を可決す。此の時、岡陸軍次官、速記録抹殺事件の疎漏を陳謝す。

次で柳沢伯、再び第壱分科減税外四件に関する西園寺首相言責信頼の旨趣の決議を述べ、総会の賛成を求め、西村亮吉氏の外を除き、之れを賛成可決す。

正午、幸倶楽部に赴き、尾崎男と囲碁す。

後五時豊川良平氏の瓢屋の宴に赴く。来賓、加藤高明男、水町袈裟六、浜口吉右エ門、片岡直温、和田豊治、林、串田万蔵諸氏。薩摩琵琶二曲を聴きて後、高談縦論、十時半に及びて帰る。

此の夕、又西園寺首相の晩餐招状を受くも、豊川氏前約の故を以て辞して赴かず。

三月六日　陰雨

午後一時幸倶楽部に赴く。前田正名氏来訪、海外貿易振興建設〔ママ〕案に関し賛成者勧誘の事を懇嘱。諾して同志を募る。即日四十五名を得る。

二時総会を開く。来会者約七十名。目賀田男、先づ予算審査の結果及び鉄道敷設法案可決の件を報ず。

次で江木氏、第三分科秘密会、山川九州大学総長に対し門司駅員任責自殺に関し、所説国民道徳に向ひ悪影響を及ぼすの件決議の旨趣を報告す。

浅田氏、外交質問外相答弁の要領を報じ、原口男、海軍充実案の内容を報じ、予、大北電信会社上海浦塩両海底線秘密会答弁の要領を報ず。五時散会す。

五時半尼崎伊太郎、伊東由太郎二氏の招に応じ、薬研堀大又小宴に赴く。沖男、高崎親章氏来会、款話十時に及びて帰家す。

此の日、重野伯母、鎌倉より玉川新築隠居に移る。

又佐野実親氏に嘱し、四十年一月分恩給金を調査且つ受領す。蓋し同年予の九州行きの為め、これを遺忘する也。笑ふべし。無欲亦欽むべし。

三月七日　快晴、驟雨一過

前九時半伊東子を訪ひ、選挙法案否決の傾向を談ず。

十時本会議に列し、鉄道敷設法及び四十五年度総予算、各特別会計予算并に属国庫負担契約の件等を可決し、十一時半散会す。

幸倶楽部に赴き、大浦子、小松原氏と時事を談ず。

正午出勤す。関宗喜氏来社。

三時帰家す。

此の夕、安及び季児と、酒肴を携へ武田額三寓に赴き、其の再生の日を祝ふ。日露戦役中、同氏中尉を以て、第八師団に属し満州に出征、黒溝台に戦ひ右手掌に貫通創を受け、未だ癒へざるに左手に剣を執り、奉天大戦役に従ふ。三月七日、津川聯隊副官を以て、楊士屯に敵営を夜襲し、敵兵大挙迎撃、我が兵重囲に陥り、将に全滅せんとす。氏聯隊長を固く諫め、背進して聯絡を保たしむ。氏独り少数残兵を率ひ、松〔縦〕容陣地を占め敵兵を撃退し、全本隊を得るも、身胸部貫通の重傷を蒙り、死して蘇る。第二軍司令官奥大将、録して偉勲と為し、感状を授与す。全癒凱旋の後、改めて其の生日十月廿五日、此れを以て再生日とし誕辰と為す也。故に我れ等往きて賀す。款談十時に及びて帰る。

三月八日　快晴

前十一時、東邦火災保険会社重役会に臨む。若宮、馬越、粟津三氏来集。日本火災保険会社再保険内約違変に関し、善後策を講じ、本期営業期終了を俟ち、更に講究の方針と決す。後二時散会す。

紅葉屋銀行、行員堀口栄吉をして来らしめ為替手形書替を求む。諾して之れに記名調印す。

二時出勤す。

二時半幸倶楽部に集ひ、仮置場法案に関し、桜井関税局長の説明を聴く。

松元剛吉氏来部、活動写真会社創立の件を談ず。

有地、伊東、東郷諸男と、請願審査決議方法改正の当否を協議す。

此の日、安子玉川園に赴き、重野叔母移居を存問す。

松本恒之助氏、白魚一函来贈。

東邦火災保険社員倉持勝次郎来り、我が邸火災保険契約を結ぶ。

三月九日　快晴

前十時登院し、本会議に列す。原内相、衆議院議員選挙法改正案を説明。甚だ詳らかなり。特に特別委員を増し十八人と為す。幼年者禁酒法案を否決す。

正午、幸倶楽部に集ひ、選挙法案に対する方針を協議す。目賀田男、調査委員の経過を述べ、且つ小選挙区否決説を説く。衆略ぼ同意す。則ち浅田、江木、高崎、小野田、穂積、一木、高木（豊三氏）、有地、浜口、目賀田十氏を挙げて委員と為し、修正案の起草を托す。此の中、浅田、江木、高木、有地、浜口五氏を上院特別委員と為す。次で予、請願事件小委員提案報告書末尾の改正意見を述べ、且つ予、先例改正不可の意見を述ぶ。衆之れに従ひ、改正案に対し、総会に於て決議の時特に速記を用ゐ、以て決議の旨趣を明らかにすることを決定す。

此の夕、橋本五雄、代議士候補断念の旨を来告。

三月十日　好晴温和　日曜日

殿村碩亮、米国より帰朝し、今朝来訪。則ち相伴ひ玉川荘に赴く。安、勤、雅、勲等、相次で来会。

山崎一家、昌夫妻、寛夫妻亦来遊。

重野伯母移居、配備略ぼ成り、鎌倉別荘売却完結す。

田中氏と門牆其の他改修位置を指示す。

此の夕、岡田氏授業に来る。佐野実親氏初めて之れに参加。

三月十一日　晴寒

朝、中道伊兵衛氏電を致し、大山郵便局電信開始を報じ、且つ斡旋の恩を謝す。

矢田部起四郎来訪、重野隠宅建築工費の決算を行ふ。

五十嵐秀助博士来訪。

十一時出勤し、予算科目改正案を決裁す。

農工銀行に赴き、伊東氏に面じ、東邦火災保険会社保険証書担保承認の件を談ず。

午後、東邦火災保険会社に到り、若宮氏外二人と農工銀行担保承認の件を協議す。

古市公威博士を訪ひ、其の母の喪を弔す。

二時田辺翁を砂土原町邸に訪ひ、閑談二時半余にして帰る。

菊屋剛十郎、山陰鉄道敷設法案可決を来謝。

此の夜、副島延一氏来訪、閑談二時余にして去る。

三月十二日　晴

前十時上院本会議に列し、予、露国鉄道船舶聯絡運送法律案に関し特別委員に選ばる。中嶋永元氏、財政経済に関する質問の旨趣を述べ、前田正名氏、海外貿易振興《〔ママ〕》献議案の旨趣を演述、之れを可決し、正午半過ぎ散会す。

幸倶楽部に赴き、例会に臨む。

猪苗代電力会社に到り、白石氏を訪ふ。旅行中、逢ふを得ず。

中山氏を農工銀行に訪ひ、東邦火災保険証書担保承認の事を談じ、其の承諾を得る。

後三時海事協会評議員会に列し、四十五年度予算案を可決す。

六時岩倉鉄道学校評議員会に列し、四十五年度予算案及び日本鉄道精算人表謝の件を可決し、十時帰家す。

午前九時新元新子、長男八津雄を伴ひ着京。安、之れを新橋駅に迎へ共に帰る。八津雄をして東京小学校に入学せしむる為め也。

後一時大隅生をして古市公威氏母の葬を染井泰宗寺に送らしむ。

不在中、奥田新之丞（田慎治妻の父）来訪。

湯河管船局長、議院に於て水先法改正案の否決を来請。

重野老母、新元一行を迎ふる為め来宿。

三月十三日　終日降雪地上一白
重野伯母、玉川より来る。

川野直太郎、福島保三郎、九州興業会社（田浦築港）創立の賛成を来請。之れを謝絶す。

高橋乕豹太来訪。

各務常務、大阪より帰京。

此の日、予の陽暦誕辰に当り、夕刻、親戚を招き小宴を饗す。来る者、重野両老母、新元母子、山崎秀子、田梅代、寛夫妻、大木夫妻、武田夫妻。我が家族と団欒款談、十一時に及びて散ず。

三月十四日　晴後曇
前十時登院し、露国鉄道船舶聯絡運送法案特別委員会に列す。徳川慶久公委員長と為り、予副委員長と為る。質問弁論、後三時に及びて散ず。

重野両老母、玉川荘に帰る。

奥田新之丞、議院に来訪。

此の日、安をして三輪田真佐子女史を三輪田高等女学校に訪ねしめ、其の宝冠章拝受の栄を賀し、且つ一詩を以て贈りて曰く、

亀齢七秩徳弥輝　緯帳講経三絶韋
恩旨忽従宸闕降　寵光如此古来稀

川副綱隆来訪。

三月十五日　陰寒　欲雪

前九時半、故枢密顧問官西徳次郎(二)男の喪を桜田町邸に弔す。

十時登院し、日露国鉄道船舶聯絡運送法案委員会に列し、原案を可決す。

十一時、東邦保険社に到り、倉持社員に対し、農工銀行保険証担保承認許諾の意を告ぐ。

次で出勤す。

後一時重役会を開く。桂、浅田、賀田氏の外会同、先づ元入江礦区買収の顚末及び業務近況を報告し、本年秋季株金五円払込実行の件を協議す。

是日、山内鉄道院理事来社、日露聯絡法案を明日の議事日程に追加議決の件を懇請。帰途、幸倶楽部に到り、山鹿書記をして此の意を所属議員一般に通告せしむ。

五時半改野耕造氏を綱町新邸に訪ひ、温室を観、其の譲り受け移転を略ぼ約す。

途次、山崎四男六氏を同町寓に訪ふ。

夕、太田輝次氏、朝鮮より上京来訪。

此の日、安、新元一家を伴ひ、武田家訪問に赴く。

三月十六日　陰寒　朝小雨

前十時上院本会議に列し、仮置場法案外二件を議決す。

日露聯絡運送法案日程追加の件、研究会修正意見生起の故を以て、其の決議を延期す。

十一時築地精養軒徳川議長招待午餐会に列す。上院議員概ね皆集る。食後二條公主人を代表し式辞を述べ、徳川議長謝辞を述ぶ。後一時散会す。

茶話会、無所属幹部員と、幸倶楽部に集ひ、衆議院選挙法案大修正後の対下院の順序及び日露聯絡運送法案修正の件を内議し、之れを所属各議員に通知す。

先数日、季児侍女福、嫁人と為り、暇を告げて小田原町に帰る。季児追慕措かず、此の日、福書を致し永年の恩を謝し来る。

三日前、田淳吉、台湾国語学校に入学の為め郷里に帰り、此の日書を致し、新元紹介及び餞別の恩を謝し来る。

三月十七日　細雨霧の如し　日曜日

朝、若宮正音氏、東邦保険前途経営の方針を来談。

川副綱隆、室田景辰氏相次で来訪。室田氏と午餐を共にして別る。

後一時故西男の葬を青山墓地に送る。

此の日、輝子同級生十余人を伴ひ、玉川荘に遊ぶ。

今夜、岡田氏来り授業。

篤、本日札幌発帰省の報に接す。

三月十八日　晴　小雨一再過

前十時本会議に列す。日露車船聯絡運送法案を議し、二読会に於てこれを可決す。予登壇、第十四條修正意見を述べ、満場の賛成を得て可決す。

十一時幸倶楽部に集ふ。

後零時半出勤し、各務、田辺二氏と崎戸礦業所管理の方法を内議す。予、統一説を執り、之れを説示す。

豊川良平氏来社。岩崎男、九炭株主名義表示の談あり、則ち同意の旨を答ふ。時事を痛論して別る。

神谷伝兵ヱ、関宗喜、松元剛吉諸氏来社。

林謙吉郎氏、サミユル商会相談役応聘の件を来談、之れに賛成す。

此の日、本社位置を丸之内三菱新街に移すの議を内決す。

今夜、岡部則光氏来訪。

三月十九日　晴

昨深夜、篤函館より飛電にて報じて曰く、風波にて航すべからず、着京遅延すべしと。

芳子及び重野老母之れを知らず、篤一行を迎ふる為め来訪。

後一時幸倶楽部に集ひ、武井男の保険法案中責任準備金全部供託に関する修正意見を聴く。議論紛々帰結を見ずして散ず。

帰途、桂二郎氏を訪ひ、会社経営方針及び崎戸礦業所長改任の可否を内議す。

三月二十日　晴

前十時本会議に列す。法律案数件を議了の外、衆議院議員選挙法改正案を審議、是本会期第一重要問題と為す。有地男、副委員長を以て委員会修正案を報告、小選挙区の政府原案を排す。復た大選挙区の現制は、上院各派一致する所の協定也。森田某、鎌田栄吉二氏、原案賛成説を述べ、久保田男、穂積八束、村田豊三氏、修正案賛成説を演ず。討論前十時に始まり、後四時に終る。記名投票を以て決を取り、其の結果左の如し。

投票総数　二百三十九人

内　修正案に賛する者　二百十一人

修正案を排する者　二十八人

則ち大多数を以て修正案を可決す。修正案を排する者、木曜会員及び少数多額議員也。

後四時半崎戸嶋人樽美好三郎（三十九年冬、予宿する所の家主也）、細美源太郎、礦業所顧看を来請、乃ち之れを田辺勉吉氏に紹介す。

西山哲治来訪、不在にて逢はずして去る。

後十〔ママ〕時、黒田侯私邸晩餐会に赴く。来賓徳川議長、同慶久侯、二条公、各派中要地を占むる者約二十余名。食後、慶久公と囲碁し、一局を輸す。九時過ぎ辞し散ず。

三月二十一日　晴、烈風

春季皇霊祭。

前十時半発、玉川園へ赴く。田中氏と庭園修理方法を協議し、後四時帰る。

篤、美枝、喜多子及び一婢を伴ひ、後三時半上野着。輝、新元新子、武田芳子と、大宮駅に迎へ、安及び弟妹及び重野両老母其の他、上野駅に之れを迎へ、相伴ひ帰家す。十八、十九両日、北海地方暴風にて交通杜絶、故を以て遅着二日也。

後五時、松方侯及び嶋津久賢男の招に応じ、星岡茶寮の莚に赴く。来賓小沢、沖、有地、武井、高木諸男及び高村、柚木二氏也。細川風谷の講談有り。談笑歓を尽して散ず。

此の日、誠誕生日に当る。

三月二十二日　晴

前十時登院し、本会議に列す。議長、院議に依り、衆議院議員選挙法改正法律案両院協議会委員十名を指名し、予、亦与かる。

議事散会後、右委員議長内談室に集ひ、久保田男、酒井子を挙げ正副議長と為す。発言其の他順序を協議す。

予算委員総会に臨み、追加予算七件を可決す。

午後一時保険法改正法律案委員会に臨み、特に発言を求め、外国再保険会社無免許再保険の真相及び政府の之れに対する取り締り方針を質問し、後ち厳密取り締りの希望を述ぶ。
後二時両院協議会に列す。其の席次人名左の如し。

久保田議長
下院議長 伊藤大八

酒井副議長		改野副議長
田男		長嶋鷲太郎
目賀田男		奥繁三郎
吉川男		戸狩権之助
谷森真男		鵜沢聡明
一木喜徳郎		松田源治
穂積八束		板東勘五郎
有松英義		小久保喜七
桑田熊蔵		小川平吉

速記者

先づ抽籤を以て、当日議長を定め、久保田男、之れに当る。下院側の求めに依り、目賀田男、上院大修正の要旨を述べ、次で長嶋、鵜沢、小久保、小川諸氏、陸続質問する所有り。有松氏詳らかに之れを弁明す。四時三十五分休憩、四時五十五分再開、討論に入る。奥氏、哀訴的体度を以て、上院の譲歩、而して小選挙区に賛成を請ふ。目賀田男、譲歩の余地無きを以て之れに答ふ。松田、長嶋二氏、交も謙恭の体度を以て調ぶる所有り、穂積氏亦謹謙の言を以て応ず能はざる所以を述ぶ。討論終結後、速記を止む。改野、伊藤二氏、懇請止まず。然るに争ふ所の要点は、一に大小区画の一点に係り、他に交譲すべき代償点無し。遂に投票を以て之れを決す。

賛　下院案者　十名
賛　上院案者　九名

下院案に決す。是素より必然の数にて、恠しむに足らず。後六時五十六分散会す。
幸倶楽部に赴き、夕餐。
後八時松元氏の請に応じ、同気倶楽部に赴き、活動写真を観る。是活動写真大会社創立披露の為め也。来賓大隈伯既に去るも、発起人数十名尚在り、九時辞し去る。

三月二十三日　晴寒
前九時半登院し、本会議に列す。法案数件を議決し、十一時休憩。下院選挙法案議事を聴く。賛否頗る紛々。後一時再開、又数案を議決し、遂に議員選挙法案両院協議会成案を議す。久保田男、経過及び結果を報告し、曾我子否決説を述ぶ。決を取るに及び、原案賛者僅か七、八人のみ。

次で予算委員総会に臨み、秘密会を開き、内田外相の支那騒乱及び六国共同借款の真状を聴く。後、予算一件を可決して散ず。

三時半幸倶楽部に集ふ。

四時帝国座観劇に赴く。安、篤、美枝、誠、芳、輝、喜多子、新元、山崎諸夫人を伴ひ来会、十一時帰家す。

三月二十四日　曇後半晴　日曜日

午前九時半大浦子の病を訪ふ。家人云ふに、数日高熱を発するも、今稍軽快、憂ふるに足らずと。

直ちに玉川園に赴く。幼児数名昨来滞宿、安、篤、美枝、輝諸人、四婢と共に来会。

田中氏と園丁を督し、興津試験場贈る所の和洋梨、桃、無花果、葡萄等数百株を栽植す。

夕刻、家人及び新元一行等十七名を伴ひ帰る。

中山猷次氏、将に万国無線電信会議に赴かんとし、告別に来る。

此の日、本多為三郎をして改野氏贈る所の小温室を我が本邸園内に移築せしむ。

三月二十五日　前小雨　後陰

前十時本会議に列し、追加予算八件、予借金及び予算外支出に承諾を求むる件四件、法律案五件、請願五十八件を議決す。予、紹介する所の常設美術館設立の件、亦此の中に在り。是に於て本年の議事、全て結了を告ぐ。正午過十五分散会す。

直ちに幸倶楽部に赴き、午食懇親会開催の事を決す。

後二時出勤し、各務氏と台湾鉄道売炭外数件を協議す。

此の日、篤、美枝、芳子、輝子等を伴ひ、浅草公園に赴く。夕、安、新元一行及び諸児を伴ひ、有楽座に赴く。

三月二十六日　晴冷

菊池良六氏病死の飛電に接す。氏老病幾年、遂に起たず。悲しむべし。電報及び郵書を発し、之れを弔賻す。

朝、富岡周蔵、石川嶋造船所社長受諾の事を来請。之れを謝絶す。

午後一時出勤す。川相技師、昨日上京、路に相逢ふ。共に本社に到り、炭礦近況を聴く。

此の日午前、議会閉院式有り、辞して赴かず。

正午、西園寺首相慰労の宴有り、亦赴かず。

福島県内務部、長瀬川水利使用願の件を照会し来る。書を発し之れに答ふ。

此の夕、川相技師を我が邸に招き、崎戸礦業所経営方針及び分任主義、後進養成方法等の件を談ず。

三月二十七日　陰　小雨夜過

此の日、天皇特旨、両院議員を新宿御苑に召し、賜宴。前十一時四十分参苑。苑内に大天幕を張り、会場を充たす。入りて一席在り。中央稍や高き処、貴賓席を設く。御名代伏見宮殿下、各国務大臣、両院議長を随へ臨場し、恩旨を述べらる。次で宴を開き、西園寺首相発声、一同、天皇皇后万歳を三唱す。宴後、三々五々苑内を倘佯、早桜木瓜の類、花卉と妍を争ふ。風致清楚、悦ぶべき也。

二時出勤し、川相技師と立坑起工の順序を談ず。

五時紅葉館幸倶楽部懇親会に臨む。会する者六十余人。九時散会す。

此の日、安、山崎新元二妹と下氏法筵に赴く。

三月二十八日　晴暖　夜曇

午前、白石直治氏を猪苗代水電会社に訪ひ、会津水力使用願再調査命令応酬の件を協議す。

十一時徳川議長所催の華族会館慰労宴に赴く。上院議員概ね集ふ。立食の饗を受け、後零時半退散す。

幸倶楽部に到り、男爵議員補欠選挙準備の景況を看る。

一時和田維四郎氏を東京倶楽部に訪ひ、崎戸礦業所副長技師傭聘の件を談ず。

中谷電気局長を逓信省に訪ひ、会津水力使用願再調査延期の件を談ず。

三時出勤し、各務、川相二氏と礦務を協議す。

六時協同会拡張委員、安場、伊東、神山、東郷、藤堂、坪井、安藤、津田諸男の招に応じ、縁屋の宴に赴く。沖、有地二男、亦来賓と為す。談笑湧くが如く、款を尽して散ず。

此の日、大和記者半沢玉城来訪、時事を談論して別る。

松本正之介、将に兵庫県立選挙場裏に帰らんとし、告別に来る。

夜、太田輝次夫妻来訪。

広内繁吉、朝鮮大邱より来京、投宿。

三月二十九日　陰雨

立川清来訪。

代議士野添宗三氏来訪、時事を縦論して辞去。

後二時出勤し、川相技師に対し経営方針を示授す。

代議士松本恒之助氏来社。時局の趨勢を談じて別る。

五時、鉄道協会評議員会に臨み、四十五年度予算案を決議し、夕餐を共にして散ず。

山崎夫妻、武田夫妻、新元新子告別の為め、此の夕来訪。

藤田伝三郎男病篤しと聞き、電を飛して之れを慰問す。

夜に及び謝電到来。

三月三十日　陰後雨

午前、男爵議員補欠選挙を行ひ、鹿野勇之進男二百四十七票全数を以て当選。

学習院学年卒業式を行ふ。輝子、中学全科を卒業、更に撰科に入る。雅子、勲、各其の学年の業を卒す。

後一時鹿野男を芝公園邸に訪ひ、其の当選を祝し、且つ茶話会加入の事を勧告す。

二時出勤し、崎戸礦業所分掌規程外数件を裁決す。

五時半内田台湾民政長官催す所の瓢屋宴に赴く。柳沢伯、三島子以下研究会員八人、茶話会、無所属各三人、木曜会一人、上院書記官数人、主客二十三人、円喬落談を聴き、九時款を尽くして散ず。

後六時半新元新子、新橋を発し帰途に就く。親族多く之れを送る。

今朝、中谷電気局長、電話にて報じて曰く、会津水利使用願再調延期の件、本省未だ其の真情を詳らかにせず、依て技師を派遣し、県庁をして事状調査に就かしむ、須く実情に応じ緩和の計を為すべし云々。

三月三十一日　晴　午後小雨一過　日曜日

前九時半発、玉川荘に赴く。家族概ね先着。山崎、奥田、小島、大島、田昌、園田寛、大木夫婦、其の他集り来る者四十余名。男女児童球戯を為し、歓笑湧くが如く、而して園内桜花盛開、春光明媚、歓楽して帰る。

後五時半、岩倉道倶男の招きに依り、星岡茶寮の宴に赴く。具張公亦主人席に在り。船越、有地二男及び原氏賓と為る。閑談囲碁、九時に及びて辞す。時に満月桜花を照らし、清景言ふべからず。暫く歩きて散ず。

岡田氏来教。長島隆二、木下安敦、松元卓、広田繁吉四氏皆初めて業を受く。

昨夕藤田男卒去の報を聞き、家兄に発して之れを弔賻すことを托す。

此の日、毛利元忠子、家人伊佐謙三郎をして、乃ち予に絹書一幅に揮毫を来請。

福島県会津水利願に関し、再督促書到来。

是に先だち、九州炭礦会社、工費約壱万円を逓信局に献納し、崎戸嶋海底電信線敷設の事を請ふ。省議之れを容れ、沖縄丸をして沈敷に従事せしむ。此の日通信開通す。

四月

四月一日　快晴　風寒

朝、橋本五雄、代議士候補発表の旨を来告。

電報を発し、大阪藤田男卒去を弔す。

後一時出勤す。関氏来社。

川相技師長、午後三時半発帰任。

関氏、野々村令閨来訪。

鹿野勇之進男、当選の恩を来謝。

松本正之助、将に帰郷して代議士候補を争はんとし、来り告別。

此の日、福島県内務部長に対し、一月二十四日附達書達せず往復齟齬の理由書を草し、之れを郵送す。

四月二日　好晴

前九時神田鐳蔵氏、信託会社興廃の件を来談。

広内繁吉、帰郷の途に就く。

学習院卒業式を行ふ。勤、優等褒状及び賞牌を得る。勲、第一年科を卒はる。

後二時発、玉川園に赴く。安、輝、勤、雅、季等、相次で来園。庭前桜花満開、風光の佳、名状すべからず。夜に入り満月光を放つ。花下の観、希覯の所也。

四月三日　夜来陰雨滂沱　夜に入りて晴

神武天皇祭、参拝せず。

夜来陰雨、花時休日、屋外に出るを得ず、満都の人をして、天を仰ぎ歎声を発せしむ。

後二時半輝を伴ひ帰京す。

五時桂公の招きに依り、其の邸の晩餐会に赴く。来賓、研究会、茶話会、無所属幹部員の外、平田、小松原、後藤三前閣員等二十五人也。食後閑談湧くが如く、九時過ぎ辞し散ず。

此の日、新聞紙、陸軍大臣石本男薨去の訃を報ず。男近時頗る健康を損ね、然る末病篤と聞く。今忽ち悲報に接す。驚くべし悲しむべし。日露戦時同僚、今一人を欠く。殊に痛悼を感ず。

四月四日　好晴

朝、山崎秀子、新元八通雄慶応義塾入学の事を来談。

後一時桂公邸に到り、昨夕の招宴を謝す。

陸相官邸に到り、石本男を弔し香賻を贈り、霊柩を拝して去る。

幸倶楽部を訪ひ、内田男と鹿野男茶話会入会の順序を行ふ。

二時出勤す。

三時浅田正文氏の病を駿河台邸に訪ふ。家人、数日来、飲食通らず、僅かに滋養灌腸に因り生命を保つ云々と云ふ。蓋し胃癌治るべからず、命旦夕に迫る也。悼むべし、惜むべし。

転じて甲武電車に乗り、初めて万世橋駅に下乗。駅三日前開始する所、輪奐の壮、歎美すべき也。

上野公園に到る。桜花正に盛り、風色の美、名状すべからず。花間を散歩し、遂に精養軒に入り、同気倶楽部観花会に臨む。会する者約四、五十人、閑談囲碁、晩餐を共にし、九時清月を仰ぎて帰る。

四月五日　晴寒

朝、松尾寛三氏、勧業生命保険会社創立の希望を来談。

後一時石本陸相の葬を青山墓地に送る。現職国務大臣、天寿を全ふして逝去する者、維新以来之れ未曾有なり。

葬事の盛ん、稀に観る所也。

後三時半桂公を訪ひ、有価証券供託会社設立の件を談ず。公、内外資本共通機関の運用に関し、大に其の平日の抱負を述べ、対談約二時間、尚長嶋隆三〔二〕、野沢源二郎二氏をして之れを研究せしむべきことを約して去る。

夜、改野耕造氏、総選挙応援の件を来談。

新元新子、台北安着の電報有り。

後八時三十分家兄、和子を伴ひ着京、昌邸に入るを見る。篤夫婦、輝子、之れを新橋駅に迎ふ。

此の日、中将上原勇作男、陸軍大臣に任ぜらる。

四月六日　細雨秋霖の如し　夜に入りて晴

朝、神田鐳蔵来訪。

後二時出勤す。

六時松尾臣善男の招きに応じ、河内屋の宴に赴く。来賓石井、浅田、原、目賀田、下条、高橋、予の七人也。貞水講談を聴き、大小妓十余名酒を侑める。款談数刻、十時散去す。

不在中、家兄来訪。

四月七日　快晴温和　日曜日

前九時半発、玉川園に赴く。武田夫妻来遊。

後四時半予独り先に帰り、直ちに華族会館に赴き、研究会、幸倶楽部幹部員懇親会に列す。会する者二十五人、食後入江子と囲碁す。

此の夕、岡田氏授業に来る。家兄、和子を伴ひ受業に来る。

後十一時半麻布富士見町電線会社失火、慰問を為す。来る者十余人、無風を以て延焼せずして熄む。

四月八日　陰後小雨

朝、浅野応輔氏来訪。

南光利男来訪。

福嶋県内務部、二月廿四日付長瀬川流量測定及び其の着手期日の報告方を督促し来る。則ち逓信省伺ひ中、猶予を請ふの旨趣を述べ、之れに答ふ。

下安子来訪、其の需めに依り、勝子嫁資を貸し付く。

後一時出勤す。

三時松浦伯蓬莱園茶会に赴く。園、同家祖松浦信鎮築造

する所、其の設計、山鹿素行、小堀越前及び僧江月の手に成る。園池千歩、周囲三十の大景を備へ、泉石古雅、水禽群游、実に京中最古最勝の名園と為す。徘徊倘佯約二時間にして辞去す。

五時東邦会社重役会に臨む。若宮、日下、粟津三氏会同し、半期決算報告を決定す。

此の夕、松元剛吉氏、千葉県君津郡に於て代議士立候補の件、其の他数件を来談、十一時辞去。

四月九日　陰　後微雨断続

朝、清水美英氏来訪。

又家兄来訪、次で増田進一氏来訪。則ち鼎座、九炭会社将来進運及び経済界の趨勢を談論し、午餐を共にし、午後三時辞去。

直ちに出勤す。

五時日本橋倶楽部に赴き、豊川良平氏還暦の祝宴に臨む。来賓、豊川氏一族、催主は則ち山本蔵相、上原陸相其の他約七十人。先づ細川風谷の講談、梅若一家の能楽有り、次で祝筵を開く。老小妓数十名、酒を侑め歌舞を観するを助け、歓笑、十時半に及びて漸く散ず。蓋し近時稀有の盛会也。

四月十日　好晴温暖

前九時長島隆二氏、桂公の嘱を帯び来り、割引銀行創立の方法を協議す。

鈴木徳松、関夫人、奥田夫人及び児女等、相次で来訪。

後六時、妻を伴ひ帝国ホテルに山口張雄、中村信子結婚披露宴に臨む。後藤男夫婦、媒酌の職を執る。来賓、親戚男女約四十人、家兄、昌、寛、大木一家、其の中に在り。後八時退散す。

予咽喉炎の兆有り、伊藤医を招き診治す。

四月十一日　朝曇　後晴

前七時半、鈴村秀二氏、中谷電気局長の命を帯び来訪、長瀬川水利使用願水力測定等着手猶予黙認の意を伝ふ。

太陽記者安井正太郎、新雑誌地球に掲ぐる所の論説口授の事を来嘱。

大浦子病、荏苒未だ癒へずと聞き、往きて之れを問ふ。

十時半出勤す。松元氏、神谷伝兵ヱ氏神奈川県代議士候補推薦の件を来談。則ち勧告状を付与、往きて之れを説かしむ。

和田維四郎氏、永住技師本社技師採用の件を来談。〔空白〕岡田修、私事を以て上京来社。

後二時半山口崇義氏邸を訪ひ、昨夕招宴の謝意を述ぶ。

帰途、岩倉道倶男を訪ひ、時事を談じて去る。

家兄、後三時発の列車に搭り帰途に就かせらる。安、篤等、之れを新橋駅に送る。

四時伊藤医来診。

此の日、大隅生をして三井三郎助氏の葬を青山墓地に、古沢満津子（故滋氏夫人）の葬を番町教会に送らしむ。

後五時安を伴ひ、中山佐市氏晩餐小宴に赴く。梅代及び武田夫妻来会、款談十時に及びて散ず。

四月十二日　晴寒

前十時出勤し、岡田修に対し業務方針を指授す。

松元氏、電話にて神谷氏候補辞退の事を報ず。

後一時豊川良平氏を三菱会社に訪ひ、神奈川県代議士候補選定の件を協議す。

二時幸倶楽部例会に臨み、新入会議員鹿野勇之進男を会員に紹介す。

松元氏来部、渡辺嘉一氏神奈川県代議士候補推薦の件を協議す。横田千之助氏をして我が勧告書を携へ大阪に赴き渡辺氏を勧説せしむ。

伊東義五郎男、仏人ヲルフィラ氏資本輸入の件を来談。

後六時半小礼服にて帝国ホテル駐英大使加藤高明男送別晩餐会に列す。会員徳川公主席を占め、各国務大臣、朝野縉紳、会する者百二十余人、主客卓上演説を交換し、九時半退散す。

此の日、安、篤、美枝三人、松尾氏の招に応じ、歌舞座〔歌舞伎座〕観劇に赴く。

四月十三日　快晴

午前、諫早家興男来謝。

此の日、大隅生をして故上院議員堀基氏の喪を青山に送らしむ。

午後、単身玉川荘に赴き、清流修築を指揮す。

安、輝二人、精養軒山口張雄氏結婚披露会に赴く。予辞して赴かず。

四月十四日　晴暖　日曜日

午前、安、誠二人来園。

松元氏来書にて、渡辺氏候補辞退の件を報ず。

松樹等移植を指揮す。

後一時半発、安、誠二人を伴ひ帰家す。

四時荒川写真師を傭ひ、一家団欒の影を撮る。予と安、篤、美枝、誠、武田、芳子、輝子、正、勤、雅子、勲、季子、喜多子の十四人也。

此の夕、岡田氏来教、入門者漸く多く、此の日受業者二十五人也。

四月十五日　晴暖

前十時出勤す。桂二郎氏、取締役辞退の意を来談。慰籍〔藉〕して之れを留む。

松元氏来社、未だ適当の候補者を得ずと報ず。

後一時重役会を開く。来集者、予、各務、神谷、竹内、賀田の五人のみ。礦業所副長技師採用の事を協議す。

田辺勉吉氏、崎戸に向けて発す。

三時秦源祐氏を訪ひ、豊助氏知事栄任を賀す。転じて豊助氏を精養軒に訪ふも不在、賀を致して去る。

松尾臣善男を赤坂新阪邸に訪ひ、閑話して去る。


此の夜、神田鐳蔵を招き、野沢源次郎、英国資本に関係する共通方法調査の経過を告げ、且つ仏人ヲルフィラ氏会談の件を内議す。

四月十六日　快晴

終日家に在りて議会関係文書を整理す。

実業之日本記者石井勇、岡田式静坐法の成蹟を来問。経験する所を挙げ之れに答ふ。

山口張雄、新婦信子を伴ひ来訪。

此の夕、西山哲治、私立小学及び幼稚園開設の顚末を来告。則ち若干金を贈り、之れを祝す。

四月十七日　快晴

朝、大和記者関亮来訪。

前十時桂二郎氏を訪ひ、其の嘱する所の九炭株式弐百株、所有名義貸付の手続きを行ふ。

次で出勤し、浅田取締役病篤の報を聞く。

東邦保険社員倉持勝次郎を招き、本邸建物火災保険（第二契約金二万円）の契約を締結す。

農工銀行に到り、負債担保保険証書の交換を行ふ。

十一時半幸倶楽部男爵議員午餐会に列す。

神田鐳蔵来訪。

後二時同氏を伴ひ華族会館に到り、伊東義五郎男の紹介に依り、仏人ヲルフィラ氏と会晤し、紅葉屋銀行、仏国銀行間資本共通契約締結の交渉を行ふ。

此の夕、佐々木弥三郎を召し、来月五日玉川別荘園遊会余興芸人傭入の件を協議す。

四月十八日　快晴
朝、津田官治郎、補助を請ひに再来、乃ち五金を与へ去らしむ。

前十時協同会幹事会を幸倶楽部に開く。有地、沖、武井、吉川、真田諸男来会、尾崎三郎〔良〕男を挙げて補欠評議員と為し、島津久賢、佐竹義準二男入会を許すの件外数件を決議す。

後一時出勤し、明後二十日を以て本社を丸之内に移すことを決す。

後三時仏人折平〔オルフィラ〕氏、神田氏と伊東男邸に会見し、交渉を行ふ。評判〔ママ〕三時間余、略ぼ双方の意思を疎通するを得、七時辞去す。

秦秋田知県、将に赴任せんとして告別に来る。

麻布区長平林政博氏、赤十字社特別社員加入の事を来請。

四月十九日　陰　午後大雷雨、忽ち霽れ一天拭ふが如し
朝、高木信威（大和新聞記者）、松下軍次〔治〕立候補公開演説会出演を来請。考ふる所有るを以て、之れを謝絶す。
前九時半九炭取締役浅田正文氏の喪を其の駿河台邸に弔す。
直ちに電車に搭り、玉川荘に赴く。安、篤、次で来る。田中氏と表門改築工事及び庭園修理工事を視る。時に晩桜満開、楓葉紅芽、風光洗ふが如し。午後、雷雨一過、乍ち雲去り風息み、新緑色を添へ、風趣の佳、言状すべからず。夕刻、相伴ひて帰る。

四月二十日　好晴穏暖
朝、瀧本直次郎氏（本村小学校教員）、奥田氏の紹介に依り来訪、則ち嘱して我が家庭教師と為す。一週三、四回、雅、勲二児及び新元八津雄に各所属小学課程を来教す。
安井正太郎（太陽記者）、財政経済の意見を来問。則ち

見る所を挙げ之れに答ふ。

後一時九州炭礦会社新営業所を観る。位置丸内［丸の内］八重洲町三菱新築市街に在り、帝国劇場と相隣す。内部配置、外部道路等、尚未だ全て整はず、社員、整理に鞅掌奔走す。

二時半近藤廉平男長男滋弥氏、松平子長女信子結婚披露会に臨む。安亦来会す。会は華族会館に於て開く。来会者約千人、席画、能楽、長歌等の余興有り。四時半、食堂を開き、祝杯を挙げて散ず。

七時七分、日置黙仙師帰朝を新橋駅に迎ふ。師、嚮に暹羅王即位式に列する為め、盤谷［バンコク］に赴き、遂に印度に航し、釈迦仏蹟を歴観して帰る。在京有志、将に明日を以て歓迎会を浅草に開かんとし、予亦これに与る。而して浅田正文氏葬日の故を以て、之れに列するを得ず、故に是日を以て、之れを迎ふる也。

四月二十一日　快晴　薄暑　日曜日

午前、仲小路廉氏を広尾邸に訪ふ。訪問を返す也。閑談時余にして辞し帰る。

後一時四十五分列車に搭り、鶴見駅に下車し、浅田正文氏の葬を総持寺に送る。其の儀頗る荘厳也。

午後三時廿八分発列車に搭り帰京し、直ちに浅草に赴く。適ま山本鰶、同糸子二人、奥常盤に邂逅、夕餐を共にし、其の将来処世方法樹立の哀請を聴く。略ぼ之れを諾す。共に公園内を散歩、深更に及びて帰る。

此の日、浅草伝法院に於て、日置黙仙師暹印巡察帰朝歓迎会を開く。予発起人の一と為るも、偶ま浅田氏の葬儀有り、之れに臨む能はず。

四月二十二日　晴暑　強風

前九時半出勤す。尚移店整頓中に属す。

直ちに電車に搭り、玉川園に赴く。篤亦来会。内外装飾会社員磯村市太郎を招き、田中氏と、来る五月五日野遊会食堂、余興場、模擬店等の位置及び其の装置の方法を協定し、夕刻帰る。

正児、修学旅行の為め、函嶺地方に向けて発す。

四月二十三日

朝、伊東義五郎男、日仏資本共通聯絡の件を来談。

午後、三田松屋に到り、植樹鉢数種を購ふ。

出勤し、各務氏と社務を裁理、且つ野遊会招客の範囲を談ず。

綾部竹次郎来社。其の需に依り、神谷氏を紹介す。

夕六時半太田夫妻、朝鮮に向けて発つ。安、篤等一同、之れを新橋駅に送る。

四月二十四日　細雨断続

終日在家。五日野遊会の準備を理す。装飾会社磯村、余興斡旋人佐々木、田楽商吉田安次郎、蕎麦店更級等を招き、各注文する所有り。計画略ぼ定まる。

岡部則光氏を招き、前件を協議す。

滝本直治郎氏、初めて三児を来教。

四月二十五日　晴

朝、田中武雄氏来訪。会議の為めの上京也。

精養軒服部奈良吉を召し、五日野遊会行厨準備を命ず。

松元剛吉氏、木村省吾を挙げて神奈川県候補者と為す件、及び自己千葉県立候補の件を来談。其の求めに依り、古市公威及び伊丹春雄二氏に之れを紹介す。

後二時出勤し、江口定条氏、永積純次郎本社技師任用の件を来談、乃ち其の斡旋尽力を嘱す。

長崎管理局長藪内氏、海底電線献納資金利子逓信協会寄贈の件を来請、之れを諾す。

林謙吉郎氏、桂二郎氏取締役辞退承認の件を来談。略ぼ事情止むを得ざるの意を領む。

各務氏、列車に搭り、崎戸に向けて発つ。

後六時麦酒会社楼上東邦火災保険会社第一回定期総会に列す。重役五名（日下氏不参）の外、株主出席者植村氏一人のみ。原案を議決して散ず。

鈴木徳松、野遊会給仕大芸妓三十人新喜楽老婦統率し来園の事を来談。

四月二十六日　陰　強風　夜驟雨

午前、半沢玉城（大和記者）来訪。

神戸源右ヱ門を招き、篤、誠と共に野遊会招状を整理せしむ。深更に及び、僅かに完了す。

後二時半浜離宮観桜会に参列す。召に依り参列する者、内外人二千人を超ゆ。三時、天皇、皇后両陛下、東宮及び妃両殿下、各皇族を随へ臨御、宴を賜ふ。唯時季大に進み、桜花概ね散り、葉桜の観を呈す。惜むべき也。四時過ぎ還御、随意に退散す。

五時幸倶楽部員三十余名と、太田上院書記官長及び各書記官を新喜楽亭に招き、晩餐を饗す。大小絃妓二十余名来り酒を侑め、各款を尽して散ず。

四月二十七日　快晴　寒

此の日、陸軍省の招に依り、所沢に赴き、飛行機飛揚を観る。前三時半起床朝食、四時家を出、車を飛し信濃町駅に赴く。昨夜驟雨後一天拭うが如く、寒気再来、霜白く星稀。前五時十五分特発列車に搭る。上院議員等同乗者百三、四十人。六時三十三分所沢駅に着く。徒歩数町、軍用飛行機研究所に入る。場の広さ二十三万余坪、高燥平坦、目的に最適なり。直ちに飛揚を試むる。

第一回　武礼利於式《〔ブレリオ〕》　徳川大尉外一人搭乗

　七時飛揚、高五、六十米突、三回大円を画す

　三分半にて着陸

第二回　第一号二重形式　徳川大尉搭乗

　高六、七十米突　周行八回

　約十一分間にて降る

飛行迅速、操縦自在、壮快極り無し。

次に飛行艇を観る。上に大長円形気嚢を載せ、下に艇を繋ぎ、推進機を置く。舵機上下左右に機を操縦、定員四人、艇長機関師舵手等、各要務を分掌す。時に風力稍強く、飛揚に適さず、唯其の説明を聞くのみ。場内建築工事を周覧、朝食の饗を受け、前十時廿五分特発車に搭りて帰る。

帰路、新宿より山手線に転乗、又玉川電車に移り、後一時萬象閣に入り、表門工事及び花圃の修理を検ぶ。夕刻帰家す。

重野蓉子、幼児を伴ひ来園。

四月二十八日　好晴　日曜日

前三時竹次郎、車を飛し玉川荘より、重野老母、此の夜十時発病苦悶頗る劇し、村医河野通玄を延き診治して云ふに、四肢厥冷、脈搏算へ難く、気息掩々、数時の性命保し難し、速かに来看を請ふと来告す。一家驚顚し、即時伊藤医に往診を嘱す。安、篤、輝、先づ車を聯ねて発す。三時五十五分、予同氏を伴ひ往発、同時に重野両家及び武田家、山崎家に之れを転報す。

五時萬象閣に着し、安一行、山崎夫妻、河野医、田中氏皆先に在り。先づ河野氏に就き、病状及び経過を問ふに、

一時危険、病状殆ど瀕死なりしも、幸ひ興奮及び麻酔剤奏功、諸状漸く緩和し、今睡眠中に在りと云ふ。乃ち伊藤氏をして之れを診せしむ。危険症状既に去り、生気漸く復す。乃ち相謀り投薬、前八時伊藤氏帰り去る。

重野安居翁、紹一郎氏、同伯母、武田芳子、山崎老母、相次で来集、看護に迭従す。

午後河野氏来診して、諸症益佳く、危険の虞れ無しと云ふ。紹一郎氏、山崎四男六氏、同老母相次で辞去、則ち重野伯母姉妹に看護を托し、芳、輝二人及び安居翁、山崎秀子、予、安を伴ひ夕刻園を出で帰家す。

此の日、宇高歎母子及び一族数人来園。

田中徳隣夫妻、亦偶然来遊。

此の夜、岡田氏来教、奥田家三氏来り受業。

此の日、大隅生をして学習院父兄会に代りに赴かしむ。

太田先三郎氏来謝。

太田輝次一家、京城安着の電報に接す。

若槻徳子来訪。

四月二十九日　陰又晴

朝、島津久賢男来訪。

重野安居翁、玉川荘より帰途来謝、老母症状益良好也と云ふ。喜ぶべし。

坂田長之助、社務裁決を来請。

四十五年度所得金額申告書を作り、幸橋及び柏原両税務署に之れを郵呈す。

安、豊川良平氏夫婦の招に依り、日本橋倶楽部茶話会に赴く。

松元剛吉氏、木村省吾神奈川県立候補推薦状連署の事を来請。予諾して之れに署名し、之れを国府津椎野吉五郎氏に発す。

宇高歎来謝。

伊藤氏、往きて重野老母を診る。帰りて病状益佳と報ず。

此の夜、山崎秀、輝子、玉川荘より帰来。

大久保侯舎弟駿熊氏、二十三日鹿児島に病死の報を聞く。書を発し之れを弔す。

四月三十日　大雨

昨来腹痛を感じ、外出する能はず、懐爐にて之れを温む。

輝子、山崎秀子を伴ひ、玉川荘に赴く。

松元氏の請ひに依り、富岡周蔵氏に書を発し、木村省吾選挙の斡旋を嘱す。

此の夜、伊藤医を招き診治、且つ雅児をして種痘施術を受けしむ。

大雨盆を覆す如く、市内出水氾濫の所多し。

五月

五月一日 陰夜雨
昨伊藤氏の配剤に依り油質下剤を用ひ、夜半来下痢三回、腸部漸く和らぐ。

前九時五十分、安を伴ひ玉川荘に赴き、重野老母の疾を看る。益軽快、元気大に加はる。喜ぶべき也。

田中氏と、庭園修理及び野遊会設備を指示す。

後三時五十分発、先に帰る。安、夜に及び帰る。

六時半大谷光瑞伯の招に応じ、帝国ホテルの晩餐会に赴く。其の弟尊由師、小出嬢との結婚披露宴也。来賓、桂公以下男女七、八十名。大谷光明師、光瑞伯に代り主席を占め、桂公来賓を代表し祝辞を述ぶ。頗る盛会也。

篤をして日本麦酒会社員を召し、野遊会麦酒の供給を命ぜしむ。

不在中、仲小路夫人来訪。

五月二日 陰
朝、常盤店主を召し、野遊会酢司供給を命ず。

前十時半大谷光明師を帝国ホテルに訪ひ、昨宴を謝す。直ちに玉川荘に赴く。安、篤、亦来会。装飾会社員磯村、工夫を率ひ、材料を齎し来り舞台及び天幕工事を行ふ。田中氏と之れを指導し、尚園丁等を督し、庭園修理其の他の準備を行ふ。後九時、相伴ひて帰る。

五月三日　曇　微雨一再過

朝、勝野秀麿来訪。

蠣崎少将、嚮に旅団長と為り、東京に移り来り、此の日来訪。

木村省吾選挙応援の件に関し、富岡氏に答へ、之れを松元氏に転報す。

後一時出勤し、数件を裁理す。

直ちに電車に乗り、玉川園に赴く。野遊会の設備過半竣成す。重野老母隠宅に転療、看護婦一人来侍す。

六時半芳子及び山崎秀子を伴ひ帰家す。

夜、鈴木徳松来訪、園遊会当日絃妓指揮方を命ず。

木村省吾氏、神奈川県代議士立候補声援を来請、之れを諾す。其の求めに依り、書を発し相州有志者今井広太郎（小田原町元町長）、榎本吉太郎（吉浜村人）、志村平八郎（足柄上郡下府中村）、栗原宣太郎（中郡秦野村前代議士）四人に援助を嘱す。

五月四日　夜来雨　遂に暴風雨と為る、夕刻晴

明五日、我が玉川別荘野遊会催開の日と為す。天候の良否、実に死活の分かる所也。朝起き忽ち簷滴滂沱なるを聞く。一家失望、所々歎声を聴く。暫く風力漸く加はり、心中窃かに風伯我がの為め陰雲を一掃せんことを期す。午時遂に暴風と為る。午後二時に及び、雨脚漸く微となる。則ち勇を鼓して玉川荘に赴く。一家大隅及び一婢を除くの外、皆相次で来り、入園一望、只昨建つる所の舞台、観場及び模擬店など、概ね皆吹き倒され、枯枝木葉、乱頓冬初の如くを見る。恢復整頓の業、決して容易ならず。然れども天候漸く定まり、夕陽燃ゆるが如し。衆皆大に悦び、勇を鼓して拮据奔走、夜に及びて散ず。

五月五日　快晴穏和　日曜日

昧爽離床。人夫等男女数十人、既に午前四時より来集し、各担当を分ち建築修理洒掃配備の務に従事奔走し、前九

時に及び設備略ぼ成る。
九時、十一時の間、芸妓三十余名、新喜楽女将之れを統率し来る。余興師ホスコ、李彩一行二十余人次で来る。其の他麦酒会社員、精養軒、常盤寿司以下模擬店員続々来園、其の設備大要左の如し。

余興
西洋手品及び記述　ホスコ一行
支那手品　李彩一行
神楽曲芸　亀次郎一行
計二十余人、十一時開始、午後四時閉鎖。其の間休憩半時間両回

模擬店
麦酒店二所　日本麦酒会社出張
大阪酢司　常盤出店
於田燗酒　吉熊出店
蕎麦　更科出店
天麩羅専用鮎　亀屋出店
汁粉　達磨出店
昼弁当
洋食　折詰二個宛　精養軒出張
以上各四百五十人分を備へ、正午開店

園内配置
余興舞台　横五間、奥行四間
観覧席　横八間、奥行五間
　横四間、奥行二間
外楽屋　横五間、奥行一間
外村民の為め、陪観席を墻外に設け、門内舞台に面するの所及び台所生牆等張幕して之れを画す。
桜林を画し、警官詰所及び車置場を設く。
表裏西門内に受付所を設け、各数人を配置す。
食堂　長十二間、横三間
配備六尺卓二十脚
休息所　長五間、横四間
配備三尺卓十個
以上皆天幕を用ひ、観覧所休息所及び模擬店等、椅子二百三十脚、床几大小数十脚及び花胡座約三十畳を配置す。
休息所の旁、茶店を置く。
模擬店、芸妓三十余名をして接待せしむ。茶店は下婢約十名を置き、食堂給仕男十名を置く。

麦酒店別に天幕を張る。模擬店葭簾を用ふ。園中央に万国旗を掲げ、麦酒店、又別に彩旗を掲ぐ。前九時半十一時半の間、賓客陸続と来園し、自働車、馬車約二十台の外、概ね玉川電車に因る。招状発数約四百十通、而して辞退して来らざる者約百余人、招に応じ来る者家族を併せ約四百二十人、家人及び芸人、給仕人、手伝人を通算して、此の日入園者、蓋し六百人近く、而して村民陪覧者約三百人、此れ算外に属す。

此の日、天気晴朗、和気薫郁、演芸飲食の順序、総て宜に協ひ、来賓皆風光の美を賞し、設備の全を褒む、歓喜、満足の意を表さざる者なし。蓋し一大成効也。来賓中の重立つ者。

蜂須賀侯、寺島伯夫妻、清浦子、伊東子、後藤男、船越男、曾我子、久保田男、松尾男、豊川氏、近藤男、加藤氏、大谷尊由氏其の他

貴族院議員　沖、武井男等

三菱会社、郵船会社、学習院、九炭株主、同郷人、逓信省次官各局長、鉄道院

親族、　旧友等也

前十一時、余興を開き、正午、食堂及び模擬店を開く。諸品頗る嗜好に適し、各店市を為す。然れども混乱に到らず、三時以後、客漸く散ず。四時に到りて余興を閉ず。此の催し、之れを観るに、何点も失為とせず、成効喜ぶべき也。

此の夕、篤以下皆帰京、予、安、勲、季児と、整理残務の為め留宿す。

五月六日　好晴

午前、鈴木及び園丁をして室内及び庭園を掃除せしむ。予、勲、季両児を伴ひ、安と柴五郎氏邸を訪ふ。其の夫人令嬢及び兄太一氏と面晤、暫く閑話して帰る。柴氏近時我が荘付近に邸宅を経て、数日前、家族此に居を移す。昨夫人令嬢来遊、故に此の訪を有る也。

此の夕、相携へて帰る。

此の日、来謝する者及び謝書を致す者百数十人。

五月七日　好晴

朝、岡部則光、佐々木弥三郎氏来訪。

前十一時出勤し、各務、田辺二氏の崎戸炭礦視察復命を聴く。

後二時徳川議長の通牒に依り、各派交渉委員と議長官邸に集ふ。公、支那満韓視察議員旅費補助に関し諮議する所有り。委員十名の選定を議長に委托して散ず。

三時半青山墓地に赴き、大久保侯弟駿熊氏遺骨埋葬式に列す。

五時鉄道協会評議員会に列し、四十四年度決算外数件を議決し、八時半退散す。

篤一行、将に明夕を以て帰任せんとし、昌、寛、武田、奥田、慎治一家告別に来る。

此の日、蜂須賀侯以下百十余人来謝、書を致す者亦数人。大谷伯家に尊由氏結婚祝品を贈り、答礼品来る。

五月八日　陰　夜小雨

朝、神田鐳蔵、仏国銀行聯絡の件を来談。

前十時大久保侯を二本榎町邸に訪ひ、弔意を述ぶ。

十一時半出勤す。

若宮正音氏、東邦火災社善後の件を来談。

後三時東洋協会総会に臨み、四十四年度決算報告を可決、晩餐の饗を受く。食後評議員会を開き、恩賜講堂建築の件を議決す。

夕、昌、家嫂発病の事を来報。一時危篤、後漸く緩和すと云ふ。

篤、美枝及び喜多子、一婢を伴ひ、夜十時二十分の列車に搭り帰任の途に就く。安以下家人多く上野駅に之れを送る。

五月九日　微雨時に到る　陰寒

朝、磯村市太郎（装飾会社員）来訪。

曾我子、石部夫人来謝。

安、往きて大久保利武を大久保生母宅に弔す。

後六時豊川良平氏の招に依り、帝国ホテルに其の還暦祝宴に赴く。来賓約三百名、豊川氏謝詞を述べ、桂公、大隈伯、土方伯、渋沢男、林伯等、交も祝詞を述ぶ。十時半撤宴して散ず。頗る盛んなる宴也。

五月十日　晴寒

朝、豊川良平氏を水道町邸に訪ひ、昨招宴を謝し、暫時閑談して去る。

出勤し各務氏と、四十四年下半期営業報告、収支計算、利益配当案を審査し、且つ桂二郎氏退職承認の件を内定す。

午後零時半松元剛吉氏、東海新報主神保左一郎を伴ひ、椎野吉次郎反覆の状を来訴。其の原因副島延一の干渉に起因す。則ち木村省吾氏を横浜より召還し、統一を欠くの有害を戒め、遂に林商店に移る。林氏及び副島氏を召集し、共に善後の策を講じ、林、副島二氏をして松元、神保二氏を伴ひ国府津駅に急行せしむ。

内田男外数名来謝。

夜、橋本増次郎、第二回自働車工場資本の貸与を来請、諾して之れを給付す。

五月十一日　晴

午前十時半出勤す。副島氏来り、椎野氏と協商成り、一意尽力すべき旨を復命。

三菱会社に到り、豊川、江口二氏に面晤、田辺勉吉取締役補欠選挙及び本期決算等の件を告ぐ。

後一時重役会を開く。予、各務氏の外、神谷、田辺、村上、竹内氏来会し、桂取締役の退任を承認し、浅田、桂二氏慰労金贈与、田辺氏補欠選挙、株金五拾万円払込及び前季決算報告、利益配当案等を議決す。

後五時玉川荘に赴き、安、輝、雅、勲、季等次で到る。

五月十二日　微雨時に到る　日曜日

園丁を指揮し、茶の実を植える。

竹田夫妻来遊、夕刻相伴ひて帰京す。

此の夕、岡田氏来教、新井氏及び安場男一族来り受業。

田中次郎外数人来謝。

五月十三日　晴暖

朝、柴原仁造、川口国次郎（三原人）郵便局長推挙の事を来請。

藤原四郎外一人来謝。

後一時出勤す。本荘忠治来訪。

後二時倶楽部例会に臨み、徳川議長、満清視察員派遣の件を協議を報告す。

此の日、家兄に書を致し、柏原電灯区域拡張の件及び川口国次郎三原郵便局長推挙の件を答ふ。

五月十四日　晴

昨夕及び今朝、木村省吾氏の電話に依り、松元、林二氏、昨日小田原区裁判所出張検事の召喚を受け今尚抑留され返るを得ざるの状を報ず。

九時大浦子を訪ひ、前項の事情を告ぐ。

右抑留事情を糾す為め、前十時十五分の列車に搭り、小田原に赴き、東海新報に入り、神保左七郎を訪ふ。亦裁判所に赴くも不在、更に選挙事務所を訪ふも、須佐美某留守、要領を得ず、去りて林氏宅を訪ふ。弁護士清水某（鵜沢博士門弟）外一人先に在り。

後二時過ぎ、林氏帰宅、一時余を俟つ、松元氏亦放還され来会、審問事状を聞く。選挙費収支に関し、答弁齟齬する所有り、之れが為め抑留の厄に遭ふ。然るに証人を拘束、斯くの如きは、真に是人権を蹂躪するもの、憲政の不確立歎ずべき也。

後六時発、九時帰京し、木村氏を林屋に訪ひ、前項復旧及び選挙有望の状を語り、十一時帰家す。

五月十五日　快晴

前十時大浦子を訪ひ、小田原選挙運動事情を告ぐ。

十一時幸倶楽部男爵議員午餐会に列す。食後、講演会を始開し、東郷、岩倉二男の演説を聴く。

松元、木村、長井増次郎三名来部、則ち大浦子と共に神奈川千葉両県選挙事状を聴く。共に好望也と云ふ。

後三時出勤す。三谷三菱長崎支店長来訪。不在中、重野紹一郎氏、転居及び邸地購入の件を来告。

五月十六日　好晴

後一時出勤す。

此の夕、安、輝、重野伯母姉妹を伴ひ美音会に赴く。

松元氏、第七位を以て千葉県代議士に当選を電報。

夕、昌来訪。

五月十七日　晴暖

朝、大久保夫人来訪。重野姉妹、玉川に帰る。

後一時出勤す。武田夫妻来訪。

新喜楽若婦来謝。牧野、吉田二夫人来訪。

夜、昌、加藤守蔵、太田雄之を伴ひ来訪。

五月十八日　晴薄暑　日曜日

朝、岡部則光、橋本五雄来訪。

木村省吾氏、僅かに五百五十余票を獲て落選す。実に意外の結果也。慰藉の為め之れを訪ふも不在、去りて林氏を訪ひ不結果の原因を聴く。蓋し運動者の欺罔に罹る也。憎むべき哉。

頃日、徳川議長、予及び沖、高木二男及び各派員計十名を指名、清韓視察員詮衡委員と為す。此の日、議長官邸に集ひ、人員十名に旅費各六百円補給及び其の人員は各派分配の事を協定す。幸倶楽部四名を獲、研究会四人、伯爵一人、交友倶楽部一人、.外東久世書記官随伴す。茶話会志望者三人、抽籤に依り、高崎、小野田二氏を指定。無所属志望二人、同法に依り、坪井、尾崎両男を指〔ママ〕。

大浦子を訪ひ、木村落選事情及び前項の件を談ず。

午後四時安、輝、勤、雅、季等を伴ひ、玉川荘に赴く。

五月十九日　晴温　日曜日

武田夫妻及び誠来園。五時相伴ひて帰る。

此の夜、岡田氏来教、受業者三十人。

五月二十日　晴暑　初めて単衣を着る

此の日、重野紹一郎氏、四谷区塩町（一丁目二七）へ移居。

後一時出勤す。帰途、重野氏を新居に訪ひ、又蠣崎少将を原宿僑居に訪ふ。中村直敬来訪。

菅田政次郎の嘱に依り、其の三男の名を孝と命じ、状を作り之れに与ふ。

五月二十一日　陰雨　冷

朝、重野伯母来訪、将に近日を以て大阪に赴かんとすと云ふ。

後二時出勤す。夕、同気倶楽部晩餐会に臨み、呂昇の浄瑠璃を聴き、且つ岩佐外一名の碁客と局を闘ふ。各一局を勝つ。

五月二十二日　陰　霧冷湿

午後、大浦子を訪ひ、松元等選挙事情を談ず。

一時出勤し、川相技師長の事業報告を聴く。、

五月二十三日　快晴

前十一時出勤し、各務、川相氏等と、社務を講究す。

横田千之介〔助〕氏来談、松元氏千葉法衙召喚の事を談ず。

後三時半佐々木侯老夫人の喪を其の三河台邸に弔す。大浦子を訪ひ、松元氏被審の事状を談ず。

夕、田中保太郎（愛知県海西郡長（弥富））来訪。

五月二十四日 半晴　寒冷

朝、上山良吉、岡安直方来訪。

前十時半出勤す。和田維四郎氏を招き、福浦浅浦間運炭機の得失を協議す。電気鉄道を採用と決し、又別に諸需用品販売独立会計を実行と決す。

夜、荻野栗蔵来訪。

五月二十五日　好晴　冷

朝、三浦十郎、伊藤徳太郎来訪。松元氏来訪。

夕、重野紹一郎氏来訪、新邸建築の事を談ず。

五月二十六日　好晴温暖　日曜日

朝、伊藤徳太郎、文明協会へ加入を再び来請。諾して之れを約す。

前十時発、玉川荘に赴く。下秀顕、外二人と来り、瑞典《〔スウェーデン〕》老博士折先《〔オルセン〕》氏歓迎会の為め借園の件を請ふ。之れを諾す。夕帰る。

五月二十七日　晴喧

朝、岡安胤、就業の斡旋を来請。

前十時半出勤す。江口氏来社。

後四時白石直治氏邸に到り、旧関西鉄道社員と撮影す。

六時紅葉館に開宴。鶴原、片岡二氏及び旧社員四十名来会。

五月二十八日　陰後細雨

朝、鈴木徳松来訪。

前十一時出勤す。若宮氏、東邦火災保険会社株式移動及び重役組織改正の件を来談。

重野紹一郎氏来訪、夕食後相伴ひ、奥田象三氏を訪ひ、重野新邸工事設計請負契約の件を諮る。

五月二十九日　微雨時に到る

前十時出勤す。

十一時華族会館、幸倶楽部幹部員午餐会に臨む。十六人来会。

後二時第九期株主総会を本社楼上に開き、七未配当案を可決。次で臨時総会を開き、取締役一名補欠選挙を行ひ、嘱に依り予、田辺勉吉氏を指し、取締役と為す。退職者桂二郎慰労金八千円、死亡者浅田正文氏同壱千円贈与の件を議決す。

次で重役会を開き、職員賞与給与外二件を議決す。

竹井貞太郎氏、山崎秀子来訪。

武田額三氏、六月一日発露領視察の途に登るの旨を来告。

五月三十日　晴

朝、柘丁吉来訪し、本夕発し崎戸へ赴くと云ふ。

後一時出勤す。守屋氏、炭礦を将来経営の希望を来述。

三時四十分上院朝鮮支那視察員青木、前田両子、安場、坪〔坪井〕両男の発途を新橋駅に送る。

四時東邦火災保険会社重役会に臨み、同社改善策を協定、日下義雄氏を挙げて社長と為し、若宮氏を専務取締役と為し、将に来月末日を以て臨時総会を開き、此の事を実行せんとすることを決す。

五時半江口定條氏の招に依り、木挽町山口の宴に赴く。各務、田辺、川相三氏及び三菱社員和田氏等会す。九時半款を尽して散ず。

五月三十一日　陰

前〇時半激震。近年稀なる所也。

十時半出勤し、川相氏に対して方針を指授す。

帰途、農工銀行に到り、預金計算を行ふ。

桂公を訪ひ、時事を閑談す。公曰く、将に近日を以て欧州に赴かんとす。玉川鮎漁来遊を約して帰る。

下安子、昌来訪。

武田額三、将に明朝を以て露領加謀佐豆加〔カムサッカ〕及び浦塩斯徳〔ウラジオストック〕視察の途に登らんとし、兄省吾及び芳子を伴ひ告別に来る。

此の夜、又地震。

六　月

六月一日　前雨　後晴

朝、渡川民雄（中央通信社員）来訪。

後一時出勤す。松元氏、選挙事件の近況を来談。

桂二郎氏来社、則ち謝状及び慰労金を交付す。

後四時玉川荘に赴く。安、雅、勲二児及び二婢を伴ひ来会。

田中氏及び亀屋を召し、鮎漁準備を嘱す。

六月二日　晴　日曜日

前十時下啓助氏一家及び水産講習所員約二十名、水産恩師折先博士（諾威人今英人と為る）を玉川鮎漁に招き、先づ我が別荘に集ふ。博士齢七十、温良尊ぶべき学者也。休憩二時間、別見に臨み写真一葉を贈る。雅、勲二児、一行を伴ひ漁艇に赴く。予、安、季等と先に帰る。

大浦子を訪ふも不在、後電話に依り、鮎漁来遊を約す。

此の夜、岡田氏授業に来る。三嶋、大久保二夫人、日高夫人、村井弥吉、大久保佐和子を伴ひ受業に来る。安場男夫人亦然り。入門者益多し。

六月三日　晴　薄暑

前十時桂公を訪ひ、明日鮎漁の時刻及び往復道順を告ぐ。

十一時半大浦子来訪、共に松元氏選挙の始末を談じ、伯良爾留《ブラジル》殖民経営談を聞き、且つ明日の来遊を約す。

午後、豊川良平夫人、関宗喜、岩山愛敬氏等相次で来訪。

小松逓信次官、書を致し備後三原郵便局長留任の事を報じ来る。乃ち書を載し柴原仁造に之れを転報す。

武田額三、五日函館発の船にて加漠佐豆加に向ふの旨を電報し来る。

夕刻、安等を伴ひ玉川荘に赴く。

六月四日　半晴

此の日、桂公、同夫人、令嬢、大浦子、桂二郎氏夫妻を招き、玉川に於て鮎を漁す。関、林、田辺、田中諸氏、接伴に来る。喜楽老婦、丸子、桃太郎、粂次、直次等を率ひて来り酒を侑む。十時半、主客自働車を飛し来遊、萬象閣に小憩、十一時河岸に到り、漁艇に搭り、上下に鵜飼及び打網を観る。漁獲頗る多し。船中に割烹、飽喫せざる者なく、五時款を尽して散ず。

六月五日　雨

前十時安、芳、輝、季及び二婢を伴ひて帰る。安、輝、芳子と其の家に赴く。武田旅行中の為め、芳子玉川荘に移居準備を行ふ也。

山口夫人、大阪より帰京来訪。

後二時出勤す。勝野秀麿、深田銀行借款契約を来訂。

六時桂二郎氏の招に依り、田中屋の宴に赴く。来賓概ね九炭新旧重役也。

十時款を尽して散ず。

六月六日　好晴

朝、松元氏来訪。芳子、夫旅行中、居を我が家に移し来る。

原田春吉郎（人事興信所員）、家族関係を来問。

此の日、刀剣清拭を行ふ。

六月七日　晴後曇

前十時桂公を訪ひ、時局趨勢を談ず。

十一時出勤す。田辺氏、清滝礦山に向けて発つ。

後二時、山本忠興氏の帰朝を迎へる為め、其の千駄谷偶居を訪ふ。安亦次で来る。而して氏未だ帰らず。暫くして土田睦子横浜より帰る。報じて云ふに、同氏正午讃岐丸に搭り横浜に着、今一旗亭に憩ひ、帰宅二、三時後なるべしと。則ち辞して帰る。

帰途、牧野男を訪ふも夫妻皆不在、則ち武田留守宅を視て返る。矢田部起四郎、小堀貞一（朝日記者）、関氏及び昌来訪。

此の日、広田繁吉の請に応じ、其の資金を大邱の任地に貸し送る。

今朝、武田額三、露船チントウア号に搭り函館を発すの報に接す。

〔欄外〕此の行八日の部に入れるべし。

六月八日　小雨後霽

朝、山本忠興氏来謝。

午後、安、雅、勲、季及び二婢を伴ひ、玉川荘に赴く。

六月九日　陰雨霧の如し　日曜日

午後、台湾張氏夫婦、重野老母を訪ひ来る。
夕刻、一家相伴ひ帰家す。
岡田氏来教。受業者三十四人。

六月十日　細雨

朝、堀貞氏、伯刺西爾殖民計画外数件を来談。
後二時出勤す。
大久保夫人、矢田部起四郎来訪。

六月十一日　細雨断続、候梅雨期に入る

午後、佐野貞吉、阿部吾市商店に傭はるの件を来告。
夕刻昌来訪、幸子赤十字病院入院療養の件を協議す。
此の夜、関氏、幸子の病状に関し赤十字社医学士宮入氏の意見を来告。

六月十二日　細雨前日の如し

此の日、幸子赤十字社病院に入院。関氏大に斡旋の労を執る。
午前、富岡周蔵、松元剛吉二氏来訪。
十一時半出勤し、田辺氏、清滝常陸鉱山復命を聴く。
後二時幸倶楽部例会に臨み、桂公送別宴の事を決す。
夜、昌来謝、幸子診断不良の旨を語る。

六月十三日　晴後細雨　夕雷鳴

午前、富岡定恭男、男爵議員希望の旨趣を来談。
後一時出勤す。学習院の電話に依り、帰途初等科に到り、林主管より勲児学業不成蹟の注意事項を聞く。

六月十四日　晴後小雨

此の日、警察令に依り、邸宅大掃除を行ふ。
神田鐳蔵、将に欧州に赴かんとし告別に来る。矢田部起四郎来訪。
後一時出勤す。松元剛吉、山下清、沖男の使、萩原弘之来社。
松尾寛三氏来訪。

六月十五日　晴

前日に継ぎ、家宅大掃除を行ふ。
大久保勇子来謝。
午前十一時、男爵議員午餐会に臨み、次で講演会を開く。

二時久保田宗作（日本新聞）、吉田善佐（独立通信社）相次で来訪。

四時玉川荘に赴く。芳、雅、勲次で来る。

六月十六日　晴　夜雨　日曜日
村木老母来園、夕刻相携へて帰る。
夜、岡田氏来教、桂与一氏初めて受業に来る。
辻嘉六、広沢範敏、古池聿三来訪。皆逢はず。

六月十七日　夜来大雨終日歇まず
朝、川合得二氏来訪、其の兄慶次郎氏就業斡旋を懇請。
沖男、萩原弘之をして農工銀行起債保証を来請せしむ。諾して之れを返す。
後一時出勤す。田辺氏、崎戸に向けて発つ。
夕、昌、幸子退院後の症状を来告。

六月十八日　晴
後一時出勤す。松本恒之助氏（代議士）来訪。
三時貴族院に赴き、橘瑞超氏の西域探検談を聴く。
六時桂公邸の欧州行き留別晩餐会に列す。来賓平田、大浦、小松原各前相及び研究会、幸倶楽部幹部員、合せて二十六名也。公洋行の趣旨の所在を述ぶ。主客談笑十時に及びて散ず。

六月十九日　好晴薄暑
午前、池田十三郎氏来訪、時事を閑談。

午後、桂公邸に到り、謝を致す。

富岡周蔵氏、我が書に応じ来訪、烟草専売の件を告ぐ。

夜、渡辺文三（早稲田講演記者）、行政整理問題を来問。縦横弁論之れに答ふ。矢田部起四郎来訪。

此の日、川合慶次郎氏（得二氏兄）来訪。

六月二十日　陰夜雨
朝、鈴木徳松来訪。

午後一時出勤す。紅葉銀行使の堀口栄吉、借款証書改訂に来る。

川合得二氏を佐々部旅館に訪ひ、洋行の贐を贈る。

五時麦酒会社楼上東邦火災保険会社臨時総会に臨み、定款改正案を議決し、日本〔下〕義雄氏を挙げ取締役と為す。

六月二十一日　夜来大雨　後快晴

前九時、車を飛し池上本門寺に赴き、故星亨氏十二周忌法莚に列す。展墓の後、明暮野の午餐会に臨む。会員約七十名、二、三旧事を談ずる者有り、予亦起ち保安条例執行の真相を述べ、之れに答ふ。一種の佳会也。

夕、鈴木徳松来訪。

六月二十二日　好晴、夜雷雨

前八時半神田鐳蔵氏夫妻欧州に赴くを新橋駅に送る。九時出勤す。

午後、安、輝、勤、雅、勲、季及び二婢を伴ひ、玉川荘に赴く。

六月二十三日　好晴　日曜日

夕刻相携へて帰る。

不在中、福田純一、張会紀（台湾官吏）、矢田部起四郎来訪。

此の夜、岡田氏来教。

大阪福井精三氏の訃に接し、其の子発太郎氏に書を発し之れを弔問す。

六月二十四日　晴暑

朝、島安次郎氏、欧州より帰り来訪。

午後二時出勤す。

六時研究会幹部六人、幸倶楽部二十人、桂公を新喜楽亭に招き、送別の宴を開く。芸妓本装飾の踊、講談、落語等の余興有り、各款を尽して散ず。

六月二十五日　晴暑　小雨時に到る

朝、日置黙仙師来訪。師嚮に印度より帰り、初来訪也。

前十一時幸倶楽部員約六十名と、後藤男、若槻礼次郎氏の欧行送別会を華族会館に開く。

後一時半出勤す。早崎一二（電気技手）来訪。

二時半東邦火災保険会社重役会に列し、営業拡張方案及び其の予算、并に重役報酬改正案を議し、之れを決定す。

予、明日を以て将に崎戸に赴かんとするも、社務の便宜に依り、之れを来月初日に延ばす。

此の日、武田額三氏加堪加到着の報に接す。

六月二十六日　半晴　夕小雨

前九時半堀貞氏を本村町僑居に訪ふ。

転じて大浦子を訪ひ、伯剌西爾殖民の件を談ず。偶ま白露《ペルー》公使日置益氏来訪、則ち主人と其の南米諸国殖民意見を聴く。

正午出動す。

後二時白石博士を猪苗代会社に訪ひ、山本済採用の件外一、二件を談ず。

転じて北垣男を南鍛冶町対山館に訪ひ、其の枢府に入るを賀し、暫く閑談して去る。

夕刻、松元氏来訪。

六月二十七日　晴

午前八時三十八分発の列車に搭り、小田原に赴き、田辺翁を訪ふ。翁近来持病に悩み、尿利頻促、行歩艱渋、特に之れを慰問する也。款話数時、後六時五分発の電車に搭り、国府津駅に到る。適ま寺内朝鮮総督、六時五十五分通過の特急列車に搭り帰京、柴田、下条二氏外数名来迎す。乃ち共に展望車に入り之れを迎へ、相伴ひて帰る。

六月二十八日　晴暑

午前、改野耕造氏来謝。

後一時出勤す。浅田正吉氏来社。

四時松平正直男を訪ひ、其の男直次郎氏の喪を弔す。

昌邸に到り、幸子病状を看る。右半身不随の症を有し、最も憂ふべき也。

夕、鈴木徳松来訪。

六月二十九日　曇

前六時五十分出発、上野駅に赴く。東部鉄道管理局長山口準之助氏の招に応じ、碓氷嶺阿武杜《アプト》式鉄道電車機関車視察の為め、七時五十五分発特発列車に搭り、同駅を発す。来賓約百二十余人、十一時廿八分横川駅に着し、直ちに発電所に赴き午餐の饗を受く。

食了りて直ちに発電所を観る。千基発電機三台を備へ、今僅かに一台運転するのみ。充電所及び機関車を順覧し、後二時電機々関車を繋ぎ、之れに搭りて進む。電機用第三軌条式と伝ふ。暫くして丸山駅に着し、変圧所を観る。二時四十分、再び搭りて昇る。隧道廿有六、稍陰鬱を感ずると雖も、之れを蒸気車の当時、煤咽に甚だ苦しみ陰鬱を深く感ずるに比べ、其の苦楽の差、霄壤啻ならず。

座。

時に陰雲山巓を覆ふと雖も、妙義碓氷の諸峯、奇を呈し妙を競ふ。観望の壮、蒼翠の気、函嶺山色の遠く及ばざる所、真に応接遑あらずの感有り。

三時廿六分軽井沢に下車、小時遊歩し、後四時発帰途に就く。列車中に晩食、八時半上野に着し、九時半帰家す。車室概ね知人にて、談笑湧くが如く、一日の清遊、快極り無き也。

此の日、誠をして松平直次郎氏の喪を芝増上寺に送らしむ。

六月三十日　陰又晴　日曜日

朝、中山佐市氏来訪。

前十一時上院各派有志者約八十名（枢密顧問三名参加）、桂公、後藤男、若槻氏送別午餐会を築地精養軒に開く。曾我子主人側を代表し、送別の辞を述べ、桂公来賓を代表し謝詞を述ぶ。宴後閑談して散ず。

帰途、桂邸に到り、明朝発九州旅行の事を述べ、別告す。昌、赤十字院長、幸子来診の結果を来告。

山本忠興、関宗喜氏来訪。

此の夜、岡田氏の業を受く。井上二郎氏、初めて来り参

七　月

七月一日　晴

前八時半特急列車に搭り、新橋駅を発し、九州行きの途に上る。市瀬内務技師、鎮海湾防備隊司令官海軍少将上泉徳弥氏同乗、石黒五十二氏亦静岡より同車。此の列車近時創設する所、展望車を備へ設備頗る完なり。後八時半大阪駅を過ぎ、家兄及び小谷哲来り送迎す。

七月二日　夜来大雨

今朝来、列車遅延、前十時下関に着す。直ちに渡航、門司駅に入る。十二時五十分発列車に搭りて西進、後七時四分早岐駅に到る。同駅思案亭主人、来迎して曰く、朝来海上風波にて航すべからず、田辺勉吉氏尚留りて佐世保に在り、同港に赴くを請ふ。乃ち同乗、佐世保駅に着す。田辺氏来迎、則ち相伴ひ山下旅館に投宿す。

此の夜、中嶋嘉則来訪。

和田丸、夕刻来迎、同港内に碇泊。

七月三日　前陰後晴

前九時和田丸に搭りて発す。十一時過ぎ蠣浦港に入り、直ちに肴屋旅館に投ず。

午餐後、礦業所に赴き事業地を巡視す。第一坑口煉瓦巻工事、煽風機、撰炭機、発電機等諸設備、過半竣功、本月中完成を遂ぐるを得べし。

水浦、網干場等の地方を巡視し、収用土地区域を査察、兼ねて電気鉄道線路の状況を実検す。倶楽部建築、功程半途に在り、諸工事の殷、到る処斧の声、椎の響かざるなき也。

此の夜、諸子と艇を浮べ、釣魚を試す。獲る所数尾に過ぎず。

七月四日　好晴薄暑

前九時田辺、川相、岡田諸氏と和田丸に搭り、浅浦に到り立坑開鑿工事を視る。切採土功半ば成り、開坑工事、開始来半月、僅か二十余尺を渫ふ。事業尚多く準備中に属す。

再び和田丸に搭り、険を侵し河保に上陸、旧入江礦区工場を視、山を越へ土居浦に下り貯水堰堤築造地点を検べ、正午礦業所に入る。

午後、三菱長崎支店長三谷一二氏来所、乃ち共に場内及び璽霊山丸積炭状況を観る。

又川相、岡田二氏に対し、礦夫募集、採礦奨励、開坑促進、用地買収等の方針を指授す。

此の夕、三谷、田辺、川相、岡田、小倉諸氏と晩餐を共にす。

七月五日　晴暑
前九時三谷氏を伴ひ礦業所に到る。

十時三谷氏、和田丸に搭り、佐世保を経て長崎に帰る。

川相、岡田、酒井三氏に対し、事業経営方針を指示す。

午後、田辺、川相、岡田氏等を伴ひ、水浦網干場等、現社宅建築他を巡視、後、栗崎を経て旅館に帰る。

此の夕、岡田氏夫妻、小倉氏等来訪。

七月六日　大雨
前十時雨を侵し、礦業所に赴き、事を看る。

十一時佐世保人川副綱隆、田中丸善吉、松尾良吉、栗原種芳、田添忠敏（十八銀行支店長）、青木栄蔵外二人、特に汽船を派し来訪、今明日を期して其の招待に応ずるを請ふ。帰期切迫の故を以て之れを辞す。一行場内を一見して辞去。

過日来指授する所の業務経営方針二十二条を筆記し、之れを川相所長に授く。

此の夕、岡田氏の招きに応じ、田辺、川相二氏と共に晩餐の饗を受く。

又所員の請に応じ、夜学講習会に赴き、英仏二国の国民性の貴ぶべき諸点を演述す。常識、信用、責任及び勤倹貯蓄の国家の汚隆に関する所以の理由を論ず。約一時間余、十時帰宿す。

七月七日　夜来風雨　日曜日
夜来風雨、海波頗る高し。航行すべからず、則ち今朝出発の予定を変じ、宿に留る。

七月八日　小雨時に到る
今朝、久満嘉多丸（千五百屯積）、上海送り石炭の積込みの為め入港、直ちに栈橋に着す。
後八時和田丸に搭りて発す。十時佐久〔世〕保港に上陸し、前十時五十分発の列車にて東向す。川添氏外五名送り来る。早岐及び鳥栖駅に於て換車、牛津駅を過ぐる時、田中丸善吉氏、二幼児を伴ひ送り来る。
下関後七時十分の特別急行車に搭りて進む。

七月九日　小雨断続

前八時二十二分大阪駅に下車、小谷哲外一名来迎、直ちに桃谷邸に入る。嫂嚮に病厚く、今全癒し、平日の健康に復す。悦ぶべき也。

午前、久世義之助氏来訪。

此の夕、家兄、哲及び僕と、天王子公園に赴き新世界を観る。近時新設する所の遊観場也。規模頗る大、飾灯燦爛昼の如く、子女来集する者数万、雑沓甚し。

七月十日　晴

前七時半桃谷邸を辞別し、八時廿八分の特急列車に搭りて東行す。小谷哲等送り来る。車中、桂二郎、浜口吉右ヱ門、松尾寛三氏等と款談す。

後八時廿五分新橋着、直ちに我が邸に入る。

七月十一日　小雨断続

午後一時橋本増次郎氏、其の工場新造の自動車を運転し来り、試乗を請ふ。則ち之れに乗りて出勤す。快速穏易Swiftの名に負けず。四時之れに乗りて帰る。

昌、赤十字院長、幸子診察の結果を来告して曰く、病名小児麻痺、症状軽からずと云ふ。

七月十二日　半晴

夜来下痢の兆有り、百草錠を用ひ、且つ懐炉にて之れを予防す。

後一時茶話会幹部会に列し、美濃部博士憲法曲解の件を議す。二時幸倶楽部例会を開き、米価騰貴に対する救正の件を議す。後、小野田元熙氏、安場末喜、坪井九八郎二男の支那朝鮮巡察談を聴く。

此の日、暫時出勤し、事を看る。

七月十三日　微雨時に降る

後一時出勤す。

季児、階段より顛倒、頭を撲ち痛みを感ず。伊藤医を延き、診せしむ。一睡後遊戯常の如し。

昌来り、幸子症状両三日来漸次不良なりと云ふ。

夜十一時半強震。

七月十四日　陰　時に晴　日曜日
前九時半発、玉川荘に赴き、夕刻帰る。
此の夜、岡田氏来教。前回以来、小林侯爵夫妻、後藤男爵夫人及び姉男児等、新来参加す。会員益多し。家兄、幸子病篤しと聴き来看、此の夕来訪。

七月十五日　陰溽暑甚し　夜雨
前十時、家兄を園田邸に訪ふ。不在。

西川忠亮氏の喪を其の築地邸に訪ふ。

十一時出勤す。工学士三沢良一、京都大学総長の紹介に依り来社。技師補任用の件を略ぼ決す。

後一時重役会を開く。各務、田辺（貞吉）、村上及び竹内氏来会。崎戸視察の実況を報告す。

後五時東洋協会評議員会に臨み、恩賜金紀念講堂建築案を議決す。

六時鉄道協会評議員会に臨み、外濠埋築地競買参加の件を議決す。

七時家兄帰途に就かせらる。安之れを新橋駅に送る。

七月十六日　薄陰　溽暑強烈
前十時幸倶楽部に到り、目賀田、東郷二男と米穀需給の調節、米価平準の方策を講究す。
後一時出勤す。
畑八英（氷上郡人）、昌来訪。松元氏亦来訪。大浦子、人をして松元氏救済の件を来嘱す。乃ち其の請に応ず。

七月十七日　晴　暑気強烈
前十時茶話無所属幹部会に臨み、美濃部博士憲法曲解矯正策を内議す。

正午、支那満韓視察員小野田、高崎、安場、坪井四氏歓迎会を倶楽部楼上に開く。主客五十人。食後、高崎氏視察談を聴く。

後、安立綱之氏と碁戦四局。

伊藤医、季児を来診。正児、富嶽登山の途に登る。

午後、大隅生をして故西川忠亮氏の喪を谷中墓地に送らしむ。

七月十八日　晴暑
早朝、大隅生をして静座謝儀を齎しめ、之れを岡田氏に贈らしむ。
井手群治（読売新聞社員）、富井政章氏添簡を携へ来訪。
午前出勤す。
午後、五辻治仲子（上院議員　高樹町十八に住む）、大黒銅山経営者斡旋を来請。
此の夕、鈴木徳松、樺太行き承認を来請。

七月十九日　快晴烈暑
日置雅章氏、欧米留学より帰朝来訪。
佐野貞吉来訪。

七月二十日　炎日赫鑠、烈暑焼くが如し
前十時半徳川議長、柳沢伯外十二人支那朝鮮視察員歓迎会を上院に開く。会する者約二百人、先づ柳沢伯視察談を聴く。正午午餐の饗有り。

後一時出勤す。適ま新聞号外、宮内省公報を伝へて曰く、十四、五日来、聖上陛下不予、昨日体温四十度五分、脈搏百〇五、精神恍惚、嗜眠の状を呈す、蓋し脳症也と云ふ。

直ちに帰宅、服装を改め参内、天機を伺ひ奉る。方今国事多端、日夕万機、聖恙殊に憂ふべし。切に天の我が皇を護らんことを祈る。不日恢復を是希む、万祷々々。

後報に依れば、陛下数年前糖尿病に罹り、後腎臓炎を発す。今回の激症、実に蛋白質排泄の尿に毒を致すに原づくと云ふ。然らば則ち全く重野老母及び家嫂の急病と同症也。二人皆全快、我が皇回春の望み期して俟つべき也。

後六時、寺内伯の招に依り、精養軒晩餐会に赴く。来賓約三十名、皆鉄道協会幹部員也。九時退散す。


七月二十一日　晴暑　午後雷雨降雹　後霽　日曜日
朝、寺内伯を訪ひ、昨日の宴を謝す。

勤、雅二児一婢を伴ひ玉川荘に赴く。午後二時、大雷雨雹を伴ふ。往々鶏卵大有り、暫くして歇む。故に草木被害多からず。

夕刻、独り帰る。

岡田氏来教。

聖上御容体、略ぼ依然、憂愁の極也。

七月二十二日　曇暑　夕雨夜大雷雨
前十時出勤す。
帰途、伊東子を訪ふ、不在。
関夫人来訪。本間為次郎（東部新聞社員）来訪。

七月二十三日　雨　冷涼秋の如し
前十時出勤す。
聖上陛下、稍や御軽快、悦ぶべし、悦ぶべし。
此の夜、川島園子来訪。

七月二十四日　曇冷
数日前烈暑九十度を超へ昨来降冷七十度を降る。気候不順激変殊に甚し。而して北陸地方洪水、被害頗る劇し。
此の日、大隅生をして利光鶴松氏母の喪を浅草本願寺に弔賻せしむ。
夜、岡部則光氏来訪。

七月二十五日　晴
聖上、昨夕体熱甚だ高からず（三十八度）と雖も、脈搏百五を算へ、呼吸三十七に及ぶ。是病心臓を侵すの兆、痛心の至に堪へず。午前十時参内、天機を奉伺す。参内者独りならず、車馬相踵、庶民憂ふ。我が皇の大医者、皇城門外に麕集、男女老幼、皆憂色を帯び天祐の加護を祈らざる者なし。希はくは天此の至誠を酌み、我が皇を篤く護らんことを至願々々。

十時半出勤す。
十一時半青山御所に赴き、東宮、同妃両殿下に対し慰候の悃誠を陳ぶ。
松元剛吉氏来訪。
井上申一（法学士）、川嶋園子の紹介を以て来訪。

七月二十六日　晴　暑気稍復す
前十時出勤す。
午後、平井夫人来訪。
夕、園田寛夫妻及び中島喜市来訪。
天皇症状益嶮悪、上下恐惶、措く所を知らず。

七月二十七日　晴暑
前十時参内、天機を奉伺。

十一時出勤す。

昨夜来、聖恙稍や緩和し、今朝体温三十七度八分、脈搏百に至り、呼吸二十八。未だ愁眉を開くに到らずと雖も、幾分の望み生ず。

本夕、誠、勤を伴ひ、山陰道漫遊の途に登る。

夕刻、雅、輝、勳諸児及び一婢を伴ひ、玉川荘に赴く。

七月二十八日　晴　午後驟雨一過　烈暑　日曜日

午前、松元氏来園、越前桂島石炭礦の件を談ず。

午後三時半宝作急遽来園、報じて曰く、幸子病危うしと。篤、乃ち急行帰京、笄町邸を訪ふ。到るに則ち四時既に絶命、哀なる哉。

則ち昌、寛及び来弔諸人と留り葬儀順序を議定、天陽院笠原立定師を招き回向の事を托す。明日午後を以て儀を行ひ、且つ桐谷に於て荼毘の事を決す。十時過ぎ帰宅す。

岡田氏来教。安亦腹痛に悩み、之れに列する能はずと云ふ。

昨日、天皇病少し緩和、官民稍や愁眉を開く。然るに今午後に及び忽然急変を呈す。諸症漸く嶮悪、数回の公報に接す毎に、益兇報を伝ふ。七時に及び、体温三十九度五分、脈搏百二十に至り、不整且つ結滞多く、呼吸短促、四十五回を算へ、且つ喘鳴を帯ぶ。全身時に痙攣有り、危険旦夕に迫るの公報至る。嗚呼、天乎命乎。痛歎無限。

七月二十九日　晴暑

前十時参内、天機を候す。聖恙愈危険。午後零時に及び、遂に大漸の兇報に接す。痛恨々々。

十時半出勤す。

後一時、昌邸に赴き、幸子葬儀に列す。輝、正、雅、勳、季諸児相次で来会。安、病の故を以て、これに赴く能はず。後三時、家嫂亦来会。親族知人、来会者数十人。三時、天陽院主来り式を行ふ。四時出棺、桐谷に荼毘。特に正児をして之れを送らしむ。五時半了りて帰る。

陸軍歩兵大尉三宅一夫氏（参謀本部員）、武田大尉消息杜絶の旨を来告。其の原因を知る由無く、蓋し航通不便の致す所也と云ふ。

此の夕、諸児相伴ひ宮城外に到り、聖恙に対し聊かの敬意を表す。

露都に在りし桂公、聖恙重大の故に依り、昨夜発途、帰朝の途に上ると云ふ。

七月三十日　半晴炎暑、夕大驟雨

午前零時四十三分、天皇崩御、嗚呼哀しき哉。一時、皇太子践祚。

十時喪服にて参内。天皇、皇后、皇太后三陛下に対し、哀悼の弔意を上ぐ。官民参朝者、肩摩轂撃。

十時半出勤す。哀を表はし喪に服して業務を休罷せしむ。華族会館を経て幸倶楽部に至る。部員来会者数十人、諒闇の事を地方会員に電報す。

後二時徳川議長の招に応じ、在京議員百余名、上院に集ふ。議長、哀悼表捧呈の件を諮問し、皆賛同して散ず。岡部、曾我、三嶋及び予の四人、議長の求めに依り、尚留りて議長室に集ふ。議長曰く、大喪費協賛の為め、西園寺首相に勧め臨時議会を開かしめんと欲す、可否如何と。曾我子曰く、大喪費、緊急財政処分及び責任支出の途有り、誰か敢へて異議を挿さんや、故に臨時議会を開くこと不必要なるべしと。

予曰く、単に之れを法理論に依れば、曾我子の説、一理無きに非ず、然れども大行天皇病起るや、億兆臣庶、寝食を忘れ業務を廃し、至誠回春の厚を祈る、古来未だ曾て聞かざる所也、其の凶訃を聞くや、哀戚痛歎、若しくは考妣を喪ひ、直ちに以て自家の休戚と為す、故に之れを君民の至情の論を以て、宜しく速かに臨時会を召集し大喪費を議決すべし、是民をして我が皇室を憂へしむ猶自家を憂ふの理法、而して君民一致益皇基の鞏に至る道也、然れども輔弼の責有り、閣臣宜しく其の任を執り、若しくは議会より之れを促すは、常道に非ざる也、若し夫れ首相より相諮り有らば、此の意を以て之れに答ふべきのみ、而して若し召集期日、既に広嶋臨時会の前例有り、四十日を隔つこと不必要也と。

岡部、三嶋二子、予の説に賛同、議長則ち此の主意を以て首相に対するに決して別る。四時半帰家す。

此の日、昌等幸子の遺骨を拾集、天陽院にこれを托して供養、輝子をして之れに参列に往かしむ。

七月三十一日　晴夜小雨

改元詔勅に曰く、朕菲徳を以て大統を承ぎ、祖宗の霊を誥し万機の政を行ふ、茲に先帝の定制に遵ひ、明治四十五年七月三十日以後を改め大正元年と為し、主者施行すと。

大正年号の出典、蓋し公羊伝「君子大居正」、易経「大亨以正天之道也」に基づくと云ふ。

次で朝見式を行ひ、詔して曰く、朕俄に大喪に遭ひ、哀痛罔極、但し皇位一日を曠すは不可なり、国政須臾廃すべからざるを以て、朕茲に践祚式を行ふ、先帝を顧みるに叡明の資を以て維新の運に膺り、万機の政を親し、内治を振刷、外交を伸張、大憲を制し、祖訓を昭かにし、典礼を頒ち、蒼生を撫し、文教茲に敷き、武備爰に整ひ、庶績咸熙、国威維に揚がる、其の盛徳鴻業、万民具に仰ぎ、列邦共に視る、寔に前古未曾有の所也、朕今万世一系の帝位を践ぎ、統治の大権を継承し、祖宗の宏謨に遵ひ、憲法の条章に由り、無愆の行使、以て先帝の遺業を失墜せざるを期す、有司須く先帝に尽す所を以て朕に事ふべし、臣民亦和衷共同して忠誠を致し、爾等克く朕の意を体し、奨順朕に事ふべし。

西園寺首相、群臣に代り、捧誓の詞を復奏す。

又大喪使を置き、貞愛親王を以て総裁と為し、渡辺宮相を副と為す。

家嫂、昌来謝。

武田頴三、ペトロハウロフスクより、函館を経て致電して曰く、無事東海岸旅行を終へ廿六日を以て、更に陸行西海岸に向ひ、須く八月中旬を以て帰京すべしと。誠、勤二児、備中福山に到り、偶ま天皇大漸を聞く。俄に前進を中止して帰途に就き、深夜帰着。

二十八日以来、伊藤氏、日々安を来診、昨来大に軽快す。

八　月

八月一日　快晴激暑　深夜少雨
前十時白石博士を猪苗代水電社に訪ひ、福島県照会の長瀬川水力願地形測量水位測定等調査方督促の件を協議し、氏は倉重技師をして之れを掌理せしむ。
十一時半出勤す。偶ま田辺勉吉氏崎戸より帰る。乃ち其の復命を聴く。
伊藤氏来診、安、略ぼ全快。

八月二日　晴　烈暑昨日の如し
前十時桂公爵夫人を訪ひ、公、留守中存問の意を述ぶ。次で松方侯を訪ひ、互ひに大喪を弔す。
十二時出勤す。
午後、野口栄世氏来訪、且つ精米会社長辞退の事情を告ぐ。
夜、山崎氏来訪。
此の日、大隅生をして青山元男夫人の葬を青山墓地に送らしむ。

八月三日　午前大雨迅雷後陰　烈暑
関氏来訪、閑談午餐を共にし、三時過ぎ辞去。有位大礼服を供し大久保夫人に貸与す。家嫂来訪。
家嫂、夕七時の列車に搭り、帰途に就かせらる。安、誠、之れを新橋駅に送る。

八月四日　陰冷　小雨一両過　日曜日
朝、関亮来訪（大和記者）。
十時輝、雅、季諸児を伴ひ玉川園に赴く。正勲二児亦次で来る。夕刻、帰る。
此の夕、岡田氏授業に来る。

八月五日　陰冷　昨日来気温六十八度
前十時出勤す。紅葉屋銀行営業部長佐藤善夫を招き、既借款に増添、九州炭礦株第五回払込を行ふ。其の金額四万円を超へる。
倉重哲三氏（猪苗代水電社技師、工学士）に書を送り、併せて関係書類を委托、長瀬川水力願水位測定福島県内務部督促書に関する処理の件を嘱す。

後二時華族会館に赴き、男爵会幹事に、大行天皇霊柩祗候の件に就き問ふ。

夕、岡部則光氏来談。

八月六日　半晴冷涼　後稍暖

関氏に使を送り、銭維城画幅鑑定を嘱す。

後一時出勤す。

此の日、安、桂公及び後藤男留守宅に夫人を存問す。

八月七日　晴暑　立秋節に入る

八月廿一日を以て臨時帝国議会を召集することを詔す。

又九月十三日、十四日、十五日を以て、大行天皇大葬を行ふ。

此の日、安、園田、石部両家を訪ふ。

大隅生をして故小谷松次郎の喪を東禅寺に送らしめ、且つ之れを弔賻す。

夕、昌、寛来訪。児輩皆玉川荘に赴く。

八月八日　晴　烈暑

朝、近藤基喜（自由通信社員）来訪。

午前十一時出勤す。佐藤善夫来侯。

松元剛吉氏亦来訪。

後二時伊東子を訪ひ、時事を談ず。

三時半大浦子を訪ひ、松元氏処刑の始末を談じ、遂に時局の趨勢を論じ、夕刻に及びて去る。

武州熊谷竹井澹如氏の喪を聞き、書を発し之れを弔す。

八月九日　快晴甚暑

前十時西園寺首相の求めに応じ、其の官邸に赴く。山本蔵相病気不参を除くの外、閣臣皆集ふ。而して上院議員来会者、

徳川議長　黒田副議長　徳川頼倫侯　松浦厚伯
曾我惟準子　三嶋弥太郎子　有地品之丞男　田
吉川重吉男　鎌田栄吉氏　　計十人

首相曰く、大行天皇の登遐、恐懼の至に堪へず。是実に国家に係る無比の最大事なり、故に特に臨時議会召集を奏請、其の裁可を得、大喪費の外、余事に渉らず議決することを切に希む、其の細目の如く、意見を交換し、之れの協定を為すを欲す云々と。則ち質問応答数件して散ず。

十一時出勤し、十五日重役会休止の件を指示す。後一時大浦子の求めに依り、其の邸に赴く。子、伯剌西爾殖民会社創立計画の経過を述べ、予に創立委員長及び社長の任に就くことを求む。予、現斡旋者渋沢男、近藤男、中野氏鼓舞の必要、且つ社長問題を以て暫く懸案に附すことを述べて帰る。

安、季児を携へ玉川荘に赴き、予独り留守す。

安田信次来訪。

八月十日　晴暑昨の如し

前十時南部球吾氏父広矛氏の葬を青山墓地に送る。

正午半出勤す。松元氏来訪。

竹内明太郎氏、数日前欧米より帰朝、本日来訪、則ち採炭監督技術者採用斡旋の件を嘱す。

亦各務氏と、伯剌西爾殖民会社創立計画進行の枢機を内談す。

後四時幸倶楽部幹部会に臨み、昨日首相官邸集会の顛末を報告し、臨時議会に対する常任委員特別委員、上表起草及び服装等の件を協議す。

大浦子と、殖民会社創立の件を談ず。

夜、昌来訪、乃ち臨時議会開設の故を以て、先妣一週年忌に参趨能はざることを告ぐ。

安、誠、正、季など玉川より帰る。

八月十一日　晴暑　日曜日

前六時桂公、後藤男一行を新橋駅に迎ふ。是に先だち公の露都に入るや、先帝大患の報に接し、倉皇として帰途に登る、途中忽ち崩御の凶音に接し、今公憂愁無限の状を見る。同情の感に堪へず。

新公論社の請に応じ、日本目下の急務の論文を寄贈す。

近藤基喜来訪。

福原俊丸男、桂公添簡を携へ来訪、男爵議員候補者の撰に入るるを請ふ。

此の日、岡田氏旅行の故を以て、静坐授業休止。

八月十二日　快晴　烈暑

早朝、安、誠以下諸児を率ゐ、千葉県下稲毛海水浴場に赴き、夕刻帰来す。

午前八時桂公を訪ふ。理髪中に属すを以て逢はず慰問して去る。

出勤す。

十時半若槻礼次郎氏を訪ふ。不在、亦慰問して去る。

十一時後藤男を訪ひ、急行帰朝の労を慰問し、暫く露国行観察談を聴きて辞し帰る。

岡安直方来訪。

武田氏函館港に帰着の報に接す。

八月十三日　晴暑強烈

前十時徳川議長の通知に依り、各派交渉委員、上院に集ふ。部属、部長理事、全院委員長、各常任委員、前例に依り前会を襲用の件を協定、且つ勅語奉答文及び哀悼上奏文を起草の為め特別委員十五名指名の件を内定、服装、発議者及び請願取扱等の件を協議して散ず。

十一時半出勤す。三谷一二氏、来年度鉄道院納炭の件を来議。

農工銀行に到り、担保品の更換を行ひ、且つ中山氏と、沖男借款処分の方法を内議す。

芳子、武田氏を迎ふる為め、玉川荘より来る。

朝、中〔仲〕小路廉氏来訪、時事を痛論す。

夕、秦秋田知県来訪、共に夕餐して別る。

中村敬次郎、四国より帰り来訪。

此の日、桂公、徳大寺公辞職の後を承け、内大臣兼侍従長に任ず。今上初政、智徳兼備の老臣の輔弼を待つこと殊に切なり。今公を政海中に抜く、蓋し英断也。宮中の刷新、期して俟つべきか。

八月十四日　晴暑　夕大雷雨

朝、橋本五雄、高橋乕豹太（自由通信社員）、亀井宜純（柏原町明頭寺主の子也）相次で来訪。

午後二時出勤す。

夕六時半雷雨大に至り、勢ひ盆を覆す如し。本週烈日盛暑、草木将に枯渇せんとす。忽ち此の甘雨に遭ふ。清爽人身に快く、万物生色を有す。雨を侵し、誠、勤、雅、勲四児を伴ひ、武田額三堪差杜加より帰るを上野駅に迎ふ。安、芳子を伴ひ亦来迎。健全喜ぶべし。

中山佐市氏来訪。正復校。

八月十五日　晴暑

午前、武田額三氏来謝。

夕、岡林幾三郎来訪。

午後九時四十五分参内、三条公、徳川伯と、大行天皇殯宮に祗候。殯宮正殿に奉祀、白帷を以て霊柩を囲む。皇族、親任官、勅任官、有爵者、陸海軍人、錦鶏間祗候等、約三十名、交番奉侍、一時間を以て交代す。殯殿静寂、極めて壮厳なり。十一時、坂井男外二人と交代、西溜に退憩す。十二時務めを了り、零時半退出帰家す。

園田寛来訪、将に十八日を以て出発帰郷せんとすと云ふ。

〔貼付、新聞切抜〕

殯殿の席次　宮中正殿

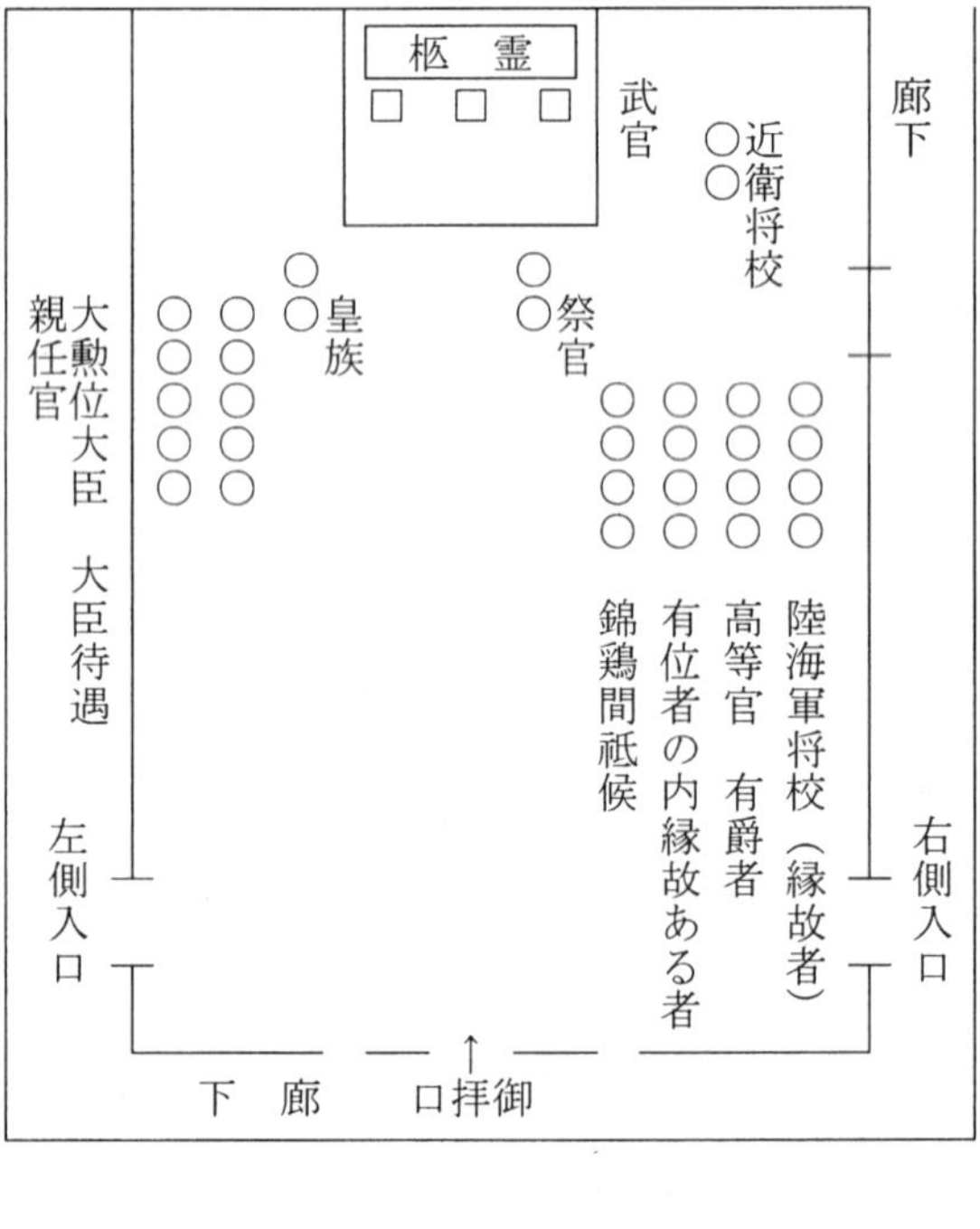

八月十六日　烈日盛暑

後二時出勤す。木村勝蔵氏（竹内礦業会社員）、明太郎の命を以て本社採礦技手採用の件を来談。

後四時半、桂公を訪ふ。公、今回内大臣兼侍従長受任の止むを得ざるの事由を委しく告げ、以て此の際、新帝に常侍し輔弼の事、国家の最大緊要事と為し、百般の政治的希望を挙げ、甘んじて犠牲と為り、謹んで此の大任を受くと云ふ。

八月十七日　半晴稍涼

安、幸子三週日の法事に列する為め、早朝芝山内天陽院に赴く。

荒川済、田辺勉吉、五辻治仲子相次で来訪。

河手長平来訪。

夜、武田、昌及び芳子を夕食に招き、武田氏堪察加視察談を聴く。

楫取素彦男薨去を聴き、書を発し之れを弔問す。

八月十八日　晴暑甚烈　日曜日
午前、三谷一二氏、崎戸売炭の方針を来談。

此の夕、岡田氏授業に来る。後藤男初めて受業に来る。

此の日、大浦子、対臨時議会策及び伯剌西爾殖民会社創立の件を来談。

八月十九日　朝小雨後晴　暑
後二時出勤す。

五時半十金会を富士見軒に開く。会する者、平田、大浦二子、小松原、有地、平山、原、高橋、一木、穂積、武井諸氏及び予の十一人也。平田子、先づ左の二件を報告。
一、桂公、露国首相と会談、素より非公式に属すと雖も、両国の意思能く疏通、就中支那政策に対し、須く提携に齟齬無くし、然るに其の分割を図るが如きは、其の時機に非ず、宜しく現状を維持し、其の形勢の推移を察すべし云々。
二、桂公既に内府に列し、後来輔弼に専心せざるべからず。故に従来一切の政治的関係を断然謝絶、旧政友に対し、朋友の交りのみと為すべし云々。
密議に依り寺内正毅伯を推して我々同志の領袖と為すべく、略ぼ之れを内決、午後十一時散じ帰る。

八月二十日　朝微雨地を湿するに到らず　後晴暑
今朝、安、芳子を伴ひ佐藤病院に列し、懐妊を診る為め、吾妻博士の診察を受く。

十時幸倶楽部両会議員総会に臨む。会する者約百人。予代表幹部として、去る十日首相官邸相談会及び十三日上院各派交渉会の顚末及び協定事項を報告す。

次で幹部会を開き、倶楽部敷地地代引揚げ拒絶の件を協議す。

吉田善佑（独立通信社員）来部。

後二時出動す。松元氏来社。

林瑛（農業世界記者）、米価調節の意見を来問。

八月二十一日　晴暑益烈
前九時臨時議会召集に応じ登院す。議員登院者、平時を超ゆ。議長、部属及び部長理事前回継承の事を諮り、之れを可決、乃ち議院成立を宣して散ず。直ちに幸倶楽部に集ひ、平田、大浦、小松原外諸子と、明日の懇談会催開の件を協定して別る。
来る廿三日、先妣慈光院壱週年忌日に当るも、予臨時議会開会の為め参列能はず、誠をして代りに之れに参ぜしむ。午後七時、昌を伴ひて新橋を発す。昌、亦幸子の遺骨を携へ、帰り葬る也。先妣一週忌法会の外、同時に左記の法会を行ふ。

先祖妣　真月院五十回忌

我が児　円嶽協真童子十三回忌

昨夜、沖男来り桂公内府任命及び寺内子勢力継承事件推移の真相を密談、是皆山県、桂二公軋轢の事情に原因すと云ふ。蓋し山県公娼嫉の致す所也。亦同男家計整理の事を懇話す。男胃腸病を病み、荏苒衰弱、予后甚だ憂ふべく、今夕は特に徴かに行末を嘱する也。
神戸源右ヱ門、社務を来談。

八月二十二日　晴　烈暑

朝、上田外男（中央新聞社員）来訪。
豊川良平氏来訪、契濶を謝す。同氏と自働車に同乗し、幸倶楽部に赴く。前大臣四人、幹部員十八人、多額議員十三人参会、大喪参列順序を協議し、共に午餐、款談数時にして散ず。
此の夕沖男、家執事をして農工銀行借款の保証を来請せしむ。乃ち之れを諾し、且つ切に不動産担保の提供を勧告、之れを復命せしむ。

八月二十三日　晴暑

前十時大礼服にて登院、十一時開院式に列す。西園寺首相、勅語を捧読して曰く、

朕茲に帝国議会開院式を行ひ、貴族院及び衆議院各員に告ぐ。

朕新たに大統を継ぎ、祖宗の宏謨に遵ふを期し、先帝の遺緒を紹述す。朕今方に皇考大喪の儀を行ふ。国務大臣に、之れに関し予算案を提出することを命ず。卿等審議し以て協賛の任を竭くすことを望む。

儀了り、退場。暫くして本議を再開、勅語奉答文及び哀悼上奏文捧呈及び其の起草委員十五名指定の事を可決し、十壱時半退散す。
此の日、先妣慈光院壱週年法忌に膺り、饌菓及び香花を

薦め、恭しく追祭を行ふ。
宮田暢、赤十字生命保険会社創立の賛成を来請、之れを謝絶す。

八月二十四日　半晴溽暑　夜雨烈風
前九時登院し、十時本会議に列す。勅語奉答文及び哀悼上奏文を可決し、徳川議長、参内し之れを上呈す。又院議を以て、皇太后陛下の御機嫌を奉伺す。一旦休憩。
十時半出勤す。
後零時幸倶楽部に赴き、大喪奉送の順序を協議す。
二時半本会議を再開し、大喪費予算を議す。西園寺首相、山本蔵相、説明演説を為す。曾我子賛成説を述べ、大行天皇盛徳の大業を頌賛、全会一致を以て之れを可決す。
此の夕、奥田象三氏、其の女若子の縁談の件を来談。

八月二十五日　快晴激暑（我が家正午九十度）　日曜日
佐野貞吉来訪。
夕、例に依り岡田氏の業を受く。

八月二十六日　晴暑
朝、誠、昌を伴ひ郷里より帰り、追祭諸事滞り無く完了と云ふ。
前十時半小礼装にて登院し、十一時閉院式に列す。西園寺首相、勅語を捧読、諸員敬意を表して散ず。

八月二十七日　晴暑
前十時出勤。
後一時玉川荘に赴く。安、諸児を伴ひ先着。
不在中、高木兼寛男来訪。

八月二十八日　晴暑　暁夕二回微雨一過
後三時発帰京す。
後七時喪服参内し、東溜間に候す。八時、徳川家達公、広沢金次郎伯と正殿殯宮に祗候す。九時交代し、東溜間に退き、壱時間待つ。十時、殯宮に別れ奉りて退殿す。
此の日、大行天皇を追尊、明治天皇と称し奉る。

八月二十九日　晴暑
芳子懐妊五満月に達す。此の日、産婆をして結帯式を行はしむ。安行きて之れを助く。

後一時出勤す。

二時、田辺翁を砂土原町寓に訪ふ。翁脚部心〔神〕経痛に悩み、蓐に在り。閑談二時間余にして辞去す。

夕、鈴木徳松氏、樺太より帰り来訪。

昌、郷里より帰京、梅代を伴ひ来訪。

八月三十日　晴　烈暑

午前、田中新七氏来り、京都電気鉄道会社長就任の件を懇請。予之れを固辞、氏悃願して措かず。則ち熟考して決答すべしと約す。

十一時半中川男爵、会幹事を華族会館に訪ひ、地方住の男爵に奉弔注意方移文の事を内談。

正午出勤す。

後二時佐分利、林、松元及び日置雅章、須佐美雄蔵諸氏と林商店に会し、大沢金山善後策、合せて須佐美立案の最少試験的採鉱案を講究、四時半散会す。

吉原重長氏、勅任大礼服剣帽の貸与を来請、諾して之れを交付す。

八月三十一日　烈風時に微雨を送る　荒兆有り

此の日天長節、大喪中の故を以て、賀式を廃せらる。諸会社等概ね休業、以て敬意を表す。

午後三時田中新七氏再訪、昨日懇談事件の承諾を請ふ。予之れを固辞し、適当の人物を選定推挙するを約して別る。

五時富士見軒に赴き、十金会に列す。平田、小松原、有地、一木、武井、高橋、穂積諸氏及び予の八人相会す。平田氏、前回内議の寺内伯推挙、桂公及び寺内伯と交渉の顚末に関し報告、要は本件に関し山県、桂二公及び寺内伯意見略ぼ一致し在りと謂ふ。則ち将来施設の順序を密議、共に晩餐して散ず。

此の日、大田輝次、二男出生の事を電報、返電して之れを賀す。

園田寛、郷里より帰京来訪。

新元氏、明一日発上京の旨電報。

九月

九月一日　昨来風雨激烈　二百十日　日曜日
朝、吉田平吾氏、上京来訪。

前十時半井上敬次郎氏を招き、京都電車会社長就任の件を勧話す。氏現在の電気局理事を離る能はざるの理由を詳述し、之れを謝絶す。則ち現業担当者人選の件を託して別る。

客月初以来、廿四日の驟雨を除く外、連日烈日驕陽、炎暑燬が如く、畑作往々旱魃に苦しみ、地方亦井水の枯渇に悩む者有り。昨日来、膏雨滂沱、烈風之れに副ふと雖も、禾穀を害するに至らず、米作豊穣の声、天下に徧し。喜ぶべき也。

此の日、岡田氏来教、後藤男外二十余名来会。

九月二日　炎日盛暑　九十一度
朝、東京通信社米沢雄、太田翰長の添書を携へ、臨時議会紀念帖発行の賛成を来請。之れを諾す。

後一時出勤す。

農省、本年農作第一回予想を発表。米産額五千五百二十九万石、之を昨年に比し、三百五十九万石を増し、平年に比し、六百十七万石を増す。之れを二月前の最高時に比し、約七円以上の下落也。切に今後風災害の無きを希ふのみ。頃日米価低落、十六円台に下る。

夜、青山禄郎来訪、其の需めに依り、之れを秦秋田知県に紹介す。

九月三日　陰　溽暑
辻嘉六、野口栄世来訪。
大木修、和子と大阪より帰京来訪。

九月四日　陰
前十時出勤す。

九月五日　陰、微雨地を湿せず
前八時田中新七氏来訪、京都電鉄重役選定の事を談ず。
九時半野村技師を鉄道院に訪ひ前件を談じ、人選を求む。
又平井副総裁に面じ、前件を嘱し、且つ崎戸石炭大正二年度購買契約の件を談ず。

途次、井上敬次郎氏を電気局に訪ひ、前件に関し過日来訪の労を謝す。

正午出勤し、各務氏より一瀬一二来談の始末を聞く。

後二時松尾寛三氏、伯国殖民会社創立準備の事を来談。

此の夜、書を裁し之れを大浦子に致し、其の意見を求む。

日置黙仙師、護国塔保勝林基金義捐を来請。之れを諾す。

夜、吉田平吾氏、親族山本左源太氏（長崎住医師）を伴ひ来訪。

池上慶造来訪。

九月六日　陰　微雨時に到る

前八時日置雅章氏、大沢金山経営方法を来談。

九時新元氏、台湾より着京し来寓。安以下之れを新橋に迎ふ。

十時松尾氏再来、昨話の継続也。

後一時大浦子を訪ひ、伯国殖民会社の件を談じ、談時事に及ぶ。子数日前、脈搏百四十に上り、友人皆之れを深憂す。平井赤十字院長、脳性発作的心悸亢進病と之れを診断す。蓋し心身過労の致す所と云ふ。客を謝し専ら静養す。


三時寺内伯を高樹町邸に訪ひ、暫く時事を閑談して帰る。

九月七日　細雨冷涼

前十時松尾氏来訪。

十一時出勤し、田辺氏来書を閲す。崎戸新設備運転試験未だ好績を奏せず、百方尽力中云々と云ふ。

後一時粟津清亮氏を傷害保険会社に訪ひ、家兄嘱す所の博愛生命保険会社審査及び改善方法の件を協議す。

帰途、大浦子を訪ひ、殖民会社創立の順序を談ず。

夜、青柳郁太郎氏、大浦子の命を帯び来訪、伯国殖民会社創立の方法順序を協議。

武田夫妻、広瀬昌三、四宮精一、相次で来訪。

重野老母、玉川より来泊。

九月八日　昨来陰雨滴浙歇まず　日曜日

午前、勝野秀麿、東邦火災保険会社大阪博多支部設置其の他営業状体の良況を来報。

重野安居翁来訪。

平野尚氏病歿の訃に接し、書を発し之れを弔賻す。

此の夕、岡田氏来教。新元、賀田、安場氏等来参、業を受く者約三十余人。

九月九日　細雨断続　陰冷
前十一時幸倶楽部に到り、家族奉送の順序を協議す。

次に出勤、後一時半帰る。

九月十日　夜来烈風雨を送り荒兆を呈す　夕歇む
安、所労に依り殯宮拝礼（十二日）葬場殿奉送する能はず、此の日大喪使儀式部に対し、断りの書を呈す。

前十一時幸倶楽部に於て、小野田元熙氏と会見し、京都電鉄会社長受任の件を懇談、明日の決答を約して別る。

正午出勤す。各務氏崎戸出張の為め、交際費若干を交付す。

後一時四十五分参内、二時徳川家達公、中川久任子と共に殯宮に祗候す。三時交代、南溜に休む。四時退出す。

此の夕、小松原氏の電話に依り、来る十五日十金会を富士見軒に開くを決し、自ら書を裁し、平田、大浦、有地、平山、武井、原、一木、高橋、穂積諸氏に之れを通知す。

唯沖男、病の故を以て、書を発せず。

九月十一日　陰雨瞑曚
朝九時、小野田氏来り、京都電鉄社長受諾の旨を答へ、且つ予に同社顧問と為ることを切に求む。

宮嶋巳之助（帝国興信所員）来訪。

後一時出勤す。

二時、田中新七氏を幸倶楽部に招き、小野田氏と会見、電鉄社長受任の順序を協定す。

桑原政氏の訃音に接し、書を発し之れを弔し、且つ賻を贈る。

九月十二日　半晴
午前林定吉、澎湖島より上京来訪、午餐を饗す。

後一時大礼服にて参内、殯宮を拝し、別れを奉る。朝来有官位勲爵者、来拝数千人、混沓頗る甚し。各国奉献の花環甚だ美。

三時幸倶楽部に集ひ、平田、大浦子と十金会集会を十六日午後に改むるを相議す。

九月十三日　前陰後晴
午煎、霊柩車奉送の為め、輝子、女学部に赴き、勤、学習院に赴く。安、重野老母、大久保侯夫人、誠、雅、勲、武田芳子、新元八津雄、季子及び一婢を伴ひ幸倶楽部に赴く。大隅生、貴族院に赴く。

午後六時前、大礼服にて高橋新吉氏と二匹立馬車に同乗し、数寄屋橋を迂回、大手門より参内、東車寄前幄舎に候す。午後七時、大勲位以下、親任官以上、二重橋内右側に整列、勅任官、有爵者等、同左側（東側）に整列す。大葬儀の列、次第に徐ろに進み宮城を出づ。天皇、皇后、皇太后、皇子、二重橋鉄橋外に出御、親しく霊轜を送る。霊轜は五頭の牡牛之れを率ゐて進む。轂軸相摩し、微妙なる異音を発す。蓋し古例に従ふ也。午後八時発軔、我れ等後列に供奉し、徐ろに歩みて進む。先頭及び後殿、則ち近衛兵全部、海軍水兵約五千人之れを護る。英国水兵約五百名、同盟国の誼を以て、特に後列供奉の列に入る。以て日英交誼の厚きをトすべき也。宮城以外、道路、灯柱、旌旗、瓦斯、篝火及び榊鉢を以て飾る。路傍両側、諸学校各団体及び一般奉送者、肩を摩して塡充。然れども第一師団及び海兵等、整列して両側に奉送する故を以て、毫も雑沓混乱の跡を現さず、能く静粛を保つを得。十一時、鹵簿青山葬儀殿に入り、天皇、皇后及び英皇名代混濃杜《コンノート》親王、独皇名代判理非《ハインリヒ》親王、西班牙親王、米国国務卿能克斯《ノックス》氏、仏国将軍、其の他各国使節、先着之れを迎ふ。蓋し英仏以下列国、皇族大官を特派、斯くの如きの篤き、前古未曾有の盛事、一に先帝盛徳の大業、多く列国の畏敬を致すの結果に非ざる無し。国運の隆昌、盛んなる哉。

十一時、伶官誄歌を奏し、礼拝次第進行。十四日午前二時、奉送列車、大柩を奉じ、桃山御陵に向けて発す。両陛下以下、奉送者、粛然と泣を飲みて告別を奉る。四方寂然、殷々と時砲の声を聞くのみ。嗚呼哀しき哉。

乃ち高橋氏と同乗而して帰る。暫くして忽ち新聞号外一片紙来るに接し、急遽之れを観、皆驚駭の声を発す。報じて曰く、陸軍大将学習院長乃木希典伯、昨夜八時、轜車発引の時を期し、夫人静子と、礼装にて別杯を酌み、共に自刃して死す、蓋し先帝に殉ずる也と。伯日露戦役に当り、旅順攻囲軍司令官と為り、悪戦苦闘、遂に之れを攻陥し、勇名世界に轟く、後学習院長と為り、専ら武士道的精神教育を施し、学生気風を一変す、先帝の病篤きや、日夕祗候、殆ど寝食を廃す、其の崩御するや、毎夜殯宮に祗候し、常に徹夜して後退、蓋し先帝恩遇の深きを感じ、一死以て報恩する也。其の行ふ事、以て教となすべからずと雖も、然れども其の至誠純定〔ママ〕死して後止むる者、惰夫をして立たしむべきもの有り。其の志、豈悲しまざるべけんや。輝子之れを聞き、号泣数時。

一週日来陰霖滂沱、満都官民皆陰雨大喪の盛儀を妨ぐるを愁はざる者無し。本日午前、尚陰雲変幻、雨意人を襲ふ。然るに午後三時に到り、一天忽ち晴る。晴、人意を爽快にし、塵烟起らず、冷涼人に適し、快全此の盛儀を得る。人以て天祐と為す。欽むべき也。

〔貼付、印刷物〕

乃木大将夫妻神像（厨子入）

初代南天棒下加藤光業先生彫塑

東京市牛込区富久町八番地

乃木山道場殿司白

九月十四日　晴後陰冷、夜雨
午前十時、土屋金次来訪、京都電鉄会社支配人に採用の為め、特に之れを招く也。之れと時余を談じ、小野田氏亦来り、則ち紹介して会談、受任順序を協定して別る。

午後、木戸侯邸（乃木伯近隣也、仮に同伯事務所に充つ）に往き、乃木伯の殉死を弔問。往弔者、旁午織るが如し。輝、勤二児、今朝往弔。

夕、須佐美雄蔵、大沢金山経営の件を来談。各務氏、夕列車に搭り、崎戸に向けて発つ。

午後五時十分、霊柩桃山着御の電報有り。

九月十五日　昨来陰霖終日歇まず　日曜日
前十時華族会館に赴き明治天皇遥拝式を行ふ。
午後、田中武雄氏来訪。
此の夕、岡田氏来教、会する者約三十人。

九月十六日　陰
前十一時出勤す。山内喜兵衛来訪。

日置雅章、将に秋田鉱山学校に赴任せんとし、告別に来る。昨夜、岩倉学校焼失、校長野村龍太郎氏を鉄道院に訪ひ、之れを慰問。

五時十金会を富士見軒に開く。平田、大浦、小松原、平山、竹〔武〕井、有地、原、一木、高橋、穂積諸子皆集ふ。唯沖男、病を以て来集せず。予幹事を為し、共に晩餐、主に時事経済政策を討論し、九時散会す。

此の日、乃木伯の遺書発表、其の所言に依れば、西南の役に賊に其の聯隊旗を奪はれし為め、当時既に自屠謝罪を決するも、先帝の特遇に依り今日に生を偸む、今先帝登遐、乃ち一死之れに殉ずる也云々。衷情哀しむべき哉。

九月十七日　前陰後雨
前十二時出勤す。松元氏来り待つ。
後一時重役会を開く。神谷、村上、竹内、賀田四人来る。議案無く、予単に崎戸事業の近況を報告す。
四時半帰途、吉田平吾氏を芝公園松尾邸に訪ひ、亦同氏老父に面会す。氏等相携へ、夕六時の列車に搭り札幌に帰任。安、誠二人、之れを上野に送る。又同氏に托し、狩野常信画く所の獅子谿落図一幅を篤に転贈。篤、頃者帰心頻り、之れを贈り之れを諷する也。果して能く覚りて慎むや否や。
夕、山本忠興氏、土田睦子縁談の件を来談。

九月十八日　晴

朝、吉原重長氏、大礼帽剣を返しに来り、且つ之れを謝す。

午後、田村良子、今朝上京来談、土田睦子縁談の件を協議。

一時大隅生をして足立太郎の葬を谷中墓地に送らしむ。

二時乃木大将の葬を送る為め、新坂町邸に到る。三時出棺、徒歩にて従ひ送る。沿道の来観者数万人、哀悼の意を表さざる者無し。青山斎場に達し、場狭く入る能はざる者過半。英国混濃杜親王及び我が伏見、閑院、竹田諸殿下、親しく之れを来送す。蓋し未曾有の異数也。英人有りて勲章を捧持葬儀に列する者二人、是亦新例也。送葬者の多き、従前未だ曾て見ざる所、蓋し大将夫妻の至誠純忠、事蹟愈明らかにて性格益崇高、天下公衆、海外列国に到り、感歎して景仰せざるなし。其の人心を感字する衝動の甚深而して至厚の者は、古今内外これを比擬すべき無き也。世論以て神と為すは、当るに過ぎざる也。人誰も死せざる無し、一死して世道人心に裨益するの至大至高斯くの如きは、伯夫妻の為めには以て瞑すべき也。

夕六時精養軒に赴き、冨永一二、野々村紅枝結婚披露宴に列す。安、先に在り、来賓約五十名。田中次郎氏夫妻、媒酌を為し、先づ式辞を述べ、予来賓を代表して祝辞及び謝詞を述べ、九時退散す。

此の日、猪苗代水力電気会社技師蔵重哲三氏、我が長瀬川水利願復申書を草し、之れを郵送し来る。則ち捺印して之れを発送す。

九月十九日　陰晴相半

後一時出勤す。

三時伊東子を訪ひ、閑談二時間余して帰る。

時に田村市郎氏、来り在り、面晤暫時して去る。

夜、昌来訪。

九月二十日　半晴　冷

朝、河野繁雄、国民教育会賛成を来請。諾して若干金を与ふ。

一時出勤す。紅葉屋銀行傭員来り、借款改訂を行ふ。

小野田元熙氏、予定に依り京都電気鉄道社長に挙げらる。重役会の決議を以て、予、同社顧問に嘱托し来る。

九月二十一日　薄陰　冷　夜大雨

朝、荒川真澄（鉄道時報社員）来問。大川正司（支那信托社員）、支那信托業賛助を来請、之れを謝絶す。

後一時半出勤す。竹内明太郎氏、其の社員坂田厚氏をして唐津鉄工所器械供給注文を来請せしむ。乃ち之れを崎戸礦業所に移文す。

帰途、高木兼寛男を鳥居坂邸に答訪、不在乃ち帰る。野々村政也氏、十八日披露宴来臨を来謝。

新元氏、夕七時発列車に搭り帰任の途に就く。安以下諸児之れを送る。

九月二十二日　夜来大雨　日曜日

朝、野沢雞一氏、故星亨氏逓相在職中の事歴を来問。知る所を挙げて之れに答ふ。

久保田譲男、電話内議して曰く、沖守固男病重しと聞く、男上院に在り、国事に尽瘁、此に於て年有り、昇位昇勲以外、若し生前特殊の天恩に浴すを獲ば、栄是より大なるは莫し、君に之れを図るを請ふと。則ち車を飛し大浦子を訪ひ、此の事を以て談ず。子亦同感を表し、則ち桂公と相謀るを約して帰る。午後、大浦子報じて曰く、桂公と相議し、特典を奏請すること甚だ難しと。尚熟考を須め、則ち之れを久保田男に転報す。

此の夕、岡田氏来教。

九月二十三日　夜来暴風雨、午後に及びて晴

此の日、秋季皇霊祭、大喪中を以て参拝式無し。

午後、高木兼寛男、華族教育の件及び一徳会拡張の件を来談。

園田栄五郎（広島局経理部長）、上京来訪。

此の日、颶風被害頗る劇し。就中関西各県死傷及び家屋倒壊勝算すべからず、惨状極り無し。

九月二十四日　陰冷

後一時農商務省に到り、生産調査会に列す。西園寺首相式辞を述べ、牧野農相、会長と為り、諮問案大旨を述ぶ。各員質問、四時半退散す。

五時半出勤す。

関夫人来訪。夕、鈴木徳松来訪。

九月二十五日　陰　夜雨

午後零時半出勤す。

一時林商店に到り、謙吉郎、田沼秀実二氏と面晤、其の嘱に依り、スペンサースミス氏を牧野農相に紹介す。男其の引見を快諾、則ち同氏に転報す。

二時生産調査会に列し、魚市場法案を審議す。予外十四人、特別委員と為し、乃ち渋沢男を推して委員長と為す。

九月二十六日　陰霖　暮に及び漸く霽　中秋名月纖塵も無し

午前、高見保三（大和記者）、吉田善佑（独立通信社）来訪。

正午、牧野農相の招きに依り、精養軒午餐会に赴く。来賓、生産調査会員及び内閣大臣（四人）、約八十人。

後二時、魚市場法案委員会に列し、質問論弁、五時に及びて散ず。

夜、松本福太（茨城無烟炭社技手）、木村勝蔵の添簡を携へ来訪。

此の日、日本橋魚市場組合頭取白沢武平外三人、市場法案の可決を来請。

九月二十七日　晴冷

午前九時魚市場法案委員会に列し、質問答弁、正午に及びて散ず。

後一時出勤し、諸式部規程外一規程を裁決す。

二時生産調査会建議案に関し特別委員会を開く。予、委員長を為し、委員浅田徳則、片岡直温、根津嘉一郎、上野安太郎、山本悌二郎、木村艮、益田孝、原富太郎八氏、皆集ふ。討論の結果、押川次官の弁明を求め、弁難講究数時間に亘り、遂に小委員三名を設け修正案を作り、全会一致、之れを可決し、六時退散す。

此の夜、日本橋魚市場組合取締役小網源太郎来訪、則ち其の法案賛成の理由及び現市場情弊の実況を聴く。

九月二十八日　好晴　秋気酣

前九時魚市場法案委員会に列し、予外数人賛成意見を述べ、岡崎外数人反対説を述ぶ。弁論頗る激しく、遂に延期説に決す。

後二時本会議を開き、三嶋子、先づ宿題二献議案を工業助長委員会に移すの旨を報告す。

次で予登壇、生産調査会建議案に関する委員会の経過及び結果を報告、次で修正理由を述べ、旗鼓堂々、政府の本会に対する体度の誠意を欠くを責め、首相及び各省大臣に対し、深く反省を求む。痛論一時間にて降壇、全会一致を以て之れを可決す。

次で武井男、渋沢男、登壇報告する所有り。終りに曾我子、重要品組合法改正案修正意見を報告、議論沸騰、遂に其の決議を延期し、六時退散す。今般開会、是を以て終了閉会を告ぐ。

坂田長之助来省、常務数件の決裁を請ふ。

是日、鈴木信正を依願解傭と為し、仮に田島薫（北多摩郡砂川村人）を傭ふ。玉川別荘一時留守居を命じ、往きて之れに代らしむ。

不在中、関氏大礼服貸与を来謝、広瀬満正氏亦来訪。

九月二十九日　曇冷　夜小雨　日曜日

沖守固男病気慰問を為す。前十時四十分発列車に搭り、鎌倉に赴き同家を訪ふ。先づ男爵夫人に面会、近況を問ふ。曰く、病胃癌と決し、壱週日以往、性命確保すべからず云々と。而して夫人更に、各所負債少からずして事情不詳の苦心を語る。予の農工銀行債務の保証に関し、其の詳細を問はる。則ち執事萩原某を召し、共に顚末を語る。親族河田春雄亦参加、債権者交渉及び井上侯整理担任等の件を協議し、後三時五十分の列車に搭りて帰る。車中、久保田男と時事を縦論、新橋に至りて別る。此の夜、岡田氏の受業に来る者三十六人、原六郎氏等其の中に在り。

九月三十日　夜来陰雨冷湿

前十一時出勤す。各務、田辺二氏、崎戸より帰り、其の復命を聴く。新設備試運転、未だ成果を挙げずと云ふ。往々設計上の欠点を観、而して職員一致協同の欠失と為す。諸般の経営、整一を欠く者尠からず。是蓋し川相所長の独断専行に原因し、衆知の性癖を利用する能はず、根本的革新を断行するに非ずんば、将来の万全を期し難し云々。是素より新奇の説に非ず、革新以外救正の途無きものの如く、慨すべき也。

大島男爵夫人来訪。

此の夜、青柳郁太郎氏、伯剌西爾殖民会社の件を来談。

岡部則光氏、奥田若子縁談の件を来談。則ち奥田象三氏を招き、之れと協議す。

鈴木正信、本月限り辞職し父業を襲ふの許しを請ふ。此の日、田島薫（北多摩郡砂川村人）を仮傭、往きて交替せしむ。

十月

十月一日　晴後陰
前十時中山佐市氏を農工銀行に訪ひ、沖男負債返済期限延長の件を懇談す。家族及び親族の懇請に原づく也。

次で出勤し、各務、田辺二氏と、崎戸礦業所長更迭革新の件を内議す。

又各務氏と伯国殖民会社の件を談ず。

石川疏不在中来訪。

新元氏台北安着の電報に接す。

此の夕岡部則光氏、奥田若子縁談の件を来談。

十月二日　細雨梅候の如し
朝、奥田象三氏、若子縁談始末を来談。

田辺勉吉氏、日置雅章氏求婚の件を来談。

安井正太郎（地球記者）来訪、面会を辞す。乃ち去る。

十一時出勤す。各務氏と伴に、豊川良平氏を三菱社に訪ひ、崎戸所長更迭必要の事情を述ぶ。代員推選を嘱し、其の同意を得る。

後一時星野錫、西川忠雄、奥田若子結婚媒酌の資格を以て来社、西川家親族、伊東子爵賛成を表すの顚末を告げ、賛成を請ふ。乃ち之れを諾す。

二時幸倶楽部に赴き、白岩龍平氏の支那交通事状を聴く。

三時本郷中将を青山邸に訪ひ、次男信夫（幼年学校生徒）の喪を弔す。

山崎秀子、佐野竹子来訪。

十月三日　細雨

朝、永尾幸雄（時事通信社員）、聖代四十五年史購売予約を来請。之れを諾す。

後一時出勤す。

四時伊東子を訪ふ。子、西川、奥田結婚談進行の顚末を告ぐ。媒酌人の疎漏を恕し、賛成の意を述ぶ。

此の夕、菅田政次郎、発明電球関係断絶の顚末を来述。則ち営業多岐の失を誡め、専心本業に従事するを勧告す。

十月四日　晴喧

朝、奥田象三氏来訪。則ち伊東子及び星野氏談話の顚末を詳しく告ぐ。

高橋靕豹太（自由通信社）来訪、逢はず。

安井正太郎（地球記者）、経済意見を来問。私見を述べ之れに答ふ。

後一時、小松次官を逓信省に訪ひ、大北電信会社上海浦塩海底電線期限終了の処分及び交渉の真相を質問す。氏、明治四十年来会社と交渉の顚末を説明、頗る詳かなり。唯明治十五年免許状疎漏の故を以て、我が利権を恢復し難く、其の処置を苦しむものの如く、恨むべき也。三時半、辞して去る。

直ちに出勤す。

此の夜、鈴木徳松、菅田政次郎来訪。

十月五日　好晴　喧和

朝、勝野秀麿、東邦火災代弁店選択の件を香西与一郎に委嘱を来請、諾して紹介状を与ふ。

田中新七氏、京鉄社長人選の恩を来謝、且つ小野田社長適任の事実を語り、満足の意を表す。

後一時出勤す。神谷伝兵衛氏来社。

豊川氏、各務氏を以て、崎戸所長更迭に関する三菱社長の希望の要旨を伝ふ。要は常務をして崎戸に在勤せしめ、而して三菱将に技師長を推薦せんとするに在り。蓋し事実は切実の意見也。

四時、玉川荘に赴く。安、諸児を伴ひ先に在り。

十月六日　晴或ひは陰、夜小雨　日曜日

武田夫妻、勤、園田寛等相次で来園。

山口宗義氏夫妻、二幼児を伴ひ来遊。

夕刻、相伴ひて帰京す。

此の夜、岡田氏来教。原六郎、阿川氏（後藤男実弟）、蠣崎嬢等来り加はり、受業者三十四、五人。

此の日、穂積八束博士の訃を聞く。博士、憲法学者の泰斗と為し、我が同志政治上の受益尠からず。今乍ち溘ず、痛悼に堪へず。

又、沖男危篤の報を聞く。同志凋落相継ぎ、痛恨々々。

十月七日　晴和

前十時故穂積博士の喪を小石川原町邸に弔し、且つ霊柩を拝し告別を行ふ。

十一時豊川氏を三菱会社に訪ひ、各務氏崎戸礦業所在勤の件を協議、且つ時局を縦論す。

正午出勤し、田辺氏に対し日置氏求婚謝絶の意を答ふ。

二時幸倶楽部に到り、青柳郁太郎氏伯剌西爾殖民談話会を開く。来聴者約三十名、予紹介の辞を述べ、四時散会す。

本日、沖男鎌倉邸に薨去。哀惜すべき哉。

十月八日　好晴

朝、大和記者関亮氏来訪。

九時四十分の列車に搭り、鎌倉に赴き、沖男の喪を弔し、遺骸に対し告別。別室に於て井上侯、金子子、加藤正義氏、沖未亡人、嗣子貞男氏及び執事萩原弘之等と、家政整理の件を協議す。蓋し故男、負債十五、六万円、資産二十余万円にして概ね別荘山林等不生産的不動産に属し、収支相償はず、疾篤きに臨み後事を井上侯に托す也。貴族院議員等来弔者相次ぐ。則ち葬事斡旋の順序を協定、共に後三時三十五分の列車に搭りて帰京す。

此の夕、河手長平来訪。

十月九日　陰後雨

前九時豊川氏を三菱社に訪ふ。各務氏亦来会、各務氏崎戸所長担任、新技師長選任及び経営方針等の件を協定す。

十時出勤し、重役会を開く。田辺貞吉氏の外、皆集ふ。則ち前件を一致して之れを決すべきことを議す。

次で顧問和田維四郎氏を召し、前件を談じ且つ川相技師退職後就職斡旋の事を嘱す。

後一時車を飛し染井墓地に到り、穂積上院議員の喪を送る。偶ま雨大に到り、場狭く、天幕漏雨、場外車馬混沓、衣帽を湿する者甚だ多し。夕刻帰家す。

後八時五十分吉田貞子、二児及び其の舅吉田老人を伴ひ、札幌より上京。誠、上野駅に之れを迎ふ。

十月十日　半晴

特急列車に搭り、前八時半新橋を発す。明日の京都鉄道重役会に列する為め也。平沼以往、多数外人同乗、余席剰らず。七時半、七条駅に着す。土屋金次、池浦、増沢来迎、直ちに柊屋に投ず。

小野田社長来訪、就任以来の経過を聴く。

十月十一日　晴

朝八時小野田氏来訪、九時半相伴ひ七条京都電気鉄道会社に到る。田中（新七）、守山（守之）、井上（徳三郎）諸取締役、谷村（一太郎）及び柴原二監査役来会。則ち重役会を開き、本月廿九日の通常総会議案、前期決算配当案及び常務取締役廃置定款改正案外数件を議決す。

後一時、木屋町吉富に移り、諸重役と共に、午餐の饗を受く。二時半、小野田、井上二氏及び土木課長と共に京阪電車に搭り、伏見に赴き、明治天皇桃山山陵に詣づ。御大喪以来、海内臣庶、貴賤貧富の別無く、先を争ひ参拝、其の数、日々拾万人を超ゆ。鉄道汽車電車三線有り、皆充溢、而して停車場以往、紀念絵葉書等を販売し、路傍に櫛比し、肩摩踵接、殆ど神仏開帳の如し。帝徳の感、人心の深且厚を守ふ。感歎に堪へざる也。謹んで山陵を拝す。更に京阪電車に搭り、中書島に下り、京鉄延長予定線を検べ、伏見線を経て西廻線に入る。後六時、柊屋に帰る。

広瀬満正、土屋金治氏来訪、暫時話を交はす。八時二十分発の列車に搭りて東向す。小野田、広瀬、土屋諸氏送り来る。

車中、田辺貞吉氏と邂逅、則ち以て九日重役会決議を告げ、其の同意賛成を得る。

十月十二日　晴和

前九時、新橋に着、直ちに帰家す。後一時出勤す。各務氏、以て三菱社新たに左の要件の同意を求むるを告ぐ。

一、新技師長受任調査の後、若し該坑経営望み無しと発見の時、其の辞退を容認する事。

二、崎戸所長、常務其の任に当ると雖も、実権は技師長に之れを委すべき事。

三、技師長、受任の際、職員数人を任用を許す事。

四、石炭一手販売を三菱社に委任する事。

右四項中、第三項以外、他三項皆難問也。則ち各務氏を伴ひ豊川氏を同社に訪ね、弁論交渉する所有り、再議を約して別る。

四時幸倶楽部に到り、目賀田男、襟夫（エリヲット）博士日本視察意見談を聴く。論ずる所、聴くべきもの有り。

六時武井男と自働車に同乗、華族会館に赴き夕餐す。

晩八時共に新橋駅に赴き、沖男の柩を迎ふ。井上侯其の他来迎者百余人、幸倶楽部に迎入れ、之れを安じ、十時散じ帰る。

十月十三日　晴　日曜日

正午、沖男葬儀に列する為め、喪服にて幸倶楽部に赴く。後一時出棺。陸海軍人、上院議員各八人、棺側に列す。予亦与る。儀列粛々、〔虎の門〕虎門を経て青山に向ひ、二時斎場に着す。歩兵一大隊、整列哀曲を奏す。三時式終り、次で柩を護り塋域に到り、之れを葬る。近親及び井上侯以下朋友、之れに臨む。四時埋葬了りて散ず。

此の日、安、諸児を伴ひ拓殖博覧会を観る。

十月十四日　晴

前十時安を伴ひ三越商店に赴き、家兄還暦の祝品を購ふ。

正午出勤。各務氏をして豊川氏と交渉に往かしむ。

此の夕、野口栄世氏来訪、予九州行の随伴を約す。

不在中、沖家代人萩原弘之来訪。

十月十五日　好晴

朝、辻嘉六氏来訪。

前十時出勤す。十一時各務氏を伴ひ三菱会社に到り、岩崎社長及び豊川、南部二氏と会見、技師長採用条件を協定、穏和の解決を得、石炭専売の件、後議に付すを約して別る。

沖男親族、河田晴雄子来謝。

十月十六日　晴和

前八時半の特急列車に搭り、崎戸に向けて発す。田辺勉吉、野口栄世外数氏来送。車中、増《〔益〕》田孝、河瀬秀治氏と邂逅し閑談す。

後二時頃金谷隧道西口に於て、宮廷列車と相遭、是皇大后桃山御陵より還御の玉車也。

後八時廿五分、大阪駅に下車す。家兄、小谷哲等、吉田老人、唐津に帰るを送りて駅に在り。相伴ひて桃谷邸に入る。

十月十七日　好晴　神嘗祭

朝、田村良子、神戸より来訪。

前十一時前桃谷邸を辞し、梅田駅に到る。小谷哲来送。野口栄世氏、約に依り昨夜行列車に搭り来会、則ち相伴ひ十一時四十一分発列車に搭りて西行す。

十月十八日　快晴

前五時半起床。昧爽、下関に着し、直ちに接続船に入り、門司発七時四十分列車に搭り、佐世保に直行す。

後二時四分佐世保に着す。小倉、中嶋二氏来り迎へ、車を飛し波戸場に到り、高砂丸に入る。二時半抜錨、四時半蠣浦港に入る。礦業所に到り川相技師と会見、場内を一巡、倶楽部仮室に投宿す。建築未だ央、殆ど野営の状の如し。

十月十九日　好晴喧和

前九時礦業所に到り、河相、野口二氏と場内を巡視、先づ新発電所を視る。客月以来試運転、頃者漸く好績を挙げ、略ぼ予定の電力を発するを得る。高田商会派する所の佐藤技師外一人、尚留り改善に従事す。次で埋築貯炭場を視る。予定の地積略ぼ竣成を告ぐ。選炭機運転亦略ぼ調節を得、唯環状運炭機、数日来運転略ぼ成ると雖も、尚時々調整を誤り、断続未だ竣功と謂ふべからず。今正に試運転中に属す。

午後、軽舸にて土井浦に到り、貯水池築造工事を視る。

工程尚三分を余し、其の奥の大薬貯庫工事、今尚土功中に在り。艇を捨て新開山道に登り、水浦奥に新築の礦夫納屋及び諸式販売支店を視、諸納屋を巡りて事務所に帰る。

岡田氏、長崎より帰所、共に各所埋築出所地点の緩急を協議し、夕刻倶楽部に帰る。

夜、河相、酒井氏等来訪。

十月二十日　晴喧　日曜日

午前九時礦業所に到り、河相氏と軽舸を飛し、浅浦に赴き、立坑開鑿工事を視る。近くは簡易捲揚機を備へ、工程稍進む。第二坑則ち僅かに第一煉瓦巻工事を了るのみ。

正午、礦業所へ返り、午食後、河相所長に対し、密かに九日重役会秘密決議の旨趣及び十五日三菱社長交渉の顛末を告げ、更迭の止むを得ざる事情を諒解せしむ。

後三時半河相、野口二氏と、舟を湾内に浮べ釣魚、十余尾を獲る。五時帰宿す。

巡査部長浜田信夫請願に来訪。

夜、数人と釣魚す。

十月二十一日　秋晴春の如し

前八時野口氏を伴ひ倶楽部を出、普く蠣浦を巡視、遂に肴屋に到り小憩す。東浦旧と唯数戸のみ。今則ち簷櫛比に連なり、小商を営む者、西浦に倍蓰、戸口増殖の速き驚くべし。是皆我が炭礦起業の致す所也。

返りて小舸に乗り、永浦水浦を巡航、遂に水浦に於て舟を捨て上陸、新社宅地に登り開地状況を視る。十一時、礦業所に入る。

午餐後、普く現業地を視察す。繰業順序、将に漸く緒に就かんとす。昨夜、佐伯技師触電、左掌を負傷、今朝治療の為め佐世保に赴くと聞き、菓子料を贈り慰問の意を表す。

夕刻、岡田氏を伴ひ倶楽部に帰り、建築設計誤謬の点を指示、遂に之れに留り晩餐を共にす。

中嶋嘉則来訪。夜、柘、今福、今野諸氏来訪。

十月二十二日　好晴

前七時高砂丸に搭り崎戸を発し、九時面高港に入り、東予丸に転乗。高砂丸、未だ軍港入航の允許を獲ざる為め也。拾時佐世保に上陸、十一時十分発列車に搭りて東向す。七時十分下関特別急行車に転乗して進む。

十月二十三日　好晴

前八時廿五分梅田駅に着す。家兄来迎、乃ち行李を托し、野口氏と軽装にて九時発の列車に搭り、柏原に向ふ。植木氏夫婦同室、正午過ぎ九分柏原に着す。池上平三郎来迎、直ちに車を聯ね我が家に入る。午餐後、友吉氏等と先塋を展べる。先妣一週年法忌、予公務を以て展墓する能はず、故に此の行有り。墓碑新しく成り、先考と相匹す。

二時郷を辞し、西楽寺に詣で祖霊の前に焼香、小谷氏を訪ひて直ちに辞し別る。三時九分列車に搭り、大阪に返り、桃谷邸に投ず。小谷哲、正村達次等来訪。

十月二十四日　曇

此の日、家兄の誘ひに依り、奈良に遊ぶ。拾時港町駅を発し、十一時卅分奈良に着し、直ちに車を飛し春日社に詣づ。客月廿三日暴風、此の地方最も猛烈、公園内数園の喬木、算を乱して顚倒折臥するもの幾百幹か知らず。長大なるもの輒ち除去すべからず、僅かに切断して幾部を除去して往来の便を開く。其の惨状名状すべからず。武蔵野に午食し、二月堂、大仏、博物館、興福寺等を歴遊し、午後五時半桃谷邸に帰る。

此の夕、小谷哲、上村達治来訪。則ち上村氏に対し、人間処世の訣を懇説、方針変更の得策ならざるを諭示す。後十時半野口氏と桃谷邸を辞し、十一時半列車に搭りて発す。

十月二十五日　雨

前四時廿五分名古屋駅に下車、更に前五時三十五分列車に搭り、木曽中央線に向ふ。秋岡義一氏、大阪以来同室、多治見以往甲府以西、予に於ては新経過地と為す。中津川に於て、木曽川を越へ、是より以往洗馬に至る十一駅六十余哩の地、是木曽峡谷と為す。其の間、福島以西約三十哩、峡嶮山峻嶺を夾み、皆老木喬樹、鬱々蒼々、一大森林を為す。其の林相の偉観天下無比、木曽良材の称、実に天下の魁をなす。木曽川優流、深く岩層を破り、湍をなし瀬をなし、紆余曲折して西流、木材を採伐する所、流れに任せて下る者、其の幾千万才を為すか知らざる也。上松駅前後、右に駒岳聳へ、左に御嶽山巍く、海抜一万五百尺、日本阿爾弗須《アルプス》の称有り、而して谿谷最も幽勝に富むの地は、寝覚の床及び桟道遺跡等、実に其の最と為す。而して渓間諸木、早く已に霜染を受け、登るに随ひ色益深く、五色絢爛、山景水色と相扼して映へ、風色の美、名状すべからず。早午過ぎ福島駅を過ぐ。旧時置関の地、而して山道中の小都会也。

午過半時、鳥居隧道を過ぐ。峡路中最高地にして南北分水嶺を為す。海抜三千百八十九尺、此の辺往々落葉松林を観る、蓋し近時移植する所。車隧道を出、急傾斜より而して下進、洗馬、塩尻間、一大平原を為す。北遥に松本に接し、概ね桑樹を植ふる所、以て大養蚕地と為すを知るべし。後一時十分、塩尻駅に達し、予、野口氏と飯田町行列車に転乗、秋岡氏独り旧車に止まり長野に向けて別る。

列車、塩尻大隧道を潜行、諏訪湖域に入る。湖広さ三里、岡谷及び上下諏訪、其の水浜に在り。製糸業の盛ん、真に天下最と為す。烟突林立、倉庫櫛比、斯の如き山間僻地に忽ち此の大製造業地を観る、胸裏の快興、言ふべからざるもの有り。列車再び高地に向けて進む。富士見駅、海抜三千二百尺、是我が邦鉄道駅最高地と為す。蓋し八嶽の峻、海抜九千六百尺、嶽麓広く其の裾を成し、恰も富士裾野の如し。諏訪以東六駅、約二十哩の間、此の裾野を横断するは、南方平低、遠く駒嶽の麓に達する故、観望の大、殆ど全甲に及ぶ。唯恨むは烟霧濛瞑、富士、駒岳の雄姿、望を得べからず。再び急勾配に乗りて下り、後五時十五分甲府を過ぐ。是より以東、曾遊の地、且つ夜間観望不便にて、窓を閉めて静坐。十一時九分、四谷駅に着し、直ちに迎車に乗り、夜半帰家す。

安、大久保夫人及び誠、輝二児を伴ひ、伏見、桃山御陵を参拝の為め、昨夕発車、京都に赴くと云ふ。重野老母、留守に来る。

十月二十六日　晴

朝、木口九一（銀行集会所員）来訪、鉄道政策を問ふ。

此の日、故伊藤公三年祭日に当り、原とは其の舎垂墓地を参拝を期す。然るに九州旅中、感冒未だ医療の機を得ず、昨陰雨冷湿、之れに加へ夜行に衣薄く、不快殊に加はる、乃ち伊藤医を延き、診察薬後、家に在りて静養す。

此の日午後四時半頃、一飛行艇有り、形飛魚の如し。飄として我が邸数百尺上に現はれ、人皆出て之れを観る。

舵機急転、響き急雨の如し。然るに其の安静なること、毫も簸動の状無し。飛んで品川湾上に到り、左に転じ東北方を経て、遂に西北に向けて帰り去る。是所沢発航の陸軍飛行艇也。

十月二十七日　陰冷　日曜日

朝、沖家代理萩原弘之、同家農工貯蓄銀行債務延期の件を来談。

今早朝、徳川式飛行機、所沢より飛来、天上を徜徉して去る。

前九時、安、誠、輝一行、重野伯母を伴ひ、桃山より帰来。

岡田氏、例の如く来教。安場末喜男、前会より、重野紹一郎氏、本日より受業に来る。

十月二十八日　曇　夜雨

朝、安井正太郎、国有鉄道善後策に関する意見を来問。則ち進取政策の必要を詳述して之れに答ふ。

後一時出勤し、各務氏と崎戸視察の結果を談ず。

三時農工銀行に到り、中山、伊東二氏に対し、沖男負債返償期延期及び利率低減の件を談じ、其の承諾を得る。

四時金子子を一番町邸に訪ひ、前件を談じ、井上侯へ伝言の事を嘱す。井上侯、沖家整理の責任を執るの故也。

十月二十九日　朝細雨　後陰冷

朝、松元剛吉氏来訪。

金子子、沖家負債整理に関し、井上侯の意を伝ふ。則ちこれを農工銀行に移し、其の同意を得、萩原弘之に之れを伝ふ。

此の日、感冒未だ快からず、家に在りて静養す。

十月三十日　半陰　冷

後一時出勤す。

二時半三菱会社に到り、岩崎社長、豊川氏と会見し、崎戸視察状況を報告、所長更迭の順序を協議す。

重野老母、玉川に帰る。同伯母、亦大久保邸を経て帰園。

此の夕、岡部則光氏来訪。

十月三十一日　陰雨滂沱　晩霽

朝、大木亀太郎（商業新報）来訪、哀を乞ふ。乃ち小金を与ふ。

後一時出勤す。

三時東邦保険会社新本店に到り、若宮氏と会談、近時営業実況を聴き、且つ数件を協議す。

五時富士見軒に赴き、十金会に臨む。会員、有地男の外、平田、大浦、小松原、平山、竹《〔武〕》井、一木、高橋、原諸氏及び予の九人也。幸倶楽部、茶話会、無所属及び協同会役員補欠の件を協議す。時事を縦談し、十時半退散す。

不在中、岡部則光氏来訪。

十一月

十一月一日　陰湿　後小雨
感冒気尚存し、家に在りて静養す。
季児、椽下に墜落、鼻頭を少し傷す。伊藤医を延き手当てを行ふ。
吉田貞子、大阪より上京来訪。

十一月二日　晴
後一時出勤し、来る九日重役会召集の件を決す。
勝野秀麿来り、東邦保険社報酬の残額を齎す。

十一月三日　快晴　日曜日
此の日、明治天皇天長節に膺り、秋晴清爽、例年の如しと雖も、龍髯攀るべからず、恩光仰ぐに由無し。諸氏弔旗を掲げ、聊か追懐の微意を表するのみ。
前十時安、勤、季等を伴ひ玉川荘に赴く。雅、勲二児、又同級女学生酒井伯二令嬢外二人を誘ひ来園。適ま近衛諸兵、機動演習の為め陸続行進、戦争演習を行演。二子の渡口東西の戦況、歴々と眼底に落つ。

三時帰京し、直ちに花屋の各務氏囲碁会に赴く。来賓約二十余名、野沢竹朝と囲碁一番、中途辞し帰る。

直ちに岡田氏静坐席に列す。税所篤子嫡男、初参坐。

下村宏、長坂金雄、橋本五雄諸氏来訪、皆逢はずして去る。

十一月四日　晴又陰　夜大雨

午後一時有地、武井二男と幸倶楽部に会し、協同会総会開設（本月廿日）及び幹事補欠を高木兼寛男と為し、評議員補欠を松尾臣善、安場末喜、青山元、杉渓言長の四氏推薦と為すの件を協議決定す。

三時出勤す。

三輪田真佐子女史来訪、且つ叙勲の賀詞を謝す。

十一月五日　陰時に晴　夜雨

前十一時中谷局長を逓信省に訪ふも不在。

直ちに出勤す。午後、和田顧問を招き、崎戸技師長更迭順序を議し、電にて川相技師を招く。

各務氏、三菱社に到り、杉本恵氏後任技師長推薦の意を聞き、帰りて之れを我れに伝ふ。

夕、安、輝、吉田貞子一行を誘ひ、帝国劇場観劇に赴く。

十一月六日　陰湿冷涼　節立冬に入る

此の日、我が明治天皇百日祭に膺り、天皇皇后、昨桃山陵に幸し、祭儀を行はせらる。第二期喪、是に於て終る。

朝、中谷電気局長来訪、則ち会津水力測定延期の斡旋を嘱す。

後一時出勤し、各務氏と本期利益配当の件を協議す。本設計実施の為め、出炭大に減じ予定に及ばず、為めに配当二歩減を招き、五歩案を作す。止むを得ざるの処置也。

威瑠孫《ウィルソン》氏米国大統領当選の外報に接す。先日、氏、魯《ローズベルト》氏（前大統領）、多《タフト》氏（現大統領）と争鹿、予幸ひ威氏当選を想ふ。日米交誼及び貿易、共に増進すべく、今此の報を聴く。喜ぶべきか。

十一月七日　陰冷昨の如し

前十時商業会議所に赴き、伯剌西爾殖民会社発起準備会に列す。会する者、二十余名を過ぎず。渋沢男、集会の旨趣を述べ、大浦子、発起の経過を述べ、近藤男、発起賛成の希望を述べ、青柳氏外二人、企業計画及び殖民地実況を報告説明す。出席員、発起人と為るを諾すの外、尚有力者の加入の件を協定勧告す。午餐の饗を受けて散ず。

後二時前出勤す。

直ちに幸倶楽部に赴き、協同会幹事会を開く。小沢男の外、皆集ひ、来る廿日総会召集及び幹事評議員補欠の件を決定す。

吉田貞子、将に明日を以て札幌に帰らんとし、告別に来る。

武田額三来訪。野口栄世、亦来訪。

十一月八日　晴冷

朝、下村宏氏等の嘱に依り揮毫す。

後一時倉重技師を猪苗代水電社に訪ひ、長瀬川水利願の経過を談じ、氏をして予に代りて中谷局長を訪はしむ。

出勤す。杉本恵氏を招き、技師長採用の件を談じ、且つ前途経営上の希望を諭示す。

十一月九日　晴寒

前十時出勤す。河相技師、崎戸より来る。

後一時重役会を開く。神谷、田辺（勉吉）、賀田三氏不参の外、皆集ふ。則ち来る廿九日の総会議案、利益配当案を議決し、次で崎戸礦業所職員更迭の件を議す。

次で右の議決に依り、各務氏を以て礦業所長と為し、杉本恵氏を技師長に任じ、河相保四郎氏を依願免職とす。

後五時半豊川良平、南部球吾、和田維四郎、桂二郎、竹内綱、田辺貞吉、各務幸一郎、村上太三郎、杉本恵、河相保四郎を花屋に招き、晩餐を饗す。坂田長之助来り陪し、歓談湧くが如く、十時散去す。

十一月十日　好晴喧和　日曜日

朝、大草愿吉（日本製靴会社月島工場詰、京橋三百十七番）来訪。

後二時郷誠之助男の招きに応じ、其の下六番町邸囲碁会に赴く。蜂須賀侯、清浦子、林伯、牧野男、松方巌、春山胤通、吉川男外数氏来遊。夕刻、晩餐の饗を受け、辞を告げ帰る。

夜、岡田氏来教、田辺貞吉氏、酒井某氏（外務官）初めて来り加はる。家兄上京、亦来会。

十一月十一日 好晴昨の如し

午前十時半出勤す。和田維四郎氏来訪。

河相技師来社、則ち依願解任の辞令を授く。

此の日、各務、杉本二氏出勤、夕の列車に搭り崎戸に向けて赴任。

四時、後藤男を其の邸に訪ひ、河相技師解任の事情を告ぐ。後、時局の趨勢を縦談して別る。

安、重野老母を問ふ為め、玉川荘に赴く。

佐野貞吉来訪。

十一月十二日 快晴春日の如し

此の日、天皇親臨、大観艦式を横浜港外に行ふ。予陪覧の栄を蒙り、昧爽起床し、車を飛し新橋に赴き、前六時十分発の列車に搭り横浜に赴く。直ちに車を馳せ、居留地第二桟橋に於て艦載汽艇に乗り、八時供奉艦平戸に入る。暫くして東宮、二皇子と、亦我が平戸艦に行啓す。九時、天皇筑摩に乗御、諸艦斉しく皇礼砲を発す。殷々雷の如し。駆逐艦海風先導を為し、我が平戸及び矢矧、満洲諸艦、進航を供奉す。諸艦整列の間、時に海軍一飛行機、居留地海辺より飃然天外に飛揚、諸艦の上を徜徉、或ひは海波を降浮、鵬の如く鴎の如く、再び去り発所に復す。次で別機、亦横須賀より来り、後に陸軍飛行艇、所沢より来航、人皆我が陸海飛行界の進境に驚喜せざる者なし。

御艦供奉艦を随へ、諸艦の間を進む。皇礼砲及び奉賀式、皆海軍礼の如し。河内、摂津、安芸諸艦、実に最新の雄艦に属す。兵装の盛ん、旧式諸艦に大に異る。三笠、敷島、朝日、富士諸艦、漸く老境に進むと雖も、日露戦役当時に在りては、実に連戦連勝の雄を為す也。

此の日、列する所の艦艇一百十三隻、四十四万三千八百三十八頓、此れ三十八年凱旋観艦式の勢力に比し、其の隻数五十三隻を減ずると雖も、其の屯数、十四万屯を増す。是近年、各国日露戦役の結果に鑑み、専ら大艦巨砲主義を採るの致す所、蓋し実際勢力の増進、決して屯数増加の比例に止どまらざる也。其の詳、別表に之れを譲る。

一百余隻の大小艦、五列に分列すると雖も、其の一列の長、五哩に達す。乗御供奉五艦、第一列二列の間を進む。

更に左転、第二列三列の間を航し、時に一時十分間を費し、旧の位置に投錨。予等平戸に陪乗する者、艦載汽艦に搭り、戦闘艦安芸に転乗。正午天皇亦安芸に乗御、後一時、甲版《ママ》食堂に親臨、宴を賜ふ。而して陪覧者中、河内艦に宴を賜ふ者数百人、蓋し式場千人を容る能はざる為め也。

二時十五分宴了り、天皇還御。諸艦皇礼砲を三発。予等相次で上陸、三時五分、御車を奉送す。予等亦三時半の列車に搭り帰京す。此の日、天気晴朗穏和、殆ど陽春の候の如し。観艦の大儀、和気横溢の間に行ふ。視るべし、喜ぶべし。

〔貼付、印刷物〕観艦式参列艦船一覧表

十一月十三日　曇、夜小雨

午前、家兄来訪。明日共に田辺翁を訪ふを約す。午食を饗して別る。

正午出勤す。副嶋延一来訪。

猪苗代水電社倉重技師来社、長瀬川水利願に関し中谷局長と交渉の顚末を告ぐ。

一時半豊川氏を三菱社に訪ひ、和田維四郎氏顧問辞退問題及び九炭株価暴落問題を談ず。尚時局の趨勢を話して別る。

二時半幸倶楽部総会に赴き、鶴見左吉雄氏の伊国博覧会談及び山脇春樹氏の巴奈馬《パナマ》開通博覧会準備談を聴く。

五時穂積重威の招きに応じ、上野精養軒に赴き、故八束博士四十日祭に臨む。会する者、約百八十名。参拝後、晩餐の饗を受く、主客交換演説して散ず。

十一月十四日　曇

家兄と田辺翁を訪ふ為め、前九時四十分の列車に搭り、新橋を発す。安、昌、寛及び山口夫人送り来る。

正午過ぎ、小田原緑町邸に達す。翁夫婦、大に悦び款待す。翁久しく脚疾を病み、行歩不自由、頗る無聊に苦しむ。閑談数刻、夕食の饗を受け、後四時半辞去す。

家兄、国府津五時四十七分の急行車に搭り西行、予送別の後、六時二分の列車に搭り帰家す。

此の日、大掃除を始む。

十一月十五日　半晴寒冷

前九時生産調査会魚市場法案委員会に列し、採決の結果、

観艦式参列艦船一覧表

艦船種別	戦艦		一等巡洋艦		其の他軍艦		軍艦		駆逐艦		水雷艇		潜水艦		運送船其他		総計	
	隻数	屯数	隻数	屯数	隻数	屯数	隻数	屯数	隻数	屯数	隻数	屯数	隻数	屯数	隻数	屯数	隻数	屯数
明治二十三年四月十八日 神戸港							一八	三二、八五四			四	三二三			八	一、二〇五	三〇	三四、三八二
明治三十三年四月三十日 神戸港	五	五一、三六六	二	一九、七一〇	一六	五四、五八〇			八	二、三二八	一八	一、六一七					四九	一二九、六〇一
明治三十六年四月十日 神戸港	八	九五、八九八	六	五七、九五三	一八	五二、一二八			一四	四、六九九	一三	二、四四三			一		六〇	二一三、一二一
明治三十八年十月二十三日 横浜港	五	六六、一三四	八	七三、二〇九	三二	九五、八〇四			二八	九、七一六	七七	六、九二九	五		一一	五一、八五八	一六六	三〇三、六五〇
明治四十一年十一月十七日 神戸港	一一	一五一、一五五	一〇	九九、三九八	二九	一二二、四七四			五三	一九、三二七	二二	一、五七二	七		一	九、七七五	一二四	四〇三、七〇一
大正元年十一月十二日 横浜港	一三	二二四、五〇七	七	六四、一九八	二五	一三六、六八二			五三	二一、五六一	一一	一、二二五	三	九四二	一	四、七二三	一一三	四四三、八三八

（備考）明治二十三年の欄軍艦とあるは、其の当時の艦種別は三十三年以後のそれと異なれるを以て別に之を表示せるに過ぎず

	隻数	屯数
隻数一位十隻 屯数一位一万屯		
明治二十三年	三十隻	三万四千三百八十二屯
明治三十三年	四十九隻	十二万九千六百一屯
明治三十六年	六十隻	二十一万三千百二十一屯
明治三十八年	百六十六隻	三十万三千六百五十屯
明治四十一年	百二十四隻	四十万三千七百一屯
大正元年	百十三隻	四十四万三千八百三十八屯

四対九の多数を以て原案を可決す。午食を喫して散ず。後一時若宮氏を東邦保険社に訪ひ、佐野貞吉採用の件外一二件を嘱す。

二時半出勤す。

此の日、大掃除を行ひ、併せて居室畳張換を為す。

此の夜、佐野貞吉を召し、之れを若宮氏に紹介す。

十一月十六日 晴寒

前九時魚市場法案委員会に臨み、逐条を審議し、後二時散会す。

直ちに出勤す。永田正明（大阪新報社員）来訪。

紅葉屋銀行営業部長佐藤善夫を招き、借款改締の延期、担保株券の増添を行ふ。

後四時帰来。井上雅二氏、既に来り待つ。氏、近時新加《シンガポール》坡より帰朝、護謨栽培事業の近況を聴く。

佐野貞吉をして故上院議員小畑美稲男の喪を青山墓地に代送せしむ。

大掃除、漸く終了。

此の夕、昌、池上慶造、荻野栗蔵来訪。

十一月十七日 好晴温和　日曜日

前九時昌、輝、雅、勲諸児を伴ひ、文部省絵画展覧会を上野に観る。精養軒に入り午餐を喫し、午後、拓殖博覧会を観る。台湾、樺太、朝鮮、関東州出品中、台湾、樺太の出品、特色を帯び、鑑賞すべきもの尠からず。夕刻帰る。

此の夕、岡田氏来教。

十一月十八日 晴

特別大演習陪覧の為め、暁に起き、四時五十分家を発し、五時四十四分新宿発の列車に搭りて発し、六時四十分立川駅に下車す。直ちに統監部給する所の腕車に乗り、多摩川東岸高地に赴く。時に天皇既に着御、統監を行はせらる。南（防禦軍）北（攻撃軍）両軍、河を隔てて砲戦を交へ、暫くして北軍の第十三第十四両師団歩兵、河床に進入し銃戦、機関銃を以て之れを助く。南軍の近衛及び第一両師団歩兵、南岸堤防を扼し、砲銃交発し、亦盛んに機関銃を発す。戦線約一里、交戦益酣、砲銃の響き迅雷の如し。約半時の間、北軍徒渉、数万の歩兵、漸く南岸に迫る。而して上流に在りては南軍大兵を挙げ、亦徒渉して北軍に迫る。鉄道橋以東、上流に在りては南軍北軍を圧す。下流に在りては北軍大に南軍を圧す。将に剣戟相接せんとし、白兵相搏つ。適ま繋流気球、赤球を高揚す。是休戦の令也。諸軍之れを観、斉しく休戦喇叭を吹奏、砲声忽ち止み、諸兵其の現位置に於て斉止、是を北軍に告ぐ。飛行機及び飛行艇を放ち、陣地の上に高く駛航し、以て偵察を行ひ、休戦に及び、亦遠く飛び去る。時に午前八時也。天皇騎乗、大旆を返し、立川中学校統監部に入御。予則ち車を飛し、前八時廿八分発の列車に搭り、帰京す。

直ちに出勤し、事を看る。各務、守屋両氏に書を発し、正午退き帰る。

佐野貞吉、東邦火災保険社入社の件を来告。

桂二郎氏、九州炭礦社近況を来問。詳しく之れを告ぐ。

十一月十九日　夜来陰雨

此の日、天皇、所沢飛行機研究場に親臨、大観兵式を行ひ、且つ午餐を賜ふ。予之れに陪するを欲するも、適ま大雨、則ち止む。

日本士風主事井上鑲来訪、請ひに依り、予の写真を貸与す。

十一月二十日　半晴

前九時魚市場委員会に列し、先に辞去す。

十時幸倶楽部に於て、男爵協同会秋季総会を開く。会する者約四十人、久保田男を挙げ座長と為し、役員補欠選挙を行ひ、高木男を挙げて幹事と為し、松尾、安場、青山、新田四男を挙げて評議員と為す。予、庶務を報告す。会了り、共に午餐して散ず。

後二時出勤す。

三時仙石、白石二氏を猪苗代水電社に訪ひ、長瀬川水利願処分の方法を協議す。

武田額三来訪。

十一月二十一日　陰、後小雨再過

軍艦比叡進水式に列する為め、安を伴ひ、前八時五十分の列車に搭り、横須賀軍港に赴く。十一時四十五分同停車場外に於て龍駕を迎へ、下士集会所に入り小憩。正午、工廠に入る。比叡船体、巍然山の如く、天空に聳ゆ。其の造船要目、左の如し。

一等装甲巡洋艦　排水量　二万七千五百屯
速力　二十六海里
明治四十四年十一月四日創建　載　十四吋八門
砲　六吋　十六門
建造費　二千七百万円

方今世界列国、大艦巨砲を競ひ造り、日に不足を継ぐ、然るに能く二万七千余屯に昇り、十四吋砲を載せるは、寥々指を屈するに足らず。我が邦、目下建造中のもの、本艦の外、尚同級艦三隻有り、英国、三菱及び河[川]崎三造船所に於て築造中に係る。両三年後、一艦隊と為さば、其の威力、東方に威を振ふに足る。

後一時五十分、天皇臨御、命名式を行ふ。次で進水を行ひ、一振鈴の下、山の如き巨体、徐々に静動、微妙の音を発し静かに海中に滑走す。数万の陪観者、覚へず拍手振帽、喝采湧くが如し。其の技術の精巧霊妙、看る者、感嘆せざる無し。本邦造船の術、日進月捗、今此の巨艦を製す。其の成蹟の良、斯の如く、真に人意を強するに足る也。喜ぶべし、祝ふべし。天皇入御、来賓、亦宴会場に入り、三時退散す。聖駕を門外に奉送し、直ちに停車場に赴く。時に公衆沓至、混沓極り無し。辛ふじて車室に入るも坐を得る能はず、起立して横浜に至り漸く一席を得、六時半帰着す。

勤、塩原、水戸及び日立礦山修業旅行より帰る。

十一月二十二日　陰雨淅瀝　寒

朝九時安達謙蔵氏、守山又三氏京都電鉄会社常務取締役推薦の斡旋を来請。則ち重役組織の経過を述べ、目下実行難きの理由を告げ、其の慰諭を嘱す。後時局を談じて去る。

十一時伊達宗曜男を幸倶楽部に招き、其の紹介の伊達基、伊達正人両男に係る協同会加入不承認の事由を懇談し、其の入会申込書を返さしむ。

直ちに出勤し、坂田主事補に命じ、三菱社に赴き建築技手の選択を求めしむ。

十一月二十三日　雨　夕晴

新嘗祭。諒闇中を以て、公式の祭典無し。

朝、岡部則光氏来訪、林氏蔵の刀、伊東子所望にて斡旋の嘱有り。

平野光雄（時事記者）、時局に対し意見を来問。

吉田圭（文学士）、近藤守三来訪。

早川昇策、鬼怒川水電工事完成通水結果良好の旨を電報す。

十一月二十四日　晴時に陰　日曜日

前九時安、輝、雅、季及び安場嬢、二婢を伴ひ玉川荘に赴く。秋既に去ると雖も、紅葉尚存し、野趣掬すべきもの有り、終日嘯傲、昏暮相伴ひ、満月光輝くを帯びて帰る。

佐野貞吉妻、夫に代り来り、則ち保険紹介の件を告ぐ。

此の夕、岡田氏来教。長尾半平氏夫妻、山口三男、新田老婦等初参加。

十一月二十五日　晴　寒気大に加はる

前九時出勤し、各務氏の崎戸復命を聴く。田辺氏亦一昨日を以て帰京。

十一時幸倶楽部午餐会に列す。

後一時生産調査会本会議に列し、重要物品組合法改正諮問案を議決し、五時散じ帰る。

此の夕、松元剛吉、岡部則光二氏来訪、適ま伊東子、自働車をして迎へに来らしむ。則ち岡部氏と同乗、永田町邸に赴く。夜半亦同乗して帰る。

十一月二十六日　晴後陰

朝、安田松真（興業之世界記者）来訪。

後一時生産調査会に列す。渋沢副会長、議長の職を執り、魚市場法案委員会修正案を可決し、次で工業奨励助長諮問案委員会報告を聴き、夕刻散じ帰る。

奥田若子、将に来廿九日を以て西川家に嫁さんとし、此の夕其の母に伴はれ告別に来る。

十一月二十七日

朝、三谷一二氏（三菱長崎支店長）来訪、岡安胤亦来訪。

前十時出勤す。

途、林謙吉郎氏を訪ひ、伊東子懇望の吉忠作刀譲与の謝礼内談の件を談ず。

十一時石蠟輸入無税範囲拡張建議案特別委員会を農商務省に開く。予委員長と為り、特に大蔵技師矢部規矩治、農商務技師庄司市太郎二氏を招き、関税法及び木蠟と利害相反の関係を質問し、遂に修正案を可決す。

午後二時生産調査会本会に臨み、工業奨励助長諮問答申案を議決し、次で予登壇し前項献議案の旨趣を報告、これを可決す。午後四時議事了り、本年の開会終りを告ぐ。而して散ず。

帰途、大浦子を訪ひ、時事を談じて去る。

十一月二十八日　半晴、寒
後一時出勤し、明日の重役会の議題を調査す。
三時伊東子を訪ひ、林氏刀剣の件を談ず。

十一月二十九日　晴寒甚し
前十一時出勤す。

後二時第十回株主総会を本社楼上に開く。出席株主五六名、委任状約八十名。予先づ半期間の事業経営状体及び礦業所組織改善の理由を報告し、次で議事を開き、総て原案を可決して散ず。

次で重役会を開き、職員更迭及び半期賞与、旅費規程改正等の件を議決し、夕刻帰家す。

此の夕、佐野貞吉来る。岡部則光氏に之れを紹介す。

此の夕、昌、寛二人来訪、桂子一昨日佐藤病院に於て男児出産の事を報ず。

十一月三十日　快晴　烈寒
午前、菊池暁汀（教育界記者）、鎌田一（日本実業通信社）及び筒井某（都通信社）等、相次で来訪。

十時武井守正男と、大浦子を病床に訪ひ、伯剌西爾殖民会社創立の事宜を協議、且つ時局の趨勢を談ず。

十二時出勤す。暫くして武井男来社、則ち相伴ひ近藤廉平男を郵船会社に訪ひ、前項の創立進行の方法を談ず。

矢口栄四郎（米国桑港新世界記者）、早川鉄治氏の紹介書を以て、瑪峡開通紀念号補助を来請。之れを謝絶す。

此の日、梅代、男児を産み、兄弟共初めて男児を獲る。喜ぶべし。其の健全なる発育を切に希ふ。

十二月

十二月一日　好晴風有り　日曜日

午前、松本恒之助氏、時局推移の真相を来問。予、財政及び二師団増設問題否認の曲折及び内閣更迭を馴致せるの真状を詳述し、之れに答ふ。氏感喜して去る。

午後、関宗喜氏来訪、時事を閑話、且つ篤進退の件を語る。

此の夕、岡田氏来教。末延道成氏、初参加。

十二月二日　晴

前十時幸倶楽部幹部会に列す。

十一時十三分神田鐳蔵夫婦、阪野、中山、藤山氏等欧米より帰るを新橋駅に迎ふも、阪野氏以下、此の列車に搭らず、再び幸倶楽部に返り、午餐会に列す。

後二時出勤す。各務氏、将に明夕を以て崎戸に帰任せんとし、社務を協議す。神戸源右エ門の願に依り、其の職を免ず。

四時同気倶楽部に赴き、土方久元伯の明治天皇聖徳実話を聴く。会する者約五十人。七時、晩餐会を開き、九時過ぎ散じ帰る。

此の日、新紙上原陸相辞表提出の報を伝ふ。是に先だち西園寺内閣、将に今春上院予算会議の公約に従はんとし、海軍拡張計画を実行せんとす。陸相、又二師団増設の実行を大に主張、閣議之れを容れず、紛議日に渉り、是に於て陸相遂に決意し辞職を表し捧る。蓋し後任輒ち獲難し、内閣瓦解の端を発するを恐る。

十二月三日　半晴

朝、安、芳子近状を看る為め、武田家に赴く。

沖貞男男、小綱源太郎（日本橋魚市場重役）来謝。

後一時出勤す。各務氏、今夕崎戸に向けて発つ。

東邦火災保険社員来社、佐野貞吉をして我が玉川別荘の保険契約を改訂せしむ。社員の名進藤勇之助、我が郷新郷村人也。神田鐳蔵夫妻来謝。

十二月四日　好晴

前九時大浦子を訪ひ、伯国殖民会社の件を談じ、且つ時事を談ず。

十時出勤す。

十一時南部球吾氏を三菱社に訪ひ、岡田修採用の件及び崎戸技術員選択の件を談ず。

次で豊川良平氏に面じ、同事を談じ、且つ時局の趨勢を談ず。

園田寛、佐野貞吉来訪。

此の日、安、昌及び佐藤病院入院中の桂子を歴訪し、産褥を慰問、且つ男児出生を賀す。

十二月五日　半晴

家に在りて、園丁に庭樹を移植するを指揮す。

岡部則光、二方芝松（日本新聞社員）二氏来訪。

穂積重威氏（陳重博士嫡子）来謝。

後五時安、輝を伴ひ築地精養軒に赴き、西川忠雄、奥田和歌子結婚披露宴に列す。来賓約五十人、九時半散会す。

園田寛、其の長男を里美と名ず。

此の日、西園寺内閣、総辞職の表を奉る。

十二月六日　半晴

前二時武田、電話を以て芳子産気を有するを報ず。安、倉皇一婢を随へ看に赴く。

正午、又報じて曰く、九時半男児出産、母子共健全也と。喜ぶべし。

後二時出勤す。松元剛吉氏、処世方針を来談。

後五時海法会総会を香雪軒に開く。会する者、後藤、有地、近藤三男、内田、浅野、高田氏等十一人。松波、湯川二幹事報告を聴き、会則改正案を議し、之れを可決す。後共に晩餐、款談十時に及びて散ず。

十二月七日　曇、夜微雨

前十時発、玉川荘に赴く。重野老母微恙有り、河野医来診、静養を勧む。夕刻帰る。

夕、朝日記者兼田秀雄、時局に関し意見を来問。

十二月八日　晴後曇　日曜日

前八時発、電車に搭り、目白学習院に赴き、第六寮父兄懇話会に列す。勧児、寓する所の寮也。天野寮長、教育方法効果等を演述し、次で大迫大将、院長受任の挨拶を述べ、了りて各自各生教場に就き、主管教師より各生徒成蹟の良否を聴く。勤児幸ひ級中二三の優等生に列す。十一時半辞去。

下啓助を落合村新築邸に訪ふも皆不在、則ち邸宅を一見して去る。電車、大久保に到る、時已に後一時、則ち一小鰻店に午食。席上一野人の国力伸張感慨談を聴く。

二時重野紹一郎を西大久保新築邸に訪ふ。造営方に成り、輪奐観るべきもの有り。坐談の間、寺田弘氏来訪、共に故成齊翁、勅を奉じ選定大久保右大臣に贈る神道碑銘摺本を観る。碑今青山墓地に属し建築中、摺本、宮内省下賜する所也。銅製四面鋳造、日下部鳴鶴書く所、偉大、仰ぎ視るべき也。

五時富士見軒に到り、十金会に列す。会員、平田、大浦二子、有地、武井二男、小松原、平山、原、高橋、一木諸氏、予と十人也。先づ平田氏、西園寺内閣増師問題の経過及び総辞職の顚末及び元老会議、松方侯後任推薦の真相を聴く。話中、大浦子、松方侯の電召に依り、三田邸に赴く。帰り小松原邸に留り、明日を以て受否の意を決答すべしと報ず。深更散じ帰る。

此の夕、岡田氏来教。後藤男等、常連多く集ふ。予、前項の故を以て、列する能はず。

此の日、誠をして故上院議員千坂高雅氏の喪を二本榎町承教寺に送らしむ。

十二月九日　晴寒

朝、中山龍次氏、欧米より帰り来訪。近時欧米商工業進歩顕著の状況を聴く。

後一時高橋新吉氏を富士見町邸に訪ひ、松方侯内閣組織の得失を談じ、閑話数刻して去る。

二時半出勤す。

夕、武田額三及び昌来訪、昌長男の名浩の事を告ぐ。

十二月十日　好晴酷寒

朝、林謙吉郎氏、伊東子刀剣懇望報酬斡旋の労を来謝。

前十一時出勤す。

正午保険協会に赴き、丸之内火曜日午餐会に列す。阿部知事、坂〔阪〕谷市長、平井副総裁、豊川氏等五十名来会、共に午餐を喫し、新築各部を一覧して散ず。

大久保夫人、鈴木徳松来訪。

昌、吉田関篤身上書状の件を来報。

夜、高橋新吉氏、電話にて報じて曰く、本日午後三時、松方侯新内閣の組織を謝絶、政局是より益混沌に帰す也と。予知すべき也。

十二月十一日　晴　寒威強烈

家に在りて読書。

安、武田家に赴く。

十二月十二日　快晴寒

朝、武田額三来訪、予の撰ぶ所に依り、幼児を精一と命名す。

神田鐳蔵来訪。欧米巡視の概要を語り、大に積極的経済政策の必要を論ず。

野口栄世、玉川別荘留守居候補の件を来話。

正午出勤す。

二時幸倶楽部例会に列し、足立綱之、佐々田懋二氏と碁戦す。

山鹿昌治来邸、之れをして済生会年賦寄附金を納付せしむ。

鉄道時報員荒川直澄来訪、需に応じ揮毫を与ふ。

十二月十三日　晴寒昨の如し

朝、野口栄世、玉川別荘留守居候補者林復夫を誘ひ来謁(岐阜県稲葉郡厚見村大字領下七十五番地平民、現住神田区佐久間町四丁目七番地、長男義雄同居)。

関亮(大和記者)、土田睦子来訪。

後一時故東京控訴院長長谷川喬氏の喪を青山に送る。

二時出勤す。

夜、矢田部起四郎、発明特許防火窓戸及び昇降機経営の件を来談。則ち之れを川崎寛美男に紹介す。

十二月十四日　晴

橋本五雄、戸渡史郎(日本実業通信社)来訪。

坂野大阪管理局長、英国より帰り来訪。

蠣崎夫人、末延夫人来訪。

鈴木徳松来訪。

昌、新内閣候補者桂公に帰すべしの情況を来語。

田友吉、池上平三郎二氏妻、数日前上京の旨を以て、田慎治に誘はれ来訪。

此の夜、関宗喜氏、篤帰京希望勧止の件を来話。後時局談深更に及んで辞去。

〔貼付、符箋〕十四日追。松方、山本、平田等、内閣の組織を辞退し、遂に桂受任の事大体内定す。

十二月十五日　雨　日曜日
午前九時原保太郎氏と高橋新吉氏邸に会ひ、三人鼎坐、原氏より、松方侯、山本権兵ヱ伯、平田東助子、新内閣組織辞退及び桂公受任決定の経過報告を聴く。時局を交談、十一時辞し帰る。

高田清六（工学士）、鉄道院建設部在勤斡旋の恩を謝し来る。

中山佐市氏来訪。

此の夕、岡田氏来教。後藤男等三十人許り来会。

十二月十六日　好晴、穏暖
後一時出勤す。東亜通信社主、関北溟来社。
此の日、安、佐々木侯、内田嘉吉氏、後藤伯未亡人等の各邸を歴訪。

十二月十七日　快晴昨の如し
午下、新聞号外、桂公内閣組織の優詔を拝するを報ず。

後三時出勤す。

四時豊川氏を三菱会社に訪ひ、和田維四郎氏本社顧問解任の件を議決す。

五時同気倶楽部晩餐会に臨む。蜂須賀侯、清浦子等八人同卓、食後、囲碁数局し、十一時帰宅す。

十二月十八日　晴後陰　夕微雨
午前、早川昇策、矢田部起四郎来訪。

後零時半出勤す。

一時、伊東子を訪ひ、太田嘱托の伊藤公揮毫鑑定を求む。子一見して曰く是贋也と。閑話して去る。

三時、武田僑居に赴き、精一児を看る。安及び重野老母先に在り。

次で園田寓を訪ひ、里美児を看、又昌寓を訪ひ、浩児を看る。三母三児皆健、喜ぶべし。

十二月十九日　雨後陰
朝、日本新聞社員二方芳松、再来し補助を請ふも、之れを謝絶す。
宗秩寮総裁、大喪中歳末祝詞及び明年拝賀新年宴会其の他諸般儀式停止の件を通知し来る。

後三時出勤す。

五時富士見軒に赴き十金会を開く。会員、平田子（病気欠席）を除くの外、九人皆集ふ。大浦子、桂内閣組織の経過及び其の政綱要領を報告す。其の概要、左の如し。

一、大正二年度予算は、政綱編成の時日無きによるを以て、明治四十五年度予算を踏襲の事。

一、海軍充実、陸軍増師問題は、之れを後年に譲り、国防会議を開き決定の事。

但し海軍充実費三百万円に限り、二年度予算を増加の事。（是斎藤海軍大臣留任の条件也。是に先だち桂公、海軍問題延期の議を立つるや、海相断乎留任を肯ぜず、将に西園寺内閣覆るの轍を踏まんとし、本日午後、桂公邸に於て反覆交渉、遂に此の条件に依り留任を諾す也。）

一、直ちに行政財政の整理に着手し、鉄道費以外、実行経費五千万円節減の事。

一、鉄道建設改良費五千万円の内、弐千万円を削減、益金千五百万円自給の外、一千五百万円預金部流通を仰ぐ事。製鉄所、製絨所等、成るべく民業に委する事。

一、従来の低利資金弐千万円の内、一千五百万円、前項費途に充用し、残額五百万円は、従来の低利資金に充つる事。

但し農工銀行低利資金貸付は、之れを停止す。

一、大正三年度予算編成の時に於て、以上整理其の他の結果に依り、初めて予算に編入の事。但し減税は之れを行はざる事。

其の他、新閣員名面、概ね新聞紙の伝ふる所の如し。蓋し明後廿一日を以て親任式を行ふと云ふ。

共に晩餐、深更に散じて帰る。

〔符箋、挟み込み〕桂内閣組織及び其の政綱決定。

十二月二十日　陰寒

午後一時出勤す。帰途、幸倶楽部を訪ふ。

松元剛吉氏、作田鉱山経営に従事するの意を談ず。

山口宗義夫人来訪。

夕、昌来訪。

十二月二十一日　陰寒　後陰雨

朝、田中新七、京都鉄道社長小野田氏辞意の勧止、守山又三氏常務推挙の斡旋を来請。

重野老母来宿。

後二時出勤す。守屋此助氏、支那より帰り来訪、我が社事業の実況を詳しく告ぐ。

五時、平井晴二郎氏夫妻の招に依り、三縁亭に其の次女総子、伊庭琢磨氏結婚披露宴に臨む。来賓約八十名、九時款を尽して散ず。

此の日、新内閣の任命有り。桂公首相兼外相に任じ、外相は加藤駐英大使の帰朝を待ち、暫く之れを兼ぬる也。大浦子内相、若槻礼次郎氏蔵相、木越安綱男陸相、松室致氏法相、柴田家門氏文相、後藤男逓相兼鉄道及び拓殖総裁、仲小路廉氏農相の各任命有り。独り斎藤海相、海軍充実問題意見衝突の故を以て、辞職を強請、天皇、特に優詔を賜ひ留任せしむ。海陸二相の優詔留任、明治三十一年中、大隈内閣の曾て奏請する所、公議以て憲政違例と為す。今桂公、元勲の重望を以て再び之れを行ふ。出時止むを得ざるの手段と雖も、其の威信体面を損する大なるか。遺憾限り無し。

天皇、特に伏見宮に勅し、内大臣の事を行ふ、窮策と謂ふべき也。桂公天下の重望を負ふ。其の起つや早きに失し、其の初政斯の如し。是より時局益糾紛に赴く、予め知るべき也。千慮の一失と謂ふべきか。

顧みれば西園寺内閣の崩や、陸相の留任を肯ぜざる為め也。松方侯の辞退也は、表面老病を仮名すると雖も、其の実は海軍の延期を肯ぜざる為め也。若し優詔之れを強ゆるを得ば、西閣崩壊せざるべく、松侯或ひは大命を受く。西松両侯、政局の累を帝室に及ぶを懼れ、尚之れを為さず。而して桂公大政治家の資を負ひ、憚らず之れを為す。嗟何ぞ政治家為るに在らんか。桂公の初政、既に一歩を誤る。海軍問題の落着、塗糊模稜に陥る也。必ずや大正初政、西侯初めに之れを誤り、桂公後に之れを謬りて、独り至尊をして国家を憂へしむ。詩曰く、邦の亡良、邦国の沈瘁、慨すべきかと。

十二月二十二日　陰雨　日曜日

後一時桂公、大浦子、後藤男邸を歴訪し、栄任の祝詞を述ぶ。

二時同気倶楽部に赴き、電信協会所催の無線電話実験講演会に列す。誠亦来会。浅野博士、無線電信発明の事歴を述べ、横山技師、諸種の実験を行ひ、無線電話の学術上の原理及び発明の事歴を、頗る詳らかに演述す。聴く者感歎せざる無し。次で中山龍次氏、欧米の最近の電信事業の実況を演述、六時散会す。

此の夜、岡田氏来教。来会者三十名。本年此の会を以て終会と為す。

岩倉道倶男来訪。

十二月二十三日　晴温和
竹腰正己男、五十嵐博士夫人来訪。
後二時出勤す。岡田修、崎戸より帰任出社。
途、平井氏を訪ひ、一昨日の招宴を謝す。
五時同気倶楽部日本料理試食会に列す。包丁頗る巧み。
食後、囲碁数番し、深更に帰る。

十二月二十四日　晴寒
此の日、議会召集さる。前九時登院し、例に依り先づ抽籤を以て部属を定む。予第八部に属す。次で部長理事を選挙して散ず。

直ちに幸倶楽部に赴き、総会を開く。幹部全員留任、次で補欠選挙を行ひ、江木千之氏交渉委員に転じ、小松原英太郎氏幹事と為る。又幹部会を開き、常任委員予選の件を協議し、予、江木、浅田二氏と交渉の任に当るを決す。

後二時、中山氏を農工銀行に訪ひ、沖男債務償還延期の件を談じ、承諾を得る。沖家執事萩原弘之の来請に依る也。

直ちに出勤し事を看る。

二時半、伊東子を訪ひ時事を縦論す。

三時半、田辺輝実を佐土原町邸に訪ひ、時事を談じ、夕刻帰家す。

十二月二十五日　晴寒
前十時幸倶楽部総会に列し、幹事評議員補欠選挙を行ふ。来会者約九十名。了りて午餐会を開きて散ず。
後二時江木、浅田二氏及び有地、高木二男、関氏を伴ひ研究会に到り、各派交渉会に列す。交友倶楽部（政友派也）会員二十五名を超へ、初めて交渉会に列す。研究会、茶話会、無所属、土曜会、交友倶楽部の五団体也。木曜会、辛亥倶楽部、共に少数、之れに参加する能はず。其の現勢、左の如し。

研究会百七人　予算委員十九人　請願外三委員三十人
茶話会　六十二人　同　十一人　同　十七人
無所属　六十四人　同　十一人　同　十七人
土曜会　二十八人　同　五人　同　八人
交友倶楽部　二十八人　同　五人　同　八人
辛亥倶楽部　十二人　同　二人　同　三人
木曜会　十人　同　一人　同　三人
交渉の結果、純無所属三委員を分与し、右分配案を決定、五時散会す。
松本正之介来訪。林復夫夫婦来謁、則ち明日を以て玉川別荘に赴任すべしを命ず。

十二月二十六日　快晴甚だ寒
朝、青柳郁太郎、伯剌西爾殖民会社創立事務不振の情況を来訴。
正午出勤す。軍医岡隆太郎来謁、崎戸炭礦医長嘱任の件を談ず。
後二時故中山尚之助の喪を青山式場に送る。
次で故寺原長輝氏（上院議員）の喪を長谷寺に送る。
大久保侯夫人、岡田修細君来訪。

十二月二十七日　夜来小雪　陰寒甚し
此の日、天皇親臨、帝国議会開院式を行はせらる。前十時大礼服にて登院。十一時過ぎ両院議員、上院式場に列し、国務大臣以下参列、天皇臨御、勅語を賜ふ。聖音朗々体度鷹揚、初度の臨幸、人意を強くするもの有り。十一時半退散す。
山崎老母来訪。

十二月二十八日　雨
朝、矢田部起四郎、藤原式防火戸の資本融通を来請。

前十時上院本会議に列す。勅語奉答文を議決し、次で二条基弘公を挙げ全院委員長と為す。次で各部に於て、各常任委員選挙を行ひ、予予算委員と為る。一切交渉会予選の如し。十一時過ぎ議事を再開し、徳川議長、奉答文上奏及び勅語下賜の件及び常任委員互選の結果を報じて散ず。

直ちに幸倶楽部に集ひ、各部通信委員を選定す。

後二時出勤す。本日を以て用納めと為す。

此の日、院議、政府の二月五日に至る休会の請求を却け、一月二十日に至る休会の件を決す。

阿部鶴之助、蜂須賀侯に代り、帝国飛行協会発起加入を請ふ。略ぼ之れを諾す。

夜、鈴木徳松来り、某氏の内嘱を受け、予大阪市長受諾の意否無きかを問ふ。固辞して之れを返す。

矢田部起四郎、藤原義之（京橋区因幡町十一番地）を伴ひ、今朝来嘱の工業資金一時貸与を来請頗る切、其の事情を諒し、若干金を貸し付く。

十二月二十九日　夜来大雪五寸余積む　終日菲々歇まず
午前、島津久賢男来訪。
此の日大雪、出行に不便、家に在りて執筆す。

十二月三十日　晴
午前、桂公、大浦子、後藤男私邸を歴訪す。皆多客又は不在、則ち逢はずして帰る。此の日、滞雪道を埋め、車歩の困難名状すべからず。

宮部清（羅州丸一等機関士）来訪。

夕、昌来訪。数日前、田慎治妻女児を産すも、病羸ち乳せず、遂に昨日を以て夭すと云ふ。池上慶造妻、昨日又女児を産す。妻急病を発し病院に入り、症状頗る劇しと云ふ。

此の夜、池上慶造、片山医を以て電話して曰く、池上妻産後、腹膜急性炎を発し浜田病院に入る。副院長診て、病篤く薬にて救ふべからずと謂ひ、之れを塩田医博士に諮り切開術を施す。万一の僥倖の外、施すべき策無し、唯事性命に関し、池上決する能はず、敢へて指揮を請ふと。予答へて曰く、果して切解以外の治術無きならば、之れを行はざるの理無し、断じて行ふべしと。則ち即夜塩田博士に嘱し、切解術を行ふ。

十二月三十一日　晴喧春日の如し
朝、片山医電話にて報じて曰く、昨夜患者を大学病院に移し、塩田博士、切解術を行ひ、症状稍や佳しと。

午前、松元剛吉氏来訪。

正午、正、勤二児を伴ひ玉川園に赴く。勲及び新元八津雄先に在り。午後、安、誠、輝、雅、季及び諸婢等相次で来園。

此の日、天気穏和、雪後泥濘、行歩に不便と雖も、山野一白、風色頗る佳し。本年諒闇の為め歳暮年始の諸礼一として廃停に属す、年賀交換の煩無く、静閑に新年を迎ふ。是一家団欒別園に嘯嗷する所以也。

家人、関宗喜氏、北海道より帰京来訪を来報。

辻嘉六来訪。

此の夕、玉川別荘会計決算を行ふ。島田薫より林復夫にこれを引継がしむ。

夜十一時半地震、強且つ長。

〔巻末記事略す〕

大正二年

一月

一月一日　快晴　穏和
諒闇中、公私の賀儀一切廃停に属す。萬象閣に於て一家団欒し、静寂の新年を迎ふ。唯旧臘積雪し厳寒の為め融解せず。満目皚々行歩不便にて多く室内に在り、炉を囲みて遊戯す。併せて矚望の快を縦にす。
〔欄外〕陰暦癸丑。

一月二日　晴暄昨の如し
此の日、児輩と試筆す。
武田額三、乗馬来園。
世田谷警察署警部巡査来賀。

一月三日　晴暄春の如し
午前、家人十二人を伴ひ散策す。多摩川を越へ溝口駅に到りて返る。

一月四日　好晴
逓信書記官森義一の訃に接し、書を発して之れを弔す。
南庭に鞦韆を建つ。児輩大悦びす。
重野紹一郎氏来園。
喜楽某と囲碁す。拙手相当せず。

一月五日　夜来烈風　午後晴暄
池上慶造妻、大学病院に入り塩田博士の施術を受く。遂に起たず一日早朝を以て遠逝す。生児亦夭す。此の日、宝作を遣はし厚く之れを弔賻す。
永井久一郎氏の訃を聞き、書を発して之れを弔す。
誠、正、勤、勲、新元八津雄及び二婢帰京す。

一月六日　快晴穏和　寒甚　小寒節に入る
午前十時発、安、輝、雅、季の諸児及び二婢を伴ひ帰京す。
池上平三郎、弔賻の恩を来謝。此の夕、車を発して帰郷す。
松元卓来訪、大学病院医化学助手と為ると云ふ。
有地、杉渓の二男、書を致して、上院議員野田男病篤しを報じ、後任選定に就て求むる所有り。午後二時幸倶楽部に赴き昨年二月決議書を調査す。其の予め、伊丹春雄男を推して選定するの意に随ひ、電話にて小沢男に詢る。男亦之れに同ず。

三時出勤す。佐野貞吉来社し、昨蝋猩紅熱に罹り困臥し今漸く癒ゆると云ふ。

夕、伊丹春雄男を招き男爵議員候補推薦及び当選後団体所属の件を談ず。男は茶話会に入会すべしと誓ふ。

夜、岡部則光来訪。

一月七日　晴寒

朝、時事新報記者平野光雄来訪。

杉渓言長男、坪井九八郎男相次で来り、桂公、有地男、福原俊丸男を推して男爵議員候補者と為すを欲す事情を訴ふ。予は以て予選候補変更不可の理由を告げ、二男皆感喜して去る。

中村敬太郎来訪。

〔欄外〕男爵議員予選候補者中、之れを変ずるは不可と主張す。

一月八日　晴寒

前八時桂公を私邸に訪ふ。公は西園寺内閣辞職の真相、新内閣組織大命拝受不可止の事由を詳述す。又施政方針大綱の所存、財政整理、国防方針等の要領を語り、遂に将来憲政運用の枢機に及び、現政党改造、新政党組織の必要及び自ら進んで其の首領に当るべしとの大決心を述べ、陸海両相は文官を以て之れに任ずべしとの革新を論じて予の意見を問はる。予は国運の進転、民智の向上、勢力消長の大勢を論じて、其の議に大に賛し、其の請ひに依り上院議員指導の件を約す。

〔欄外〕桂首相、新政党組織の決心を告ぐ。

次で男爵議員候補者予定変更不可の理由を談じ、公之れを首肯す。且つ時機を俟ちて福原男推挙の件を嘱され、予之れを諾す。約二時間交話して辞し帰る。

後零時半出勤す。

二時野田豁通男の喪を谷中墓地に送る。

斎藤半六氏妻君（原保太郎氏嬢）及び梅代、桂子、相次で来訪。

諸学校、多く此の日を以て始業、諸児各登校す。

夕、昌、寛来訪。

〔欄外〕野田豁通男薨ず。

一月九日　陰寒

前十時関宗喜氏を青山南町邸に訪ふ。氏は旧臘札幌に赴き、篤、美枝の帰思を止めんと欲して懇諭致らざる無し、然るに美枝の帰心矢の如く到底抑制するを得ず。氏は此の事情を語ること甚だ詳しく、且つ負托其の任を尽さざるを以て深く遺憾と為す。不肖の子、父の面目を汚し、慚愧限り無し。

次で午餐の饗を受け、談は時局に移り娓々竭まず、午後二時に及び辞して帰る。

一月十日　半陰

後一時高橋新吉氏来訪し、松方侯の嘱を伝へ島津久賢男候補推薦の事を談ず。予は既定候補存在の事を述べて之れに答ふ。

談は時局に及び、世界の形勢を縦横に論じ、上下議論約三時間して辞去す。

七時大浦子を其の私邸に訪ひ、伯剌西爾殖民会社創立順序及び男爵議員候補選定の件を内議す。遂に時局談に及び、対議会策并に桂公腹案新政党樹立の件を大に討究す。談論十時に及びて帰る。

一月十一日　晴

朝、島津久賢男来訪。候補運動の為め也。時機未だ到らざる事状を述べて之れを返す。

後二時出勤す。

蠣崎少将、露国大使館附武官の任を受け、将に近日を以て出発赴任せんとす。此の日午後四時氏を同気倶楽部に招き、武田額三、田昌、園田寛を招きて之れに陪し和食晩餐を饗す。款談数時、九時散じて去る。

予は尚留りて囲碁二局し、深更家に帰る。

一月十二日　晴和　日曜日

前九時小林清一郎、其の所有する秋田県下花岡鉱山礦毒予防装置完成期限の延期に関し、農商務大臣勧説の事を来請。

十一時仲小路農相を広尾邸に訪ひ、前項の件を談じ其の同意を得る。尚時事を談論して帰る。

勝野秀麿、野口栄世来訪。

有田喜一郎父病死を聞き、書を発して之れを弔賻す。

昨、篤夫妻帰京熱望し、関氏の訓誡を用ざるに対し厳責の書を草し、本日浄書して之れを発す。其の主旨は浮華軽佻の風を誡め、堅剛耐忍の習を守るを勧め、当分試験の為め其の住居服業の自由行為を許すに在り。其の結果善悪如何は未だ予知すべからず。

此の夕、岡田氏来教。新渡戸稲造博士、斎藤半六夫人及び佐藤佐一（青森県教員）、初参加。会する者約三十余人。

会了りて山崎、奥田昌三氏を留め、篤に対し厳戒状発送の顚末を告ぐ。

午後五時小林清一郎を喚召し、仲小路農相交渉の顚末を告ぐ。

一月十三日　晴寒

朝、坂田長之助、田辺勉吉に代り、小田原地方土地購売費一時恩貸を来請。諾して之れを付与す。

津田官治朗来訪。年玉少金を与へ之れを返す。

午前十時桂外相の招きに依り外相官邸に赴く。有力実業家来会者約四十名。大浦内相、仲小路農相、倉知、下岡両次官等之れに参す。桂公は先づ伯剌西爾殖民会社事業経営の必要を述べ、其の賛同を求む。大浦子、渋沢男、近藤男、倉知次官、古在博士、神谷某等、各事業経過計画及び予算目論見等に就き述べる所有り。会員一致の賛成を得て、食堂に移り午餐の饗を受く。衆議に依り創立準備委員の指名を桂公に托す。公は左記十名を指す。

渋沢男　田男　武井男　近藤男　中野武営
佐竹作太郎　大橋新太郎　末延道成　大谷嘉兵衛
川田鷹

食後、委員相謀り、渋沢男を推して委員長と為し、創立の方法順序を協議し、午後二時過ぎ散会す。

直ちに幸倶楽部例会に臨む。有地、武井両男と相議して男爵議員補欠選挙の順序を決定し、伊丹春雄男当選後茶話会入会の件を協定す。左記五名を挙げて選挙委員と為す。

新田忠純男　若王子文健男　神山郡昭男
尾崎麟太郎男　竹腰正巳男

候補決定の事を陸軍同志会及び海軍親睦会に通知せしむ。

〔欄外〕政府は有志者を勧誘し伯剌西爾拓殖会社創立を令す。

一月十四日　晴寒

朝、松本恒之助氏来訪。

後一時丸之内郵便局に到り貯金金額違算の件を糺す。次で出勤す。各務氏昨日帰京し、其の復命を聴き、且つ明日重役会議事順序を協議す。

若王子文健男母堂の訃に接し、書を発して之れを弔す。

一月十五日　快晴　寒甚

朝、高橋凊豹太来訪。

松本代議士来訪、時局趨勢を問ふ。真相の所在を詳述し其の方向を指示す。

蠣崎少将、将に十七日を以て露都に赴任せんとし、告別に来る。

後一時重役会を九炭社楼上に開く。神谷、賀田二氏の外来会し、福浦坑起業費拾五万円余増加及び各務氏所長解任、杉本恵氏後任任命の件を決議す。各務氏、礦業所事務改善の報告を聴き、四時散会す。

帰途、蠣崎少将を笄町邸に訪ふ。不在にして直ちに帰る。

一月十六日　晴寒　夜陰

午前、本田政以男、男爵議員補欠選挙候補者中二七会員参加の件を来請。其の事行ひ難きを以て、其の意を告ぐ。

後一時出勤す。

二時幸倶楽部に赴き、請願委員研究会に列す。上院請願処理適否を大に講究し、略ぼ改善の方法順序を協定す。

五時木挽町縁屋に男爵協同会旧拡張委員懇親会に赴く。会する者、有地男等十一人也。款談十時に及びて散ず。

一月十七日　細雨夜霽

客秋、小野田元熈氏、予の推薦に応じて京都電気鉄道会社長の任に就く。爾後事業漸く緒に就くと雖も、守谷又三常務に就くの事情に因り、小野田氏遂に辞意を起す。本日、同氏及び田中新七氏書を致し、社長辞退取締役留任の決落を報じ来る。予は顧問と為るの因縁全く銷除す。則ち両氏及び土屋金次に書を発して顧問辞退の件を通牒す。

〔欄外〕京都電鉄会社顧問を辞す。

午後三時五十分蠣崎少将の露京に赴任するを新橋駅に送る。

〔欄外〕蠣崎少将、露京に赴く。

六時桂公の招きに依り、其の三田邸首相受命披露宴に赴く。大浦子外、研究会、茶話会、無所属幹部員約三十人来会。食後、桂公披露の辞を述べ、三島子謝詞を述ぶ。九時散去す。

大浦、武井、予の三人は尚留り、伯国殖民会社創立の時宜を協議す。

是に於て桂公は改めて新政党創立の決心を詳しく語り、其の賛同を求む。情意兼到懇嘱切々、宣言書案を内示して、時機頗る切迫の事情を告ぐ。予は過日既に賛同せし所、唯武井男は初聞に係り、討究審議して亦同意を表す。蓋し本日、桂公は後藤男をして西園寺侯の真意を叩き、頗る冷淡の答を得て、是に於て桂公亦自今政治上交誼断絶の意を告ぐ。西侯乃ち松田、原の二人を招きて、遂に議会開会劈頭内閣不信任決議提出の議を決す。桂公将に応戦して新党創立の事を宣言せんとす。其の目的は蓋し政友会の分裂に在る也。数日の中、時局大に動き一時混乱の観を呈すべし。又明夕を以て十金会を内相邸に開くべきを内決す。十二時辞して帰る。

〔欄外〕桂公、政友会と戦の決心を告ぐ。

一月十八日　陰　夜雪大地を白く為す

後一時出勤す。守谷此助、小池国三、副島延一の三氏を招き、崎戸礦業所改善実況及び拡張改良工費増額并に浅浦立坑進行状況を詳しく告げ、本社将来経営の実況を知らしむ。

三時半伊東子を訪ひ、浅田氏所蔵刀剣の件を告げ、且つ北海道開墾地払下に関し大浦内相、山内《〔山之内〕》道長官交渉の嘱を受く。

五時内相邸に赴き十金会を開く。主人大浦子の外、平山、有地、武井、原、一木、予の六人集ふ。先づ大浦子より昨来政況の実相を聴き、次で夕餐の饗を受く。後、昨夕桂公に嘱されし所の新政党組織の可否を内議し、之れを是認するも之れに不参加の議を決す。

〔欄外〕我れ等同志、桂公政党組織を是認、而して之れに不参加の議を決す。

別席に於て大浦内相に対し、伊東子に嘱されし所の北海道開墾地払下の件を談じて其の内諾を得、且つ嚮に嘱されし所の秋田県知事秦豊助氏無事勤続の省議内定の由を聴く。十時散じて帰る。

今朝、玉川別荘より竹次郎来邸し、重野老母の病臥を報ず。乃ち伊藤清一郎氏に嘱し往診せしむ。氏帰り報じて曰く、病状は不良にして安危測るべからずと。予、帰邸の時、山崎氏も来会し、則ち看護婦傭ひ入れ其の他往省等の事を協定す。

〔欄外〕重野老母発病。

此の日、福島県庁に対し長瀬川水量測定標建設届書を郵送す。

昨臘廿九日夜大雪以来、晴天冱寒二十余日、残雪皚々庭前を堆む。京地未曾有の観也。昨小雨と雖も未だ融解せず、本夜亦降雪。積る多少は知らず。

一月十九日　快晴風有り　日曜日

朝、輝子をして一婢を携へ玉川に往き重野老母の病を看さしむ。

後零時予亦玉川荘に赴き看病す。今朝来稍や緩和す。河野医来診して、昨夕頗る不良、今朝来佳兆を呈すと云ふ。稍や安心すべし。山崎夫妻先に在り。後四時予先に帰る。

此の夕、岡田氏来教。

一月二十日　晴寒

前十時伯国殖民会社創立事務所に赴き準備委員会に列す。来会者は渋沢男、大橋新太郎、川田鷹、武井男の五人のみ。大橋氏質疑百出し、何等準備行為に及ぶ遑なく、正午に到りて散ず。緩慢驚くべし。

正午出勤し事を看る。

後零時半武井男と幸倶楽部に会して伯国殖民会社追加賛成人名を審査す。夕刻に及びて約一百人を獲、後刻之れを大浦内相に交付す。

六時上院議長官舎に赴き、徳川公晩餐会に列す。来賓は桂首相を除く外、各大臣及び上院各派交渉委員等約五十名。八時晩餐を了り、予は原保太郎氏と先に辞去す。

直ちに幸倶楽部に赴き、小松原英太郎、平山成信、武井守正、原保太郎の諸氏と桂公新政党組織の挙に対し、上院議員の方針如何を討議す。一昨夕内相邸内議の如く、承認して不参加の精神を以て明日幹部会の議を一定すべきの件を決す。十時散じて帰る。

此の日安は老母の病を看る為め玉川荘に赴き、留宿看病す。輝子同荘より帰りて、病状益々軽快と云ふ。

伊藤氏往診して帰り、電話にて同一消息を報じ来る。漸くして稍や意を降ずるを得る。

糸魚川署、橋立鉱山納税督促状を致し来る。直ちに之れを松元剛吉氏に転送す。

一月二十一日　半晴

朝ジャッパン・ガゼット社員西沢岩太来訪。其の請ひに依り、英文日本貴族名鑑一部を購入す。

前十時台湾銀行出張店に到り、新元氏九炭株購入送金を受領し、直ちに之れを農工銀行に預入す。

十一時出勤す。

十一時半幸倶楽部役員会に列す。会する者、小松原、平山、江木、小牧、下條、浅田、目賀田、古市、武井、関、原、原口、高木、三宅、有地、仁尾、馬屋原、安場、浜口、予の二十人也。桂公新政党組織の件を密議し、上院議員は不加入と雖も同情して援助を表すべきの議を決定す。此の間、予は内相邸に赴き大浦内相の嘱を承り、下院十五日間停止の理由を来会者に伝達す。

毎日新聞前田又吉来部、新政党に関し問ふ所有り。所見を挙げて之れに答ふ。

〔欄外〕下院停会の命下る。

後五時前項部員諸氏を伴ひ内相官邸に赴く。大浦子、新政党組織止むを得ざるの事由を述べて賛同を求む。乃ち所定の意見を述べて之れに答ふ。晩餐の饗を受け、七時過ぎ散じて帰る。

下院は中央倶楽部を除く外、政友会、国民党等議員、将に不信任決議案を以て政府に迫り、一挙雌雄を決さんとするの勢を示す。桂公も又将に新政党組織の手段を以て激戦せんとし、二、三日来政海形勢頗る嶮し。今朝、国民党内内訌起り、大石、箕浦以下領袖、袂を連ねて脱党す。蓋し将に新政党に投ぜんとする也。政友会内、亦動揺の色有り。則ち攻撃的質問の手段に依り党内の一致を保たんと欲す。桂内閣之れを察知して忽ち停会の詔勅を仰ぎ、以て其の気勢を挫く。数日の間、政党間脱党除名等波瀾汹湧を想ふに、民党依然優勢を得るか、将に桂公果して覇権を得るか、政海の混乱は未だ予測すべからず、刮目して之れを俟つ。

〔欄外〕朝野戦局正に酣。勝敗の数知るべからず。

夜、池上慶造来謝。

秦秋田知県を招き、大浦内相の内意及び小林清一郎花岡鉱山保護の件を談ず。

岡部則光氏、伊東子の嘱を含み、同子所有北海道開墾地官林払下の件を来談。

一月二十二日　夜来大雨　後烈風之れに加はる

前九時三島子電話に依り上院予算正副委員長は、前年の例に依り曾我子、吉川男推薦を欲するの意を交渉し来る。予同意を表し、幹部員と協議すべしと答ふ。

〔欄外〕予算正副委員長選定の議定まる。

九時半高橋新吉氏を訪ひ桂公新政党組織の件、十金会交渉審議の顚末を詳告す。氏満腹の同意を表す。

後一時四谷学習院初等科父兄懇話会に赴く。林主管より勲児成蹟を聴き且つ成績表を観る。

高橋氏の需に応じ、二十世紀に於る露西亜の使命（黒《クロパトキン》鳩　禽著）一冊を同氏に転貸す（武田額三来示）。

青柳郁太郎、伯国殖民会社創立の件を来談。

松元剛吉氏を招き時局趨勢に関し、下院議員向背の赴く所を偵察せしむ。

時事記者平野光雄、時事意見を問ふ。所見を挙げて之れに答ふ。

一月二十三日　晴暄

後一時幸倶楽部に赴く。男爵議員十余名集ふ。有地男と桂公政党に対し上院議員体度内決の要旨を詳述し、方嚮を愆らざらしむ。

二時松元剛吉氏来部し、下院議員向背の件を内談す。

三時大浦子を内相官邸に訪ひ前件を内話し、再び返りて幸倶楽部に入る。

五時末延道成氏の招きに依り木挽町山口の宴に赴く。後藤、豊川、杉山其の他約二十人来会す。宴了りて豊川氏と伴ひ田中屋に赴く。福沢一派十数名座に在りて宴正に酣、席上豊川氏は伊藤欽亮と激論し将に相搏たんとす。坐客救解して止む。十一時帰家す。

一月二十四日　快晴厳寒

前十時伯国殖民会社創立事務所に赴き、創立準備委員会に列す。渋沢、武井二男、中野、大橋、末延、佐竹、川口諸氏来会。第一期企業予算額を議定して三拾万円と為し、発起賛成引受株数を協定す。午餐して別る。

和田維四郎氏を鉱山懇話会に訪ひ、九州炭礦会社技術顧問解任の事を談ず。氏の希望に依る也。

二時出勤す。

村瀬譲氏来訪。

此の日、快進社（橋本増次郎の経営する所。予亦出資の一人と為る）自働車を傭ひ、医学博士木村徳衛、伊藤清一郎二氏を搭せて玉川別荘に赴く。重野老母の病を診る為め也。夕刻伊藤氏帰り報じて曰く、木村博士亦病症の軽からざるを診断し、須く専ら心臓調節機能の恢復と腎臓蛋白質漏下の治療に力を致すべし云々と。

夜、武田額三来候。

一月二十五日　陰後晴

朝、昌を招き興業銀行総裁更迭事情を尋問す。

松元剛吉氏来訪し、桂公新政党組織に関し下院議員向背の真相を詳報。

園田桂、重野老母慰問の為め来訪。

前十一時幸倶楽部午餐会に列す。研究会交渉予算委員長候補は前例に依るの件に関して之れに同意を与へ、後予は幹部の嘱に依り左の趣旨を演述す。

我れ等幹部員は、大浦子爵より桂公の嘱に依り新政党組織の報告及び同情援助の懇談を受け、協議の結果、先輩政友の成功を切に祈ると雖も、上院議員は各其の本領を守り、敢へて政党に参加せずの議を内定す、諸君之れに同意して其の歩調を一にせんことを希ふ。

出席会員五十余名、一議に及ばず之れを黙認す。直ちに杯を挙げて午餐を了る。

後一時桂二郎氏邸に赴き、二郎氏及び林謙吉郎氏と会談す。二郎氏は先づ予に興業銀行総裁と為るを勧め、予は之れを固辞す。次で時局の趨勢を談じて去る。

二時半大浦子を其の私邸に訪ひ、下院議員の趨勢を委しく談じて新政党組織の方法順序を痛論す。

桂公の電招に応じて四時前、其の三田邸に赴く。公は予其の創立委員と為り組織の中枢を握るを請ふ。予は上院議員体度決定の経過を挙げて、之れを今日行ふは良図に非ずと述べて再考を求む。公亦其の薮を突て蛇を出すの失挙有るを恐れて之れを止む。

次に談は新政党組織の件に及び、予は左の諸件を条陳す。

一、此の際、下院議員の過半を新政党に網羅して直ちに創立式を行ふ事は第一案に属すと雖も、今日政海混乱の状況は、挙げて之れに反抗するを以て到底実行の望み無き事。

二、同志議員及び政友会内応議員を糾合し、内閣不信任案を中止若しくは否決せしめ、以て議会の解散を避け、徐ろに新党帰嚮者を募る。是第二案に属す。今日政海の状勢其の必成を期すべからざると雖も、尚須く最上の努力を尽すべき。

三、以上二案、不幸にして無効に帰さば、則ち第三案を行ふべし。其の要目は左の如し。

一、下院若し不信任案を議すれば三日間停会を命じ、尚第二案を試むべし。

一、第二案尚無効に帰すれば、直ちに議会解散を行ふべし。

一、新政党組織発表期日は、之れを総選挙後に延期すべし。是は稍や体面に関する如しと雖も、微弱政党成立の失体と各地候補者推薦の煩累に於て大に優る。

一、一部同志中、此の際桂公辞職して時局収拾の責任を西園寺公に委譲すべしの議を唱ふる者有ると雖も、是は小策に属し国事を弄ぶ嫌ひ有り、決して取るべからざる也。断然内閣に留り多数を制する策を講ずべし。若し総選挙後尚多数を得ざれば、則ち下野して大に捲土重来の策を講ずべし。

一、政友会幹部中、現に大詔煥発して西園寺侯之れを遵奉せしめ時局を静平に帰すべしとの説を唱ふるもの有り。是は解散恐怖病者を慰撫する術数也。断じて政争を以て皇室に累を及ぼすべからず。此の議断々不可也。

以上意見開陳の後、後藤男、杉山茂丸、秋山禎介〔定輔〕等議員操縦其の宜しきを得ず、及び大浦子斡旋の真相、政海反抗の大勢、政党員の情偽〔ママ〕、時機名分選択の必要等を詳述して此の回企画の失誤を痛論し、切に将来の注意を勧告す。五時半仲小路農相来り、則ち辞して帰る。

〔符箋、挟み込み〕桂公、最終の善後策を勧告す。

篤、書を致して帰京主張の過ちを謝し、北に在り勤勉を誓ひ宥恕を悃願し来る。此の言果して違はずば我が家の幸、頗る大か。安、季児と玉川より帰りて曰く、老母病依然たりと。

一月二十六日　晴酷寒　日曜日

前九時小林清一郎来り、秋田県花岡鉱山礦毒被害賠償調停の件を懇請す。

十時大浦子の嘱托に依り東京シンジケート員森田彦季、山口正一郎、青柳郁太郎三氏を招き、伯剌西爾殖民会社譲渡特許権賠償金と同社株式相殺承認の件を懇談す。

帝国飛行協会長蜂須賀侯の名を以て、予に同会評議員を嘱托し来る。

福原俊丸男、男爵議員候補推挙の事を来請。

此の夜、岡田氏来教。後藤男、新渡戸、末延氏等約二十五人参座す。

一月二十七日　晴寒昨に譲らず

朝、玉川別荘の電話、重野老母症状不良を報ず。安、倉皇之れに赴く。且つ伊藤氏をして看に往かしむ。夕帰り報じて曰く、心臓変症を為しエンポリー脳症を起して左半身不随は脳溢血の類、人事殆ど不省半ば困〔ママ〕睡状体に陥る、以て危篤に瀕すと云ふ。則ち急ぎ親近に報ず。

松本代議士来訪、則ち時局の所嚮く所を指示す。

関宗喜氏来訪、篤陳謝状を示さる。則ち戒余状発布以来の経過を語り、尚将来の指導を懇嘱して共に午餐を喫す。時事を交談し、後二時に及びて辞去。

二時半出勤して事を看る。

三時半伊東子を訪ひ北海道開墾地隣接官林払下の件、大浦子、山之内長官交渉の顚末を談ず。遂に時事談に及び（政界秘密、奇談多し）、五時辞去す。

直ちに築地瓢屋中山佐市氏招筵に赴く。坂〔阪〕谷男、若槻、下條、早川、山崎、高田、和田、長嶋諸氏来会し、九時辞して帰る。

帰宅後、伊藤氏と電話、木村博士玉川往診の事を協議す。

倉地外務次官、電話を以て廿九日伯国殖民会社賛成募集会延期の事を通知し来る。

深更、新元新来月一日発上京の飛電に接す。

一月二十八日　晴強寒

朝、森田彦季、山口正二郎来り、伯国殖民会社対東京シンジケート特権譲受条件の件を復命す。

佐野実親氏、玉川別荘より帰り報じて曰く、重野老母病状依然昨日の如しと。

松元剛吉氏、下院議員動静を来報。午後一時相伴ひて大浦子を内相官邸に訪ふ。先づ伯国殖民の件及び伊東に嘱されし所の北海地官林払下の件を談じ、遂に時事を論及し、対議会策を講究す。

三時出勤す。

夜、横田千之助、松元剛吉の二氏来り、下院不信任決議案、向背体度の得失に対し講究す。

一月二十九日　陰　後南風雨を送り寒気稍や緩む

前十時発、玉川荘に赴き、重野老母の病を看る。今朝木村博士と伊藤氏と自働車を駆りて来診して云ふに、症状は一昨日に比して稍や緩む、軽症脳溢血の兆と脳エンポリー有りて診決し難く一両日を俟つ、対症療法を行ふべし云々と。予病蓐に就きて之れを看る。多く酣睡し時に醒覚す。言語不明瞭と雖も意思極めて明らか。

重野安居翁先に在り、万一の際、後事順序方法を内議す。大久保尚子、山崎秀子、梅代、園田桂、大木修、田中文及び其の妹勝子等慰問に来る。

武田芳子亦来る。

今朝、井上馨侯の病を聴き之れを往問す。家人曰く、軽微脳溢血症也、多く憂ふに足らずと。

一月三十日　晴烈寒

前十時武井男と幸倶楽部に会し、後藤男無所属に転属の件否認及び平田子転属決行の件を密議内定す。尚伯国殖民会社創立順序を協議す。

森田彦季、山口正一郎来部、同件を談ず。

後一時出勤す。

松元剛吉、佐野貞吉来訪。

一時半三菱会社に到り、豊川良平、南部球吾、江口定條三氏と会談、予左の諸件を提議す。

一、各務氏の礦業所長を解し松本恵氏を以て後任と為すの件。

一、既定計画に拠り崎戸興業資金は四拾壱万円余補充を要すの外、尚必要の工事を興す要有るを以て、更に一、二年内に於て三菱会社より百万円を起債の件。

一、三菱会社は該礦と深重の関係有るを以て、須く更に数万株を買収すべき事。

一、適当の時機に於て、予社長の任を辞し、三菱会社に於て須く後任を選定すべき事。

一、其の機会を以て本社改革を行ひ経費を節約する事。

約二時間協議し、岩崎男帰京を俟ち答を決すべしと約して別る。

数日前、豊川氏三菱社管事の職を辞す。故に予此の時機を以て前議を提す也。

再び九炭本社に帰る。川田鷹を招きて東京シンジケート伯国殖民特権譲渡条件承諾の旨を語り、之れを渋沢男に伝へしむ。尚株式募集時宜を談じて別る。

林定吉、膨湖嶋より上京来訪。

夕、安は季児を携へ玉川より帰り、老母稍や軽緩と云ふ。

一月三十一日　晴暄

朝、矢田部起四郎来訪。

重野安居翁、老母看護の恩を来謝。

太田雄之来訪、請ひに依り予保管せる所の実印を返付し、同時に株式及び鉱山仮托名義変更の手続を為す。

山口宗義夫人慰問に来る。

夕、伊藤氏玉川荘より帰り、老母症状稍や佳しを来報。

岡田則光氏来訪。

二　月

二月一日　晴

朝、岡安胤来訪。

十時神田鐳蔵、興業銀行就任の事を来勧、予之れを拒絶す。経済時事を閑談して去る。

後一時出勤す。

紅葉屋銀行佐藤善夫を招き、借款延期改訂を行ふ。

夜十時小林清一郎、利光鶴松の嘱に依り来訪、鬼怒川水電会社清水湖（一名菅沼）及び猫沼水利権獲得申請の事情に関して、群馬県疑獄生起の顚末を述べ、其の救解を懇請し来る。

二月二日　快晴暄和　日曜日

早朝、昨一日新元新台北出発上京との飛電に接す。

前八時大浦内相を官邸に訪ひ、鬼怒川水電会社重役嫌疑冤枉の真相を内話し、其の救解を求む。同子直ちに之れを諾し、群馬県警察部長を電召して其の顚末を糺すを約す。尚時局緩和の策を講究す。

松元氏来邸し前件意向を問ふ。則ち直ちに鬼怒川会社に赴き、利光氏と面談して大浦子交渉の顛末を告ぐるを相約す。氏は死力を以て酬ゆる所有るべしと固く誓ふ。則ち小林清一郎、大塚常次郎及び松元氏と方法順序を講究し、十一時辞去す。

帰途、大浦子を私邸に訪ふ。未だ帰邸せず、則ち帰る。

学習院第六寮長天野氏依願解任、飯島忠夫氏後任受命の通知に接す。

柴田善左衛門来訪。

後二時再び大浦氏を其の私邸に訪ひ、鬼怒川事件利光内話の事情を談ず。

四時有松英義氏を本村町新邸に訪ひ、片倉山林買揚げの成否を問ひ、其の実行不可の説明を得る。暫く時事を談じて帰る。

夜、安場末喜男、上院初開会日日程の件を来談。

岡田氏来教。来会者二十四人。

二月三日　晴

前七時半末吉玉川荘より来り、重野老母容体不良（脈搏百八に至る）を報ず。安、倉皇之れに赴く。伊藤氏往診を促し、且つ之れを遠近親族に急報す。暫くして亦危篤の電話に接し、則ち応急処置の準備を為す。

此の日、徳川議長、各派交渉委員を集め来五日議事日程の事を協議す。予は玉川荘に赴く為め辞して参せず。

杉渓言長男、木曜日〔会〕解散、本多、二條、北大路三男土曜日〔会〕入会、尚徳川二男未決の事を来談。

松元剛吉氏を招き有松氏回答の趣を告ぐ。

前十一時発、玉川荘に赴き、老母の病を看る。伊藤、河野二医来診して曰く、病は極めて重しと雖も今稍や緩和し或ひは数日を保つべきかと。時に大久保侯夫妻、山崎夫妻、重野安居翁、紹一郎氏、武田額三、佐野実親、田中筑関吾〔ママ〕氏等、急を聞きて集ふ。

夕刻、小林清一郎来訪し、鬼怒川重役嫌疑事件に関し、頻りに憂苦を訴ふ。慰藉し須く時を俟つべきを諭して別る。

後十時同氏電報を発して曰く、嫌疑全く釈け事件落着、渡辺亨以下帰京すと。其の喜び知るべき也。

不在中、林定吉再び来訪して曰く、将に膨湖島に帰任せんとすと。

二月四日　晴穏和　立春節に入る

前十時発ちて帰京す。

後一時伊丹春雄男、男爵議員候補推薦の恩を来謝。

大久保侯、重野墓地購入調査の件を来談。

二時出勤す。主事岡田修に対し、閑職の理由に依り来四月末日を以て退職すべき旨を内諭す。

利光鶴松、小林清一郎二人交も来り、救解尽力の恩を深謝。

松元氏亦来り、政界の趨勢を内報。

四時大浦子を官邸に訪ひ、鬼怒川一件救解の尽力を謝し、且つ政海波瀾、下院解散の不可止を論ず。尚松元氏を召喚し同事を内談す。後七時辞去す。

十一時誠、玉川より帰り、症状依然と云ふ。

二月五日　陰　寒気大に緩む

朝、重野安居翁、墓地購入の件を来談。

山之内一次氏夫人関子の訃に接し、今朝往きて之れを弔す。午後、誠をして其の葬を青山墓地に送らしむ。

前十時上院本会議に臨む。此の日議院停会期満つる也。桂首相、施政方針を演述す。要は、行政整理経費五六千万円節約と大蔵省証券半減に在りて、多く他は言はず。次で黒田侯発議に依り、明治天皇崩御各国議院弔辞に対し感謝状発送の件を可決し、請暇数件、常任委員辞職の件を議了して散ず。

直ちに予算委員室に集ひ、曾我子を挙げて委員長と為し、吉川男を副長と為す。

十一時過ぎ、幸倶楽部に集ひ、平田子、小松原氏と筧博士古神道大義中神道宗教観を講究す。予大に反対意見を述べ二氏之れを諒す。

午餐後、再び登院し下院議事を傍聴す。先づ外国議院に対する感謝の件を議決するの後、桂首相施政方針を述ぶ。稍一に上院所説の如し。次で若槻蔵相、財政方針を述べ稍や詳細に入る。次で元田肇氏、攻撃的口調を以て優詔煥発責任の帰する所を質問す。桂公屢立ち、此は勅語也、詔勅に非ず、勅語は副署無きの制、西園寺内閣亦之れを行ひし事実を諒々説明し、元田氏質問は殆ど敗滅に帰す。次で守谷此助氏、対支那外交不振の事実を挙げて数件を質す。加藤外相、書面質問を求めて即答を謝絶す。是に於て尾崎行雄氏の動議成立し、現内閣不信任決議案を議す。尾崎氏論鋒極めて凱切と雖も、之れを政治論と為さずして、反て之れを憲法論と為す。乃ち是論旨を誤る者也。故に言動は帝室に及び大に反対党の騒擾を招く。桂公亦甚だ勉めて之れを詔勅煥発に適ふと弁じ、更に停会五日を命じ、遂に票を決するに及ばずして散ず。嗟、政友会儼に一大政党か、論客雲の如く、而して元田と云ひ尾崎と云ひ、皆論点を誤る。攻撃する所正鵠を失し、却て法律的素人然として桂公の逆襲に逢ひ、翻弄する所と為る。憐れむべき哉。然し桂公初政亦施設を謬り、再度の停会は恐らく水泡に帰し、政海の紛擾一層激烈を来す。惜むべき也。

〔符箋、挟み込み〕二度の停会の失策。

再び幸倶楽部に集ふ。松元氏来報。

安立綱之氏と囲棋三局し、夕刻家帰す。

夜、林謙吉郎氏来り、老母の病を慰問し、且つ鬼怒川会社の件を談ず。

利光鶴松氏亦来り謝意を述ぶ。大に訓誡を加ふ。

本日午後、新元新子台湾より着京し直ちに玉川荘に赴き老母の病を看る。老母存命中相遭ふを得て両者満足の情掬すべき也。

二月六日　雨　大陰暦正月元日

朝、重野安居翁、青山墓地の件を来談。

午後出勤す。松元氏来訪。

橋本増次郎氏来社して、客月父を喪ひ郷里参州に帰葬し、頃日帰京すと云ふ。

二時学習院女学部父兄会に赴く。松本部長、専修科修学年限短縮（三年を改めて二年と為す）の理由を詳述。要は専門的学科を廃し専ら高等普通科目を授くに在り。

四時武井男と幸倶楽部に会し伯国殖民会社長選定の件を協議す。遂に相携へ大浦子を官邸に訪ひ、略ぼ近藤廉平男を推薦するに内定して別る。

夜、森久保作蔵氏（代議士）来訪、時局趨勢を談ず。

一昨日来、寒気大に緩み屋後残雪漸く融ける。京地積雪能く四十日を保つは、真に未曾有の事。本年寒気の烈しさを知るべき也。

此の日、京都電気鉄道会社より、予顧問辞退に対し感謝状及び慰労金を贈り来る。

二月七日　晴或陰

前九時発ちて玉川荘に赴く。重野老母の症状依然として半睡半覚の間に在り。唯食機少し振ひ、是佳兆と為すか。大久保侯、重野紹一郎氏等来訪。伊藤、河野二氏診て、幸ひ両三日持続せば幾分希望生ずべしと云ふ。昏暮家帰す。

二月八日　晴暄　春意動く

正親町季董男、男爵議員候補推挙の件を来請。重野安居翁、青山墓地購買の件を来談。橋本増次郎氏父の訃を聞き、僕をして之れを弔賻せしむ。後二時出勤す。松尾寛三氏、土田睦子縁談の件を来談。後四時野々村政也氏来り、重野老母の病を慰問。夜、岡林幾三郎氏来訪。

二月九日　晴寒　日曜日

朝、松本恒之助、加藤敬三郎、田昌、相次で来訪。安、季児を携へ玉川荘より帰り来る。去る七日は蓮台院忌日に当り、此の日、誠をして久保山に展墓せしむ。此の日、岡田氏来教。参座者二十余人。

散会の後、後藤男予に密告して曰く、本日桂公と西園寺侯と面談し時局鎮和の時宜を議し、其の結果、聖上は西侯を召して政党鎮撫の諭旨を賜り、侯は奉命して下院議員に不信任決議案を撤回せしむと云ふ。嗚呼、桂公初政第一歩を謬り、遂に此の非常手段を用ゆるに至る。大に憲政の精神に違背す。唯嚮に優詔を以て海相の留任を強制す。今若て辞さず。唯嚮に優詔を以て海相の留任を強制す。今若し議会を解散し海軍補充案廃滅に帰せば、海軍部内の沸騰は言を俟たず。是桂公の大に懼れる所、以て此の手段を用ゆる也。聖諭一発、一時平靖に帰すべしと雖も、大権濫用の責、桂公之れ辞すべからず。時局艱難の勢益増長すべし。慨すべき哉。

二月十日　晴寒し

前十時伯国殖民会社創立準備委員会に列して創立順序を協定す。予会長に擬せられ之れを固辞す。衆議近藤廉平男を薦め、其の処置を渋沢男に委托して散ず。正午出勤す。後一時前幸倶楽部に赴き午餐す。忽ち報有り、下院三たび停会三日を命じられると。士民之れを聞き馳せ集る者数万人、憲兵巡査千余人、騎馬警官数十人、之れを議長官舎西側広逵に扼して議院に近づくを許さず。群衆喧噪、極めて騒擾し、騎兵警官は馬を駆りて之れを駆逐す。混乱雑沓相蹂躙して、或ひは馬蹄に罹り倒れ傷つく者少からず。予等楼上より之れを下瞰す。其の乱擾の状、名状すべからず。忽ち死傷幾十人を生ず。然し唯徒らに西馳東奔のみ。群衆の喧噪尚依然、忽ち都新聞社に放火する者有り、烟炎大に起る。倶楽部と一隣家を隔てるのみ。乃ち警戒を加へて門戸を閉じ兇徒乱入を防ぐ。幸ひ無風にて消防隊来り、之れを撲滅して延焼を得ず。後四時群民俄に新橋方面に向ひて去る。忽ち報有り、国民新聞社兇徒の為め襲はれ且つ放火さる所と為る。昌平の世、白日青天都下此の大不祥事有り、是果たして誰の罪ぞ。

〔符箋、挟み込み〕大騒擾。桂辞職。大々的罪責。

忽ち又報有り、桂内閣総辞職を行ふと。蓋し山本権兵ヱ伯の勧告に依る也。嗚呼、桂公聡明の資を以て有為の才を抱き、一に内閣組織に於て之れを誤り、二に政党創立に於て之れを謬り、而して三に西侯に対して上諭下降の奏請に於て大に之れを謬る。特に此の第三の謬ち、方に皇を擁して反対党を強圧せんと欲して、政友会党議は之れを奉承せず、遂に帝勅をして水泡に帰せしめ、皇威を汚し、帝徳を累はす其の罪や大なり。維新以来政変尠からずと雖も、其の事体大に斯くの如き者は未曾有也。桂公慢心且つ過信して、片々策士の小策、遂に此の千歳洗雪すべからざる大罪を犯す。真に長大息の極み也。

前田又吉（毎日社員）来部、時局の真相を語る。四時半、道路漸く通りて、則ち帰る。

四宮精一、田昌来訪。

二月十一日　晴寒さ甚し　紀元節

諒闇中の故を以て紀元節儀礼一切廃停せらる。

山本忠興氏を招き、土田睦子、池田又四郎（寅二郎氏弟、法学士）縁談の件を内談す。

松元剛吉、岡部則光二氏来訪。

在米重野彦熊に対し送金領収の返書を発す。

後三時伊東子を訪ふ。適ま山本達雄氏来訪、三人鼎座して時事を縦談す。後四時四十分に及びて去る。

直ちに内相官邸に赴き、大浦子、有地、武井二男、平山、一木二氏と会談す。晩食後、先づ大浦子より桂公、西侯会談の真相、上諭降下の顚末、山本伯奔走の事情及び内閣総辞職の報告を聴き、後対時局匡救策を討論す。後十時辞去す。

二月十二日　晴烈寒

午後出勤す。

二時幸倶楽部例会に臨む。時事談頗る盛ん。新紙は山本権兵衛伯内閣組織の命を奉じ、政友会連合内閣組織の件を報ず。

田慎治来訪。

此の日、安、老母病を玉川荘に省る。夕刻帰り来りて症状益佳しと云ふ。

二月十三日　半曇寒

近藤廉平男夫人病死の訃を聞き、午後往きて之れを弔す。

安亦次で往きて之れを弔す。

消防部長室田景辰氏、過日騒擾防火の際、暴徒の為め被傷、往きて之れを慰問す。傷を忍びて出勤し不在。其の令室に面し、慰問の意を述べて去る。

二時出勤す。

転じて幸倶楽部に赴く。幹部員数人来会。下院は内閣辞職の故を以て休会す。乃ち時事を数時談論して夕刻帰る。

此の日、近藤家に於て川田鷹と面晤し、大浦子の伝へし所の伯国殖民会社重役組織の件を告ぐ。

二月十四日　晴寒

朝、重野紹一郎氏、其の岳父坂崎斌氏脳溢血を発して病篤しを報ず。乃ち安をして之れを慰問せしむ。

金土伊勢太の嘱に依り数紙揮毫す。

安、玉川荘を省て夜に入りて帰る。

二月十五日　陰

朝、足立綱之氏来り、憲法と政党との関係を大に論ず。予詳しく我が素論を挙げて之れに答ふ。

藤原義之来り、旧臘貸付し恩金を返し、厚恩を厚く謝す。

午後出勤す。

二時近藤男夫人の喪を青松寺に送る。

三時幸倶楽部に集ひ、高木、有地二男外二、三氏と憲法と政党との関係を討究す。

五時岩下清周氏の招きに依り田中屋の宴に赴く。井上大使、高崎親章氏等二十余人之れに会す。酒間時事を縦談して散ず。

二月十六日　晴　日曜日

朝、原田東馬（本所区小梅瓦町八十一番）来り、慨然時事日に非なるを談ず。予取るべき方向を指示して之れを返す。

午前、大浦子を私邸に訪ひ伯国殖民会社重役組織の件を談じ、時事に及ぶ。

五時築地精養軒に赴き日置雅章、国沢富美子（新兵ヱ娘）結婚披露宴に列す。来賓約百五十名。八時散会す。

此の夜、岡田氏来教。

山崎氏、山脇春樹氏紹介、平田昇氏求婚の件を来談。

二月十七日　晴寒

若宮正音氏、月初来肺炎症に罹るを聴き午後往問す。家人曰く、両三日来漸く軽緩し回復有望と。

直ちに出勤し事を看る。

三時東邦火災保険社に到り、勝野氏に就き若宮専務の病を慰問し、且つ営業近状を聴く。

幸倶楽部に赴き、数氏と近日政況を談ず。

山崎氏来り、平田氏の件を内報す。乃ち謝絶の議に決す。

安、玉川を省て夕帰る。坂崎斌氏死去の報を聞く。

二月十八日　晴寒

後一時新小川町坂崎氏寓に到り斌氏の喪を弔す。

二時幸倶楽部に到り、内相に対する時局問題注意の件を内議し、後請願採否の件を議す。

四時大浦内相を其の私邸に訪ひ、幹部員を代表して左の三件を注意す。大浦子、其の意を委しく諒して相当の措置を執るを約す。

一、東京府下七大学校友会は暴行生徒曲庇の件を決議す。以て治安警察法に触ると認むる者は、相当処分を行ふ事。

二、府下暴動は現に各府県に伝播の状勢を呈す。相当予防の手段を行ふ事。

三、府下青韜《ママ》社は大に風俗を壊乱の処為有り。相当防遏の処分を行ふ事。

帰途、高橋新吉氏を訪ふ。熱海に赴きて不在。

山崎氏来訪。

此の日、矢田部起四郎、藤原義之不信の動作を来訴。

二月十九日　夜来雨　後霽　夜暴風

前十時故坂崎氏の喪を青山墓地に送る。

同所茶屋竹中を訪ひ、重野家墓地購入の事を談ず。

十一時出勤す。村上太三郎氏来社。

後一時平田子の請に応じて之れを其の駿河台邸に訪ふ。

時局善後策に関して大に上下議論す。予内閣組織に関して左の意見を述べる。

一、山本伯をして政党内閣の要求を退け、聯立内閣を組織せしむ。是応急第一義と為す。

二、若し政友会第一義を拒絶せば、山本伯をして超然内閣を任意組織せしめ、上院之れを援助す。是第二義と為す。

三、若し山本伯以上二按を遂行能はずんば、西園寺侯をして政友会内閣を任意組織せしめ、過半数政党暴横の責任逃避を許さず。是第三義と為す。

四、斯くの如く西園寺侯に大命降り尚逡巡逃避せば、乃ち同志間に於て超然内閣を新しく組織し、政党無責任の罪を大に責め、以て時艱を救済すべし。

同子大に同意を表す。尚将来政局の推移及び対政党策に関して醇化の手段を採るべきの必要を論ず。三時半辞去す。

帰途、幸倶楽部に到り数氏と時事を談ず。

二月二十日　半晴

昨夜暴風中、神田三崎町救世軍館失火、風力之れを煽りて忽ち数街に延焼して、約四千戸を焼失す。近来稀有の大火也。

時事記者平野光雄来訪。

後一時築地精養軒に赴き、鉄道協会東亜鉄道研究会所催の前中華民国大総頭〔統〕孫逸仙及び其の随員并に胡瑛氏等歓迎会に列す。食後、古市博士、研究会の目的を述べ、孫氏の意見を求む。孫氏、支那鉄道経営の方針を述べ、外国の賛助を俟つ意有るを答ふ。後、平井博士発言に依り孫氏を鉄道協会名誉会員に推薦して散ず。

四時半東邦火災保険会社に到り、神田区大火の損害を問ふ。同社の受けし所の損害は約四万円、其の他会社は数十万円に登ると云ふ。

夜、昌来訪。

本夕、新内閣親任式行はれ、山本伯首相、牧野男外相、原敬氏内相、高橋男蔵相、松田正久氏法相、奥田義人氏文相、山本達雄氏農相、元田肇氏逓相、而して床次竹二郎氏鉄道院総裁と為る。

是に先だち山本伯は、元老推薦に依り将に薩派政友会聯合内閣を組織せんとするや、政友会議員は閣員入党を強要し数日相持す。遂に陸海外務三相を除く外、各相入党の条件を以て、高橋、奥田、山本三氏、政友会に入り新内閣奏請の議を決す。蓋し過度時代の窮策止むを得ざる〔ママ〕也。政友会中硬派と称する者、其の姑息的調停を不可とす。必ず紛議を来し、若し数十人の脱党者を生ずれば、下院は過半数政党を喪ひて、政海の波瀾益洶湧を来すを想ふ。刮目して俟つべき也。

二月二十一日　陰夜雨

朝、萩原弘之（沖家代人）、農工銀行債務延期の斡旋を来請。之れを伊東氏に電照す。

佐竹義準男（朝鮮総督府事務官）、男爵議員候補推薦の件を来請。

午後出勤す。萩原弘之再び来る。

陸軍々医安嶋進平を招き崎戸礦業所医長任用の件を談じ、略ぼ同意を得る。

二時山本首相の招きに依り其の首相邸に赴く。徳川議長以下各派交渉委員二十余名集ふ。山本伯、左の旨趣を述ぶ。

不肖今回図らずも大命を奉じ内閣組織の重職を膺く。固より久しく閑職に在り、政治上何等の抱負無し。唯時局の急退避すべからず、伊藤公創定されし所の政友会の主義綱領を遵由して、上は宸襟を安んじ奉り、下は民心を安んずるを切に希ふ。予算の如く一に前轍を踏襲すと雖も、徐ろに行政財政及び税制の整理を行ひ、以て日露戦役以来の創痍を医さんと欲す。上院諸公、好意を以て援助を与へ、以て国運の発展に資すを切に願ふ云々。

徳川公、衆に代りて謝意を述べ、更に食堂に移り立食の饗を受く。四時退散す。

直ちに富士見軒に赴き十金会に列す。会する者、平田、小松原、平山、武井、高橋、一木、原と予との十名也。先づ平田子より今朝山本首相と会見談の報告を聴く。次で予、首相官邸交渉会の顚末を報告し、時事を談論す。九時半散会す。

帰途、大浦子を訪ひ前項会同の顚末を報ず。次で伯国殖民会社長及び東京組合交渉の件を協議し、十一時辞して帰る。

下村房次郎氏病死の訃報に接す。

二月二十二日　陰後雨

前十時伯国殖民会社準備委員会に臨む。大浦子亦来会、創立総会期日、東京組合議受契約案及び重役組織の件を議決す。

十二時出勤し、安嶋進平崎戸礦業所医務課長任用の件を決す。

午後二時華族会館総会に臨み前年度会計決算を議決し、評議員一名補欠選挙を行ふ。会後、中川碁伯、徳川慶久公、勝田四方蔵男と囲碁数番し、九時頃帰家す。

安、幼児等を携へ玉川荘に赴く。

後二時半誠をして故下村房次郎氏の喪を青山墓地に送らしむ。

不在中、関宗喜氏来訪。

二月二十三日　前晴後陰　日曜日

前九時半桂公を訪ひ慰問の意を述ぶ。公、政策失誤を深く慚謝し、山本新首相と対談の顚末を語る。共に将来政界の趨勢を論じ、約一時間会談して帰る。

午前、松尾寛三氏、池田又四郎、土田睦子結婚媒介の件を来談。

平沼専蔵氏妻の喪を聞き、書を発して之れを弔す。

安、幼児を携へ玉川より帰る。

此の夜、岡田氏来教。鶴見祐輔氏初めて参ず。

二月二十四日　陰寒欲雪　後晴

前十時徳川公の招きに応じ議長官舎に赴く。各派交渉員約三十名集ふ。公曰く、

二十日以来、大和新聞は徳川家企図と題して、予と西園寺侯と謀りて政友会総裁の職を襲ひ、徳川派薩派聯衡の策を講ず、頼倫侯之れを諫め、達孝伯之れを賛し、而して家憲之れを禁ず云々を掲載す。事は素より虚妄に属し、一小新紙無稽の流説重きを措くに足らざる如しと雖も、或ひは千百人中惑ひを抱く者有るを恐る。故に特に爰に事実無根を明言す。幸ひ之れを各員に伝ふことを是希ふ云々と。

曾我子、衆に代りて諒承の旨を答へて散ず。

十一時幸倶楽部に集ふ。

次で出勤す。上山良吉氏来社。


二月二十五日　陰寒時飛雪　夜に入り満地白
前十一時幸倶楽部に赴く。来会者約七十人。予、交渉委員を代表し、去る廿一日首相邸山本伯の新任演説及び昨廿四日議長官邸徳川公の正誤演説の顚末を詳しく報告す。

正午、午餐を共にして散ず。

後一時出勤す。森田彦季氏来訪。

吉井武夫（早稲田大学政治科生）来訪。

安、玉川老母を省て夕刻帰る。

此の夜、国民記者坂本辰之助、時事意見を来問。


二月二十六日　今朝積雪約二寸　後半晴
朝、重野安居翁を招き、価金を交付して青山墓地の買収を決行せしむ。

前十一時一木氏及び青山、坪井、本田、神山、津田、東郷諸男と幸倶楽部に会し、食後、一木氏憲法上大権の作用と政党との関渉に関する講話を聴く。次で予、宗教と政治とに関し之れを混同すべからずとの意見を述べ、討論講究す。後四時に及びて散ず。

〔欄外〕暗に筧博士の神道大意、皇室と神道との関係の妄説を糺正する也。

帰途、大浦子を病牀に訪ひ、酒井忠亮子を推して伯国殖民会社取締役会長と為す件を協議す。

此の日、安、玉川荘に赴く。大久保侯来訪。

金土伊勢太来訪、予揮毫を交付す。

夜、荻野栗造来訪。

二月二十七日　半晴
前十時上院本会議に列す。山本首相、施政方針を演説す。

十一時幸倶楽部に集ひ午食す。

午後一時出勤す。川田鷹氏を招きて酒井忠亮子伯国殖民会社会長推挙の件渋沢男に伝通の事を嘱す。

二時半登院し、下院議事を傍聴す。

此の夜、岡部則光氏来訪。

池上慶造亦来謝。夕、安、玉川より帰る。

二月二十八日　半晴

此の日、家に在りて読書す。

川田鷹氏、電話を以て酒井子推挙の件、渋沢男同意の旨を報じ来る。乃ち之れを大浦子に転報す。

遠藤素三に嘱し篤に小品を贈る。

三　月

三月一日　陰寒　時に飛雪
後一時出勤す。江口定條氏来り岩崎社長の命に依り左の二件を返答し来る。
一、各務氏の礦業所長を解き、松本恵氏を後任に命ずるの件は同意を表す事。
二、資本融通其の他諸件は、尚調査熟議を遂げて後日回答すべき事。
同氏去りし後、各務氏と本件の真意を内話す。

幸倶楽部に到り、目賀田男外数人と時事を談ず。

五時徳川議長の招きに応じて官邸晩餐会に赴く。来賓山本首相以下、各国務大臣及び上院交渉委員等、主客合せて約四十余人。食卓上徳川公挨拶及び山本首相謝辞有り。食後、楼上に移りて松田法相と対碁し一局を贏つ。十時散じて帰る。

三月二日　快晴烈寒　日曜日
前十時発、玉川荘に赴き老母病を看る。両三日来特に佳良、喜ぶべし。夕刻帰る。

後二時誠をして故勅選議員亀井英三郎氏の葬を青山墓地に送らしむ。

山本綾子、昨日女子出産の報に接す。

山崎四男六氏、昨理財局長を兼任。

此の夜、岡田氏来教。来会者約二十人。

三月三日　半陰

安、玉川荘に赴く。夕新元新子を伴ひ帰る。

去る廿七日、徳川頼倫侯三男治氏、学習院同級生と騎を聯ねて途に在り、遇ま陸軍飛行機天空を過ぐ。馬其の爆声に驚き逸走して堕ち頭脳を痛撲す。治療効無く一日夜遂に永眠す。惨極り無し。後一時、其の飯倉邸を訪ひて侯及び夫人に面して弔意を述ぶ。

徳川議長官邸に到り、前夕の招宴を謝す。

二時出勤す。佐野貞夫来訪。

三時幸倶楽部に到り男爵議員補欠選挙委員の執務を看る。四時帰る。

安嶋進平（軍医）、崎戸医長任用の恩を来謝。

三月四日　晴寒

新元新子、眼及び耳を病み、今朝、岸病院に於て耳疾の診を受け、亦古沢氏に就き眼疾の診を受く。当分隔日治療を要す。

内田嘉吉夫人来訪。

井上鑲（士風会主事）来訪。

此の夜、広瀬昌三を招き、長瀬川水利使用願訂正願書及び附属図書福島県庁提出の件を嘱す。此の書類は、猪苗代水電技師蔵重哲三氏調整して送り来る所。故に之れを広瀬氏に托す也。

三月五日　晴寒

朝、太平洋通信記者石川景蔵、時事意見を来問。矢田部起四郎来訪。

輝子感冒発熱し、伊藤氏を延き診治す。

井上雅二氏、将に十二日を以て馬来半島に帰らんとし告別に来る。

後一時出勤す。

二時幸倶楽部に集ひ江木千之氏小学校二部教育意見及び沢柳政太郎氏反対意見を聴く。

又関清英氏と時事を談ず。

此の夜、天城勲彦（静岡県田方郡錦田村人）、宸翰及び御筆類古文書を示し購求を来請。一覧して之れを返す。

三月六日　好晴温和
後一時半大浦子を訪ひ伯国殖民会社重役組織の件を協議し、対時局政策を談ず。
帰途、後藤男を訪ひ、小打撲傷を慰問す。
此の日、武田芳子、精一児を携へ初めて来省。
伊藤氏、輝子を来診。
此の日、誠をして徳川治氏の葬を上野寛永寺に送らしむ。

三月七日　夜来烈風　陰寒飛雪
朝、森田彦季、殖民会社重役組織の件を来談。昨大浦子と談ぜし所を挙げて之れを諭す。

新聞号外、今暁横浜市大火を報ず。午後、東邦保険会社に就き被害程度を質す。嚮に神田大火有り、又沼津大火に逢ひ、今又横浜及び本所区大火に逢ふ。被害頻発し保険会社の打撃少からざる也。

一時半出勤す。

二時江木、目賀田、原、武井、関、馬屋原の諸氏と幸倶楽部に会し、予算案に対する方針を協議し、又西園寺侯勅諚違背善後策を内議す。

又武井男と殖民会社相談役推定の件を協議し、之れを大浦子に電話移報す。

三月八日　晴寒
前十時上院本会議に臨む。

議事散会後、第一予算分科主査選挙会を行ひ、投票を省略して柳沢伯を挙げ之れに充つ。

次で伯国殖民会社準備委員会に臨み、来る十日創立総会議事順序を協定す。

正午幸倶楽部に到る。時に予算研究会既に終る。

午後二部教育制研究会を開く。

四時鈴木徳松の病を肛門病院に慰問す。

此の日、男爵議員補欠選挙を行ひ、伊丹春雄男二百四十五票全数を以て当選す。

来る十三日十金会開会の通知状を会員に発す。

頃日烈風相次ぎ、大火災頻発す。

季児亦風邪に罹り伊藤氏之れを来診。

三月九日　晴寒　日曜日

朝、伊丹春雄男推薦の恩を来謝。

試験制度改正同志会委員朝比純治、上村進、竹平治作、文官高等試験判検事及び弁護士試験上帝国大学卒業生特権廃止、試験方法改正の賛同を来請。予我が意見を開示の後、其の示威的運動の不当を大に鳴らして深く責誡を加ふ。彼等厚く陳謝して去る。

平野光雄（時事記者）来訪。

此の夕、岡田氏来教。会する者二十一人。新元新子来会。後藤男一家、旅行にて来会せず。

三月十日　快晴烈寒

前十時商業会議所に赴き、伯刺西爾拓殖会社創立総会に列す。渋沢男会長と為り定款を議決し、次で左記役員及び相談役を指す。

取締役　子爵酒井忠亮（会長候補）　川田鷹（専務候補）　男爵横山隆俊　藤崎三郎助　森田彦季　神谷忠雄　青柳郁太郎

監査役　各務幸一郎　千早正次郎　八木宗十郎

相談役　男爵近藤廉平　中野武営

尚予の発議に依り、全会一致を以て大浦子、渋沢男を推して最高顧問と為す。其の他二件を議定して散ず。

正午出勤す。松本技師長、崎戸より着京して出社し、事業実況報告を聴く。

宇高歎、松尾寛三夫人及び近藤久敬夫人来訪。

三月十一日　晴寒

朝、伊丹春雄男、茶話会入会書を携へ来訪。

山川瑞三（国民新聞記者）来訪。

近藤廉平男の代人来謝。

後一時登院して下院議事を傍聴す。山本首相、反対党の提する所の政党内閣認否、陸海二相資格開放、文官任用令改正、増師団要否、減税行否、以上五大問題の質問に答ふ。反対党員頗る噪し。

二時幸倶楽部に集ひ、外米関税廃止、朝鮮米移入税廃止請願の件を討論す。前者は不採択、後者は採択に決す。

夕刻散じて帰る。

山崎秀子、重野老母佳からずを来報。安、看に赴き、夜深く帰り報じて曰く、異條〔ママ〕無しと。

三月十二日　晴
今朝、安、玉川園に赴く。

前十一時出勤す。杉本氏出社。

後二時幸倶楽部例会に臨む。会する者約五十五人。南商務官の支那商況談を約二時間半聴く。

前田又吉（東京毎日新聞記者）来部し、面談す。

後、勝田男と対局して二局贏つ。日暮帰家す。

蔵重哲三氏（猪苗代水電会社技師）、長瀬川水位図表、同水位年表、福島県任田逓信省届書を調整して送付す。

則ち検閲捺印して之れを返す。

室田景辰氏（消防本部長）、前日の慰問を来謝。

三月十三日　好晴
正午出社す。杉本氏に礦業所長辞令を交附す。
後一時幸倶楽部幹部会に臨む。目賀田、原口両男、師団増加既定計画実行の必要を演述し、次で歳計予算問題を論究し、後研究会交渉、文政調査会設立献議案の件を協議す。
五時十金会を富士見軒に開く。会する者、平田、大浦二子、有地、武井二男、原、小松原、高橋三氏、予を併せて八人也。左の諸件を内議す。平田子、左の要件を内話す。
一、西園寺侯違勅事件善後策に関する実情を云ふに、本件に関し二月十二日、正親町、万里小路二伯、同族の誼を以て特に西園寺侯を駿河台邸に訪ひ其の処決を促し、侯は二伯に答へて曰く、忠言を深謝す、然し採否は即答し難しと。二伯、尚固く之れを促し、侯遂に真相を告げて曰く、予内諭を奉じて奉承する能はず其の責大なり、故に一昨十日参内拝謁して先づ山本伯を推薦し、後政友会総裁辞職の事を内奏す、翌十一日、十日附総裁辞表を作り之れを政友会幹部に送付す、事既に決す、唯発表の時機未だ到らざるのみ云々と。是平田子の語る所。是に依りて之れを観るに、侯の為すもの稍や恕すべきもの無きに非ず。唯政友会の情実纏綿とし違勅の責を秘して発せず、世上帰する所を知らず、是事体の軽重を解さぬ者、累罪と謂ふべき也。
二、予算及び減税法案に対する上院の体度。
三、文政調査会献議案の賛否。

後十時散会す。

安、玉川より帰る。

三月十四日　晴

朝、石川景蔵（太平洋通信記者）、時事を来問。

後一時幸倶楽部幹部会に列し左諸件を協議す。
一、研究会交渉裁判所構成法特別委員は、特に十八名と為す事。
二、同上委員会新聞記者傍聴請求の件は、議院法明文に依り允許を与へざる事。
三、対予算案及び所得税法案の方針研究。
後三時半予は江木氏を伴ひ研究会に到り、予前二件の決議を報告す。江木氏は文政調査会献議賛成の旨を返答し、併せて同氏提案小学校二部教授法普及要求の賛成を求む。

津田官次郎来部。講武資金若干金を与ふ。

夕、山本忠興氏来訪。則ち睦子縁談の件を告ぐ。

三月十五日　晴暄

前十時上院本会議に列し、遺失物法改正案を可決す。

散会後、徳川議長の招きに応じて各派交渉員各一人と議長室に集ふ。議長は委員会新聞記者傍聴允許の可否を諮詢す。代表員は許可すべからざる理由を一致決答して散ず。

直ちに幸倶楽部に赴く。幹部会を開き若槻氏財政意見を聴き、対予算及び減税法案方針を討論す。

木場貞長氏、研究会を代表して、文政調査会献議案原案賛成を来請。予は小松原氏と之れに対し、案中「権威」二字刪除の必要を主張す。

後一時出勤す。重役会を開く。皆集ふ。杉本氏をして崎戸礦業の実況を陳述せしめ、予次で将来資金調達の予想を演述す。

五時重役及び杉本氏を花屋に招き慰労宴を開く。神谷、村上二氏不参。款談九時に及びて散ず。

此の日、誠をして故岩永省一氏の葬を吉祥寺に送らしむ。

本日、下院は本会議予算案を開く。是に先だち在野各政党聯合は、将に大削減を加へんとし、政友会員は防禦大に勗むるも勢敵すべからず、遂に二委員を買収して僅に一票の差を以て原案可決を得る。此の日攻防戦頗る激しく、亦僅か五票の差を以て原案を通過すと云ふ。

昨、本多為蔵妻（大工）病死す。傭僕を往かせて之れを弔賻せしむ。

三月十六日　曇　日曜日

前十時平田氏を駿河台邸に訪ふ。遇ま山本首相、予算通過の件に就き来邸し懇談する所有り。暫く俟ちて去る。則ち子爵と対談し、子は山本伯の意を承り平和解決を求む。予は財政計画と減税法案矛盾の点を大に述べて、政府の責任的言明の必要を要する所以を論じ、併せて時局平和的解決の方策を弁ず。数時弁論し、午餐の饗を受け、後一時辞して帰る。

後三時伊東子を訪ふ。子又予算問題に対し平和的解決の必要を頗る切に談ず。予亦上院権能維持と平和的解決との調和手段を論じ、五時に及びて帰る。

五時岡部則光氏、福井県小浜町長山田正隆及び吉岡喜兵ヱを伴ひ来訪、政府提案同区裁判所廃止案否決の事を懇請す。

昨来、小谷保太郎氏、氷上郡民総代の名を以て、柏原区裁判所廃止法案に関し同上の意を懇請し来る。

本夕、岡田氏来教。

三月十七日　夜来小雨　後晴

前八時半大浦子を訪ひ、議会形勢を談ず。

九時予算委員協議会に列し、曾我委員長発議に依り審査期限の件を協定す。

十時本会議に臨む。大正二年度総予算に関し高橋蔵相、要旨を説明す。次で裁判所構成法改正案外数件に就て質問答解有り。正午散会す。

後一時予算総会を開き、首相、蔵相交も立ちて質問に答ふ。三時散会す。

直ちに幸倶楽部に集ひ、選挙法改正案外二件の可否を協議す。

四時三島弥太郎子と華族会館に会し、予算策に対して大に研究す。対談二時間にて帰る。

後十時半三島子の請に依り牧野伸顕男の私邸に到る。三嶋子先に在りて三人鼎座し、予算難局解決方法に関し、経費節減財政計画確立の要点に関して山本首相責任を以て言明すべきの必要を痛論す。十時辞して帰る。

三月十八日　晴夜雨

前九時半登院し、予算総会に列す。

後二時山本首相の求めに応じて大臣室に到る。首相、大命奉戴以来の苦衷を詳述し、同情を以て予算の協賛に尽力せんことを切に求む。予は減税法案提出に対して五千万円経費節約の責任と陸海軍計画実行声明の必要の言明有るを論ず。首相は内閣大臣節約金額を予め約すの不当と国防問題は、財政梅塩の後に非ずんば明言し難き理由を以て答ふ。議遂に協はず、互ひに熟考を約して別る。直ちに幸倶楽部に赴き、小松原外数氏と予算策に対して論究す。石川景蔵（太平洋記者）来訪。

後六時三嶋子と華族会館に会して前事を協議し、七時帰る。

此の夜、重野紹一郎氏、自己進退の件及び坂崎氏遺族救助の件を来談。

徳川頼倫侯来謝。金士伊勢太亦来謝。

三月十九日　雨

前九時幹部員と幸倶楽部に会し対予算問題を協議し、予委員と為り山本首相と交渉を決す。

十時過ぎ登院す。三嶋子と前事を協議し、相伴ひ山本首相を大臣室に訪ふ。政費五千万円節約言明の事を懇談的に交渉す。首相固執して聴かず。此の時本会議有り、予は前故を以て之れに列す能はず。

直ちに予算総会に列す。質問弁論数時間に渉る。午後五時結了し、明日を以て分科会に附す。

再び幸倶楽部に集ひ、予算問題及び裁判所構成法改正案附属法案の可否を協議し、原案可決を内定す。区裁判所廃止案亦其の中に在り。地方人反対運動頗る激しと雖も、行政整理の断行上止むを得ざる也。

七時伊丹春雄男の招きに応じ香雪軒宴に赴く。有地、杉渓、安場、坪井の諸男来会。十一時辞して帰る。

安、此の日玉川園に赴く。

三月二十日　半晴

前十時第一分科会に列し、大蔵省所管予算を質問す。後三時に及びて散ず。

代議士鵜沢宇八、区裁判所廃止反対を来請。之れを謝絶す。

幸倶楽部に集ひ、諸法律按採否を議す。

清浦奎吾子来部し、東亜同文会補助案の賛成を請ふ。予、有地男と之れを聴く。夕刻帰る。

夕、試験制度改正同志会委員海老原重、杉浦茂雄二人、改正案賛助を来請。急決の難を説示して別る。

平野光雄及び昌来訪。

安、玉川より帰りて、老母益々佳しと云ふ。

三月二十一日　小雨風有り　春季皇霊祭

朝、松本恒之助、筑田和平来訪。

山之内一次氏（内閣書記官長）来謝。

安、新元新子を伴ひ有楽座に赴く。

三月二十二日　陰

前十時上院本会議に列す。刑事略式法案第二読会に当り、予は委員会予告法削除の不当を論ず。富井博士、修正維持説を述べ、予は松田法相の意見を問ふ。法相は以て両説何ら異義無しと決すと答ふ。予は其の無責任を大に責め、採決に及ぶ。多少確認できず、議長は記名投票に依りて決を取る。

修正案可、則ち委員説の者　百十二

原案可、則ち予の説の者　九十六

十六票の差を以て予の説敗る。蓋し研究会、茶話会、無所属皆修正案賛成の事を会員に予告す。予は議場に於て初めて修正案を見て咄嗟に反対説を発す。多数を得ざるは、亦止むを得ざる也。

議事散会後、直ちに徳川議長の需に依り各派交渉委員各一人と議長室に集ふ。議長、昨年の例に依り議員支那視察の件を内談す。予等皆同意を表して散ず。

松田法相を大臣室に訪ひ、区裁判所廃止法案反対気焔頗る盛んなるを告げ、相当の処置を採るの必要を忠告す。幸倶楽部輿論を以て原案通過に決す故也。

〔欄外〕研究会輿論、殆ど反対に決す也。

後一時第一分科会に列し所得税誅求の事実を大に述べ、政府の反省、徴税吏の戒飾を求む。勝田次官、充分注意を払ひ戒飾〔飭〕を行ふべきの意を答ふ。

二時半第五分科逓信省部に出席し、大北会社、上海、浦塩両海底線特許終了後の処分を質問す。元田逓相、答弁を田中通信局長に譲り、特に秘密会を開き、大北会社及び民国政府交渉の顚末を答へしむ。

一、日本、新獲の長崎上海間電線新設の権は、千九百三十年（民国特許期限）に到る間、其の収入は之れを大北会社に与ふ。則ち共同計算の方法を用ゆる也。

二、旅順、芝罘間及び淡水川、石山間日本線通過電報亦共同計算中に入る。
三、小笠原の我が新線は、上海線と均一料金を以て広く西方、則ち馬尼刺、印度、欧羅巴、阿弗利加の通信に供す。
四、海外信料金、平均一割三歩を低減す。
五、大北会社、日露両国と同意して樺太沿海州間及び朝鮮図満口間を通聯し、露領西比利亜日本間の通信を供用す。
概要斯くの如く、上海、長崎間日本新線の収入は挙げてこれを大北会社に与ふるの譲歩は、名利頗る大と雖も、蓋し条約上の弱点、此に到る者か、此の点尚研究を要す。三時過ぎ例に依り幸倶楽部に集ふ。予の草す所の予算協賛に関する決議案を審議し、小修正を加へて之れを可決す。有地男を伴ひ研究会に赴き、三島子、吉川男、山田氏に之れを示して其の同意を獲る。尚数件を交渉して七時帰家す。

三月二十三日 曇　日曜日

会期切迫の故を以て本会議を開き数法案を決す。散会後、第一分科会に列す。各案質問を結了して後三時半散会す。

中村北海道長官及び西村事務官に面晤し、伊東子開墾地接続官林払下の件を嘱す。

代議士三輪市太郎、愛知県郡合併法案の可決を来請。

幸倶楽部に会し、予算委員定員九人増加発案の件及び次年以降分科増設の件を協定し、三嶋子に移文して同意を求む。子、電話にて賛同の意を答ふ。

家兄上京して来訪。

夕、岡田氏例の如く授業に来る。

三月二十四日 小雨終日

前九時半幹部員と談話室に集ひ、裁判所構成法改正案及び関係の区裁判所廃止法案等五法案可決の手順を協議し、一致賛成の事を会員に注意す。

十時本会議に列し前項諸法案を議し、賛否演説交も起る。正午休憩、後一時再開し、無記名投票を以てこれを決す。

原案を可とする者　百九十四
否　とする者　四十五

多数を以て原案を可決す。蓋し研究会員中反対者有る為め也。此の間、奥田文相は西園寺侯違勅問題及び文相対読売新聞記者の元老勅旨下降先例問題の談に対する物議沸騰の事情を挙げて、救解を懇求す。則ち平田子と謀り、発論者関清英氏に向け勧説を行ふ。氏略ぼ之れを諒す。

二時第一分科会に列す。予は各派を代表し行政財政整理実行を以て財政基礎確立の条件を発議し、予算全部協賛の意を述ぶ。満場賛成して之れを可決す。

又、各派領袖に予算委員増員動議提案を交渉し、発議者又は賛成者の署名を行はしむ。

四時、幸倶楽部に集ひ諸法案採否を協議す。

五時、幹部員、多額議員懇親会を華族会館に開く。食後、多額議員数名、各意見又は希望を演述す。予亦白人対黄人対抗の趨勢を演説し、対外研究の注意を促す。十時散じて帰る。

此の日、松田法相は秘書官福井準造をして裁判所構成法諸案可決尽力の恩を来謝せしむ。

本夕、家兄帰途に就くを見、安等之れを新橋駅に送る。

三月二十五日　雨

前八時半山本首相の求めに応じて各派交渉委員と図書室に集ふ。首相曰く、今や会期切迫の時に当り所得税等減税法案を貴族院の議に上ぐる、切に議員諸君の精励審議を希ふ、若し止むを得ざれば内閣須く相当の処置を執るべし云々と。蓋し会期延長を諷す也。二、三質問する者有り、首相及び蔵相之れに答ふ。

九時予算委員会を開き、各分科主査、審査の結果を報告す。十時半休憩す。

十一時議員二百余人精養軒に赴き徳川議長答宴を開く。黒田侯、主人を代表して式辞を述べ、徳川公之れに答ふ。

後一時、再び上院に赴く。

一時半予算委員会を再開す。主査報告を終るや、目賀田男、下院修正減税施行期を大正二年度と為すの点を挙げ、若し上院之れに同すれば政府之れを如何に処すと詰す。蔵相、唯相当処置を取るのみと答ふ。議論将に大沸騰せんとし、曾我委員長則ち休憩を宣す。急ぎ各派交渉委員を内談室に集めて交渉の結果、法案決定に到る間、予算決議延期の議を決す。

三時委員会を開く。予、各派を代表して、予算決議を延期し以て法律と予算と相抵触の憂ひを防ぐべしとの動議を起し、全員一致之れに賛す。則ち単に質問を継続し、後追加予算数件を仮決す。四時過ぎ散会す。

此の時に当り、一方本会議有り、予等予算委員皆参列するを得ず。所得税改正案第一読会を開き、予等十八名特別委員に指定さる。則ち選挙会を開き、曾我子を委員長、徳川伯を副委員長に挙げ、明朝開会を約して散ず。

直ちに幸倶楽部に集ひ、所得税及び予算案に対する方策を討究す。論議百出し未だ帰結を得ず。七時過ぎ散じて帰る。

三月二十六日　好晴
此の日非常に劇忙、経過大略を左に記す。

前九時所得税改正法案委員会を開く。政府不同意の大正二年五月実施の修正案を上院若し可決せば、政府如何に之れに処すべきかの質問に対し、山本首相、高橋蔵相は交も、政府は大正三年一月施行の原案を固持すと雖も、若し上院、修正案を可決せば、万止むを得ず院議を敬重し、政費節約を断行し以て実施を謀るの外無き意を答ふ。

〔欄外〕午前十一時。

則ち小憩を行ひ、委員十八名内談室に集ひ方針を議す。遂に施行期限の勅令委任の議を決して、急ぎ幸倶楽部議員会を開く。予は委員内議の経過を報告し意見を問ふ。下院修正案を採るべしとの論大に起る。

時に山本首相、西園寺秘書官をして予に面談を求めしむ。則ち大臣室に赴き対話す。首相、三年度施行案通過を頗る切に求め、予は大勢動かすべからず、寧ろ断然二年実行の責任を採ること時宜に適すを大に痛論す。首相遂に之れを容れ、更に勅令委任の行ふべからざるを訴ふ。予則ち之れに同意し、尚首相をして研究会に交渉せしむ。

〔欄外〕正午。

返りて議員総会を再開し、前項経過を報告す。議員皆大に悦ぶ。次で土曜会の同意を獲、研究会亦之れに同意す。大勢大に定まる。

〔欄外〕午後二時。

則ち所得税改正案下院修正案を決し、予算全部可決の議も又決す。委員会を再開し修正案を可決す。次で予算総会を開き、予所得税法改正案可決の経過を述べ、予算全部原案可決すべしとの理由を論じて一致賛成を獲る。次で柳沢伯、予の草せし所の予算全部協賛理由決議案を述べ、是亦一致賛成を得る。

〔欄外〕三時。

〔欄外〕四時。

次で三たび委員会を開き、営業税法改正案審査を行ふ。質問弁論頗る激しく、則ち小憩を為す。将に方針を議せんとす、時に反対気焔各議員の間に欝勃す。

徳川議長、首相の嘱を受けて予及び曾我、三嶋両子、久保田男を一室に招き、営業税法の賛同を求め、且つ二、三日間会期延長の意を告げらる。予等形勢の不可を答へ、遂に徳川公の求めに依り、予と三島子と首相を大臣室に訪ひて通過困難の形勢を告ぐ。首相懇求して止まず。

〔欄外〕六時。

則ち四たび委員会を開く。各員質問の間、予及び曾我、三嶋両子、会場に於て首相に対し、形勢挽回すべからず延会亦徒労に属すべしと勧説し、亦小憩を行ふ。

〔欄外〕七時。

首相、遂に議長室に来りて曾我、三嶋、予の三人を招き、上院同情の厚を大に謝し、且つ営業税通過断念、議会延長中止の決心を告げらる。予は首相に勧めて有地男を招き参加せしむ。皆首相決心の時宜に適すを諒して散ず。

是に先だち、午前午後に渉り本会議二回開く。予等委員参加する能はず、此の間下院は予が嚮に痛論主張せる所の略式裁判法中予告方法削除の条文を復活し来る。院議之れを容れ之れを可決す。事は予欠席中に係ると雖も、予、前日主張の故大に諒す也。是又一快事に属す。

午後の本会議は、先づ所得税法案を議し、曾我子報告の後、予、登壇し賛成の理由を論述す。是徳川議長の注意に応ずる也。

諸般形勢大定の後、予亦夕本会議に列す。適ま試験問題記名投票の議起る。事固より小事に属し、院議亦略ぼ否決に定まる。予則ち散会に先だち退出す。

七時半早川千吉郎氏新邸開招宴に赴く。豊川、近藤其の他約二十余名既に宴を開く。宴後、室内輪奐の壮、書画器什の美を観る。驚嘆すべき。十一時辞して帰る。

本日の本会議、又予が前に起草して各派代表者と提議せる所の予算委員九名増員の動議を可決す。

本期則ち第三十議会は是に於て終了す。本期は政海波瀾を受け内閣更迭の余、上院議事は殆ど最終十日間に集る。激忙異常亦怪しむに足らず。

三月二十七日　晴
朝、山本首相親しく電話を以て議会平和終局斡旋尽力の労を篤く謝され、次で秘書官をして来謝せしむ。

十一時議院閉会式に列す。山本首相、勅語を捧じ之れを朗読す。直ちに幸倶楽部に赴く。

正午精養軒内閣員慰労宴に列す。両院議員集ふ者数百人。

一時出社して事を看る。

帰途、橋本氏輸入新自働車に乗りて快進社工場を観る。

四時前帰家す。

三輪市太郎氏（愛知県代議士）、合郡可決の恩を来謝。

六時男爵議員二十余名と偕楽園に会食す。款談湧くが如く、九時散じて帰る。

松本正之介来訪。

滝本藤助（氷上郡黒井村人）、池上平三郎添書を以て来訪。

三月二十八日　好晴

前十一時上院に赴き鉄道乗車券及び文書を受け取る。

幸倶楽部に到る。

正午徳川議長慰労宴に列す。内閣大臣、上院議員概ね集ふ。宴後囲碁し、二時過ぎ退散す。

直ちに出勤す。新聞号外、飛行機堕落、木村、徳田二中尉惨死を報ず。我が飛行界最初の惨事也。

三時過ぎ伊東子を訪ひ議会経過を談ず。時事を款談し、刀剣を賞玩して夕餐の饗を受く。十時辞して帰る。

広瀬満正氏来訪。

三月二十九日　快晴有風

朝、関亮（大和記者）、勝野秀麿（東方〔邦〕保険社員）相次で来訪。鈴木徳松来訪。

前十時上院事務局に到り歳費を領収す。

途、議長官舎に到り昨宴の謝意を表す。

直ちに華族会館に赴き、茶話会、無所属議員報告会に列す。会する者六十余名。予、幹部を代表して予算案、所得税、営業税法改正案に関して審査の経過及び政府各派交渉の顚末、議決の結果等を報告す。一時間余演述して了る。

正午過ぎ、懇親宴を開き併せて上院書記官を招く。食後、談笑して散ず。

後二時出勤す。

三時桂公を三田邸に訪ふ。小松原氏先に在り。共に時事を談ず。後、議会経過の概要を語り、後五時半辞去す。

松尾氏、土田睦子縁談を来談。

此の日、誠をして故草野門平氏の葬を青山墓地に送らしむ。

青柳郁太郎、伯剌西爾国に向けて発つ。人をして来謝。

夜、池上慶造、萩野栗蔵来訪。

安、新元新子を伴ひ有楽座に赴く。

三月三十日　好晴温和　日曜日
朝、原田東馬来訪。請ひに依り之れを大浦子に紹介す。
東郷安、竹腰正巳二男来謝。
十時半発、輝子を伴ひ玉川荘に赴く。老母症状大に佳し。
重野老人亦来訪。田中氏と花壇設計を視る。
後三時半発、帰京す。輝子、尚留る。
此の夕、岡田氏授業に来る。

三月三十一日　好晴昨の如し
前十時徳川議長通知に依り各派交渉委員三十余名と其の官邸に集ひ、支那視察員撰定の件及び飛行機惨死二中尉遺族賑恤醵金の件を協議す。了りて幸倶楽部に小憩す。

正午山本首相の招きに応じて官邸午餐会に赴く。来賓、上院正副議長、交渉委員、国務大臣等五十余人。予は曾我、三嶋二子、有地男と首相、議長列座の第一席に列す。主客交謝の後、款談湧くが如し。遂に第一卓より発議し、自今外賓招宴を除くの外、シャンパン酒に代へて日本酒を用ひ広く一般普及に勉むる件を決定す。二時過ぎ退散す。

上院事務局に赴き、恩賜韓国併合記念章を領収す。

再び幸倶楽部に小憩し、原氏と囲碁す。

後五時鉄道協会評議員会に列し、二年度予算を議し之れを可決す。次で協会新築案を議す。未だ決せずして先に去る。

六時帝国飛行協会評議員会に列し、航空協会と合同の件を可決す。晩餐を共にして散ず。

此の日、新橋駅長高橋善一氏勤続表彰記念の為め金参拾円を寄贈す。

松本恒之助氏来訪。

此の夜就寝後発熱悪寒し、之れを計るに七度五分に達す。則ち解熱剤を頓服して臥す。而して流汗淋漓す。

四　月

四月一日　好晴
朝、男爵議員山名義路男来謝。
矢田部起四郎来訪。
本夕、内田民政長官瓢屋招宴の約有り。予は就蓐静養の故を以て辞して赴かず。
乃ち夜小熱昨の如し。按摩を呼び術を受く。

四月二日　晴後曇
前九時半首相官邸に到り招宴の謝意を致す。

十時出勤す。

十一時各務氏を伴ひ三菱社に到り、崎戸資本供給の件を協議す。豊川、南部、江口三氏出接し、何等要領を得ずして去る。

安、幼児三名を携へ玉川園に赴く。

輝子、新元新子を伴ひ有楽座美音会に赴く。

後五時伊藤医を延き診治す。熱度八度に昇り、曰く流行性感冒（インフリューエンザ）也と。蓐に就き温養す。

広瀬昌三来訪。請ひに依り猪苗代会社奉職保証状に捺印す。

四月三日　曇　神武天皇祭
広瀬小照、救急を来請。則ち数十金を貸与す。

荻野栗蔵、九炭社傭用の事を来請。

後四時伊藤氏来診。体温八度六分に昇る。

坪井九八郎男、電話にて報じて曰く、華盛頓《ワシントン》前十時発電、米国中華民国を承認を報ずと。蓋し英独両国亦続きて承認を与ふべし。

安等、相伴ひ夜に入りて帰る。

四月四日　晴暄
午後、紅葉屋銀行、行員をして借款手形改訂に来さしむ。
伊藤氏来診。後七時後、体温常に復す。
此の日、誠をして木村、徳田二中尉の葬を青山に送らしむ。

四月五日　好晴温和　後有風
朝、安は誠以下諸児及び新子を伴ひ、柴又辺り観光に赴く。

杉謙二（華族画報社長、本郷区西方町十、電下谷三三二一番）来訪。

小林清一郎、鬼怒川事件配意の謝意を来述。

鈴木徳松来訪。

五時伊藤氏来診。此の日熱無し。

四月六日　晴有風　日曜日
松尾寛三氏、川相技師の事を来問。
此の夕、岡田氏来教。会後、長嶋隆二氏の請ひに応じ、同氏をして桂公邸に赴かしめ其の業を初めて授けしむ。
伊藤氏来診し、尚少し熱存し薬養を要すと云ふ。

四月七日　晴暖
午前、守屋此助氏を招き九州炭礦会社前途経営の方針を協議す。
午後、誠をして内田正敏男夫人の喪を青山墓地に送らしむ。
安、諸児を伴ひ小川写真店に赴き撮影す。

四月八日　陰雨朝暮に亘る
朝、島安次郎氏、嚮に嘱せし所の伊東二郎氏の性行を来語。
午後、伊藤氏来診。熱無し。

四月九日　雨雪に交り寒　後晴
前十時東邦火災保険会社重役会に臨み、前期一年間（三月末日終了）損益決算を議決す。春来、神田、沼津其の他大火頻発し賠償は巨額に昇る。之れが為め八万余円の欠損を生ず。亦止むを得ざる也。

正午出勤す。

後五時伊藤氏来診。快癒。

夜、鈴木徳松来訪。

四月十日　晴冷
朝、関亮（大和記者）来訪。

前九時半玉川荘に赴く。安、季児を伴ひ次で来る。

黄昏独り帰家し、安等留宿す。

滝本藤助（氷上郡黒井村人）、池上平三郎及び外祖父田川藤三郎添簡を以て、書生寄寓と為るを来請。

森本是一郎（広島県森本実業女校主）、船越男添書を携へて来訪し、揮毫を請ふ。

四月十一日　晴冷

朝、森本是一郎来請の揮毫を即夜廿五葉書す。

岩倉倶道男、時事を来談。

鈴木徳松、英修作を伴ひ樺太縦貫鉄道建設方針に関して来り、教へを請ふ。

後一時出勤す。各務氏、三菱社起債望み無きを内報す。

小林清一郎、花岡鉱山助言を来請。之れを謝絶す。

松元剛吉氏来社、近況を談ず。

細貝啓太郎（高師生徒）、滝本藤助寄養を来請。

此の夕、滝本生を召して之れを許可し、明後日より来寓せしむ。

四月十二日　晴温有風

朝、大地儀之亮（氷上郡和田村小野尻村人）、家兄添簡を以て来訪。請ひに依り之れを川田鷹氏に紹介す。

田辺勉吉氏来訪、九炭会社前途方針を内議す。

後二時幸倶楽部例会に臨む。支那視察員人撰委任の件を詢り同意を得、次で江木氏、委員会秘密会質問答弁の顚末を報告す。後、北米加州日本人土地所有禁止案を研究し、倉知鉄吉氏排日案の経過を陳述、予日本人被害概況を述ぶ。更に明後日を以て幹部会を開き研究を行ふに決す。夕刻散じて帰る。

此の日午前、加州排日案に対する意見を草し、之れを山本首相に送付す。警告を与へる也。

此の日、安は新元新子及び季児等を伴ひ小金井桜花を観る。

四月十三日　夜来風雨　後好晴　日曜日

今朝理髪す。

太田輝次、京城に在りて旧癖再発して酒色に耽溺、負債山積の消息を聞き、戒飾〔飭〕状を発付して之れを厳責す。糠に釘や否や未だ予知すべからず。

午後、小杉久蔵（大正民報）、補助を来請。之れを謝絶す。

安、諸児を率ゐて有楽座に赴く。

此の夕、岡田氏授業に来る。

是日、滝本藤助来寓、日々海南中学校に通学。

四月十四日　晴　夜に入り雨

桂公臥病を聞き今朝往問す。家人、昨来大に佳し、憂ふるに足らざる也と云ふ。

午前十時幸倶楽部幹部会を開く。平田子以下会する者十余人、米国加州日本人土地所有禁止法案政策に対し大に討論す。予及び目賀田、江木諸氏の所論、最も詳し。遂に委員を選び外相に就き真相を質すに決し、予、目賀田、高橋氏の三人委員と為る。午食して散ず。

後一時三人車を聯ねて牧野外相を外務省に訪ふ。外相は排日案経歴及び交渉真相を頗る詳しく語る。予等、事は国家体面に関し、若し一歩誤らば国論沸騰し、収拾不可の虞れ有るを切論して、政府の発奮して最善の処置を取るべきを切に希ふ。交も一時半間語りて辞去す。

後三時再び倶楽部に返り明日の再集会を決す。

時に田辺勉吉氏来り、嚮に予が内示せる所の九州炭礦経営方針に関して、山本條太郎氏及び古賀来尊二氏との秘密交渉の顚末を告ぐ。

郷誠之助男邸囲碁会に赴く。松方、藤沢、藤田、後藤、岩下其の他十余人集ふ。予と藤田、後藤外一人と対局す。晩餐の饗を受け、午後十一時帰家す。

此の日、横浜市平沼専蔵氏卒去の訃音を聞き、書を発して之れを弔す。

四月十五日　雨

前十時幸倶楽部幹部会を開く。会する者十余人。予、昨牧野外相と会談の顚末を詳しく報じ、尚運動を継続して山本首相等に警告する件を決す。

午餐後、田辺、古賀、来尊三氏を幸倶楽部に招き、九州炭礦と松嶋炭礦合同の件を内議す。

後三時出勤す。杉本所長崎戸より上京し、将来起業資金予算及び次年度以降営業予算を提出す。其の調査頗る悲観に渉り、大正三年十一月に至る四期間、利益配当停止に主眼在り。是蓋し三菱会社の執りし所の流儀也。詳しく説明を聞く。

松尾寛三氏、崎戸字栗崎土地の利用を来請。松本氏をして之れを調査せしむ。

四月十六日　前陰後晴

前九時半各派交渉委員各一人、予（茶話会）、有地男

（無所属）、吉川男（研究会）、松浦伯（辛亥倶楽部）、小沢男（土曜会）、千頭清臣氏（交友倶楽部）、徳川議長の招きに応じ其の官邸に集ふ。支那視察員選定の件を協議し、議長指名に依り松平親信子（研究会）、曾我祐準子（土曜会）、東郷安男（無所属）古市公威氏（茶話会）の五人を選定す。茶話会員に関し、議長は予の参加を勧告され、予之れを辞して古市氏を推挙せる也。次で予、議長承諾を得て、各派員に対し、北米加州排日案外相問答の顚末を演述す。更に各派代表員と共に、山本首相に対して上院有志議員の希望を提出するを提議し、概ね其の同意を得る。

正午、華族会館に赴き吉川男と議す。電話に依り明日午後一時を以て山本首相会見の承諾を得、予、目賀田、高橋、小沢、吉川男の五人、同行往訪の約を定む。

有地男と幸倶楽部に赴き、前件の順序を談ず。

午餐後出勤す。佐野貞吉来社。

日本興信所員佐久間貞治、其の株式一株の引受を来請。則ち承諾を与ふ。

後二時山本條太郎氏と帝国ホテルに会見し、九州炭礦、松島炭礦合併の件を内議す。其の勧告に依り豊川良平と直談の件を決す。

帰途、桂二郎を訪ひ前件を内談す。夕刻帰家す。

安、季児を携へ玉川荘に赴く。

此の夜、古賀春一氏（松島炭礦社長）来り、九炭松島二社合同の方法順序を内議す。

園田寛、満韓より帰り、本夕昌と来訪。来客対談中の為め逢はずして去る。

四月十七日　陰　夜に入り雨

朝、大地儀之亮、田辺勉吉氏来訪。

後一時兼ての約に依り小沢、目賀田、吉川の三男及び高橋氏と山本首相を其の官邸に訪ふ。予先づ加州排日問題に関し上院有志熱心憂慮の顚末を詳述し、左記覚書を呈す。

貴族院有志議員は米国加州に於る立法的手段に関し深甚の憂慮を抱くと雖も、合衆国は建国以来正義と人道の尊重を主持する所の者、必ず本件を両国間深厚交誼保持に帰着至らしめんとの確信を以て、政府充分意思疏通の道を尽すを希望す。

尚、其の旨趣を敷衍し、外相を経て之れを米国官憲に伝達の希望を述ぶ。首相深く之れを諒し、且つ上院議員慎重の注意を謝す。

次で首相は、五年前学童離隔問題沸騰の際に当り、遇ま米国に在りて大統領其の他と意見交換の顚末を述べ、排日問題解決困難の実状を語る。予亦帰化権を獲得し紛争原因を根本的解決の必要を述ぶ。交互に意見を尽し、二時半辞して去る。

目賀田、高橋二氏と幸倶楽部に到る。遇ま兼田秀雄（朝日新聞記者）、山川瑞三（国民新聞理事）及び電召せし所の森本某（日本電報通信社員）相次で来り、本件顚末を問ふ。則ち概要を筆記して筆写せしめ、且つ主意を説く。

電話を以て以上顚末を平田子、小松原氏に通報す。

四時過ぎ林氏を其の商店に訪ふ。田辺氏亦来会す。則ち九炭松島合同の意見を詳述し、桂氏其の他と後援尽力の同意を得る。七時過ぎ、辞して帰る。

此の夕、中村北海道長官北海道産米試食会に赴く参席の約有り。時無きを以て俄に之れを謝絶す。

安等、玉川より帰る。山崎秀子来訪。

此の朝、佐久間貞治（興信所員）来訪、引受株式払込みを行ふ。

又佐野貞吉来部、本邸火災保険続約を行ふ。

四月十八日　陰晴相交

新荘直陳子（上院議員）の薨去を聞き、織田子爵邸を訪ふ。夫人に面して弔意を述ぶ。新荘家夫人の実家也。

一時過ぎ出勤す。各務氏に対し松島合同の件を語る。

二時豊川良平氏を三菱社に訪ひ、崎戸炭礦三四期間経営困難、無利益配当の成算事由を詳述す。崎戸松島合同経営の利便を語り、併せて予の進退上の体面を陳べ、相当解決斡旋の労を取るを懇嘱す。

三時半本社に返る。

帰途桂氏を訪ふ。不在にして逢はずして帰る。

岩永裕吉氏（故有一氏嫡子）来謝。

夜、田慎治来訪。

安、玉川荘に赴く。

四月十九日　曇

朝、平野邦太郎（多紀郡味間南村人）、安井助蔵添書を以て来訪。

平野吉雄、中村敬太郎二氏来訪。来客中を以て之れを謝絶す。

午前、村上太三郎氏を招き九炭会社営業状体を詳しく語り、且つ松島炭礦と合同の計画を告ぐ。同氏大に賛成の旨を答ふ。

後一時出勤す。

二時半三菱社に到り、豊川氏に面して昨嘱せし所の回答を聴く。曰く、九炭松島両礦合同の議、事情頗る困難にして直ちに賛同し難しと。若し他策有らば之れを聴くを請ふ。則ち鳩首講究し時を移すと雖も、未だ明案を得ず、互ひに再考を約して別る。

九炭社に返る。小池国三氏来りて我れを俟つ。蓋し昨来九炭株価暴落し、一時払込額以下に陥つ。村上、小池諸氏皆驚き恠しみ来りて問ふ也。則ち営業状体及び両礦合同説等を説明して別る。

四時半自働車を飛して神谷伝兵衛氏を向島邸に訪ふ。途中数回停止し運転手屢降りて調節を行ふ。苦悶極り無し。五時過ぎ漸く達す。時に神谷氏、客を招きて宴を開く。則ち別室に延き九炭善後の計画を詳しく告ぐ。氏の意は頗る両礦合同に傾く。然し三菱社の同意を得ざれば断行為し難し。尚熟考を約し、氏の勧めに依り筵に列す。村上氏、和田氏、青地氏、伝蔵氏等、既に座に在り。神谷氏近時購ぜし所の支那玉器、七宝、堆朱其の他宝器を縦覧す。皆獲難きの重器也。蓋し近時慶親王其の他、騒乱の間販売さる所。酒間、米国排日論を縦論す。十時辞して帰る。

四月二十日　陰　南風雨意を帯ぶ　日曜日

午前、玉川荘に赴く。時に晩桜満開し爛漫雲の如し。真に盛観也。

午後、伊藤、河野二医老母を来診して、外見緩和を加ふると雖も、其の実衰弱稍加はり言語少し明了を欠く、蓋し心臓微弱の致す所、軽視すべからずと云ふ。乃ち安を留め、夕刻独り帰る。

此の夕、岡田氏来教。関男爵夫人、香西氏細君及び富田勇太郎氏（大蔵省官吏）、初めて来り参加す。

鉄道協会、予に建築調査委員を嘱托し来る。総数七人也。

〔欄外〕関夫人の名郵子。

四月二十一日　好晴暖和

朝、田辺勉吉氏、九炭善後の件を来談。

電話に依り大浦子及び関宗喜氏病状を問ふ。

後一時郵船会社に赴き、豊川良平氏還暦を祝す為め、有志贈呈に係る銀鋳寿像を観る。

直ちに出勤し、各務、田辺二氏に対し、神谷、村上二氏と協議の顚末及び明日を以て豊川氏と会見約束の事を告ぐ。

三時橋本氏自働車に搭り秦源祐氏を築地に訪ふ。不在、則ち帰る。

夜、安、玉川荘より帰る。荻野栗蔵来訪。

此の日、石川景蔵（太平洋通信記者）、加州排日事件に対する意見を来問。大に東西文明融和の必要を論じて之れに答ふ。

四月二十二日　陰　時小雨

朝、石川景蔵、談話筆記の点削を来請。諾して之れを返す。

秦源祐氏、舞鶴共有地処分の件を来談。乃ち全部急速売却の事を協定し、之れを家兄に転嘱す。

後二時幸倶楽部に於て陸軍大佐中嶋正之氏の露国対日本観察談を聴く。会する者約五十人。日本に対する敵愾心今尚盛んと云ふ。

四時神谷伝兵衛氏主催に依り、豊川良平、和田豊治、村上太三郎氏と新福井に会飲す。九炭善後策研究会を開き、皆松島合併の実行難しと感ず。他方法を講究すべしと約して午後九時半散ず。

昌電話を以て、吉田平吾司法省転任の件を協議し来る。同意の旨を答ふ。

此の日、誠をして故上院議員新荘直陳氏の葬を青山に送らしむ。

四月二十三日　小雨断続

朝、副嶋延一来り、九炭松島両社合同の急要を論ず。

午後、関宗喜氏の病を青山邸に問ふ。

二時出勤す。村上太三郎氏、林謙吉郎氏を招き、合同問題の経過及び将来運為の方針、昨夕会同の結果を談じ、和田氏に嘱して三菱社と調停の手段を試みしむ。

四月二十四日　好晴

杉謙二（華族画報社長）来訪。請ひに依り家族写真全部を貸与す。

前十一時出勤す。神谷氏来侍し、和田氏調停嘱托及び豊川氏面談の顚末を聴く。

後三時豊川氏を三菱社に訪ひ、九炭松島合同談真相及び予の之れに対する体度を談じて誤解無からしむ。

四月二十五日　晴

朝、松元剛吉氏を招き、橋立鉱山礦区税滞納の結果、累を太田雄之に及ぼす顚末を談じ、速かに相当処置を取らしむ。

前十時桂二郎氏を訪ひ、三菱社交渉の経過を告ぐ。

十一時幸倶楽部午餐会に列す。食後、予は支那視察員選定の結果を報告し、次で加州排日法案問題に関し、各派交渉、外相首相訪問応対弁論の顚末を報告す。約一時間半にて了る。

二時神谷氏電話に依り、和田豊治氏来りて三菱会社は九炭松島両社合同に不賛成の決答を告げ来るを報ず。

乃ち林氏を其の商店に訪ひ前項を告げ、之れを副島等有志株主に報ぜしむ。

東邦火災保険会社総会に臨む為め同社に到る。会既に終了す。

三時出勤す。桂二郎氏を招き三菱社の決答を告ぐ。

副島延一氏来社し乃ち前項の経過を告ぐ。氏熱心に善後策計画の必要を論ず。諭して之れを返す。

安、季を伴ひ玉川荘に赴く。

四月二十六日　陰後小雨

前十時幸倶楽部幹部会に列し、高等師範学校廃止の非を議す。江木千之、小牧昌業二氏を委員に推し、之れをして文部大臣に交渉せしむ。

時に守屋此助氏来訪。則ち三菱借款増加交渉及び松島合同問題の経過を詳しく告ぐ。氏、尚合同を主張す。

正午、支那視察員尾崎三郎〔良〕男、東郷安男、古市公威氏送別会を華族会館に開く。会する者約三十人。

後二時田辺貞吉氏を幸倶楽部に招き、九炭会社対三菱会社交渉顚末を告ぐ。

四時出勤し、各務氏と進退の件を内談す。

又豊川氏を三菱会社に訪ふ。氏は過日来交渉事情に関し悟する所有る如し。決答の理由を釈然と説き、予亦事件の真相を告げ、流言取るに足らずと談ず。後遂に予社長辞退宿願の件に言及し、氏は暫時延期を切に求む。五時半に及び別れて去る。

夜に入り安等帰り来る。

四月二十七日　陰後小雨　晩霽　日曜日

朝、田中浅太郎、青森県下共有銅山の件を来談。

矢田部起四郎来り、請ひに依り之れを石橋絢彦氏に紹介す。

平岡重太郎、東京ダイレクトリー購買を来請。之れを許す。

午後、渡辺嘉一氏、鉄道院副総裁更迭の説を来談。其の不可を説く。

此の夕、岡田氏来教。会する者三十余人。

四月二十八日　陰湿　時に小雨

前十時若宮氏の嘱に依り東邦火災保険社員出張所主任を幸倶楽部に集め、営業方針を訓示し、且つ各地事情を聴く。約一時半にて散ず。其の人名、左の如し。

大阪	倉持勝次郎	京都	奥村久三郎		
広島	鈴木清作	九州	白山	等	
名古屋	荒川三郎	横浜	小林助太郎		
仙台	新津政造				

十一時出勤す。

後一時重役会を開く。各員皆集ひ左二件を議し之れを決す。

一、三菱会社より更に起業資金百三拾万円を借入の事。
二、本期決算、純益僅少を以て株式配当を行はず、之れを後期に繰り越す事。

守屋氏来社し、切に営業状態の改善を求めて去る。

田辺勉吉氏に対し、五月末を以て主事辞退の件を諭す。

後五時三菱社に到り、豊川、江口二氏と会見し、前記議決の旨趣を述べて其の賛同を求む。

四月二十九日　陰

午前、神谷伝兵衛氏来訪、九炭経営の件を交談す。

後二時出勤す。

各務氏、崎戸に向けて出発す。

守屋此助氏来社し、九炭松島両社合同の必要を大に主張し、大株主会開催要求の意を述ぶ。

午後五時鉄道協会に赴き岩倉鉄道学校評議会を開く。前年度会計決算報告を議決し、評議員及び幹事、理事改選を行ふ。総て重任に決す。

四月三十日　好晴

午前十時半豊川氏を小石川邸に訪ひ、守屋氏請求大株主集会の件を談ず。後時事を閑談し、午餐の饗を受けて午後一時辞去す。

直ちに出勤す。願に依り主事岡田修の嘱を解く。

各重役に対し、明日午後協議会開催の事を通知す。

五　月

五月一日　風雨、夜に入りて霽

後一時各重役（各務氏を除く）を本社に集む。遇ま守谷氏来訪。則ち共に同氏請求大株主召集の可否に係り協議す。同氏去りし後、之れを謝絶に決す。

五時半大浦子を訪ひ病を問ひ、且つ時局趨勢を談ず。

夜、守屋、林二氏来訪、崎戸松島合同問題に関して大に上下議論す。深更に及びて去る。

今朝、大森松四郎（毎夕記者）、時事意見を来問。

五月二日　半晴

前十時半桂二郎を訪ひ、彼の合同談経過を談ず。

正午出勤す。技師補萩野貞一辞職允許の件を決す。

後三時五十分上院支那視察員徳川慶久公、蜂須賀茂昭侯、曾我祐準子、松平親信子、古市公威博士を新橋駅に送る。尾崎三良男、東郷安男、加藤恒忠氏等は既に先発して此の列には在らず。

此の日、請ひに依り書を以て金灌泰（慶尚南道巨済郡西部面西下同人、現任郡書記）を山県政務総監に、川口国太郎（三原町郵便局長志願）を多田広島管理局長に推挙す。

安、玉川荘に赴き、則ち夕帰る。

五月三日　夜雨暁霽れ　午後大雷雨
前十一時発玉川荘に赴く。安亦次で来る。
園内杜鵑花盛んに開き絢爛燃へんと欲す、紫藤逆さに懸かり、紫瀾の潮、共に近年稀有の盛観也。

五月四日　好晴　日曜日
朝来園内を倘佯す。独占三春の美、快言ふべからず。

午後、児女来会。

伊藤氏、老母を来診して云ふに、稍や佳兆を呈すと。

夕刻、相次で帰宅す。

此の夜、岡田氏来教。

此の日、武石浩坡なる者、大阪朝日新聞の企てに応じ飛行機に搭りて鳴尾を発ち、大阪を経て伏見に赴く。将に着陸せんとし俄然墜落して死す。之れ我が邦航空界第二回の惨事と為す。悼むべき哉。

五月五日　晴
朝、橋本五雄来訪。

隣家日高栄三郎氏、青山に移居し告別に来る。

後二時出勤す。

四時鉄道協会に赴く。五時評議員会を開き、前年度事務及び会計報告及び会員入退の件を議決す。

八時山之内内閣翰長を其の官邸に訪ひ、園田寛身分の事を嘱す。拓殖局廃止近きに在る為め也。

五月六日　晴又陰　冷
午前、田浩、園田里美の二児、各其の母に伴はれて初めて来る。

午後、桂公及び息与一氏の病を三田邸に訪ふ。

二時出勤す。

四時半近藤廉平男の招きに依り日本橋倶楽部豊川良平氏退隠祝宴に赴く。来賓、豊川氏、牧野、山本、元田、大石、岩崎久弥氏等約五十余名。七騎落能楽及び芸者手踊りの余興有り、頗る盛酬を為す。十時散じて帰る。

五月七日　好晴温和

前十時発、玉川荘に赴く。

第一聯隊一中隊来憩。

山崎老母、老母の病を来問。

安、山崎氏の新築邸を問ふ。

此の夕、池上、荻野の二生来訪。

又昌、寛二姪を招き、寛進退に関し元田、山之内二氏と懇談の顚末を伝ふ。

五月八日　好晴

午前、関亮（大和記者）、時事を来談。

福田純一、沖男家政整理の状況を来談。

後一時出勤す。各務氏、昨夕崎戸より帰りて出勤す。其の報告を聴き、且つ来る十三日重役会議案前期決算編成方法等を協議す。

二時桂、林二氏を桧物町日本活動写真会社に訪ひ、九炭株主要求善後の方法を協議す。

三時半東邦保険社に列して近時営業状体を聴く。

安、幼児二人を携へ玉川荘に赴く。

五月九日　陰　冷湿　夜雨

後一時出勤す。

田辺貞吉氏、九炭社善後意見を来談。

安等、夕刻帰宅す。

五月十日　陰寒　正午雷雨降雹　後晴

後一時出勤す。各務氏と三菱社借加増加契約案を協定し、同社に交渉せしむ。

四時電車に搭り山崎四男六氏を幡谷新邸を訪ふ。内外を一見して後六時帰家す。

夜、鈴木徳松、荻野栗蔵来訪。

五月十一日　好晴冷涼　日曜日

前十一時発、玉川荘に赴く。岩佐来候。

夕、雅、勲の二児及び滝本生を伴ひ帰る。

夜、岡田氏来教。川上直之助氏新参加。

此の日、渡辺望（士官候補生）来訪。

中山龍次氏、将に顧問招聘に応じて支那に赴かんとし、告別に来る。

五月十二日　晴後曇
午前、関北溟（東亜評論）、志津野又郎（鉄道時報）来訪。

後一時出勤す。

二時幸倶楽部総会に列し、江木氏の高等師範学校廃止反対運動報告を聴く。後、尾崎男と囲碁す。

夜、荻野栗蔵来り、鯰田礦応聘の希望を答ふ。

昨夜来勲児発熱し、伊藤氏を延き診治す。

五月十三日　陰雨冷湿
前十一時出勤す。
後一時重役会を開き、第十一期決算及び総会議案并に三菱社起業資金百三十万円借款案を議決す。後、田辺貞吉氏発言に依り秘密会を開き、崎戸炭礦買収方三菱会社交渉開始の件を内決す。
此の日、山鹿昌治をして、故上院議員秋月新太郎氏の喪を牛込区若松町邸に弔せしむ。

五月十四日　好晴
前九時豊川氏を小石川邸に訪ひ、昨内議せる所の三菱会社崎戸炭礦買収の件を懇談す。氏頗る難色有り。

後一時出勤す。

一時半豊川氏返答を聴く。答へて曰く、同社目下巨費の固定不便と、四囲事情買収実行不適の二事由に依り、止むを得ず之れを謝絶す云々と。則ち之れを田辺氏等に転報す。

二時半故大久保公墓碑を参拝す。是に先だち重野安繹翁、明治天皇の勅旨を奉じて神道碑文を譔び、日下部東作翁之れを書し、宮内省は砲兵工廠に命じ銅を以て之れを鋳造す。頃日建築功畢り之れを利和侯に賜る。是日三十五回忌辰に膺り奉告祭を行ふ。親戚故旧を招きて参拝せしむ。碑身高一丈余、巍然瞻仰すべき也。

五月十五日　陰寒　細雨時に到る
朝、田辺勉吉氏、九炭重役組織改正の件を来談。

水尾訓和氏来り、旧小城藩士秩禄追給処分に関し大蔵主任官督促の件を嘱す。

後一時出勤す。

四時各務氏を伴ひ豊川氏を三菱社に訪ひ重役総辞職の可否を内議す。氏は不同意の旨を答ふ。

不在中、河手恒三（熊本農学校長）来訪。

五月十六日　陰雨冷寒晩秋の如し

午前十時重役会を開く。神谷、賀田二氏の外来会。昨豊川氏と交渉の顚末を報告す。

此の日、三菱社と百三十万円貸借仮契約を交換す。

後一時平井晴二郎氏を其の官邸に訪ふ。氏は支那政府顧問の聘に応じ、将に北京に赴任せんとする故に、之れを慰問する也。

同気倶楽部に到り、佐々田懋氏を招き囲碁消閑す。

四時鉄道協会建築委員会に列す。

七時中山龍次氏北京に赴任を新橋駅に送る。

此の夜、岡部則光、荻野栗蔵来訪。

安、新元新子を伴ひ帝国劇場に赴く。

五月十七日　晴冷

朝、玉川老母容体不良の電話に接し、伊藤氏に往診を嘱す。安亦急ぎ之れに赴く。

後二時出勤す。加〔賀〕田氏来社。

三時半故上院議員得能通昌氏の葬を青山墓地に送る。

夜十時大久保侯玉川より帰途来訪し、老母容体不良、伊藤氏留宿の旨を報ず。

五月十八日　好晴有風　日曜日

朝、南里俊陽、小城藩士秩禄公債急速下付斡旋の事を来請。之れを山崎氏に伝ふ。

前九時半発、玉川荘に赴く。大久保侯、安居翁、山崎氏、佐野氏、重野蓉女、安等姉妹等、前後して皆来会す。老母症状昨来稍や佳く、皆愁眉を伸ばす。

松元氏、宮城県下鉱山買収の件を来談。之れを謝絶す。

此の日、滝本生をして故黒田綱彦氏の葬を善福寺に送らしむ。

夜九時半発、大久保侯、安居翁、安、誠、輝及び本多為三郎を伴ひ帰家す。

此の日、岡田氏事故に依り休会す。

五月十九日　快晴夕曇

前六時玉川別荘電話、老母危篤を報ず。安、倉皇として之れに赴き、亦伊藤氏に往診を嘱す。

松元剛吉氏、橋立金鉱納税代弁を来請。之れを許す。

福原俊丸男、立身方向を来談。
前十時半発、玉川荘に赴く。報を聞き来集する者、安居翁、大久保侯夫妻、山崎氏夫妻、武田夫妻、昌夫妻、寛夫婦、佐野実親氏等相次ぐ。重体朝夕を図らず、僅かに
干布爾《カンフル》注射に依り生命を維持す。
少閑、重野隠宅に赴き大久保侯と囲碁す。此の夜、伊藤氏宿直し、安居、山崎二氏留守す。

五月二十日　細雨濛瞑
此の日、下安子と文子と来問。武田、佐野等亦来る。病勢少し緩むを以て、夕刻帰家す。
夜九時田慎治玉川荘より来り、老母危篤の旨を伝ふ。

五月二十一日　陰冷
午前九時青山竹中に到り葬祭順序を協議す。
直ちに玉川荘に赴く。伊藤氏尚留宿し、重野紹一郎、菅田政次郎其の他来訪。夜に入り又危篤を報じ、暫くして又緩和す。
則ち大久保侯と囲碁す。

五月二十二日　半晴
病性稍や緩むを以て、朝伊藤氏帰京す。予亦次で帰京す。直ちに出勤し事を看る。
正午退出し帰家す。
此の暁、五時四十分強震稍や久し。
午後、園田寛、朝鮮転任の件を来談。
後三時発、玉川荘に赴く。

五月二十三日　晴暄
武田額三、室田夫人、吉田高、其の他来問。
十八日以来、主任医危篤を報じ虚日無し。親族知人枕頭に常に十余人集ふ。忽ち病勢稍や緩和し、伊藤、河野両医数日留宿す。

五月二十四日　快晴
前八時病勢大に悪く諸人皆枕頭に集ふ。唯僅かに微喘存るのみ、些かの苦悩も無く二十六分過ぎ安然長逝す。嗚呼哀しき哉。享年六十有九。
十時発、帰京す。直ちに青山竹中に到りて葬事斡旋を托す。又山口直治を呼び斎主を嘱す。葬儀店主赤堀某を呼

びて葬祭具一切の調達を托し、且つ墓地を検べ掘方を命じて去る。

不在中、織田子夫人、蠣崎夫人、若宮夫人等、昨今相次ぎ来訪。

午後、町田重備氏、逓信省経理局廃止内定の件を来告。

佐野貞吉来弔。則ち葬儀委員を嘱す。

坂田長之助来訪。

佐野実親、松元剛吉二氏来弔。

天皇陛下十八日来感冒、一昨夜侍医拝診。肺炎の為め体温時に三十九度を超ゆ。昨拝診書を発表して曰く、現状須く深憂すべからず云々と。切に迅速御全快を祈る。

安、誠等、深更玉川より帰る。

五月二十五日　半晴　日曜日

朝、前川万吉氏（氷上郡長）来訪。

昌夫婦、寛夫婦、慎治、大木彜雄、毛利元良、伊集院虎一（学習院生徒総代）、大木修、西村淳一、池上慶造、荻野栗蔵等相次ぎ来訪。

後一時参内し天機を奉伺す。

三時玉川荘に赴く。昨夜納棺既に了る。

五月二十六日　好晴

朝来弔問者相次ぐ。

後一時権大教正山口直治氏来園、鎮魂祭及び出棺祭を行ふ。次に清式を行ふ。

三時半柩を棺車に移して発つ。山口斎主先導し、佐野、田中二氏之れに陪す。予等親族約二十人、玉川電車に搭りて発つ。

五時棺車及び一行は青山斎場に着き、同二十分過ぎ葬儀を行ふ。山口斎主之れを行ひ神官二名之れに副す。親族知人会葬者約八十名。六時式了り直ちに埋葬を行ふ。七時埋棺祭を了りて退散す。

此の夜、佐野貞吉外数名をして謝状を製し之れを発送せしむ。状数四十余通。

此の日、田慎治をして故山本幸彦氏の葬を青山に送らしむ。

五月二十七日　陰雨滂沱

朝、大久保夫人来謝。

安、季児を伴ひ玉川荘に赴く。

後一時出勤す。

夜、荻野栗蔵来訪。

五月二十八日　好晴

朝、深野金市郎、八千代生命保険賛加を来請。之れを謝絶す。

八代吉郎、菊池和三郎、明治昭代史編修賛加を来請。又之れを謝絶す。

前九時発、雅子を伴ひ玉川荘に赴く。

不在中、重野安居翁、新元新子来謝。

大久保侯夫妻亦来園。

田中保太郎、愛知より上京し来訪。

後八時半、安、雅、季及び大久保一行を伴ひ帰京す。

五月二十九日　半晴後陰

蜂須賀茂韶侯、上院視察団に加はり旅行中、北京に於て発病の報を聞き、今朝同小山邸に到りて慰問す。

次で桂邸に到り、同公及び与市氏の病状を問ふ。

後一時出勤す。

三時伊東巳代治子を訪ひ久闊を叙す。

又大浦子を訪ふ。不在。

山崎氏来謝。

七時十分地震、緩やかにして長し。

天皇陛下聖恙日佳良にして昨今平熱平脈、殆ど全癒に近し。国家の為め歓喜限り無く、祝ふべき也。

荻野栗蔵来訪。

滝本生の請ひに依り、其の海城学校保証人に為る。

五月三十日　陰雨後晴

朝、田中通信局長、荒川済退隠止むを得ざる事情及び大井技師、中山龍次氏進退の事情を来語。

山之内内閣翰長電話、園田寛文部省転任斡旋の事を報ず。

後一時出勤す。

二時九炭第十一回総会を商業会議所に開く。異議無く無配当案を議して之れを可決す。次で臨時総会を開き、三菱会社より百三拾万円借款案を可決す。

次で重役会を開き、職員賞与及び田辺主事退職慰労金の件を決定す。四時散会す。

山口宗義氏来弔。

五月三十一日　晴温暖
朝、中村直敬来訪。

前十時出勤す。願に依り田辺勉吉氏主事の職を解く。

午後一時精養軒の平井、野村両鉄道院副総裁送迎会に列す。鉄道協会員所催、会する者百八、九十人。平井氏将に支那に赴任せんとする故に此の催し有る也。

三時華族会館に到り、川島甚兵ヱ製する所の、日本政府に寄贈されし所の阿蘭陀平和殿壁飾大綴錦花鳥織物を観る。精巧賞すべき也。

池上慶造来訪。

此の夕、昌、寛来談。寛、文部省転任決定の事。是奥田文相、元田逓相、山之内翰長及び岡部法制局長官の斡旋に依る也。

此の日理髪す。

六　月

六月一日　好晴　日曜日　夜雨
朝、二六新聞社員山崎賢次、大正名家録編輯参加を来請。之れを許す。

若宮正音氏、病癒へ来謝。

十時安、季等を伴ひ玉川荘に赴く。重野安居翁来荘。則ち相伴ひ田中筑関氏を訪ひ積日の労を謝す。

夕刻独り帰る。

此の夕、岡田氏来教、来会する者二十八人。

六月二日　好晴
正午、安、季等玉川より帰る。

後〇時出勤す。

一時幸倶楽部幹部会に列し、借地料増額拒絶の件及び予算据置の件を決す。

四時青山竹中に於て故重野伯母十日祭を行ふ。近親十余名参列し山口神官祭典を行ふ。式了りて展墓す。霊牌を駿河台重野家に移し、玉川荘関係終了を告ぐ。

此の夜、鈴木徳松、関西より帰りて来弔。

六月三日　陰後雨

前九時豊川氏を小石川邸に訪ひ、九炭株式譲渡の件を談ず。

後三時入江子、小沢、目賀田二男及び高橋氏と牧野外相を外務省に訪ひ、米国排日問題交渉顚末及び支那南北闘争善後の意見を質問す。約一時半間質問応答して退散す。

菅田政次郎、重野氏所蔵元人程政山水画双幅を携へ、購入を求め来る。乃ち八百金を投じて之れを購ふ。

矢田部起四郎来訪。

六月四日　半陰

朝、金士伊勢太教へを来請。

高木兼寛男、島津久賢男議員候補推薦及び幸倶楽部借地料増額の件を来談。

後一時農工銀行に到り、当座預金担保品返還の件を談ず。

一時半出勤す。紅葉屋銀行佐藤部長を招き、借款担保株券の返還を受く。

三時豊川氏を三菱会社に訪ひ、昨約に依り予所有九炭株式六千八百余株を譲渡し、代価弐拾余万円を領収す。

返りて九炭会社に赴き、佐藤氏と定期及び当座預金借款返済順序を行ふ。

菅田政次郎来訪。

安、本日玉川荘に到り葬儀関係者の慰労を行ひ、夜に入りて帰る。

六月五日　陰雨

朝、田中浅太郎、青森県折紙鉱山経営の方針を来談。

東都新聞社本間為次郎、広告補助を来請。

昨園田寛文部省参事官転任の報有り。拓殖局廃止の議既に決して廃官の惧れ有り、此の命は山之内内翰長等の斡旋居多。書を発して之れを謝す。

夜、石川景蔵（太平洋記者）来訪。

六月六日　陰霖

朝、八千代生命保険社員深津金五郎と保険契約を訂約す。

後一時出勤す。

蜂須賀邸、侯爵略ぼ全快の吉報を報じ来る。

六月七日　終日陰霖梅候の如し
家に在りて重野家葬祭残務を理す。
上宮教会堤義路来訪。若干金寄附を約す。
新元新子来る。

六月八日　晴暄　日曜日
前十時発、玉川荘に赴く。
午後、常吉徳寿氏、妻児を伴ひ来荘。氏は嚮に退官し東京に移り来る也。
夕刻、帰家す。
岡田氏来り、業を受くる者廿七人。

六月九日　晴暄
午後二時出勤す。
三時豊川氏を三菱社に訪ひ、九炭株券引受の件を談ず。
大阪株主の希望に応ずる也。
大浦子を訪ふ。不在。
関夫人来弔。
大久保夫人、重野病葬費幾部の寄贈を齎し来訪。

六月十日　半晴薄暑
朝、農業世界林瑛来訪。
午後、大久保侯来訪。故重野安繹翁家蔵書処分の件を談ず。侯頻りに予全部を購ひ保存の法を講ずるを勧む。話に次で囲碁し、夜九時に及び辞去す。

六月十一日　陰後小雨冷湿
午前、佐野貞吉来訪。

六月十二日　晴陰相半
前十時協同会幹事会を幸倶楽部に開く。高木男の外、小沢、有地、武井、吉川、真田及び予の六人集ふ。先づ来る十九日を以て春季総会を開き、堤正誼男を挙げて評議員の欠を補ふ件を決し、次で男爵議員候補者選定の件を議し、正親町季薫男の候補を削り、福原俊丸、島津久賢二男を挙げて候補と為す件を決す。二人選挙の前後に関して議論紛出し、決する所無くして散ず。
正午出勤す。坂田長之助に嘱して新元新、土田卯之助所有の九炭株を三菱会社譲渡の順序を行ふ。
後二時幸倶楽部例会に列す。予各委員に代りて、米国排日事件及び支那南北睽離事件に関して、牧野外相と問答の顚末を報告す。

次で樺太島人請求の上院議員同島視察希望の件を報ず。而して一人の希望者も無し。

次で臨時幹部会を開き、敷地借料引揚応否の件を再議し、略ぼ之れを応諾に決す。

散会後、足立氏と囲碁一番して別る。

此の日前十時、重野家二十日祭を青山墓地に行ひ、家人之れに参ず。予は余暇無きを以て之れに赴かず。

六月十三日　晴薄暑　午後小雨乍ち霽
午前、香西与一郎来訪、午餐を共にして去る。
後二時学習院の招きに依り登院し、第五寮長鳥野幸次氏より勲児成蹟を聴く。曰く文学の力実に儕輩に傑出す、唯代数、幾何の二科成蹟佳しからず惜むべし、大に此の二科に力を致すを希ふ云々と。
菅田政次郎来訪。

六月十四日　陰後雨
朝、坂本辰之助（国民記者）、行政整理に関して意見を来問。国際《ママ》経済整理の急務を挙げて之れに答ふ。

前十一時串田万蔵氏を三菱会社に訪ひ、大阪地方九炭株主株式譲渡執行の方法を協定す。

次で出勤す。田辺勉吉氏出社。

後二時電車に転乗し重野紹一郎氏を西大久保邸に訪ひ、成斎翁蔵書譲受の件を協議す。次で書画幅を観て夕餐の饗を受け、八時半辞して帰る。

不在中、平川潤亮、室伏高信（時事記者）来訪。

六月十五日　雨後晴暑　日曜日
前十時芝公園佐渡丸殉難紀念塔除幕式に列す。明治二十七年六月十五日、我が鉄道職員佐渡丸に搭りて満州に向ふ。偶ま玄海灘に於て露船の襲撃さるる所、殉難者百四十余人を為す。其の後、有志胥謀りて資を醵し高銅塔を建つ。高さ数十尺、上に橘姫像を安んずる。此の日落成式を行ふ。雨絲霧の如く、遭難当日と相似て感慨殊に深し。
新元新子、二月初めを以て母の病に来侍し、将に明夕を以て台湾に帰らんとす。乃ち同女及び重野翁、重野伯母、大久保夫妻、山崎夫妻を北野屋に招き、予と安と主と為りて小宴を張り餞意を寓す。款談三時に及びて散ず。田慎治、将に今夕を以て浜松工場に赴任せんとし、告別に来る。

此の夕静座会。会する者約三十人。

此の日時事記者内藤憲一来訪。不在にて逢はずして去る。

六月十六日　陰冷

午前、大井才太郎氏、退官事由を来陳。

後一時出勤す。

新元新子、夕七時発列車に搭りて帰途に就く。重野伯母、大久保尚、山崎秀等来送す。

夜、鈴木徳松来訪。

六月十七日　陰後晴

朝、柏原中学校長大塚薫氏来訪。

後一時三田桂公邸に赴き其の嫡男与一氏の喪を弔す。氏齢僅か三十二、公の悲歎察すべき也。

二時幸倶楽部に赴き、陸軍一等主計旭藤十〔市〕郎の蒙古視察談を聴く。東蒙古開発の急要を論ずること頗る切なり。

五時散会す。

此の夕、重野紹一郎氏来訪。

六月十八日　晴

天皇、皇后葉山に幸す。御摂生の為め也。

前十時前上院書記官仙石政敬氏紀念品贈与発起人数名議長室に集ひ、贈品を協定す。

十一時出勤す。松元剛吉氏来訪。

後二時鈴木徳松、加藤房蔵（日本憲法本論著者）を伴ひ来訪。則ち憲政運用の妙機を約三時縦談して去る。

夕、池上慶造、荻野栗蔵来訪。

六月十九日　晴暑

午前、草間時福、野口栄世氏相次で来訪。

高松市文昇堂、漆器を携へ来訪。

十時協同会春季総会を幸倶楽部に開く。来会者約四十人。

予、庶務及び会計を報告し、堤正誼男を推して評議員と為す。午餐を共にして散ず。

予と尾崎男と尚留り囲碁数番す。勝敗無し。

夕、菅田政次郎来訪。

帝国飛行協会磯部鉄吉氏来訪。

六月二十日　快晴暑

前九時蜂須賀侯を新橋駅に迎ふ。侯北京にて病を獲て今全癒し帰朝す。喜ぶべき也。

九時半出勤す。

十時電車にて玉川荘に赴く。田中氏を招き故重野老母香典金弐百余円を士官学校に向けての奨学寄付金寄贈を托し、又其の助力を以て文庫建設地の検測を行ふ。日暮帰家す。

六月二十一日　晴又陰

朝、黒沢廸氏来訪。氏は頃日罷官し帰京する也。

此の日、故星亨氏十三回忌日に膺り、前九時発列車に搭りて池上本門寺に赴き法筵に列す。展墓して帰る。

後二時桂与一氏の葬を青山斎場に送る。

新元新子台湾安着の電報に接す。

此の日、家兄の嘱に依りて坂野西部逓信局長に書を致し、川口国次郎三原局長候補詮衡の件を嘱す。

六月二十二日　細雨時に到る　日曜日

朝、南里俊陽、田中恒三（徳憐弟）来訪。

午後、大久保侯を訪ひ閑談囲碁数時して帰る。

三好重道氏夫婦、漢口より帰り来訪。

此の日、重野家弔賻謝状を調整し之れを発送す。葬祭事務全く結了を告ぐ。

大阪松本重太郎氏の訃を聴き、書を発して之れを弔賻す。

岡田静座会。来参者二十八人。

六月二十三日　晴暑

朝、荒川済、退官し長野より帰京来訪。

土田文次、山本綾子相伴ひ来訪し睦子縁談の件を談ず。

大久保夫人来訪。

後一時出勤す。

二時安立綱之氏と幸倶楽部に会見し、嘱に依り田浦築港会社創立の件に関して之れを横浜田中新七に紹介す。後囲碁四局し、皆捷つ。

此の日、大掃除を行ふ。

六月二十四日　晴後陰雨

午前、中川亀三郎、方図社賛助を来請。諾して多少補助して別る。

此の日、大掃除を続行し、文書を整す。

後五時床次鉄道院総裁の招きに依り、鉄道協会評議員と帝国ホテル晩餐会に列す。

六月二十五日　陰溽暑
朝、南里俊陽来訪。

前九時半鉄道院に到り床次総裁昨夕の招宴を謝す。

前十時出勤す。

十一時幸倶楽部午餐会に列す。会する者約三十人。

後一時五十分徳川慶久公、曾我祐準子、東郷安男及び河井書記官、支那より帰るを新橋駅に迎ふ。

再び幸倶楽部に返し、安立氏と囲碁八局して二局を輸す。

夕六時清浦子の求めに依り評議員数名と同気倶楽部に集ふ。同部維持策を審議し、食後田中氏と囲碁数番す。

重野伯母来宿。

六月二十六日　晴暑　八十度
八千代生命保険社員赤坂善次（医士）、新館謹次郎相次で来訪。南里俊陽来謝。

西原農園大橋只三郎、賛助を来請。

東郷安男、支那旅行送迎を来謝。

午後、田中浅太郎来り、青森県滝沢鉱山視察実況を報告し、共同経営の方針を協定す。

六月二十七日　晴
朝、重野安居翁を招き、老母発病以来葬祭の経過及び其の費用収支を告げて、一件書類を交付す。諸事全く結了を告ぐ。

水尾訓和氏、小城士族秩禄処分速決の助言を来請。

仙石政敬氏（前上院書記官）、紀念贈品の厚意を来謝。

後一時出勤す。木下淑夫氏、高橋善一勤続紀念醵金処分委員の受諾を来請。

夕、安は重野伯母及び諸児を伴ひ有楽座に赴く。

鈴木徳松、夜来訪。

六月二十八日　細雨時に到る
午前、松元剛吉氏、一時金融を来請。
吉田平吾氏上京して来訪。氏は嚮に函館税関長に転任し、会議の為め上京せし也。

重野伯母、玉川に帰る。

夜、武田夫妻、精一児を携へ来訪。

六月二十九日　半晴暑
朝、重野安居翁来訪。

前十時発、玉川荘に赴く。重野紹一郎氏、隼太児を携へ来園し、蓉子肺炎に罹ると云ふ。為めに幼児を老母に托して来る。夕刻、相伴ひ帰る。

松本正之亮来り、揮毫の嘱を受けて去る。

此の夜静座会。二十余人参座す。後藤男亦来る。

六月三十日　晴暑
朝、重野安居翁再訪。則ち九炭株価残部を交付す。

河手恒三来訪。

八千代生命保険社員新館謹次郎、赤坂善次来訪。則ち一千円廿年掛保険契約を訂結す。

後一時出勤す。松元剛吉氏来訪し返金。

五時十金会を富士見軒に開く。会員十名皆集ふ（平田、大浦、小松原、平山、有地、武井、原、高橋、一木）。平田子、教育調査会委員選定事情を報告。米国排日問題及び時事を縦談し、十時散じて帰る。

此の日、安、大久保、重野蓉子の病を慰問す。

七　月

七月一日　半晴暑

前十時四十分発列車に搭りて小田原に赴き、田辺翁を慰問す。翁近年神経痛に悩み行歩頗る艱し。偶ま関宗喜氏夫妻、塔沢に痾を養ふ。乃ち電話にて之れを召し、晩餐を共にす。後十一時帰家す。

〔欄外〕小田原に田辺翁を訪ふ。

七月二日　細雨断続

午後一時出勤して事を理す。

大久保夫人、高木医博士、重野蓉子を診断の結果曰く、結核性肺炎に係るを恐れると来告。果して然らば甚だ憂ふべき歟也。

七月三日　半晴

前八時半最急列車に搭りて崎戸に向けて発つ。後八時半大阪駅に着き、小谷哲等来迎す。直ちに桃谷邸に入り家兄、嫂と款話す。

〔欄外〕崎戸行き。

七月四日　細雨時に到る

前十一時桃谷邸を辞し、十一時四十一分梅田発急行列車に搭りて西行す。笠岡駅を過ぐ頃、日暮る。

七月五日　半晴　細雨一両過

前五時五十五分下関駅に着き、直ちに接続船に入る。前七時廿五分発列車に搭り門司を発つ。後一時十四分佐世保駅に着く。杉本礦業所長及び中嶋嘉則、船員を伴ひ来迎す。

乃ち車を聯ねて高砂丸に入る。四時崎戸港に着き、直ちに倶楽部に入る。所員数名来候し、食後囲棋或ひは球戯す。

七月六日　半晴　日曜日

前九時半礦業所に到り、杉本所長と場内作業実況を視察す。近時諸機関頗る順調に運転し、出炭日計は六百頓を超ゆ。今朝八時小浦丸入港し、数時して載炭を了り、後二時出港して大阪に赴く。

後二時小機関船に搭り、松本氏と浅浦堅坑工事を視る。菊池技師導きを為す。下風坑円筒煉化〔ママ〕工事は三百四十尺を了り、開鑿準備を為し、喞筒接続工事を行ふ。返りて土居浦に到り潴水池堰堤工事を視る。五時返りて倶楽部に入る。

七月七日　晴暑

前十時礦業所に赴き、作業状況を視て、又杉本所長に対し処務方針を指示す。

東邦火災保険社九州出張所長白山等、福岡より来島、田中丸善吉に対し紹介書を請ふ。諾して之れを与ふ。

此の夕、所員三十余名を倶楽部に招きて晩餐を饗す。宴中腹痛を感じ、安島医に嘱し薬を用ゆ。

七月八日　好晴

昨夜三時頃、腹痛漸く収まる。今朝、再び安島氏投薬を受く。

八時半杉本、白山二氏を伴ひ高砂丸に搭りて発つ。十時半佐世保に着く。市長内田政彦、税務署長栗田進、田中丸善吉、川副綱隆、中島嘉則外両三人来迎し、歓迎宴に臨むを請ふ。日程余暇無きを以て之れを固辞し、十一時十分発列車に搭りて発つ。

早岐駅に到り杉本氏と別る（氏は長崎に向けて発つ）。後五時廿五分門司に下車し、直ちに渡海。七時十分下関発最急列車に搭りて東進す。

七月九日　半晴

前五時備播国界を過ぐ。起床して展望車に入る。八時廿二分大阪に着く。小谷哲等来迎し直ちに桃谷邸に入る。

去る六日、有栖川威仁親王、舞子別邸にて薨去される。昨年来、肺患、荏苒遂に起たず。皇室第一玉葉継嗣無く祀絶に至る。哀しむべき也。此の日、舞子を過ぎ、覚へず襟を正して立つ。

久世義之助氏来訪。

午後、岩下清周氏、新田某求婚の件を来談。

〔欄外〕威仁親王薨ず。

七月十日　晴暑夜雨

前七時半桃谷邸を辞別し、八時廿二分発最急列車に搭りて東行す。適ま載仁親王検閲を了りて同車帰京さる。名古屋を過ぎて、豊川、各務二氏亦来投す。平沼駅に達して機関車失調し約四十分余遅延し、九時着京す。誠、正等来迎。

〔欄外〕帰京。

七月十一日　前晴後雨

前十時三年町有栖川宮邸に参し、威仁親王殿下の薨去を謹みて弔す。

十時半平田子を駿河台邸に訪ひ、時局趨移に関して意見を交換す。特に教育調査会及び文官任用令改正二件に関して協議する所有り。午時を過ぎて辞去す。

直ちに出勤し、来る十五日重役会召集の件及び佐伯技師辞職聴許の件を決す。

林謙吉郎氏を招き、京阪、京電二鉄道合同の件を談ず。氏は其の時機尚早と答ふ。

木下淑夫氏の来翰、新橋駅長高橋善一四十年在職表彰醵金処理の方法に対し、之れに同意の答を与ふ。

誠、今朝伊豆地方旅行に向けて発つ。

七月十二日　晴暑

故重野徳子五十日祭に当り、安及び児輩展墓す。

重野伯母、大久保夫人来訪。

午後、玉川荘に赴く。次で安は雅、勲、季三児、一童、一婢を伴ひ来園。

嚮に親族希望に依り故重野成斎翁蔵書全部を購入、之れを玉川萬象閣に移蔵す。此の日之れを点検す。

此の日途次、故林董伯の薨去を福沢捨次郎氏麻布仲町邸に弔す。

〔欄外〕成斎翁蔵書を購入す。

　　林董伯薨ず。

七月十三日　晴暑昨を過ぐ　日曜日

此の日、田中氏と禽鳥園工事を検べ、又茶寮増築設計を協議す。

午後五時発、帰家す。安等次で帰る。

静座会出席者約三十名。園田某来り加はる。

此の日、正児をして故林董伯の葬を青山に送らしむ。

不在中、松方正作、高橋新吉氏来訪。

夜、鈴木徳松来訪。

七月十四日　晴暑
午前、橋本五雄来訪。
佐野貞吉、身分保証を来請。諾して之れを与ふ。
島善四郎、乃木会賛助を来請。若干の補助を約す。
又若宮氏の請ひに依り、孔子祭会加入を約す。
夕、池上慶造、荻野栗蔵来訪。

七月十五日　快晴烈暑
後一時重役会を開く。神谷、田辺（貞吉）、各務、田辺（勉吉）及び賀田氏来会。予、崎戸礦業所作業視察の実況を報告す。四時退散す。
桂二郎氏を訪ひ、公爵病状及び同氏小恙を慰問す。

七月十六日　快晴烈暑昨の軼
桂公、五月以来荏苒臥病、客月鎌倉岩下別荘に転養す。適ま嗣子与一氏、壮齢を以て夭折す。政治上大蹉跌に加へ家門不幸を以て内憂外患、人をして酸鼻に堪へざらしむ。頃日、新紙は胃癌病重しと報ず。本日前九時十分列車に搭りて赴き訪ふ。別荘は狭隘、多数を容るべからず。野外に幕帳を帳りて来客応接所と為す。日に訪ふ者数十人、不便頗る甚し。病重きを以て移動能はず惨益甚し。家人亦絶望と答ふ。嗚呼無比の幸運児、忽ち稀有の不運人と為る。運命の人を弄ぶ亦甚だしき哉。午後帰京す。
午後三時田中浅太郎、折紙鉱山処分方中道氏交渉の顚末を来談。後囲碁数番し、九時に及びて去る。
〔欄外〕桂公病篤し。

七月十七日　霧雨時に来り午後晴
早起きし大礼服を装ひ、故威仁親王の葬を奉送の為め車を飛して音羽豊嶋岡に赴く。内外紳縉来送者数百人。六時柩車邸を出で、八時過ぎ墓地に着す。十時葬儀了り、礼拝して散ず。此の間、細雨霧の如く、而して雨具を要すに到らず、塵埃并に苦熱の憂ひは絶無なり。天亦哀しみを示すか。午後炎威赫鑠、豈奇ならずや。
此の日、松本恵、大塚薫氏等に嘱されし所の素絹揮毫を取り、塞責を以て郵送す。杉本氏（父九十一、母八十九）を寿き、両親を寿く詩に曰く、
　天降長生薬　錫之有徳人　双栖偕鶴髪　百福一門臻
〔欄外〕威仁親王葬を送る。

七月十八日　好晴
午前、中道伊兵衛氏、清瀧鉱山譲渡の事を来談。午餐を共にして別る。
午後四時水尾訓和氏来訪、小城士族復禄処分の件を談ず。後、囲碁数番、九時に及びて去る。
数日来、諸児放課帰省。誠、伊豆旅行を了りて帰る。正児、今朝所沢に赴き飛行機に試乗して帰る。

七月十九日
午前、五十嵐秀助氏、井口春久氏求婚の件を来談。
十時過ぎ玉川荘に赴く。安は雅、季二児を伴ひ次で来る。
此の日、大工本多為三郎を招き、茶室の修繕増築を計画せしむ。
此の夜、満月秋の如し。

七月二十日　晴　日曜日
重野譲渡書籍を整理す。
夕刻、家眷と相次で帰る。
夜、岡田氏来教。後藤男、九州より帰りて参会。

七月二十一日　晴暑
朝、織田子爵存問に来る。

前十時出勤す。

十一時大浦子を訪ひ京阪、京電合同時機尚早の事情を談ず。

杉謙二（華族画報社長）来訪。

午後、中道伊兵衛、田中浅太郎二氏来訪。則ち滝沢鉱中道氏所有十分六権利買収の事を決し、代価約七千円を交付す。該鉱全部予の所有に帰す。但し同率を以て其の権利三分を田中氏に割譲するを諾す。

三時水尾訓和氏、小城藩士復禄処分の件を来談。後、囲碁数番し、夜に入りて去る。

岡部則光氏来訪。

七月二十二日　晴
安部尚一、改野耕三氏紹介を以て来訪。椎朱器二件を購求す。
午前発、玉川荘に赴き、重野翁遺書を整理す。予独り留宿す。

七月二十三日　半晴
本多為三郎来り、則ち茶寮拡張及び改修工事請負を命ず。誠来り、書籍整理を助く。

雅、勲、季諸児亦来る。皆留宿す。

七月二十四日　朝来雷雨頻りに到る
書籍整理略ぼ成る。

大工為三郎、工事材料を送り来る。

夕刻、諸児を伴ひ帰る。

夜、昌、士族復禄処分の件を来談。

七月二十五日　晴烈暑後驟雨
朝、松本正之介、名士帖印刷賛助を来請。之れを許す。前十時出勤す。小林武一（三菱社員）、篤委任状改訂を来請。

十一時幸倶楽部午餐会に列す。会する者三十余人。八、九月中休会を決す。

後二時半織田子暑中存問を返す。

夜、田中浅太郎、清滝鉱山買収順序の終了を来報。後来試掘方法を協定す。

七月二十六日　晴烈暑殊に甚し
朝、竹次郎、玉川荘より来報、昨夜勲児蝮蛇の為め股部を咬傷さると。

十時安、雅、季等を伴ひ玉川荘に赴く。勲児、昨夕頗る苦悩す。医療効を奏して今朝以来痛み全く去る。然し未だ起坐する能はず。河野医及び代診交も来診す。

七月二十七日　晴暑気酷烈　日曜日
午前、山崎氏及び田中浅太郎氏来園。山崎氏は井口春久氏の性質等を報ず。

田中氏と囲碁数番す。午食後、山崎氏先づ去り、田中氏五時に及びて去る。

次で安等と帰京す。

此の夕の静座会。松尾男始めて来参。岡田氏、旅行の故を以て次二会休会。

不在中、浜地八郎氏室、杉謙二来訪。

七月二十八日　晴暑昨の如し
此の日、家に在りて書を曝す。

曾根盛鎮、存問に来る。

七月二十九日　炎日烈暑依然（八十八度）

朝、西野喜与作（自由通信記者）来問。

昨の如く曝書す。

誠をして故村瀬譲氏の葬を青松寺に送らしむ。

此の日、仙台鉱務署、清滝鉱山譲受登録証を送り来る。

七月三十日　晴暑益烈　夜雨暑気洗ふが如し

此の日、明治天皇第一周年祭に膺る。華族会館に赴き聖像に参拝す。諒闇の期、昨を以て尽く。嗚呼、大帝昇天の哀しみ昨の如く、央焉匆々一年乍ら、国民聖徳を追慕し、設壇の在る所追祭を行ふ。亦一片の至情也。

夕、菅田政次郎来訪。松元剛吉氏来訪。

〔欄外〕明治天皇諒闇終る。

七月三十一日　細雨冷涼（七十三度）

前十時出勤す。

午後、松元剛吉氏、佐分利一嗣と共同経営に係る宮城県下今宿銅山共同参加の事を来請。則ち之れを許し金千百円を交付す。其の権利拾分の弐を割受し、同氏をして其の事に専任せしむ。

川手長手来候、且つ邸宅売買の事を談ず。

八月

八月一日　陰冷（朝六十七度）後晴
午前、玉川荘に赴き工事を看る。夕刻帰る。
此の夕、重野伯母、大阪に向けて発つ。家族多く之れを新橋駅に送る。

八月二日　陰冷秋の如し
朝、根岸由太郎、米国より帰り、中上君亮と来訪。

土田文次氏、昨上京、本日山本忠興氏を伴ひ来訪、妹睦子縁談の件を協議す。

此の日、明治天皇霊代皇霊殿奉遷の儀行はる。正午、大礼服にて参殿し、礼拝を行ひて退く。

夜、重野紹一郎、鈴木徳松二氏来訪。

安は誠、輝、正、雅、季の諸児を伴ひ吉松邸に赴き、両国河中大烟火を観る。

〔欄外〕明治天皇霊代皇霊殿に奉遷。

八月三日　晴冷　日曜日
此の日、誠、正の二児及び遇ま来りし所の池上慶造、荻野栗蔵を指揮して書籍を整理す。稍や整頓就く。

安は輝子及び二幼児を伴ひ勲児近状を看る為め玉川荘に赴く。皆留宿。

夜、奥田象三氏来訪、嚮に嘱せし所の玉川文庫新築設計及び概算を報告。

客月三十日夕以来より冷涼秋の如し。此の日天晴と雖も尚涼気を感ず。気候不順斯くの如し。憂ふべき也。


八月四日　快晴、暑気大に復す（八十四度）

此の日、故宏徳院殿後藤伯十七回忌辰に当り、伯爵家増上寺に於て法会を行ふ。前九時、参拝焼香す。

十時出勤す。

田中浅太郎を以て青森県清滝鉱山礦業代理人と為し、本日之れを礦務署、林務署、警察署に届出る。

夕、鉄道協会幹部員三十余名、会長寺内伯及び床次鉄道院総裁を帝国ホテルに招き晩餐を饗す。後九時過ぎ散会す。

〔欄外〕故後藤伯十七回忌。

八月五日　晴烈暑
前九時半発、玉川荘に赴き、茶寮工事を視る。

夕刻、安、輝、雅、勲、季及び一僮一婢を伴ひ帰る。

若宮貞夫氏、頃日北海道逓信局長に任じ、将に赴任せんとして告別に来る。不在故逢はず。

太田慎の来書、輝次京城に在りて盲腸炎を病む事を報ず。

八月六日　快晴烈暑
電報を発して太田輝次の病状を問ふ。
夕、武田額三来訪、数日来芳子、精一を伴ひ郷里に帰省し本日単身帰京すと云ふ。

八月七日　晴暑昨の如し
前八時半幸倶楽部幹事会に列し、宿題に係る借地料引揚承認の件を議決す。

十時出勤す。

十一時松尾寛三氏を訪ひ太田輝次重患を慰問す。氏家に在らず、則ち去る。

後三時松尾氏来訪、輝次病危篤に瀕すを告ぐ。乃ち山県、児玉両氏に電報を発し、謝且つ嘱の意を述ぶ。

夜、昌来訪。

八月八日　晴暑依然
朝京城よりの飛電は、太田輝次午前三時五十五分を以て終焉の訃を報じ来る。山県、児玉二氏の返答亦弔意を表し来る。輝次素行未だ全からずと雖も、才学輩を超等し、前途将に大に発揚有らんとす。而して卒然病魔に斃る。痛惜すべし。直ちに電郵二信を発し厚く之れを弔賻す。

前八時五十嵐秀助氏、井口氏求婚の件を来議。氏は才学倶に秀ると雖も、頗る蒲柳の嫌ひ有り。乃ち同氏及び安と協議して之れを謝絶す。

岡部則光氏来訪し、且つ太田の死を弔す。

十時寺内朝鮮総督を高樹町邸に訪ふ。偶ま家に在らず、輝次病中眷顧の謝意を述べて去る。

伊東子を訪ひ契闊を叙し、時事を談じて別る。

午後、松尾氏来訪。太田死後の処分を協議して之れを在京城太右ヱ門氏に移報す。

武田額三来り、誠以下諸児を一宮海水浴行に誘ふ。諸児歓呼して之れに応ず。

梅代、家を挙げて玉川荘避暑僑寓の件を来請。之れを諾す。

〔欄外〕太田輝次、京城に病歿す。

八月九日　晴暑

朝、山崎秀子来弔。

午後、松尾寛三氏、太田輝次死亡広告の件を来議。乃ち嗣子秀太郎及び親族、予、松尾二名の連署を以て之れを各新聞紙に掲載するを決す。

誠、輝子、正、雅子、勤、季子の六児は、武田氏の誘引に依り、午後三時半両国発列車に搭り、一婢を随へ上総一宮海水浴に赴く。武田一家尚該地に留在する也。

水尾訓和氏、秩禄処分調査の顚末を問ふ。知る所を挙げて之れに答ふ。又大隈伯寿像建設発起人と為るを請ふ。諾して之れに署名す。後、囲碁十数局して連戦連勝し、遂に四子を置かしむ。十時漸く局を収めて去る。

支那第二改〔革〕命戦首領孫逸仙、黄興等、昨今相次で我が邦に亡命す。是に先だち南清各地革命党は袁世凱専制の圧抑に服さず、挙兵して第二革命を謀ると雖も、如何兵力戦資北軍に匹敵するに足らず、遂に其の破れる所と為り土崩瓦解す。獣奔鳥散じて袁独りに名を成さしむ。憐れむべき哉。

八月十日　晴暑　日曜日

前十時半発、玉川荘に赴き、夕刻帰る。

昌は梅代、浩、和子及び一婢を伴ひ重野留守宅に来寓。

勤児、学習院水泳練習を了りて沼津より帰る。

本日午後三時、京城本願寺別院に於て太田輝次仮葬儀を行ふ。

八月十一日　晴烈暑

早起きして安、勤の二人を伴ひ両国駅八時発列車に搭りて発つ。十時三十五分一宮駅に着き、車を聯ねて海岸海水浴地に赴く。行くこと約十五町、一宮館別室に入る。諸児皆海に浴して不在。館は一宮川右岸松林中に位置し、閑寂息むべし。暫くして諸児皆帰来す。歓喜の色掬すべし。

午後、舟を浮べて下り、河海相接す地に於て船を停む。諸児皆水に入り、蛤を捜して遊ぶ。

武田省吾来訪。

〔欄外〕一家一宮に遊浴す。

八月十二日　晴暑益烈
午前、諸児又舟を浮べて河海の間に遊ぶ。予独り家に留り読書す。
後五時安、誠、正、勤、雅、勲、季及び一婢を伴ひ舟を浮べて海水浴場を発ち、一宮河を遡り帰途に就く。鉄橋上流に於て舟を捨て上る。武田額三、東京より来りて岸に在り、共に停車場に入る。六時十二分列車に搭りて発つ。武田夫婦及び輝子は告別して留り、武田省吾氏同乗して茂原駅に至りて別る。夜八時四十七分両国駅に着き、直ちに帰家す。

八月十三日　晴暑後大雷雨
朝、稲垣豊、恩貸を来請。則ち少金を与ふ。
十時出勤す。
西牧季造（憲政新聞記者）来訪、陸海軍備拡張意見を問ふ。懐抱する所を挙げて之れに答ふ。
客月中旬以来不雨数旬、驕陽熾が如く井泉枯渇し、各地旱魃を訴ふる声漸く高し。秧稲菜菓将に萎枯せんとす。
此の日黄昏雷雨沛然、一時溝岸に溢れ草木忽ち蘇色を呈す。喜ぶべし、祝ふべし。

八月十四日　爀日烈暑
前十時発、玉川荘に赴く。午後、安は雅、勲、季の三児及び一僮一婢を伴ひ来園。
留守中、中嶋嘉則来訪。
前数日、昌一家園内に寓す。往来相問ふ。

八月十五日　天候依然
園に在りて読書す。

八月十六日　暑威益強
朝、安先づ独り帰京。
夕、諸児及び僮婢を伴ひ月明かりを歩きて帰る。
夜、輝子一宮より帰る。

八月十七日　晴陰　暑さ甚し　日曜日
午前、松尾寛三氏、太田輝次葬事完結の状況を来報。則ち山県政務総監及び児玉伯に対し謝状を発す。
棟居東京逓信局長に書を贈りて、眼科医古沢箴三郎電話急設特許の件を嘱す。
後藤隆三客月十八日病死の訃に接し、其の子哲治に書を致して之れを弔す。
此の夕、岡田氏来り静座会を開く。来会者僅か十余人。

八月十八日　雨

家族一同、弁天島海水浴に赴く為め前八時三十八分列車に搭りて発つ。

前十時半出勤す。杉本署長、休暇を以て崎戸より上京来社。各務氏と事業近況を聴く。

後十二時廿五分新橋を発ち、夕、浜松に於て車を換へ、八時卅分弁天島駅に下車す。児輩来迎して茗荷屋に入る。予及び安、誠、輝、正、勤、雅、勲、季及び婢梅十名、別邸に留宿す。

此の日朝小雨、午時放晴、夕刻より雨大に至る。東海地方は月余不雨、旱に苦しむ所在り。真に是膏雨也。

〔欄外〕一家弁天島に遊浴す。

八月十九日　晴涼

午前、軽舸を傭ひて一同之れに搭る。浜名湾を徜徉して或ひは水浴し或ひは蛤を拾ふ。海水は清く浅く細砂流るる如く快甚し。児童殊に喜ぶ。午後又舟を浮べ、鉄道橋下に繫ぎて綸を垂れ小魚数尾を獲る。

此の日雨後清涼秋の如し。

八月二十日　晴涼

誠、勤の二児、前六時二分列車に搭り、山陰道旅行に向けて西に発つ。

午後、漁艇を浮べ、家眷一同湾内に釣りを垂れ、又水泳を試み、又蛤貝を拾ふ。頗る獲る所有り。児輩大悦びす。

八月二十一日　晨小雨後時々雨　冷

此の日、降雨出遊に不便。

午後十時輝子を伴ひ舞坂十時五十二分発列車に乗る。浜松駅に返し西行急列車を待つ。

八月二十二日　半晴

待合室に約二時間俟ち、前一時九分急行列車来る。則ち之れに搭りて西向す。昌亦同車に在り。前八時大阪駅に着く。重野伯母、井田信子及び荒木氏室、浜寺より来迎す。輝子は共に同所に向けて別れ、予と昌とは駅内に留在す。大木修、和子及び大石鶴母子来会。共に九時発山陰行き列車に乗りて発つ。

正午過ぎ柏原駅に着く。大石母子は直ちに和田山に赴き、予等一行は直ちに車を聯ねて宗家に入る。兄嫂皆先に在り、先妣慈光院三回忌法事を為す。土田叔母、西村小静母子、其の他来り集ふ。

夕、西楽寺和尚来り、待夜勤経を行ふ。

〔欄外〕先妣三回忌法会を修むる為め帰郷す。

八月二十三日　晴暑　朝夕冷涼
此の日、慈光院三回忌祥日に膺り、前九時、親族故旧多く集ひ、西楽寺和尚勤経す。十時墓参し、十一時西楽寺に赴く。太田慎、松尾寛三氏を伴ひ但馬より来会。法会終り共に小倉に帰る。
午後、松尾氏及び婦人連を伴ひ再び展墓し、遂に大池を観る。旱後潴水極めて少し。帰途共に友吉氏を訪ふ。此の夕、松尾氏、遂に留宿。

八月二十四日　晴　烈暑　日曜日
松尾氏、早朝大阪に向けて発つ。

前九時家兄、嫂、昌、寛、太田慎、西村小静と小谷家故叔母君及び亡妹晴の法筵に赴く。勤経後、共に小南墓を展る。正午更に酒肉の饗応を受く。後二時辞して返る。

太田慎、独り但馬に帰る。

園田寛、小静、修、和子等、夕刻、大山園田家に向けて先に発つ。

八月二十五日　陰後晴暑
前八時家兄、嫂、昌と四人車を聯ねて郷里を発ち、大山に向ふ。上小倉に到り四車を聯ね、一牛をして之れを助け挽かせて鐘坂を登る。三十年前隧道開鑿時植し所の桜樹已に相囲む。花時は賞づる客頗る雑踏すと云ふ。九時半園田家に着く。
午前、求観院（故伯父君祖父）一百年忌法会を行ふ。近親及び中村兼弥及び同姓等数人之れに列す。午後斎飯後、展墓し、更に本来寺に詣でて返す。
少閑、土田卯之助氏新居を訪ふ。氏一昨年来新居を築き且つ醤油醸造業を開く。家は園田家附近に在り。

八月二十六日　前晴暑　午後雷雨大に到る

前八時家兄及び昌、寛と車を聯ねて園田家を発つ。途次、中道伊兵衛氏を訪ふ。直ちに辞別し、九時二分発列車に搭り、寛と別れて北に発つ。十一時少し前、福知山駅に到る。車を換へて山陽幹線に向ふ。本線以往曾て徒歩経過すと雖も、鉄道在りて則ち生路也。正午和田山駅に着く。石原廉吉氏外両三人来迎。直ちに車を飛して太田家に入る。

是に先だち、廿二日を以て太田輝次遺骨朝鮮より帰着す。此の日午後を以て本葬の儀を行ふ。親族概ね皆集ふ。二時発棺す。柩を護り青龍寺に入る。大谷派本願寺は特に使僧を発して之れを弔す。三時式了り、直ちに先塋の次に葬る。事了り返して隠宅に入る。忽ち雷雨大に到る。太予と昌は五時十二分列車に搭り、湯島に向けて発つ。太田浅右ヱ門、兄弟雄之、門石松次郎等来送。家兄は尚留り、六時南行列車に搭りて大阪に帰らる。

途次、八鹿を過ぎ西村淳一郎別れ去り、七時過ぎ湯島に着く。油筒屋主人西村六左ヱ門来迎し、直ちに同家に投宿す。一之湯に赴き、一浴して数日来齷齪悲酸の気を洗ひ尽す。懐襟洒然す。食後平尾竹霞来訪。氏は惜陰斎塾同窓生也。後、田能村直入に就き南画を学び、今西京に住みて名を稍や著す。相見ざること四十三年。此の日三十九年を隔て再び和田山に来り、又此の地に於て此の旧知と遇ふ。真に奇遇也。

豊岡以往は予未だ曾て経ざる生路也。

〔欄外〕太田輝次葬儀に列す。

〔欄外〕城崎温泉に遊浴す。

八月二十七日　前陰後大雨

早起きして入浴す。旅装を整へ、前六時三分発列車に搭り西進す。城崎、岩美八駅間線路は、概ね北海岸嶮山峻嶺を縫て進む。隧道を出て又隧道に入り、其の幾十許りなるを知らず。其の煩厭ふべし。然し其の風色景勝の雄偉亦獲難き大観也。就中余部高架大鉄橋は、本邦比類無き構造也。岩美駅より因幡国に入りて風色一変す。鳥取城下を過ぎて代議士西谷金蔵同室に入り来る。既に山陰日々記者小林峨亭亦通刺し来る。米子駅に於て鉄道院副参事丹野茂正来候。午後四時十二分大社駅に着す。直ちに大社に参拝す。祠官既に駅員の通知に依り来導す。時に大雨忽ち到り、匆々に参拝を了りて更に車を飛して稲佐浜を観て返り、同駅に入る。後六時拾四分列車に搭り復路に就く。八時二分松江に下車し、皆美館に投宿す。家人、一昨夕、誠、勤の二児投宿して昨大社に詣で本日大山に登る、午後の豪雨果して然らば本日帰宿し難きを恐ると云ふ。

〔欄外〕出雲大社に参詣す。

八月二十八日　前陰後晴暑

朝、代議士恒松隆慶氏、同宿に在り来訪。

前八時車を飛して市公園に到る。旧松江城也。歩みて天主《〔守〕》閣に登る。丘陵最高点に在り、高さ八丈、西に宍道湖（一名翠飛湖、重野翁詩有り）を望む。天神川、市街中央を流れ、眺望濶く開け真に雄大形勝の地を占む。重野翁、之れを霞浦に比擬して天下の二勝と為す。故無きに非ず。

九時皆美館を辞し、内海景勝及び境線鉄道を観る為め、美保関航路小汽船に搭り松江を発つ。天神川を降り暫くして内海に出る。島嶼散点し四山奇勝風光の美は、其の儔を多く見ず。此の地若し東海山陽交通至便の地に在らしむるならば、三景の名或ひは彼に帰せずして此れに帰す。木根島外数地に寄航し、十一時半境港に着く。美保関は目睫の間に在りと雖も、時促して往訪の暇無く、直ちに上陸して境駅に入る。戸倉能利、偶然駅に在りて来謁す。

後零時境駅を発ち、夜を馳せて半島を見る。一時半米子駅に着き、一小旅舎に入り午飯を喫す。二時廿九分発列車に搭り東に発つ。戸倉氏、大山駅に下車す。誠一行尚未だ音耗を得ず。蓋し昨風雨に阻れ本日登山か。四時五十四分松崎駅に着き、直ちに車を聯ねて養生館に入る。館は東郷池東岸に在り、温泉湖心に湧き、之れを引きて浴室と為す。直ちに之れに入浴す。穏波艶倹、四山平衍、境静気清、普通温泉地の喧沓狭陋の俗気は絶へて無し。気宇壮快、一浴は累日の煩累を洗ひ尽す。天下温泉場多しと雖も、未だ斯くの如く閑雅静寂の好風色を観ず。是亦交通不便の貶也。

〔欄外〕東郷温泉に浴す。

八月二十九日　晴暑

午前七時四十四分松崎を発つ。途中小林峨亭来謁し時事を問ふ。所見を挙げて之れに答ふ。鳥取に到りて別れ去る。此の日、奥田文相歓迎会及び政友会員演説会有り、乗客車に満ちて恰も祭日の如し。十時三十九分香住駅に下車す。城崎西村店主、番頭をして来導せしむ。則ち車を聯ねて大乗寺に到る。住職迎接して小憩し、応挙画く所の襖画を観る。皆秀逸、今多く国宝に列す。其の他、十哲、芦雪、雪鼎等画く所観るべき者多し。

〔欄外〕応挙寺を観る。

後一時廿九分香住を発ちて竹野を過ぐ。西村淳蔵氏、海浴の為め茲に滞遊し、家族を率ゐて来訪。則ち同車し玄武洞駅に下車す。直ちに丸山川を越へて玄武洞を観る。奇譎賞観すべし。西村氏、写真師を傭ひ来り、洞前に羅列して撮影す。

〔欄外〕玄武洞を観る。

一時間余留り、軽舸を傭ひ円山川を下る。城崎に上陸し東山公園に登り津居山を遥かに望む。景勝愛すべし。六時西村則ち油筒屋に入る。誠、勤の二児、五時着列車に依り松江より来投し同家に在り。此の夕浴後、市中を散歩す。又西村氏、平尾氏と旧を話して眠る。

八月三十日　晴

早起きして澡浴す。誠、勤の二児、前五時十八分列車に搭り先発す。京都及び木曽線観光の為め也。予及び昌、西村氏、八時十四分列車に搭りて発つ。平尾竹霞送りて駅に到る。九時五十一分和田山駅を過ぎ西村氏辞去す。十一時二十分福知山駅に着き、京都行き列車に乗り換へて進む。綾部山鹿間山水の勝は、保津峡に多く譲らず。唯地僻にして人之れを知らざるのみ。列車遅着、僅かに後二時五十六分京都発東行き列車に接続を得る。奔馳して之れに搭る。昌、更に大阪に向けて別れ去る。後七時七分、岐阜駅に下車す。山本繁、名古屋より来り俟つ。則ち車を聯ねて玉井屋に投宿す。飯を喫して一浴了り、店婢の導きに依り、電車に搭りて長良川に赴く。長橋前に下車して直ちに遊船を傭ふ。流れを遡り金華山下に赴き、鵜飼鮎漁を観る。漁艇七隻各十二羽の鵜を飼ひ、一漁夫之れを操縦す。炬火炎々、之れを遠望するに舟戦の如し。而して観覧遊船数十隻激流に竿して囲繞し之れを観る。亦一種の壮観也。川水清流を駛せ、金華山流れを圧して聳ゆ。長良川鵜飼漁の名を獲る所以は空ならず也。一時帰宿す。

〔欄外〕金華山麓に鵜飼鮎漁を観る。

八月三十一日　朝雨後半晴　日曜日

此の日天長節に当る。熱暑の候に当るを以て、嚮に勅令を発し十月三十一日を以て天長の祝日と為し、朝野共慶賀の儀を行ふ。本日は唯宮中にて祭典を行ふのみ。十時五十分繁を伴ひ岐阜を発ち、一時名古屋に下車す。急行列車を約一時俟ち、此の間電車にて市中を観る。十二時四十三分特急列車に独り搭りて発ち、後八時廿五分新橋に着く。直ちに帰家す。

去る廿九日、安及び諸児、弁天島より箱根塔沢を歴して帰京す。

夜、鈴木徳松来訪、寺内伯会見要求の事を談ず。

不在中、山根常来訪。

九　月

九月一日　午前大雷雨　夜に入り豪雨再来

此の日、旧暦二百十日風災日に当る。天候平穏にして微風も無し。唯大雨再来して水害の恐れ有り。

午前、留守中来状を整理し答書数通を発す。

後一時出勤す。

夜、田中浅太郎、青森県滝沢鉱山経営方法を来議。

後十時誠、勤の二児、山陰及び木曽旅行を終りて帰る。

九月二日　夜来大雨盆を覆す如く　夕に到りて漸く歇む

朝、時事新報記者、外交及び経済意見を来問。所見を挙げて之れに答ふ。園田桂子来訪。

〔欄外〕名は室伏高信。

午後、松尾寛三氏来訪。四時半相伴ひ寺内伯を霞町邸に訪ひ、太田輝次眷顧の恩を謝す。松尾氏直ちに辞去し、予は伯の求めに依り独り留る。桐花学会及び時事問題に関して意見を交換、後六時辞して帰る。

夕、鈴木徳松来訪。

九月三日　晴涼
朝、勝野秀麿（東邦火災保険社）来訪。

午前九時半発、玉川荘に赴く。安、誠、勤、勲、季等相次で来園。梅代亦来り仮寓を収拾して去る。

茶寮拡張工事略ぼ竣成す。南庭藤棚、過日暴風雨（客月廿七日、関東東北及び北海道暴風雨被害頗る甚しく、就中東北、北海極めて惨状と云ふ）に吹き倒され悉く地上に在り。則ち再架を命ず。夕刻皆帰る。

夜、園田寛来訪。

九月四日　前陰夕雨
前八時半寺内朝鮮総督の帰任を新橋駅に送る。
直ちに出勤す。
後二時故上院議員鍋嶋幹男の葬を青山斎場に送る。
夜、岡部則光、坂本辰之助（国民新聞記者）、五十嵐秀助の諸氏相次で来訪。
〔欄外〕鍋嶋幹男薨ず。

九月五日　晴涼
午前十時出勤す。偶ま杉本技師長、私事を以て上京出社。各務氏と共に事業近況を聴く。

十一時半幸倶楽部に到る。電話に依り明日各派交渉委員会催問《〔ママ〕》の件を協議す。

菅田政次郎来訪。梅代来訪。

夜、武田額三、昌来訪。

九月六日　半晴
前九時上院各派交渉会を華族会館に開く。会する者、三島、入江、牧野、前田諸子及び山田、日高二氏（研究会）、浅田、江木、田、原（茶話会）、有地、小牧、安場、三宅、関、高村（無所属）、曾我、小沢、谷森（土曜会）の諸氏集ひ、南京邦人虐殺事件対支那政策に関して評議し、遂に委員各一名を選び山本首相と談判を決す。

曾我、入江、有地、予の四人選ばれ委員と為る。

〔欄外〕上院各派を代表して山本首相を訪ひ対支政策を質問す。

十時三十分四人車を聯ねて内閣に到り山本首相と会見す。

首相問に応じ、一昨年十月革命乱勃起以来の元老会決議及び前後内閣対支那政策終始一貫の真相を詳説す。政策転変の世説を駁し、遂に今回漢口に於る西村少尉凌辱されし事件及び南京邦人虐殺事件の顚末を述べ、山座公使に訓令し、相当謝罪賠償の途を悉すべし、との意を答ふ。而して更に左の数件を問答す。

我等問　近時支那人排日熱の盛んにして、排日事件の在る所相次で起り、遂に今回の大事件を馴致す。今に於て懲膺を痛く加へざれば、国威失墜して挽回不可に到る。政府果して此の大決心有るや否や。

首相答　支那の騒乱に乗じ、列国は領土侵略の希図を為し、益該国騒擾を招く。是正義の許す所に非ず。列国皆此の意を体し、相戒めて過大の要求を為さず。故に我が邦亦此の意を体して相当謝罪賠償を得るは則ち可し。

〔欄外〕首相附言して曰く、一私人が用ゆる所の国旗、仮に侮辱を被るとも、国家を代表する者に非ずんば国旗侮辱と謂ふべからずと。

問　列国未だ我邦の如き大禍害を被らず、故に然り、今回事件の如き、正に禍根を一掃すべき最大好機に属す。何等列国と交渉する莫れ。直ちに兵力を用いよ。何ぞ是を恐れる者ぞ。

答　我邦若し侵略を行へば、他邦亦之れに倣ふべし。支那分割の端茲に開き、東洋大禍乱忽ち来る。是最も憂ふる所也。

問　若し分割の端を論ずるならば、露国は已に外蒙古を以て保護国と為し、英国亦西蔵の主権を奪ふ。我が邦若し東蒙古に保護権を行ふならば、是唯露英の顰みに倣ふのみ。我邦より分割の端を開くに非ざる也。何ぞ抃を謙る是要するか。

答　英露の蒙蔵に於るは、皆長時の関係にして、此の際初めて着手する者に非ず。故に東蒙古を以て比擬すべからざる也。

之れを要するに、首相の意は樽俎折衝の解決に在りて、兵力強要の解決に在らず。既に斯くの如く、此の上応答を累ぬるは徒らに議論を陥するのみ。乃ち辞別して退く。時に正午也。

返りて幸倶楽部に到る。諸新聞記者、兼田秀雄（朝日）、川口清栄（報知）、今井健彦（中央）、吉田善佐（独立通信）、池田権一（東京通信）尾い来りて会見顚末を問ふ。機密に属すを以て之れを謝絶す。

午後二時茶話会、無所属幹部会を幸倶楽部に開く。予、前述首相と問答の顛末を詳しく報告す。出席員凡そ十五人、概ね内閣対外政策の無能無為を憤慨せざるは莫し。

五時過ぎ退散す。

昨夕八時頃、阿部政務局長、伊集院支那公使帰朝を新橋駅に迎へ、徒歩帰途に就き将に門に入らんとし、兇徒二名扼して之れを刺して逃ぐ。局長重傷を受けて家に入る。今午時予等将に首相と別れんとし、忽ち局長遂に死すとの報有り。氏は外政の局に当り対支問題に関し頗る軟説を抱く。為めに壮士の憎む所、忽ち此の凶変に遭ふ。憐れむべき也。蓋し対外政策は其の宜しきを得ず、大に人心の激昂を招く。兇徒の暴挙は恕すべからざると雖も、執政者機を誤るの責、亦遁れるべからざる也。

九月七日　晴又陰　日曜日

朝、松尾氏来り、太田輝次弔問者謝状の事を協議す。前十時発、安及び季児を伴ひて玉川荘に赴く。田中氏と藤棚復旧工事等の件を談ず。夕刻帰邸す。

夜、静座会を開く。松尾、末延氏等約二十五名来会。

不在中、池田十三郎氏来訪。

此の夜、平田東助子、小松原英太郎氏（共に相州葉山別荘に在り）より、支那事件質問顛末を問ひ来る。書を発して之れに答ふ。

九月八日　雨

対支那政策協議の為め、午前八時十五分発列車に搭り相州逗子に赴く。先づ武井守正男を其の別荘に訪ひ、平田別荘に来会を約す。而して平田東助子の別荘に赴く。暫く俟ちて小松原英太郎氏及び武井男来会す。予則ち一昨日山本首相と対談の真相を詳述す。皆現内閣外交の怯惰無能を憤慨憂嘆せざる莫し。午餐後尚上下議論し、後三時二十分先に辞去す。

四時鎌倉駅に下車し、桂公の病を岩下別荘に慰問す。更に四時五十一分列車に搭りて夕刻帰家す。

武井男別荘は逗子二川合流海口に在り、平遠開濶、漁に宜しく月に宜し。平田子別荘は同村山角岩礁老松の間に在りて、幽邃奇僻、読書に宜しく隠逸に宜し。共に逗子葉山別荘中の翹楚也。

昨日午後、在野有志は、当局外交の無能者に激し、日比谷公園に国民大会を開く。市民集ふ者数万人。先づ外務省を囲みて之れを責め、次で牧野外相私邸及び首相官邸を襲ひて面談を強要す。両相避けて会はず。終夜喧擾し今朝に及びて散ず。而して警官放任して鈐束を加へず、僅かに事変無きを得る。内閣政策改振する所無きか。今後紛擾を再び来すを恐る。政治の要は、機微の間に人心を制するに在り。閣臣解せず、人心をして日に狂激に趨らしむ。歎ずべき也。一詩有りて左の如し。

〔欄外〕昨日時事に感じて作有り。

隣国頻々伝警来　我民被戯我旗摧
廟堂独占太平家　鋳錦閣臣酔祝杯

九月九日　暁曇小雨　後晴

午前、橋本五雄来訪。

午後一時出勤し、重役例会延期の事を決す。

三時伊東子を永田町邸に訪ひ、対支那政策に関して上下議論す。子は高等政策活用の必要を大に論ず。五時過ぎ辞して帰る。

安、山口宗義氏を訪ひ、三好重道氏妻君病状を慰問す。

園田桂の姉也。

数日来、五十嵐秀助、江木千之二氏より井口春久氏求婚談を再び聴く。此の夕、香西与一郎に書を発して其の郷里金沢の身元調査を嘱す。

九月十日　晴冷

輝子は重野伯母、大木修及び和子を伴ひ、新橋前九時着列車に搭りて大阪より帰京、伯母と共に帰家す。

十時魁記者大本露舟来訪。

常吉徳寿氏夫妻、二幼を携へ来訪。

大久保夫人亦来訪。

九月十一日　陰雨湿冷

此の日二百二十日に当る。雨有り無風。

後一時出勤す。各務氏崎戸に向けて発つ。

此の日、佐野貞吉を招き、湘南病院長山田氏に就きて井口氏健康の良否打問の件を嘱し、又島安次郎氏に同件探問を嘱す。

九月十二日　雨後霽

午後一時出勤す。

二時幸倶楽部例会。集ふ者四、五十人。予、支那問題に関し首相会見顚末を報告す。会員皆政府の対外政策の軟弱を憤慨して議論紛々、遂に衆論に依り、来る十五日を期して各派交渉会を再開し、内閣に向けて更に警告を与ふるを決す。夕刻散じて帰る。

山崎秀子来訪。

九月十三日　晴
朝、川相保四郎氏来訪。
午前、重野伯母辞去して玉川に帰る
午後、玉川荘に赴く。安は雅、季の二児及び一婢を伴ひ次で来園。

九月十四日　雨　日曜日
勤来園。夕刻皆伴ひ帰る。
小島正勝氏、関夫人、不在中来訪。
此の夜の静座会。来会者二十余人。
福田純一亦来訪。

九月十五日　半晴
前九時有地男及び予の主催に依り、各派交渉会を華族会館に開く。会する者十五人。此の会は、原とは対支那政策に関する内閣軟弱政略を矯正する為め、山本首相に向け一大警告を与ふるを期すると雖も、昨日来新紙の報導に依れば、支那政府我が要求の全部を容れ、一件既に決落す。此の事仮令意を満たさずとも、警告已に十菊に属す。約二時間協商し、此の意を以て警告を与へざるに決して散ず。

十一時出勤す。

正午喫飯後、東邦保険会社に赴き、若宮氏と社務を談ず。

二時桂公の病を三田邸に慰問す。一昨日、公病稍や平かなるを以て鎌倉より帰邸し、尚医戒を以て人に接せずと云ふ。

時事記者工藤十三雄、時事意見を問ふ。

此の夜、吉田平吾氏と昌来訪、支那税務部委員招聘諾否の可否を協議す。則ち松尾寛三氏を招きて之れを議し、謝絶の事に決す。

此の日陰暦仲秋。偶ま月食皆既し、時に雲霧往来すと雖も、時々微光現れ蝕状を望むを得る。

九月十六日　曇
朝、憲政新聞記者西牧季造来訪。

大木彝雄氏祖母、郷里富山県に在り病歿の訃を聞き、書を発して之れを弔し、且つ香賻を贈り、安をして往弔せしむ。

午後、寺田弘氏、西村天因氏の嘱に依り成斎翁遺書資治通鑑の割愛を請ふ。唯一遺愛の故を以て之れを謝絶す。

吉田平吾、武田額三一家三人、佐野貞吉の諸氏、相次で来訪。

後一時出勤す。鈴木徳松、樺太旅行の承認を来請。之れを認可す。

平井夫人来訪。安之れに接す。

九月十七日　晴

朝、秦源祐氏、舞鶴共有地売却の件を来議。

幸橋税務署、属浜万喜雄氏をして所得額増課の錯誤を来謝せしめ、訂正通知書を交付して去る。是過日予電話に依り詰問を加へし為め也。

午後、伊丹春雄男存問に来る。

九月十八日　晴

朝、成清徳太郎（憲政新聞記者）、時事意見を来問。

十時出勤す。

午後、坂田厳三氏来訪。

九月十九日　好晴

前四時睡遇ま覚め、忽ち後背腰部に疼痛を感ず。時を経て痛み益々激しく、安等起き来り陽水温罨を施す。寸効も無く痛み堪ふべからず。五時電話にて伊藤医の来診を求め、一時間俟つ。同氏来診して曰く、是筋肉亮麻知斯《〔リューマチス〕》也、是は気候変化の激しき所に生ずと。乃ち毛流比寧《〔モルヒネ〕》皮下注射を行ひ暫時して痛み漸く止まる。終日蓐に在り服薬摂養す。斯くの如き奇痛は生来未だ曾て覚へざる也。

午後、本多為三郎、玉川別荘茶室工事終りて来候。乃ち倉庫新築、本屋大修繕設計調査を命ず。

九月二十日　晴暄

家に在りて摂養す。午後、伊藤氏来診。甚だ佳し。

本多為三郎、大工近藤浜五郎を伴ひ来候。乃ち玉川に修繕場所を検べに赴かしむ。

伊勢吉、前隣湯屋主人を伴ひ、郵便局新設請願の賛成を来請。

後五時誠をして故坂本則実氏の葬を芝青松寺に送らしむ。

九月二十一日　微雨時に到る　日曜日
微恙全く除くと雖も、尚家に在りて存養す。
此の夕、静座会。坂田厳三氏初参加。

九月二十二日　微雨　晩に到り漸く霽
午後一時出勤す。
竹原釗太郎、嚮に多病の故を以て帰京を命ず。本日崎戸より来着し来社。

九月二十三日　快晴暄
東京銀行集会所員木口九一、東京築港の可否を来問。予、港湾政策の要領を詳述して之れに答ふ。
前十時発、玉川荘に赴く。安は雅、勲、季の諸児を伴ひ次で来る。茶寮修築全く成り、周囲小園、又田中氏指揮に依り完成す。矚望の勝、論を俟たず、佳致風趣は愛すべき者有り。

九月二十四日　晴暄　秋季皇霊祭
朝、正、勤及び新元八津雄、山崎広等相次で来園、常吉盛児重病を報ず。重野伯母、慰問の為め之れに赴く。

本多為三郎、改築予算を提出す。頗る膨大にして取るべからず。

夜、諸児を伴ひ帰る。

常吉盛児死亡の訃を聞く。

九月二十五日　晴暄
朝、三浦貞之助（丹波篠山人）、荒川済氏相次で来訪。

午前十時出勤す。

十一時幸倶楽部に赴き、正午、蜂須賀侯、尾崎、東郷両男支那観光団歓迎午餐会を開く。食後、蜂須賀侯以下視察談有り。会後予去る十五日華族会館に於ける各派交渉会の顚末を報ず。

帝国飛行協会主事大原哲治、大谷嘉兵ヱ氏賛助勧誘の件を来請。諾して紹介書を与ふ。

此の日、菅田政次郎来訪。

安、常吉氏の寓に赴き不幸を弔す。

〔欄外〕出席者五十余人。

九月二十六日　雨

読売新聞理事石黒景文、本野一郎男添書を以て補助を来請。会社余裕無きを以て之れを謝絶す。

松元剛吉氏、共有鉱山近状を来報。

後一時出勤す。各務氏、昨夜崎戸より帰り近況を報告す。乃ち来月二日重役会催開の事を決す。

三時半中橋和泉町不動商会に到り木村粂市氏所蔵古鏡、和漢及び朝鮮歴代の古鑑数百面を観る。皆珍玩すべし。近日将に特物を館に托して公衆の縦覧に供さんとす。亦嘉賞すべき也。

四時半鉄道協会に赴き新橋駅長高橋善一氏在職四十年表彰会に列す。氏は鉄道に奉職四十年、謹恪精励克く其の職に協す。予等同志数十人、其の表彰を促し、同情の士を博募す。百八十余人応じ醵金約九千円。此の日、武井男を推して座長と為し、予、発起人を代表して式辞を述ぶ。純銀花瓶一対、白縮緬壱疋及び養老資金八千三百円を記念に贈与す。床次鉄道院総裁、野村副総裁、祝辞を述べ、高橋氏謝辞を述べ、以て式了る。別室に於て茶菓を供して散ず。蓋し官吏にして久しく一職に在り、斯くの如き者は甚だ稀なり。而して斯くの如く広く社会の同情を受く者亦極めて少し。一種の盛挙と謂ふべき也。

〔欄外〕高橋駅長四十年在職彰表祝賀会。

九月二十七日　陰雨滂沱

城崎温泉、玄武洞及び池田草庵先生を懐かしむ詩を素絹に書し、之れを西村淳蔵氏に贈る。

又、玉川別荘増築改修設計図を画く。

九月二十八日　快晴暄暖　日曜日

前十時安、輝、雅、季及び二娣を伴ひ玉川園に赴く。勤児、又学習院より来園。

荒木啓次郎氏夫妻及び其の二女、常吉小児不幸の故を以て上京す。此の日、重野氏を尋ねて来訪。共に園内を倘佯し、茶菓を供して別る。

本多為三郎に対し別荘増築修繕計画を指示し、夕刻相伴ひ帰る。

此の夕、静座会。本荘〔庄〕繁氏（陸軍少佐）初めて来り参加す。

夜、五十嵐秀助氏、官途の不遇を来訴。慰諭して別る。

高橋善一氏、表彰の恩を来謝。

九月二十九日　晴暄

此の日、大掃除を行ふ。

朝、秦豊助氏来訪し、明治天皇遥拝所私設不許可一件の真相を詳しく聴く。

後一時出勤す。

農工銀行に到り出納の事を弁ず。

山県朝鮮副統監を富士見町邸に訪ふ。那須野に赴きて不在。則ち太田輝次病歿待遇の謝意を述べて去る。暫く幸倶楽部に憩ふ。

後五時坂田厳三、吉田平吾、秦豊助、武田額三、昌、寛兄弟の六氏を喜多野屋に招き茶料理を饗す。款話十時に到りて散ず。独り吉田氏十時半列車に搭り函館に向けて発つ。

九月三十日　快晴穏和

昨日に続き大掃除を行ふ。

家に在りて什物を整理す。

十月

十月一日　晴

朝、二六新報上野呑風、大正名家録の賛同を来請。之れを諾す。

坂田厳三氏来謝。

芳子、精一児を携へ来寧。

後一時出勤す。三谷一二氏来社。

奥田吉慶、就職斡旋を来請。之れを謝絶す。

此の日、寛夫妻、里美児を携へ来訪。

池上慶造、荻野栗蔵亦来候。

十月二日　陰

朝、憲政新聞記者成清徳太郎来訪。

前十一時幸倶楽部幹部会に列す。会する者十五人。小松原、江木二氏、教育調査会議案、教育基金利子の内を以て高等師範学校教員俸給并に小学教員補助費支弁の二件可決、及び中学教員俸給支弁案否決の事、及び中学生徴兵猶予廃止献議の事を報告す。

後一時重役会を開き、両田辺、各務の三取締役及び竹内監査役参列す。予の諮りし所の第十二期決算報告方法の件及び重役改選方豊川氏委嘱の件を可決す。各務氏より崎戸礦業所営業の近況を報告す。

菅田政次郎来訪。

此の日、大工近藤浜五郎（本多為三郎従兄、同人懇請に依る）に対し工費四千円を以て、玉川別荘倉庫新築、台所増築及び居室其の他大修繕を命ず。十一月吉日を以て落成の期と為す。

〔欄外〕玉川荘倉庫新築。

十月三日　夜来大雨

此の日、玉川荘に赴き工事の着手を督するを期せしが、適ま陰雨滂沱終日歇まず、遂に行を果さず家に在りて事を理す。

碁伯巌崎健造の訃に接し、家僕をして之れを弔賻に往かしむ。

終日豪雨。関西地方被害多しと云ふ。

十月四日　晴暄

前十一時出勤す。

加藤正義氏夫人の病歿を聞き、午後其の元園町邸に往き之れを弔す。正義氏及び武井男出接す。乃ち焼香拝別して去る。

直ちに電車に搭り、玉川荘に赴く。

勲、季二児、滝本生及び一婢を随へ来園。

十月五日　曇　日曜日

此の日良辰。則ち別荘一部改築起工式を行ふ。棟梁近藤浜五郎及び本多為三郎、衆工を率ゐて之れを行ふ。田中筑関氏に監督を行ふ事を嘱す。又工事に関し庭樹を移植し、且つ門衛所水準を行ふ。

武田額三、輝、雅の二児相次で来園。

夕刻、八人相伴ひ帰家す。

此の夜、静座会。来会者、後藤男外廿一人。阪田厳之氏告別して去る。

山崎氏夫妻、井口春久氏身分調査の件を来告。芳子、此の日精一児を携へ来遊。

不在中、三井広次郎来訪。

男爵会、三大節賜宴席上、皇族一名臨席の事を通知す。

十月六日　曇

朝、栗栖宗一郎、雪村画幅を携へ来示。

自由通信員西野喜与作、時事を来問。

後二時三菱会社に赴き、豊川良平、江口定條の二氏と会見し、左二件を談ず。

一、九州炭礦会社本期配当、将に五歩に決せんとす。其の同意を求む。

二、来る十一月本社重役改選の期に属す。予此の時を以て退職を欲し、其の後任并に一切重役組織は、之れを岩崎家推選に一任するを欲す。

右議了し、二氏は社長と協議して回答すべしと約して別る。

二時出勤す。

十月七日　曇後雨

朝、平山泰氏、鉄道院就職の再斡旋を来請、前月退職専断の不当を述ぶ。之れを謝絶す。

田中浅太郎氏来り、清滝鉱山共同経営契約の交換を行ひ、且つ前月起業費予算を決定す。

星野勉三氏父半六氏病死の訃に接し、書を発して之れを弔す。

今朝、新紙は桂公病篤しを伝ふ。後一時之れを往問す。貴紳問ふ者陸続相次ぐ。家人云ふ所に依れば、公の病弥久、体力漸く衰へ、昨乍ち右半身不随起り、医診て心臓衰弱の結果、脳管圧塞を致し、之れを脳血栓と名づくと云ふ。蓋し桂公の病名、医は未だ之れを公言せずと雖も、多くは胃癌の為めと疑ふ。今亦此の余症を発し、滝腸の外全然飲食通らず、後吉少く凶多く来るを恐ると。深く憂ふべき也。

二時半坂田厳三氏を笄町蠣崎邸に訪ふ。氏は帰朝を一週日延すと云ふ。

三時故沖男の墓を掃く。一周年忌日に当るを以て也。直ちに華族会館に赴き、沖男一周年追弔晩餐会に列す。会する者は有地、安場、青山、坪井、神山、尾崎、津田、岩倉、安藤、東郷諸男也。食後、追懐談を為して散ず。

十月八日　夜来陰雨　冷湿

朝、奥山正路、薄井龍之氏紹介書を携へ来訪。

後一時出勤す。佐野貞吉来社。

二時半故加藤氏夫人の葬を青山斎場に送る。

三時幸倶楽部刀剣会に列す。会する者は有地、原、一木、安場外数人并に竹中宮内属等約十人。各自所蔵刀剣を提出す。余亦兼吉、興正の二刀を携へ、交互呈示し品評を行ふ。夕刻帰る。

篤の飛電、美枝等を伴ひ上京の許可を請ふ。直ちに勧止の返電を発す。

十月九日　快晴

前九時小松原、有地、江木、目賀田、原、関、馬屋原諸氏と幸倶楽部に会し、桂公病篤しを以て、若し不起に到らば、政府須く元勲優遇の途を明らかにすべしと内議し、衆議は予が山本首相に対し此の希望を述ぶるを嘱す。乃ち諾して散ず。

直ちに玉川荘に赴く。安は季児等を伴ひ来会す。夕刻、相携へ帰る。

此の日、松元氏、幸倶楽部に来り面談す。

木村大見、不在中来訪。

夜、山崎氏、井口春久氏健康状体探問の結果を来報。則ち之れを謝絶に決す。

十月十日　陰　午後驟雨一過

桂公優待の希望を談ず為め、昨夜電話を以て山本首相と今朝八時を以て内閣に会見するを約す。則ち八時を以て登閣す。秘書官、首相は桂公慰問の為め稍や遅刻の旨を伝ふ。半時間俟ち首相登閣し直ちに出接す。其の問答要領左の如し。
首相　桂公慰問の為め遅刻を深謝す。
予　桂公の病危殆に瀕し国家の為め深く憂ふ。今朝の病状如何。
首相　病状険悪にして痛歎に堪へず。初め公の病なるや、予往問し唯慰藉を為すのみ。鎌倉移療の後、病日に重く医言回復期すべからずを想はす。則ち国家将来到着点の意見を聴かんと欲して鎌倉に之れを再訪す。医は稍や回春の望生ずと言ふ。長話に渉りて快癒の機を妨ぐ勿れを希ひ、亦言を尽さずして別る。公客月帰京し、遂に此の大患を見るに至る。意見を聞く由なく、国家の為め憾むべし。今往問し握手して別る。言語通ぜず視覚失能し、真に悲惨の訣別也。
予　桂公近時の行動は、満天下の毀誉褒貶の衝に当ると雖も、是素より桂公世涯〔ママ〕中の一小曲折に過ぎず。公の大勲偉業は内閣首班の重責に膺り、先帝を輔翼して日露戦争を決行し、曠古未曾有の大戦勝を奏して博く国光を四海に発揚したるに在り。是実に千歳不磨の大業にして、区々小毀誉の抹消し得る所に非ざる也。然らば則ち不起の時に当り、充分優待の法を尽し、以て天勲優遇の聖旨を発揚し、政府は宜しく採るべき道を為すべし。是予等の深く嘱望する所也。

首相　深く貴意を了す。予は二個月前より本件に関し密かに調査を悉す。其の要件左の如し。

国葬を賜るの典例を査すに、大久保、木戸の二公は維新の元勲に係ると雖も国葬を賜はらず、唯優賜の準国葬の実有るのみ。三条、岩倉、毛利、島津の諸公、皆国葬を賜はる。未だ藩士出身者の准則と為すべからず。

伊藤公の洽爾賓《ハルビン》の遭難は天下の同情翕然之れに集り、其の国葬を賜はるに、亦疑ひを挿む者一人も無し。

尚本年有栖川威仁親王の薨は、我が内閣国葬下賜の裁可を仰ぐ。是主に今上皇帝東宮に在る時輔導の重任を尽せしを追賞に原く。

桂公の勲業誠に君の説の如し。只近来、公許多の政敵有るを恨む。他日事後承認を求むるに当り、反対論の勃発を見るが如くは、啻に公の面目を害するのみならず、実に国家の体面に関すること有り。近時の政海詭激を長ずるの風潮、是予の深く憂ふ所也。

大勲位頸飾章の加授は先帝陛下の深く叙章する所。予今日閣僚と頸飾章加授及び位階昇叙の二件を挙げ、議して至尊の裁可を仰がんと欲す。

功臣に対し誄詞を賜はるは是亦典例有り、奉行に相当すべし。神道碑勅建の事に至りては、全然先帝陛下の御発意に係り、維新元勲五、六名に対して下賜の聖恩有り。尚須く熟図を要すべし。宮中賜賻の厚薄に至るは、宮相斟酌を尽して施行する所。必ず適応の措置有り云々。

対談一時間余、媚々説明し頗る委曲に渉る。尚此の旨を平田子の懇嘱を受けて転報す。九時半過ぎ辞謝して退く。直ちに小松原氏を富士見町邸に訪ひ、首相と対談の顚末を報じ、桂邸に於る再会を約して去る。

十時半桂邸に赴く。公病危篤に瀕し、山県公、井上侯、其の他来問者車馬織るが如し。則ち一室に於て平田、大浦二子、久保田男、小松原、柴田二氏と会談し、首相会見の顚末を委しく報ず。尚留りて諸種準備の協議に参加す。

午後、山県公及び前記諸子と、先づ三浦医博士の病状検断の説明を聴く。十二支腸に胃癌を発し、心臓衰弱の結果、脳血栓を起し、今朝来更に肺血栓を起す。命運既に数時間に迫り、救薬の望全く絶ゆと云ふ。五時辞して返る。

此の日不在中、原保太郎、木村大見の二氏来訪。

又大和新聞西村公明及び佐野貞吉来訪。

〔欄外〕山本首相と桂公待遇を議す。

〔欄外〕明日は佐久間象山五十年忌日に当り、象山会の招きに依り、信州松代に赴き其の祭典に臨む兼約有るも、桂公病篤きを以て、此の夜電信を会長真田男に発して之れを謝絶す。

十月十一日　陰

前九時馬屋原、目賀田、原、関四氏と幸倶楽部に会す。予、首相会見の顚末を報ず。

十時半出勤す。

江口定條氏、岩崎三菱社長の命を含みて来り、予の六日交渉二件に答へて曰く、

一、本期配当五歩に決す件、同意を表す。

二、新重役組織の件、現数を減ずるを願ふ。取締役三名、監査役二名と為し、各務、神谷二氏重任し、各務氏常務（社長）の責任を執り、監査役は賀田氏を留め、其の他二名は三菱社員を以て之れに充つ。

予は則ち一切同意の旨を述べ、更に社長に之れを復命の事を嘱して別る。

後一時桂邸に赴く。是に先だち今朝新紙は、昨夜十一時四十分を以て桂公遂に薨去の悲報を報ず。乃ち前八時を以て車を飛し桂邸に到り之れを弔す。導かれて寝室に入り遺骸に対し告別す。顔貌痩白、安静瞑目の状有り。拝訣終りて公爵夫人及び井上侯爵夫人に対し弔詞を述べて退く。嗚呼、桂公是亦一代の偉人、其の政局に当るや、外に対しては則ち日英同盟、日露戦争、朝鮮併合の三大事業を決行し、内に在りては則ち八面玲瓏、円転脱滑、臨機応変の妙を尽す。就中日露の大戦は能く曠古未曾有の大業を遂げて、千歳不磨の偉勲を永く留む。其の末路

稍や不振と雖も、位人臣を極め、齢七秩に近くして尚悍然風雲を叩し、政海に向け新生面を開くを期す。豈凡庸小成に安んずる徒の能く行ふ所乎。今や大志を抱き中道にて逝す。嗚呼、哀しきかな。

昨夜朝廷、従一位に昇叙し大勲位頸飾章を加授す。国葬の恩命遂に降らず。昨首相の答ふる所の如く、長州人等多く不平の色有り。藩閥の徒輩、彼是為す所、多く情弊を出す。誰か鴉の雌雄を知らんや。笑ふべき也。

午後再び到りし後、接待の事を助く。来十九日芝増[上]寺に於て仏式葬儀を行ふに決し、荏原郡世田谷村新設墓地に移葬す。後五時辞して帰る

太田玉子、二児を携へ来訪。嬉々として遊び、要を知らざる孤児、憐れむべき也。

〔欄外〕桂太郎公薨去す。

十月十二日　好晴暄暖　日曜日

前十時発、玉川荘に赴き、工事を視察す。

安、輝、季三名、午後来会。

常吉一家、重野家を来訪し来り過ぐ。

外人五名、庭園を観に来る。予は二小児に柿実を与ふ。欣然留り数時間遊びて去る。

夕刻相携へ帰る。

此の夜、静座会。会する者約二十人。

此の日、誠は雅、勲二児を伴ひ横浜共進会を観て夕帰る。

又誠をして学習院中学生父兄懇話会に列せしむ。

十月十三日　晴後曇

朝、田中通信局長、元田逓相の命に依り海外電信問題諸協約結了の顚末に関し報告す。其の要領左の如し。

大北電信会社関係事項

一、長崎上海間、我が日本電線新設の事

二、台湾川石山海底線、之れを我が福州郵便局に連接する事

三、日露両国間は直通聯絡を開き、両国随意に料金率を定むる事

四、米国の外、欧州其の他電報料大低減の事

五、長崎上海に到る新線竣成の間、時を限り会社線使用の事

六、日支間料金収入、前三年平均率に依り共同計算の法を定め、会社既得の利益を保護する事

七、芝罘大連線、台湾川石山線は、日支通信を開放する事
八、明治十五年交附の会社免許状を修正交附する事
九、会社収益増進の程度に随ひ料金の逓減を行ふ事
大東拡張会社関係事項
一、台湾川石山線を万国通信に利用する事
二、我が上海新線及び福州陸線を承認する事
三、関係線電報料を低減する事
四、均一料金制を定め小笠原線西廻り電報を開始する事
支那関係事項
一、長崎上海間我が新線の敷設を承認し、将来第三者に対し電信上利権を附与する場合に於て、相互に合議を行ふ事
二、上海陸揚細目に関しては、他会社の例に照らして之れを行ふ事
三、満州及び芝罘電報料は互ひに低減を行ふ事
以上関係会社、又政府の同意を得て之れを協定す。唯福州線の開放、同線陸線連絡及び日支電信収入合同計算の三事は、未だ支那政府の同意を獲ずと云ふ。


逓信省は長崎上海新線新設の為め、工費約百六十二万円の支出を請求し、次期議会に提出を欲す。予は之れに対し逐条質問を為し、田中氏一々之れに答ふ。約一時間余にて辞去す。

帝国興信所藤田秀寿、通信講読継続を来請。必要無きを以て之れを謝絶す。

橋本五雄来訪。暇無きを以て面会を辞す。

後一時出勤す。

二時幸倶楽部に臨み、予は今朝田中局長来談せる所の海外電信問題協約の顚末を詳しく報告す。

四時半五十嵐秀助氏を六本木に訪ふも不在。則ち其の夫人に面会して井口氏縁談謝絶の事を述ぶ。

此の日、輝子学習院専修科退学届を書き、安をして明日登校之れを提出せしむ。

夕七時桂邸に到る。原保太郎、仲小路廉、関宗喜、其の他数氏と故公棺前に通夜して追福を行ふ。

〔欄外〕逓相、海外電報諸協約改正の件を報告す。

十月十四日　陰後雨
前六時半帰りて睡る。

後一時木村大見（篤紹介の人）来訪。

山田克吉来訪、故下村房次郎氏追悼会隣席を請ふ。

家僕をして故桂公、則ち長雲院殿忠誉義道清澄大居士の霊前に薫香一箱を呈す。

安、学習院女学部に赴き輝子退学届を呈出す。

此の夜、桂公遺骸解脴〔剖〕を行ふ。遺命に依る也。

十月十五日　陰雨滂沱

後二時上野公園に車を飛し文部省展覧会を観る。大作少からずと雖も、亦往々魔道に陥る有り。夕刻帰る。

此の日、女学部、輝子退学許可書を送り来る。

十月十六日　晴、夕雨

朝、松元剛吉氏、今宿鉱山より帰りて来訪。

本多為三郎、倉庫窓広狭寸法の指示を来請。

後一時出勤す。安、桂公を往弔す。

二時伊東子を訪ふ。将に他に往かんとし、暫く談じて去る。

浜口吉左ヱ門氏の病を山王下に訪ふ。妻君の云ふ所に依れば、羅付謨〔ラフム〕療法に依り喉頭癌全癒すると。唯焼痕激痛、日夕苦悩を免れずと云ふ。

麻布郵便局に到り、金滝泰に贈られし所の菓台を受領す。

此の日、香西氏、山尾清実（駿河台人）をして、北村正信の作る所の石膏鍛工像を送り来る。巨大にして日本家屋に適さず。語の所謂「有難迷惑の贈物也」。

此の夜、武田額三氏来訪して云ふに、弥仏国留学の内命を受け、将に十一月十九日横浜発三嶋丸に搭り旅程に登らんとすと云ふ。大使館附武官の資格を以て先づ仏国に留学し、後更に露国に転ずる予定にして、其の期約三個年也と云ふ。

〔欄外〕武田額三、仏露差遣の命を受く。

十月十七日　陰雨　神嘗祭

朝、憲政新聞記者成清徳太郎来訪。

山口宗義氏来謝。

佐野夫人来訪。

足立綱之氏来訪、支那海底線の事を問ふ。後、囲碁数局して別る。

此の日、早稲田大学創立記念三十年式を行ふ。予、辞して赴かず。

雨霖淋漓、此の盛典を妨ぐ。悼むべき也。

十月十八日　雨後霽

前十時半出勤す。酒井秀雄来社。

十一時華族会館午餐会に赴く。徳川館長以下百十余名。

午後、囲碁会に列す。予、井伊直安、松平直徳両子及び松方巌氏と対局して一敗二勝、賞品竹籠花瓶を獲る。更に徳川慶久公と戦ひ、一局勝ちて散ず。爾後毎月第三土曜日を以て例会と為す。

鈴木徳松氏、樺太より帰り来訪。則ち本村町郵便置局成否調査の件を嘱す。

十月十九日　陰晴相半　日曜日

前八時故桂公の葬を送る。先づ済生会に到り、此れより陪柩して芝増[上]生寺に到る。官は特に現役大将の礼を以て之れを待ち、儀仗兵一聯隊及び軍楽隊をして先駆後衛せしむ。又砲兵をして弔砲十九発を発せしむ。葬儀の盛、近年稀に見る所也。十一時式終り、之れを荏原郡世田谷村新塋地に葬る。桂公生前予め卜定せし所也。

後一時安を伴ひ玉川荘に赴き、改修工事を視て、夕刻相伴ひ帰る。

此の日、学習院は皇太子恩命に依り新宿御苑に於て初等科生徒運動会を行ふ。勲児参加の外、輝子、雅子、勤、季子諸児、僮婢を伴ひ之れを参観す。

此の日、静座会。会する者二十人。

〔欄外〕桂公葬儀。

十月二十日　暄晴

午前、田中浅太郎、青森より帰り来訪、滝沢鉱山探礦着手の状況を報告し、且つ将来進行の順序を協議す。

午後一時安を伴ひ玉川荘に赴き工事を視る。此の日、倉庫基礎地搗工事を行ふ。夕刻帰る。

此の日、勤児、学習院中学生参百五十余人と伏見陵を拝する為め、職より誘はれんと欲せられ、京都地方に向けて発つ。

十月二十一日　半晴微雨一過

前十一時出勤す。各務氏将に来る廿五日を以て崎戸に向けて発たんとす。来月総会順序を協議す。

朝、須佐美雄蔵、大沢金山の苦境を来訴。

午後、東邦火災保険社員斎藤定義、岩倉鉄道学校幹事榊原浩造氏紹介の件を来請。諾して添簡を与ふ。

芳子、精児を携へ来遊。

夜、岡部則光氏、帝国瓦斯電灯会社の近状を来語、松尾社長、宇野取締役会計紊乱の亡状を訴ふ。

又小川伊勢吉を招き、鈴木氏報ぜし所の本村町郵便局設置の件を指示す。

十月二十二日　陰湿　欲雨

朝、毎夕新聞記者山森利一、時局に対する意を来問。所見を挙げて之れに答ふ。

午後、時事新報記者工藤十三雄、時事意見を来問。

十月二十三日　晴　夕驟雨一過

桂公の墓に参拝の為め、前十時家を出る。三軒茶屋に於て腕車を傭ひ半里余を行く。世田谷村より右折し先づ松陰神社、吉田松陰を祭る所を詣づ。祠甚小と雖も長州出身大官の献灯頗る多し。桂公の新墳は同地域内に設け在り、松林中西に向けて葬る。手を浣して礼拝し、控所に憩す。知人参拝者亦数人。

又車を輾き豪徳寺を詣づ。井伊家累代の塋域也。世田谷町は足利時代吉良氏累世城とする所にして、居の豪徳寺は実に其の城趾を占むと云ふ。

車行用賀に到りて電車に転乗し玉川荘に赴く。倉庫基礎工事既に成り、此の日、台所増築棟上式を行ふ。又藤棚新架工事略ぼ成り、監視夕陽に到りて帰る。

夕、昌、太田輝次遺腹子養育希望者の件を来告。予又、帝国瓦斯電灯会社会計紊乱の近状を以て告げ、之れを家兄に転報せしむ。

十月二十四日　好晴暄和

前十時桂家の招きに依り長雲院殿二七日法会に列す。参会者数百人。勤経焼香後、庭園に於て立食の饗を受け、後一時退散す。

直ちに出勤す。佐野貞吉来社。

後三時秦秋田知県を築地精養軒に訪ひ、加舎千代野同県教職採用の件を嘱す。

武田額三、将に鎮西諸工場視察の途に登らんとして告別に来る。

十月二十五日　好晴昨の如し
前九時麻布郵便局に到り貯金を領受す。

九時半発、玉川荘に赴く。藤棚架設工事全く成り、増築改修工事亦大に進む。田中氏と共に之れを指揮す。日暮れて帰る。

不在中、有松英義氏来訪。

此の日、安は諸児を伴ひ帝国劇場に赴く。

此の日、各務氏、崎戸に向けて発つ。

十月二十六日　晴暄　日曜日
前九時半勤、勲二児を携へ玉川荘に赴き、先づ遊園地を観る。菊花壇等の設稍や備はると雖も、祇園閣其の他大体の設備は尚未だ全く整はず、瀑布の外観るに足るべきもの無し。暫くして安は誠、雅、季諸児及び一婢を伴ひ来会す。正午過ぎ萬象閣に入る。

此の日、吉松家家族、田辺老夫人其の他親戚児等約二十人を伴ひ来遊し、終日遊戯して去る。

新旧工事大に進む。夕刻相伴ひ帰家す。

本日静座会。園田氏外二十人参座す。

十月二十七日　陰
朝、田中浅太郎、大河清をして恩借を来請せしむ。則ち金券を交付す。

博文館林瑛（農業世界記者）来訪。

河手長平、人をして小松原氏紹介を来請。乃ち紹介状を与ふ。

昨夜、田辺輝雄氏紹介の故太田輝次遺腹児を幡生弾二郎氏収養希望の事状を詳述す。之れを太田太右ヱ門氏に転報し、其の同意を勧告す。

午後一時出勤す。

二時半議員倶楽部に到り、紅葉会絵画展覧場を観る。

三時半桂二郎氏を訪ひ桂公大故を慰問し、且つ九州炭礦会社本期営業状況并に重役満期改選事情を告ぐ。

此の夜、僧田中霊鑑、日置黙仙氏書翰を携へ来訪、来年四月護国塔供養の件を談ず。

十月二十八日　陰　夜小雨
朝、神田鐳蔵氏来訪、経済界近時の趨勢及び外資輸入機関設立の件を談ず。
大木露舟（魁記者）来訪。暇無きを以て面会を謝絶す。

前十一時頃家を発ち玉川荘に赴く。

大久保侯夫妻、親族婦人、女児約十人を伴ひ来園し、終日遊遨す。数客先に辞去す。予は侯と囲碁数番す。後八時侯及び夫人、伊集院嬢と相伴ひ雨を侵して帰京し相別る。

十月二十九日　前晴後陰

上院議員（無所属員）堀真五郎、山口県本籍に於て卒去の訃に接し、書を発して之れを弔す。

又園田音三郎氏（寛同姓）病死の報を聞き、書を発して之れを弔賻す。

後一時出勤す。

鈴木徳松、大久保夫人、山崎夫人来訪。

夜、田中武雄氏来訪、青森県農作不穏惨状甚しく、三十五年饑饉の状に於るを語る。

〔欄外〕堀真五郎氏卒す。

十月三十日　快晴穏和

此の日、玉川別荘に於て倉庫上棟式を行ふ。前九時半安、季二人と車を聯ね、渋谷に於て電車に転乗して之れに赴く。

午後二時式を挙げ、棟梁以下約四十人に酒肴料を給与す。此の日、天気佳良、春日の如く、好運也。

夕刻相伴ひ帰る。

太田太右ヱ門氏の返書到来し、太田玉子胎児幡生氏収養の件同意の旨を答ふ。乃ち昌に転報し、此の意を田辺輝雄氏に致さしむ。

十月三十一日　好晴温和

我が皇陛下、此の日を以て天長節祝日と為すと定む。天気晴朗、麗日春の如し。満都盛飾し聖寿を祝はざる者無し。前十一時大礼服参内し、正午正殿に於て伯、子、男爵整列す。天皇親臨、拝賀を受けらる。

次で東溜間に於て酺醼を賜る。閑院宮載仁親王、特旨を奉じて臨席し、本日実に我が皇初度の天長節に属す。参朝拝賀し宴を賜る者、例年を大に超へ、豊明殿、東溜の二殿容るる能はず、別に桐間及び南溜の二殿を以て宴席に充てられしと云ふ。

後五時半小礼服勲章本綬を着して華族会館に赴き、晩餐祝宴に列す。来参者は約百名。宴後、柳沢伯と将碁二局し互ひに勝敗有り。

九時外相官邸夜会に赴く。来会者亦例年に於るを超へ混沓寸地を余さず。安は芳、輝二児を伴ひ先に之れに赴く。人多くして互ひに遭遇する能はず、予先に帰る。三人は夜半に及びて帰り来る。

又誠は勤、雅、勲、季の諸児を伴ひ夕刻九炭会社に赴き、提灯行列及び花電車等を観る。蓋し市街の雑沓、到る所歓声湧くが如し。我が皇の好運祝ふべき、喜ぶべき也。

午後、広瀬昌三来訪、今回猪苗代水電社の命に依り東京本社在勤と為ると云ふ。

〔欄外〕今上初度の天長節祝宴。

十一月

十一月一日　晴後陰
朝、肥後八次氏頃日熊本逓信局長に任ぜられ、将に赴任せんとして告別に来る。

吉田春吉、井上敬次郎紹介書を以て来訪、南洋協会創立賛同を請ふ。其の趣旨国勢の発展に在るを以て之れを許諾す。

後一時出勤す。

二時半帝国大学に到り史料展覧会を観る。古文書、図画の類、鑑賞すべき者頗る多し。明帝の秀吉に対する封冊、時宗蒙古退治願文等、珍品也。若し之れ玩味を銓ずれば、史実の徴すべき者蓋し多々なり。

西村公明（大和記者）、時事意見を来問。

此の夜、池上慶造、荻野栗蔵来訪。

〔欄外〕帝国大学史料展覧会を観る。

十一月二日　晴寒　日曜日
朝、木村大見再訪。乃ち之れに少資を与ふ。

前九時半玉川荘に赴き工事を視る。偶ま誠、学友四名と自転車に乗り来園。乃ち茶寮に於て共に午餐を喫し、夕刻帰家す。

不在中、三浦貞之助来訪。

後七時有楽座に赴き美音会を聴く。此の日、松島琴師、大演芸会を日本橋倶楽部に開く。輝、雅の二児、其の門人の故を以て参列し、一曲を弾く。安及び重野伯母参観し、会後直ちに有楽座に赴く。予乃ち既に至りて在り、閉会後相伴ひ帰家す。

十一月三日　晴　寒愈加

朝、杉謙二来訪。是に先だち氏は華族画報編纂を企て頃日印刷を了し、壱本を送り来る。精巧鮮麗実に此の類著作の巨擘と為す。則ち一部購ふを約す。

午前十時出勤す。

転じて幸倶楽部に赴き役員会に列す。剰余金処分問題を講究す。

午餐後、烏森より山手電車に搭り学習院に赴き、輔仁会大運動会を観る。安は輝、季二児及び重野伯母を伴ひ、亦来観す。諸種競技幾十番。東宮及び二皇子亦参加さる。後五時先に帰る。

不在中、草場九十九、添田寿一紹介書を持ち来訪。

夜、岡部則光氏来訪、帝国瓦斯電灯会社会計紊乱善後処分の計画を語る。

十一月四日　晴

後一時出勤す。各務氏、今朝帰京出勤。遇ま出て外に在る。故に逢はずして去る。

直ちに玉川荘に赴く。田中氏の証言に応じ工費第二回支払額を近藤浜五郎に交付す。

夕刻、別荘を出て直ちに同気倶楽部に赴き、試食会に列す。蜂須賀侯以下二十人同卓にて食す。会後、佐々田氏と囲碁数番し、十一時に及びて帰る。

不在中、林嘉陽（雑誌記者）来訪。

十一月五日　晴寒

午前九時足立綱之氏来訪、日支間海底線の件及び政党消長の件を談ず。

後一時前出勤す。各務氏と会見し崎戸視察の報を聴き、第十二回株主総会議案の件を協議す。来る十日を以て重役会を開き、二十九日を以て株主総会を東京商業会議所に召集の事を決す。

不在中、森井吉五郎（同町六十一番地人）来訪。

十一月六日　晴暄

朝、岡部則光氏来訪、帝国瓦斯電灯会社会計紊乱善後策重役内議の顚末に関して語り、予の助言を請ふ。則ち予所見を述べて之れに答ふ。

前十時発、玉川荘に赴く。午後、安亦季児を拉して来会し、明日大久保侯一族数十人来遊の準備を為す。頃日庭山楓樹紅葉方に酣、秋色溢れんと欲す。夕刻相携へ帰家す。

夜、帝国瓦斯電灯会社重役福島宜三、永橋至剛、岡部則光の三氏来訪、同社会計紊乱善後策に関して意見を求む。百端講究し深更に及びて去る。

十一月七日　夜来風雨　後陰

福田久松、郵書を以て樺太炭田開発の賛同を請ひ来る。返書を発して之れを謝絶す。

後一時出勤す。

夜、岡部則光来訪。

十一月八日　快晴

朝、時事記者室伏高信、増師及び財政問題意見を来問。所見を挙げて之れを問ふ。

後三時頃、家兄上京し昌邸に入らる。乃ち之れを訪ひ帝国瓦斯電灯会社内の事状を談ず。款話して晩餐を共にし、八時に及びて帰る。

直ちに岡部氏を招き同社善後の方法を談ず。

此の日、勲児昧爽出発して学習院遠足隊に入り、下総香取社及び成田等を巡覧し夕刻帰着す。

深夜、福嶋宜三氏、帝国瓦斯電灯会社善後処分の方法を来談。

十一月九日　陰又晴　日曜日

前八時家兄来訪、帝国瓦斯電灯会社会計紊乱善後方針を協議す。次に福島氏及び岡部氏を招き方針を決定す。共に午餐後、更に永橋、芹沢二氏を招く。則ち当事者松尾社長を除く外、取締役全員会同し、方針決定の理由を詳述して其の同意を促す。皆之れに賛す。則ち協定書を草し各自記名捺印し、以て共同一致して至誠実行に尽力する旨を誓ふ。其の要領左の如し。
一、全取締役は共同一致して善後の責に任じ、欠損金額を直ちに補塡する事。
二、右補塡金額は、松尾氏をして全財産を提供し賠償せしむる事。
三、社長更迭を行ふ事。
会計紊乱の行為は、原は宇野取締役の非行に係ると雖も、松尾氏曠職の致す所、其の責遁ぐべからず。若し因循弥縫せば遂に一疑獄を起すに到る、亦測るべからず。会社の危機、実に一髪の間に在り。予、全然局外者に属すと雖も、誼黙止すべからず、乃ち右諭左論し、全重役をして自ら進みて補塡の責に任ぜしむる。幸ひ皆慨然甘諾し進みて之れを誓ふ。是亦実業界の一美挙也。夕六時に及びて散ず。

此の夕、静座会。家兄、後藤男等二十余人参座す。武田額三氏、嚮に仏国大使館附武官の命を受け、将に来る十九日発三島丸に搭り赴任せんとす。静座散会後、留守の事を協議す。

芳子、精児を携へ来宅。

〔欄外〕帝国電灯重役を召集し同社財政整理の事を誓はしむ。

十一月十日　快晴風寒

朝、大木彝雄氏、故老祖母に対する弔賻の好意を来謝。田辺勉吉氏来訪。其の談に依れば、去る六日細君女児を産み母子健全也と。

後一時重役会を九炭社長室に開く。神谷、賀田二氏の外皆集ふ。来る廿九日召集の株主総会議案及び職員慰労の件を議定す。

三時半日比谷公園を過ぎて市設菊花壇を観る。

四時帝国ホテルに赴き、武内鶴之助氏催す所の其の作油画展覧会を観る。百余点皆滞英中に描きし所の風景画也。観賞すべき者頗る多し。

五時鉄道協会に到り、岩倉鉄道学校評議員会に列す。校舎敷地約弐千坪、払下代金六万余円支出の件及び職員慰労金給与の件を評決す。夕食後、曾我子、野村、石黒、山田、谷森の諸子と縦横款談し、九時に及びて散ず。

不在中、金士伊勢太嘱せし所の予の揮毫数葉を携へ来りて去る。

天皇、横須賀に幸し観艦式を行はせらる。

十一月十一日　晴寒

朝、倉長恕、蔭山義三郎来訪。

田鍋安之助氏（東亜同文会評議員）、明十二日幸倶楽部に於て中西正樹、中井錦城二氏と満蒙事情に関する講話を為す順序を来談。

傷害保険社員、傷害保険加入を来請。之れを謝絶す。

後二時召命に応じ赤坂離宮御苑に参入し、観菊会に列す。参苑者は千人を超ゆ。天皇、皇后は宮内官を随へ臨御、立食宴を賜はる。此の日は日麗気朗、御苑は紅葉と老樹と参差掩映し、環繞清泉、好趣名状すべからず。菊花亦殊に秀麗、新花に在りては嵯峨野の如く一文字の如く、清艶非凡種競ふ所。盆菊に在りては一株に八百二十二輪を着ける者有り、従前無き所也。三時半宴終りて還御され、諸臣次第に退散す。

五時大久保、山崎、予の三家の催しに依り、武田額三送別宴を喜多野屋に開く。安、誠、輝子、芳子、秀子、尚子の外、重野安居、同紹一郎、家兄、寛等主客十四人、歓談数刻、款を尽して散ず。

〔欄外〕今上初度観菊宴。

十一月十二日　快晴甚寒

午後、重野翁、武田精一児発育を祝ふ為め武者絵一幅を贈り、其の伝達を托して去る。

一時出社す。仙石貢氏来訪、予の所有桧原湖外二湖を以て猪苗代水電会社の潴水池兼用に充当するを望み、其の計画を説明して予の同意を求む。乃ち精査して決答を為すを約して別る。

二時幸倶楽部に到る。例会に列し、東亜同文会員中西正樹、田鍋安之助、中井錦城三氏の満蒙処分に関する意見講話を聴く。中井氏先づ満蒙地方の生産力を説き、田鍋氏次で満蒙及び朝鮮攻守の形勢を述べ、中西氏支那国興亡の形勢を主に論じ、亡国の免れざるを断じて其の対策に言及す。四時退散す。

高木、武井二男と、来る十七日を以て協同会幹事会を開く事に決す。

渡辺昇子薨去の訃を聞き、帰途往きて之れを弔す。

午後、安をして玉川荘に赴き工事を視さしむ。

昨来、日置黙仙師に嘱されし所の護国塔碑文を草す。此の日、其の批正を小牧昌業氏に托す。
〔欄外〕渡辺昇子薨去。

十一月十三日　半晴

前十時幸倶楽部に赴き、青木中将宣純氏の支那事情講話を聴く。会する者四十人。氏は支那国情、殊に内政外交困難の真状及び対支政策を説き、植民貿易の必要を述ぶ。正午前散会す。

午後、上野美術協会展覧会を観る。別に遠州会有り、主に茶器を陳列す。又参考室有り、観るべき者少からず。

六時中山佐市氏の招きに依り、其の邸に催されし所の武田額三送別宴に赴く。予の外、白鳥庫吉、鵜沢聡明の二博士、山崎四男六、田昌の二氏陪賓と為る。款話十時に及びて散ず。

夜、本多為三郎、玉川別荘工事功程を来報、且つ指揮を請ふ。

十一月十四日　夜来烈風　雨

朝、家兄来訪、帝国瓦電整理状況を語る。

田辺勉吉氏、家兄を訪ひ来る。

前十時半増上寺に赴き故桂公五週忌日法会に列す。僧侶百余人勤行し、儀了り更に華族会館に於て午餐の饗を受く。来賓約百名。

後二時出勤す。

三時仙石貢氏を猪苗代水電会社に訪ふ。白石氏亦座に在り、仙石氏交渉の桧原湖外二湖水利権譲渡の件を協議す。

此の日、安をして学習院女学部家庭会に参会せしむ。

此の日、安、誠、輝は大久保夫人を伴ひ帝国劇場観劇に赴く。

夕、井上雅二氏、頃日海峡植民地護謨園より帰朝し来訪。徐に内外形勢を論談して去る。

不在中、林謙二（華族画報主）来訪。

十一月十五日　陰寒　欲雨

午後一時安、輝及び桂、安場嬢と車を聯ねて御殿山原六郎氏園遊会に赴く。来賓数百人。義太夫、踊、手品等諸種余興有り。庭園は広濶幽邃、紅楓青松参差掩映し頗る佳趣に富む。主人又風雅を愛で、多宝塔、曼陀羅石、慶長館等、観るべき者尠からず。四時洋食の饗を受けて散ず。

夕七時家兄帰途に就かる。誠之れを新橋駅に送る。

十一月十六日　快晴温和　日曜日

故〔補〕曾根子紀念碑除幕式に臨む為め、前九時廿五分新橋発臨時列車に搭り江嶋〔江の島〕に赴く。車中同室者概ね縉紳知人也。藤沢駅に於て電車に転乗し片瀬に下車す。歩きて海橋を越へ、十一時半、立碑地立野岡に達す。直ちに除幕式を行ひ子爵令孫除幕す。坂〔阪〕谷委員長経過を報じ、豊川良平氏来賓総代と為りて祝辞を述ぶ。式了り立食の饗有り、老妓数十人酒を侑める。来賓約三百人。日暖か気和やか、島内を倘佯す。風光清麗獲難き佳会を為し、島内を歩きて巡り片瀬村旧曾根子別荘に入る。亦勝地也。書画会有り、数時休憩す。其の間、藤田四郎氏と囲碁す。再び後四時四十分発特発車に搭りて帰京す。

夕、静座会。会する者二十余人。

此の日、滝本生をして故渡辺昇子の葬を青山墓地に送らしむ。

〔欄外〕故曾我子記念碑成る。

十一月十七日　陰、後陰雨

前十時協同会幹事会を幸倶楽部に開く。小沢、有地、武井、高木、吉川、真田の諸男皆集ひ、来る廿六日を以て秋季総会を開き、新会員入会許否の件を協議すと決す。小林清一郎氏来部、鬼怒川水電社常務辞退の件を告げ、且つ来る廿日、日本橋倶楽部の宴会に臨席を請ふ。則ち之れを諾して別る。

十一時仙石、白石二氏を猪苗代水電会社に訪ひ、其の求めし所の予所有会津水利権特許書類一切を交附し、尚其の譲渡順序を協議す。

正午前出勤す。

後二時玉川荘に赴き田中氏と工事を督す。倉庫工事略ぼ成り、将に本屋壁塗工事に着手せんとす。乃ち上水及び下水工事の方法を指示し、且つ門衛所新築方を検ぶ。夕刻雨を侵して帰家す。

此の日、安は翠石猛彪画幅外一件の贐品を携へ、武田氏を其の邸に訪ひ之れを贈る。

不在中、関宗喜夫人来訪。

十一月十八日　午前雨　午後に至り晴

小松昌業氏、予の嚮に嘱せし所の護国塔碑文を添削批評して郵送返付し来る。則ち同邸を訪ひ之れを謝す。岡部則光、帝国瓦斯電灯会社整理進行の状態を来告。武田額三氏、洋行留守家務管理依頼状を送り来る。本多為三郎、玉川荘より工事指揮を来請。乃ち共に芝四国町木匠店に到り、浴湯鑵を観て其の製作を命ず。武田夫妻、精一児を携へ来訪。則ち送別二詩を書きて之れを贈る。

其の一

曾従征戦致殊功　今日遠遊斯業攻
胸裏普収新学術　他年報効聖恩隆

其の一

慢蔵招盗理尤明　欲保平和須備兵
韜略不要尋詭策　知吾知彼在持衡

九時辞去す。

此の日、護国塔碑文を浄書して之れを遠州可睡斎主日置黙仙師に郵送し、建設の事に従はしむ。

此の日、信州松代象山会、佐久間象山先生五十年祭記念品数件を贈り来る。先生は絶世の英傑、学業古今東西、経世済民に識通す。鎖国草昧の時に当り盛んに文明的科学を鼓吹す。文章、詩詞、以て書画に到り、先生自ら之れを視るを抱負す。全く余技に属すと雖も、皆一世に卓絶せざる無し。今其の遺物を観て感歎措く能はず、偉人と謂ふべき也。

〔欄外〕護国碑文成り之れを可睡斎に贈る。

十一月十九日　晴温暖

前十時出勤す。

十一時玉川荘に赴き田中氏と工事を視る。昨命ぜし所の木匠来り浴室を視る。其の改造を托す。

武田氏来園、家什一切を托して去る。不在中、芳子、精児等をして我が別荘内茶寮に寄寓せしめる為め也。夕刻帰家す。

夕、重野安居翁来訪、旧宗伯所蔵の正恒及び新藤五の二刀を示す。暫く托して去る。

此の夜、安は武田氏の招きに依り、共に帝国劇場の興行を観る。

陣貞光、太田、松尾両家事情を来問。

十一月二十日　陰後雨

此の日、家に在りて田家旧記を調査整理す。

午前、松本朝之助来訪、時事を問ふ。

夕、武田夫婦、精一を伴ひ来訪。

昌来訪。則ち山本厚採用の件を托す。

本多為三郎、夜来候。修繕工事調査を命ず。

十一月二十一日　陰雨

朝、杉渓言長男、名和長憲男協同会入会希望の事を来談。

正午、武田一家、我が邸に移り来る。兄省吾氏亦之れに伴ふ。則ち重野伯母と午餐を饗し、別れの杯を酌む。

後一時、故上院議員堤功長子の葬を青山に送る。

二時出勤す。五十嵐富蔵（東京新報記者）来訪。

三時五十分武田額三仏国赴任を新橋駅に送る。親族故旧及び同僚軍人数十名亦送り来る。氏は陸路西行して廿五日門司発三嶋丸に搭り、支那海印度洋を航して馬耳塞《マルセーユ》に到る也。

芳子、精一及び一婢は我が家に留り、数日後玉川別荘修理略ぼ成るを俟ちて、将に之れに移寓せんとす。

広瀬昌三氏、仙石猪苗代水電社長の命を受け、会津水力譲渡契約書を携へ来示。小修正を求めて之れを返す。

郷里檀寺西楽寺和尚唐橋蓮友の訃音に接し、大阪宗家に托して之れを弔賻す。

〔欄外〕武田額三、仏国に向けて発つ。

十一月二十二日　小雨　晩に及びて晴

前十時発、安を伴ひ玉川荘に赴く。工事を視て園丁に部屋修繕其の他二、三工事を命ず。夜に入りて帰る。

不在中、加藤正義氏来謝。

夜、菅田政次郎来談。

十一月二十三日　好晴

午前、田中浅太郎来訪、其の所有せる浦神鉱山外二区共同出資を請ふ。熟考して決答すべしと約して別る。

午時発、玉川荘に赴き、夕刻帰る。

夜、静座会。会する者二十人。

昨、徳川慶喜公薨ず。齢七十七。公は英明の資を以て幕府の主造を承り、内憂外患交も到る時に当りて能く大局を誤らず、恭順隠忍我が邦をして靡乱に陥らざらしむ。其の苦衷は凡人の能く耐ふる所に非ず、偉と謂ふべきなり。今遠凶を聴き哀悼に堪へざる也。

〔欄外〕徳川慶喜公薨ず。

十一月二十四日　晴風寒

前九時幸倶楽部幹事会に列す。小松原、江木二氏交も教育調査会審議の経過を報告。左の二件を是認す。

一、学生徴兵猶予の制を廃止し、一年志願兵入営期等改正の事。

二、高等文官試験の方法改正及び弁護士其の他試験統一の事。

正午出勤す。広瀬昌三氏、仙石氏の命を帯びて会津水力譲渡契約案を携へ来る。小修正を求めて之れを返す。

後一時小石川区第六天町徳川慶久侯邸に到り、慶喜公の薨去を弔す。

夜、大久保侯の催しに応じて安、芳、輝三人と有楽座に赴き、呂昇東広義太夫節を聴く。東洋軒にて夕食し、十一時半帰家す。

武田氏、門司より発電に曰く、正午出帆し遥に御一同の健康を祈ると。

十一月二十五日　半晴

朝、広瀬氏、又仙石氏の命に依り再び修正案を携へ来る。則ち之れに承諾を与ふ。

前十時幸倶楽部総会に臨み、農商務省員松尾音次郎氏の南洋則ち爪哇《ジャワ》、須磨太刺《スマトラ》、勃寧旺《ボルネオ》各地経済的視察談を聴く。

午餐後、後藤男、立憲同志会脱退理由を述ぶ。其の旨趣は、新党拡張方針意見、他幹部員現状維持説と相容れざるに在ると謂ふ。後、清水資治男講話有り、甚だ幼稚極る。二時退散す。

直ちに出勤す。

此の日、我が夫妻結婚満二十五年銀婚式日に当り、原と親族を招きて小祝宴を開く胸算有り。時寒寂に属すを以て、明春花期を以て之れを行ふに決す。

〔欄外〕此の日、予等夫妻銀婚式日に当る。

十一月二十六日　快晴

朝、朝日記者兼田秀雄、時事意見に関して来問。所見を挙げて之れに答ふ。

前十一時協同会秋季総会を幸倶楽部に開く。出席者四十人。小沢男開会の辞を述べ、予庶務を報告す。久保田男、座長と為る。会後、午餐を共にして散ず。

徳川議長官邸に到り、慶喜公の薨去を弔す。

二時大浦子を桜田町邸に訪ひ、時局趨勢を談ず。子は桂公薨去前後、後藤男及び仲小路廉子の新政党脱退の顚末真相を詳述す。互ひに将来政海の趨移向ふ所を談論し、三時半辞別して帰る。

此の日、九州炭礦会社は創立満六年記念日に当るを以て休業す。

十一月二十七日　晴暄後曇

朝、芳子をして正恒及び新藤五の二刀を重野翁に返付せしむ。

前十時半安を伴ひ玉川荘に赴きて工事を視る。竣功近きに在り。上水下水工事方法を指示し、夕刻相伴ひ返る。

此の日、園田里美第一回誕辰に膺り、予と安とは招きに応じて其の祝宴に赴く。山口氏夫妻及び末男、三好夫人、昌夫妻、大木修及び和子等来会し、支那料理の饗を受く。十時を過ぎて辞去す。

太田玉子、三日前男児を出産すと云ふ。

十一月二十八日　晴又陰

朝、福嶋宜三、永橋至剛二氏来り、帝国瓦斯電灯会社会計紊乱整理進行の状況を報告。宇野氏私消金は、全重役の責任を以て之れを補塡すと雖も、空株約五千株の処分は株主一致の協賛に非ざれば実行すべからず。頗る重大問題也。

広瀬昌三氏、仙石氏の命に依り長瀬川水利権譲渡契約書を携へ来る。則ち記名調印して各一部を交換す。同社をして監督官庁に対し、名義変換の順序を行はしむ。

後一時太田輝次病故の際の好意的庇護を感謝の為め、児玉秀雄伯を市谷薬王寺町邸に訪ふ。不在、名刺を家人に托して去る。

二時出勤す。

夕、鈴木徳松氏来訪。

十一月二十九日　陰寒

朝、近藤浜五郎来邸。則ち第三回玉川工事請負金を給付す。

刀剣商田口清次郎来訪。兼吉刀修理及び月山刀磨方を命ず。

午後一時出勤す。

後二時九州炭礦汽船会社第十二回株主総会を商業会議所に開く。予の同会社に於る最終総会也。例に依り出席株主寥々晨星の如し。予議長席を占め、先づ本期営業状体及び将来予想を演述す。次で議事を開き、全会一致を以て配当案其の他一切原案を決定す。

次で臨時総会を開き、重役全員満期改選を行ふ。予、先づ自家便宜に依り再選を辞すの意を述べ、次で重役定員を減ずるを詢りて、取締役三名、監査役二名の希望を挙ぐ。一致賛成を得て三村君平氏を指名し、重役指名委員と為す。氏は予定に随ひ、各務幸一郎、神谷伝兵衛、木村久寿弥太の三氏を指名し取締役と為し、賀田金三郎、川添清麿の二氏を指名して監査役と為す。木村、川添の両氏、三菱社を代表して新任の外、皆重任也。而して各務氏、予を継で社長と為る。是又協定の事実也。

予、則ち新組織の成立を宣告し、更に株主に対し創立以来満六年間の同情協賛の謝辞を述ぶ。小池国三氏、株主を代表し予に対して永年勤労の謝辞を述べ、議事決了して退散す。予の今回の退任は、同社前途の方針既に確立せしを以て留任の必要無く、今春以来其の意を述べ、今之れを決行す。世に所謂円満辞退也。

大久保夫人来訪。

此の日、区会議員二級選挙有り。各区競争頗る激しく、推挙を請ひ来る者陸続相次ぐ。予、考ふる所有りて投票に行かずして罷む。

又帝国瓦斯電灯会社通常総会無事終了の報に接す。

夕六時半後藤新平男来訪、立憲同志会脱退の止むを得ざる理由を詳述し、且つ上院各派真状の所在を問ふ。予、則ち各派真相と其の趨移とを詳しく語りて之れに答ふ。

八時廿五分同男と自働車に同乗して、寺内伯の朝鮮より帰京を新橋駅に迎ふ。迎へる者数百人。

夜、本多為三郎、玉川荘より来り工事略ぼ竣功の旨を報ず。

〔欄外〕九州炭礦会社長を円満退職す。

十一月三十日　陰風寒
朝、加藤敬三郎氏来訪、過般逓信省退職、勧業銀行証券課長就任の事を語る。尚経済時事を談じて別る。
後二時上野公園裏寛永寺斎場に赴き、故前征夷大将軍徳川慶喜公の葬を送る。会葬者数千人、途中送り且つ観る者数万人。至る所、至極雑沓す。三時式を始め、四時式了りて散ず。

夜、日置黙仙師、一僧を従へて来訪、護国碑文一節添加の件及び来春を以て同塔供養を行ふ事を談ず。

此の夜、静座会。会する者約二十人。

此の日、伊藤清一郎氏来訪。予不在に依り、安に対し渡辺汀男（海軍大将《〔マヽ〕》）求婚の件を談ず。

〔欄外〕徳川故将軍の葬を送る。

十二月

十二月一日　陰寒小雨　時に滴声の点ずるを聞く
前十時豊川良平氏を小石川邸に訪ひ、九炭社長在職中援助の謝意を述ぶ。時事趨勢を閑談して辞去す。

次で三菱会社に到る。社長岩崎久弥男は長崎に赴き不在。則ち副社長小弥太男及び三村君平、江口定條二氏に面し、同じく謝意を述べて去る。

正午九州炭礦会社に到り、各務新社長に対し会社会計事務及び交際費、決算残金其の他一切事務の引継を了りて帰る。

午後三時岡部則光氏来訪、帝国瓦斯電灯会社会計及び株式整理進行の状況を談ず。

石井藤太郎（隣家湯屋の息）、兵役を終りて帰り来候。

十二月二日　晴暖後雨
前十時幸倶楽部幹部会に列し、財政運用及び剰余処分の方法を審議す。
後二時同倶楽部に於て駐露全権大使本野一郎男の日露国

交実際談を聴く。来聴者約四十人。男は平和克復以来の国交改善の経過を詳述して、世間伝ふる所の復讐戦計画の誤伝を正し、露国既に我れに親善を欲し、我れ亦親善の意を宣明し、以て是帝国外交上東洋覇権を保つ所以の長策と為す也を論す。談は殆ど二時間に渉る。論旨明晰、有益の講演也。後二、三質問を発する者有り、一々之れに答ふ。四時半散会す。

五時予と各務氏と主人と為り、木挽町山口に於て九州炭礦関係者招待宴を開く。会する者、豊川良平、南部球吾、江口定條、三村君平、小池国三（以上三菱側）、竹内綱、村上太三郎、田辺勉吉（以上旧重役）、神谷伝兵ヱ、賀田金三郎（留任重役）、木村久寿弥太、川添清麿（新重役）の諸氏也。予、在任中援助の謝辞を述べ、豊川氏、衆客に代り謝辞を述ぶ。款を尽して散ず。

武田氏、昨一日香港着の報有り。

十二月三日　雨後晴又陰

朝、田中浅太郎、清滝鉱山実地視察探礦状況を来報、且つ浦神鉱山協同経営を請ふ。

堀貞氏（京都市岡崎町池ノ内住）と林和太郎長女俊子と結婚の報に接し、書を発して之れを祝す。

午後二時家兄上京、岡部則光、永橋至剛二氏と我が邸に会し、帝国瓦斯力電灯会社空株券整理の方法を協議す。予亦請ひに依り其の議に参加し、情実を排して之れの整理を決行する議を決定す。

家兄留りて晩食を共にし、談話数時の後去りて昌邸に宿らる。

此の日、東邦火災保険社員薗広倍、玉川別荘火災保険継続を来請。増築修繕の故を以て之れの再検を命ず。

又、寺田弘氏及び牧野男夫人来訪。

十二月四日　朝小雨交雹　乍ち歇み後晴寒

前十時発、玉川荘に赴く。工事略ぼ成る。

佐野貞吉来園、東邦火災保険社の為め別荘建物を検査して去る。

園田実男、海軍大佐斎藤七五郎氏静座会参加を来請。之れを諾す。

十二月五日　晴寒

朝、東邦火災保険会社員辻鉞太郎来り、玉川別荘及び重野隠宅の保険契約を訂結す。

九州炭礦社員小野英義来り、予の重役保証株式及び田辺勉吉貸付株券を返付す。

桂二郎氏、九炭相談役解任の配意を来謝。

十一時家兄来訪、帝国瓦斯電灯会社整理調査の景況を語る。午餐を共にして別る。

家兄又、大木修、頃日発熱し、医の診断は腸窒扶斯病と為す、則ち本日赤十字社病院に入院すと云ふ。

午後、誠をして渡辺嘉一氏亡父機関少将竹三氏の葬を青山斎場に送らしむ。

後四時東洋協会評議員会に列す。会する者二十余人。会長桂公薨去に依り後任推選の事を協議す。副会長小松原英太郎氏を挙げて会長と為すを決す。亦、石灯篭一対を桂公墓前に贈建するを決議す。

五時富士見軒に赴き十金会に列す。会する者は平田、大浦両子、有地、武井両男、小松原、平山、一木、原四氏、予を併せて九人也。順次談論し左の諸件を講究す。
一、平田子、先づ山県公枢相辞表捧呈し、結局聖諭に依り留任の顚末真相を報告す。
一、次で平田子、一木氏、大礼使官制は皇室令を以てせず、勅令に依るの違法の処置なることを交談す。
一、大浦子は、後藤男、中小路廉氏、立憲同志会脱退の顚末真相を報告す。
一、小松原氏は、平沼検事総長及び検事長河村善益、東北大学長北條時敬氏等の論ぜし所の即位大礼及び大嘗祭に関する希望の趣旨を詳述し、各更に意見を交換す。
十一時過ぎ散会す。

此の日午後、国民新聞記者坂本辰之助、大礼使官制に関し勅令に依りこれを定むるの適否を来問。

伊東子爵夫人病重しを聞き、安をして之れを慰問せしむ。

十二月六日　快晴　薄氷を結ぶ
午前、伊東子邸を訪ひ夫人の病を問ふ。
次で紀尾井町後藤邸に到り猛太郎伯逝去を弔す。
正午、玉川邸に到り、工事を視て夕刻帰る。
六時家兄を予、昌邸に訪ひ、其の帰程を送る。
安亦之れを新橋停車場に送る。
重野伯母来宿。
長崎県多額納税議員三山近六氏逝去の訃に接し、書を発して之れを弔す。

夜、坂田長之助来訪、九炭会社勤続の可否を謂ふ。留任を勧告して別る。

修正護国塔碑文を浄書して、之れを可睡斎主日置黙仙師に郵送す。

山本厚、大蔵省採用斡旋の恩を来謝。

此の日、武田精一児第一回誕辰に当る。便宜来る八日に至親を招き小祝宴を開く。

十二月七日　晴暄春の如し　日曜日

前十時半発、玉川荘に赴き、井水揚水喞筒装置工事、上水下水工事を行ひ、亦進捗を得る。

後三時過ぎ、安は重野伯母を伴ひ視に来る。一巡視後、相伴ひ帰る。

静座会。会する者二十三人。斎藤七五郎氏（海軍大佐）、初めて来り参加。

此の夜、菅田政次郎来候。

十二月八日　好晴暄和

午前、田中浅太郎、浦神鉱山実地臨検を来請。則ち之れを諾し、本月中旬を以て西行すべしと略約す。

後二時故上院互選議員後藤猛太郎伯の葬を芝増〔上〕生寺に送る。伯は英明の資を抱くと雖も素行修まらず、遂に先考の遺業を紹述する能はず以て逝く。悼惜すべき哉。

山本綾子来訪。

本夕、武田精一児第一回誕辰を祝ふ為め、重野老人、同伯母、大久保侯夫妻、山崎夫妻を招き、我が一家及び武田一家之れに陪し、偕楽園割烹支那料理を饗す。宴後、松島菊寿、輝子、雅子等箏曲を聴く。又大久保侯と囲碁数局し、十時皆散じて去る。

〔欄外〕後藤猛太郎伯薨ず。

十二月九日　晴暄昨の如し

朝、須佐美雄蔵、大沢金山水力利用出願の件を来談。議未だ熟さざるを以て連署出願を謝絶す。

岡部則光氏、瓦斯力電灯重役会決議、来る一月十五日を以て整理期限と定むる事を来報。

前十時半発、玉川荘に赴き、夕刻帰る。

塚田幸三郎、四橋附近白粉製造所烟突建造不許可請願決議の賛成を来請。諾して其の決議書に署名し、之れを返す。

家兄書信接到し、嚮に嘱せし所の鉱山技師鈴木右平を推挙し来る。田中浅太郎所有浦神鉱山実検の為め也。

十二月十日 曇微雨
朝、広瀬昌三、長瀬川水利権名義変更出願の経過を来報。菅田政次郎、根津嘉一郎氏紹介を請ふ。諾して紹介名刺を与ふ。

前十時安を伴ひ玉川荘に赴く。新築修繕請負工事皆竣功し、旧屋は煥然面目を新しくす。台所、浴室等殊に便利を覚へ、悦ぶべし。而して上水下水の装置は、旧時に比して頗る完善也。日暮相伴ひ帰る。

此の日、英国羅武《ラブ》氏に対し新年賀状を発す。

此の夜、田中浅太郎来り、紀州浦神、佐部両鉱山実検の順序を協議す。

十二月十一日 快晴
午前理髪す。

午後、池上平三郎父子其の他の兼ての嘱に依り、絹紙数葉に揮毫し、之れを池上慶造に附す。

後五時半豊川良平、南部球吾、三村君平、小池国三、江口定條五氏の招きに応じて木挽町山口の宴に赴く。過日予の招宴に酬ゆるの意也。来賓は予、各務幸一郎、田辺貞吉、賀田金三郎、村上多三郎、田辺勉吉、木村久寿弥太、川添清麿の八人也。宴中、芸妓木遣節の催し有り。新妓八人皆断髪し職工の装ひを為し種々の謔戯を演ず。新奇活溌、喜ぶべき也。九時先に辞去す。

在崎戸の柘丁吉、書を致し其の進退如何すべきかを問ふ。其の軽挙誤身を戒めて返書す。

十二月十二日 陰雨寒湿
後一時故上院議員浜口吉右ヱ門氏の逝去を其の山王別荘に弔問す。氏は咽頭癌を数月病み遂に起たず。多額議員中の偉材を喪ひ悼惜すべき哉。
二時幸倶楽部例会に臨む。議事無し。
〔欄外〕浜口吉右ヱ門氏歿。

十二月十三日 晴暄
早起きして旅装を整へ、紀州熊野の田中浅太郎所有浦神鉱山を実検に赴く為め、前八時半発最急列車に搭り新橋駅を発す。明日神戸川崎造船所行ふ所の装甲大巡洋戦艦榛名進水式に参列の為め、車中縉紳同乗者頗る多し。岩崎久弥男、松本海軍中将、松方巌、同正作外知人拾余名、款談湧くが如し。途中小事故の為め約四十分遅着す。九時半大阪駅に着く。田中氏外二名来迎し、直ちに桃谷邸に入る。

鉱山家鈴木右平、予の嘱に応じ来訪して先に在り。則ち実地臨検の順序を協議す。

十二月十四日　晴　夜来風烈　日曜日
家兄榛名進水式に臨む為め早朝発ち神戸に赴かる。予亦招状を受くも、辞して赴かず。

此の日、築地本願寺に於て故浜口吉右ヱ門氏葬儀有り。誠をして会葬せしむ。

後二時田中浅太郎来訪、明日紀州発程順序を協定す。暫くして鈴木右平又来会、明夕和歌浦より同航を約す。

小谷哲来訪。乃ち家兄、田中氏と晩餐を共にし緩話して別る。

十二月十五日　陰寒
前十一時半家兄と電車に依り難波停車場に到り、後零時十二分発電列車に搭りて発つ。小谷哲来送す。

二時二分和歌山駅に着き、直ちに車を聯ねて坂田巌三氏を宇須邸に訪ふ。主人我が一行を迎へる為め和歌山駅に赴く。途中相失ひ、則ち夫人、老母、其の他諸氏と久闊を叙す。暫くして主人帰り来り半時小話す。其の誘引に依り、共に和歌山電車に乗りて、四時半新和歌浦望月楼に入り夕食の饗を受く。風景佳勝。数時款談し、六時半楼を辞して相別る。予等兄弟は米栄旅館に入りて憩ふ。

鈴木右平氏既に来り相俟つ。射場国明なる者、大嶋同鉱実検を来請。則ち諾し鈴木氏をして之れを踏査せしむ。

七時半緑川丸大阪より入港し、相伴ひ上船す。田中氏、大阪より乗船し席を構へて相俟つ。八時、船は錨を揚げて発す。海波平静。一行四人互ひに囲碁を闘はせ深更に及ぶ。

〔欄外〕南紀旅行。

十二月十六日　陰雨強風　天候険悪
前四時半船は串本町西浦に入りて投錨す。事務長来りて曰く、現に暴風の兆有り、潮見岬以東に船を廻らせるは不可と。時に夜暗に雨降り、且つ港外に属すを以て迎船は来らず、空しく船室に在り。待つこと数時、七時半漸く迎船を得て、雨を侵し波を切りて上陸す。直ちに腕車を聯ねて串本町を過ぐ。是西牟婁郡の東端也。之れを過ぎれば東牟婁郡に属す。南に大島横たはり一長湾を為し、橋杭岩湾中に羅列し景色奇絶。唯雨中を惜む。母衣に遮られて縦観を得ず。

九時西向村に着く。偶ま行李二個を串本町に遺忘せるを覚知す。田中氏車を返して之れを探し、予等三人は小船にて古座河を渡り古座村今夜楼に入りて小憩す。下里郵便局長太地五郎作、脇地捨之助（浦神人）、田中氏弟鮎江銀蔵の諸氏来迎。休憩数時、囲碁数番し、遂に午食して俟つ。正午過ぎ、田中氏行李を携へ追ひ来る。時に雨漸く罷み、一時車を聯ねて発つ。三時浦神村に着く。

直ちに浦神鉱山を観る。土功正に央ばにて未だ鉱床を確認する能はず。粘土中往々銅鉱を発見す。雨後、坑道に入るは不可にして見本数点を採取す。再び車を飛して海蔵寺に投宿す。寺大きからずと雖も臨済宗、静潔喜ぶべき也。

夜、村内高等学校長宮地貞四郎、其の他有志者十三名来訪。数刻談話して去る。

浦神湾、又一小港を形成し、湾内小島有り。島側に小学校を築き、風色佳趣に富む。

十二月十七日　晴中時に雪意有り

前八時四十五分結束して登山の装ひを為し、家兄、鈴木、田中の諸氏と四人車を聯ねて田原村字佐部に赴く。一里十余町往き、佐部石垣徳蔵の家に入りて小休す。車を捨て歩きて山道に入る。小径嶮峻、約三十町登りて佐部鉱山に達す。

該山は曾て盛んに採礦精錬の業を行ふと雖も、現鉱は既に尽き、今は専ら探鉱中に属す。直ちに鉱穴に入る。上下曲折し出入頗る困難なり。正午過ぎ探検を了り休憩して行厨を取る。途中他の露頭を検べ、三時浦神に帰る。

再び浦神鉱山を検ぶ。先づ入りて大切坑道を検べ、約二百尺進入す。微かに鉱気現はれるのみ。更に丘上に登り鉱土石約八貫目を採取す。下りて洗鉱場に到る。鉱を淘し鉱石約弐貫六百目を獲る。五時寺に帰る。

此の夜、家兄、田中、鈴木、脇地氏と四人交互に囲碁す。散じて帰りし後、更に家兄、鈴木氏と該鉱山共同経営の利害得失を講究し、略ぼ其の方針を内定す。

十二月十八日　快晴強寒　時に小雪飛ぶ

前九時車を聯ねて海蔵寺を発つ。太地局長亦送りに来る。途に下里、玉浦、湯川諸村を歴す。一湾又一湾、曲々形勢を殊にし奇岩恠石、島嶼岩礁出没、送迎して奇状名状すべからざる者有り。地僻道逼くして博文雅士の賞玩する能はず、惜むべき也。

正午、那智村市野々に達し、郵便局長佐藤禎三郎来迎。一小店に小休し、車を捨て歩きて登る。約二十町行き瀑下に達す。瀑は約四百五十尺の断崖上に垂直に懸り、三条の巨流蕩々と落下す。老松古樹深々と囲繞し、神厳の気、人に迫る。那智瀑布は天下第一の名喧伝既に久しく、蓋し虚名に非ず。日光華厳の瀑と顧みて伯仲の間に在るべし。瀑底に近く歩まんと欲すれど、奇岩恠石老幹榛奔犬牙相交はりて、危険近付くべからず。則ち半途にて返す。瀑底附近は文覚上人荒行を行ふ処と相伝へる也。今一大堰堤を築設し、那智電気水力発電水源地と為す。三百馬力の電気を発し、附近十余里の各町村博く電灯の供給を受く。瀑水光輝を発すと謂ふべき者也。

〔欄外〕那智滝大瀑を観る。

返して石級《ママ》を攀る。十余町登り熊野夫須美社境内に達す。西国三十三所観音堂（則ち第一番観音也）と境を同じくして座し、一奇と謂ふべき也。参拝後、瀑布を望み返す。瀑頭と略ぼ高点を同じくし、瀑布の観望は蓋し此の地を以て第一と為す。

後一時半佐藤局長の家に午食す。旅館を兼るの故也。了りて急磴坂を下る。路傍並木の中、老楠大桧往々数囲を超へる者有り。蓋し数百年の物。再び前一小店に入り、車を聯ねて返す。後三時浜宮奈智駅に達す。田中氏先づ去りて勝浦に赴く。

予兄弟は太地局長の導きに依り、三時十五分新宮軽便鉄道小列車に搭り新宮に赴く。行程は勝浦より十二哩、四十八分間にて達す。此の間、風景転変し奇勝賞すべき者多し。

新宮町は、水野子采地に膺り、而して和歌山県の東端也。熊野川が、十津川、北山川の二河と合し、谷邃く山深く木材を産出する所、蓋し木曾、秋田、吉野に次ぎ、南紀は生産一大雄場也。新宮町下は河海に臨む処、大貯木場を設く。盛んに製材を行ひ、主に之れを支那、台湾、若しくは大阪地方に輸出し、製材事業は今新宮第一の事業に属す。駅傍に又徐福の墓有り、二枯樹の下に一碑を止む。時に促されて往観の暇あらず、僅か十五分時間足を駐めて直ちに五時前十分発列車に搭り勝浦に返す。数町歩行して迎への舟に乗り、対岸赤島鈴木旅館に入る。田中氏先に在り。館内温泉有り直ちに入浴す。快甚しく、積塵一洗の概有り。夕食後、太地局長辞去。此の夜快眠して疲眼覚蘇す。

〔欄外〕徐福の墓。

〔欄外〕赤島温泉に浴す。

熊野地方は人力車夫、皆一狗を飼ひ車の前を輓かしむ。怜悧能く馴練に服し、昇り道に逢へば奮進努力し、降り道に臨みては自ら止まりて頚革を脱す。其の他溲尿、飲水を欲する時は、又自ら止まりて索を脱す。了りて則ち自ら来りて頚を伸ばし頚革を受く。其の力一人に敵ふと云ふ。是一人挽きて二人之れを挽く実力有る者、主客両便と謂ふべし。其の中の一狗、頗る放縦にして他犬と相軋する者有り。一車夫が云ふに、是飼い主の号令厳しからざるの致す所也、飼犬は、恩威の並行厳にせしめざるべからず、然らざれば則ち斯くの如しと。一鄙夫の所言、亦至理存す。蓋し経験上得し所也。又車を輓く犬は洋犬を用ひざるべからず。能く馴練に服し且つ耐久すは和犬に在り。登り初めは奮進洋犬に勝ると雖も、半日の後に到らば、則ち疲憊し奔馳する能はず、然して猪鹿を猟るに到りては、和犬遥かに洋犬に勝る、洋犬の力は猪鹿と争雄する能はずと云ふ。此の言、果して犬の上に止まるか。将又人間に及ぶか、聴く者之れを大に玩味せざるべからざる也。記して参考に資す。

〔欄外〕飼犬術。

十二月十九日　晴寒

今朝、原は九時発吉野丸に搭りて帰途に就くを期す。偶ま同船事故に依り来航せず、代船紀淡丸遅刻して入航す。則ち之れに搭りて正午半抜錨す。船上尚遥かに那智瀑を望み、又行々来路を眺望す。後二時半串本港に入る。鈴木氏来り同船に入る。氏は昨来串本町に来り射場国明に嘱されし所の大嶋銅鉱を踏査し、船中其の実況及び所見を詳しく報告し、開礦の価値無しと語る。三時抜錨し直ちに太平洋に出、潮見岬灯台前を過ぐ。是実に本州最南端を為し、海潮相闘ひ激湍の状を為す。船室に入り囲碁数番す。夜間風波漸く高く船体動揺す。十時就寝す。正木、鈴木氏、船暈に苦しみ独り和歌浦に上陸す。

十二月二十日　晴寒

前五時船は安治川口に入る。直ちに上陸し、家兄と電車に搭り桃谷邸に入る。

太田太右ヱ門、高山圭三、久世義之助の諸氏、順次来訪。午後、田中浅太郎氏、約に依り来訪。則ち鈴木右平氏浦神鉱山を実地臨検し、尚探鉱時代に在りて共同経営に適さざるの意見を詳述し、其の請求を謝絶す。蓋し該鉱は水害に依り現下頗る困厄に陥る。今、予の謝絶を聴き同氏頗る失望すと雖も、亦止むを得ざる也。

此の日、田中会談前、鈴木氏来会の約有り。夕刻来電は遅着の事を報じ、遂に面会為らず、報酬金を家兄に托して発つ。

後六時桃谷邸を辞し、梅田六時三十五分発列車に搭りて発つ。小谷哲等来送。一時間後、京都駅に下車し蘿蔔十余塊を購ひ、直ちに八時二十分発急行列車に乗り東向す。車中知人頗る多し。

十二月二十一日　晴

前九時新橋駅に着き、直ちに帰家す。

去る十六日、東京は大雪、爾来寒さ厳しく残雪解けず、今尚樹陰屋背皚々白し。

不在中来信三十余通、整理頗る煩はし。

竹腰正巳男来訪。

松本恒之助氏来訪、時局趨勢を問ふ。

五十嵐夫人来訪、杉村陽太郎氏（法学士外交官補、故通商局長濬氏長男）求婚の件を談ず。

此の夜、静座会。会する者約二十人。此の日を以て本年終会と為し、明一月十一日を以て初会と為すを約して散ず。

会後、奥田氏夫妻及び昌に杉村家身元調査の件を嘱す。

十二月二十二日　陰後晴　冬至

前十時発、安を伴ひ玉川荘に赴く。増築修繕既に成り面目一新し利便喜ぶべし。後四時相伴ひ帰る。

直ちに又伴ひ、新富座に催される所の美音会演芸会に赴く。芳、輝二人先に在り。馬琴講談、源水曲独楽、吉原芸妓木遣節、同幇間茶番狂言、躍等有り、十一時過ぎ帰家す。
島津久賢男、不在中来訪。

十二月二十三日　晴暄

午前十時発、安及び僕宝作を伴ひ玉川荘に赴く。書籍及び什器等を新倉庫に移蔵し、各室を洒掃し煥然一新す。日没後帰途に就く。宝作及び本多為三郎随ふ。電車中海野章に邂逅す。同人は近年退官後、頗る冷落し憐れむべき境遇也と云ふ。
此の日、上院議員毛利元忠子去る十七日薨去の訃報に接し、書を発して之れを弔す。

十二月二十四日　晴寒

帝国議会、本日を以て召集さる。前九時登院し、先づ抽籤を以て部属を定む。予は第一部に属す。退きて部長理事選挙を行ひ、正親町伯を挙げて部長と為し、平山成信氏理事と為る。再び開会し、成立を報告して散ず。
此の間、支那観光団の蒐めし所の支那朝鮮参考品を観る。
直ちに幸倶楽部に赴き、茶話会総会を開き、幹部員改選を行ふ。細谷巌太郎氏、浜口氏の後を襲ひ交渉委員と為す外、総て重任に決す。又常任委員選挙の方法を協議し、予は浅田、江木二氏と委員と為り、各派交渉を行ふに決す。

〔欄外〕帝国議会召集。

後二時故枢密顧問船越衛男の喪を牛込加賀町邸に弔し、霊柩に告別して去る。男は芸州藩の重臣にして維新の時に功有り、上院議員と為る後、茶話会幹事と為り、最も周旋に力む。平素極めて頑健、今忽ち溘ず。痛悼すべき也。享年七十二。帰りて香賻を贈る。

〔欄外〕船越男薨ず。

田辺輝実翁を市谷佐土原邸に訪ふ。不在。
後四時華族会館に赴き、男爵会総会に列して役員選挙を行ふ。総て重任に決す。細川風谷講談を聴く。此の間、勝田四方蔵男と囲碁二局し勝敗有り。晩餐後、高木兼寛男の学生眼病予防談及び課業過多の弊害談を聴く。九時退散す。
此の日不在中、衣巻市太郎、田村市郎氏の使命を受けて我が内人に面晤し来り、土井利美子（三州苅谷旧藩主）弟利安氏身元調査を嘱して去る。蓋し田村家養嗣子に擬す為め也。

十二月二十五日　晴寒

朝、江原素六氏、其の婿福井菊三郎氏の為め、我が邸譲渡の諾否を来問。

前十時浅田、江木二氏と研究会に赴き、常任委員予選の為め各派交渉会を開く。研究会、茶話会、無所属及び交友倶楽部委員列し、先づ研究会調査原案に依り左記定員分配表を議定す。次で各員に就き取捨更換を行ひ、全員予選を決定す。

第三十一議会常任委員分配表

	予算委員	請願、決算、懲罰、資格審査委員	
各派総員　三百一名	議員十人に付 定員二人〇九三	同上 定員二人九歩	計
研究会　百六名	二十二人	三十一人	五十三人
茶話会　六十一人	十三人	十八人	三十一人
無所属　六十一人	十三人	十八人	三十一人
土曜会　三十二人	七人	九人	十六人
交友倶楽部　三十人	六人	九人	十五人
辛亥倶楽部　十一人	二人	三人	五人

辛亥倶楽部は派委員の権無しと雖も、尚按分に依り定員を与ふ。独り純無所属は按分配賦を与ふるを得ず、唯定員二人を賦与するのみ。

後一時右交渉案件一切協定を経る。研究会は特に新築全成の祝意を表する為め、我れ等各委員の為め午餐を饗す。新館は壮麗に非ずと雖も、極めて安慰便利を覚ゆ。

二時幸倶楽部に返す。此の日同部又総会及び午餐の催し有り。帰りて則ち諸事総て終了す。則ち平田子外数名に対し経過を内報す。後、勝田、尾崎二男と各一局を闘ひ、全勝を獲て夕刻帰家す。

此の日、中道伊兵衛氏に対し岩手県外二県鉱区税を送り、又橋立鉱山鉱区税を本金庫に納入す。

此の夜、昌来訪し、杉村陽太郎氏性行調査の結果を詳報。園田寛夫妻亦来訪。

荒川済氏老父病死の報に接し、書を発して之れを弔賻す。

〔欄外〕各派交渉会常任委員予選を協定す。

十二月二十六日　快晴甚寒

此の日、天皇親臨帝国議会開院式を行はせらる。前十時大礼服登院す。十一時両院議員、上院議場に集ひ、天皇高御座に御し勅語を賜ふ。諸員最敬礼して了る。十一時半還御、一同退散す。

〔欄外〕帝国議会開院式。

後三時故船越衛男の喪を青山斎場に送る。会葬者頗る多し。

此の夕、小林清一郎、鬼怒川水電会社常務取締役退任の謝意を表する為め、日本橋倶楽部に盛宴を張り、予等を招き、後五時之れに赴く。来賓約七十人。先づ藤間流二女躍舞を観る。宴初に小林氏謝辞を述べ、予は首席を占め且つ最も深き縁故有る故を以て、来賓を代表して祝詞並びに謝辞を述ぶ。宴中、長歌及び踊の余興有り、九時過ぎ辞して帰る。

〔欄外〕朝日記者能美茂雄、此の席に於て特に交誼を乞ふ。

此の日、安、芳子と玉川荘に赴き、夕刻帰る。

中山佐市氏妻君来訪。安不在を以て予が出接し、暫く話して去る。

十二月二十七日　晴

前十時上院本会議に列す。勅語奉答上奏文を決議し、徳川議長参内捧呈。次で二條基弘公を挙げて全院委員長と為す。更に各部に於て定〔常〕任委員選挙を行ふ。総て一昨日各派交渉会の予選せる所の如し。予亦予算委員と為る。議長退朝して再び議席を開き、上奏顛末及び委員選挙の結果を報告す。明一月二十日に至る間休会の事を決定して散ず。

直ちに幸倶楽部に集ひ、茶話会、無所属各部通信委員各一名を選定して散ず。

此の歳秋季以来、勅撰議員古賀廉造、外国貨幣偽造の刑名を以て懲役の宣告を受け、今控訴中に属し、深野一二は瀆職罪の刑名を以て昨日懲役の宣告を受け、上院議員の体面を害すること頗る大。数日前、幸倶楽部に於て、平田、小松原外数氏と之れを講究の結果、此の日、予は研究会入江子、土曜会久保田男と交渉し、本人各自をして辞任を処決せしむ議を主張し、将に所属団体をして之れを履行せしめんとす。古賀は交友倶楽部に属し、深野は研究会に属する也。近時紀綱の廃弛、紳縉上流尚此の醜類を見る。慨すべき哉。

〔欄外〕上院議員刷新の提議。

後四時、村上太三郎氏の招きに応じ、木挽町花屋夕宴に赴く。来賓は豊川良平、南部球吾、加藤正義、和田豊治及び九炭新重役等十四人。村上氏、九炭在役中の謝辞を述べ、予首座の故を以て謝辞を述ぶ。宴中、小清の義太夫節、藤間政治、同良（芸妓名五郎）の踊等有り、十時款を尽して散ず。

此の日、篤に代り新年宴会不参届を式部職に呈す。

十二月二十八日　快晴　日曜日

朝、僧高階瓏仙、日置黙仙氏の意を含みて来り、来春護国塔供養発起の承諾を請ふ。予曰く、祭祀は則ち可、募金の如き興行的施設を行ふは断々不可也と。故に之れを辞す。

南満州鉄道会社総裁野村龍太郎氏来訪、新任の挨拶を述ぶ。暫く話して去る。

関宗喜氏来訪、暫く話して去る。

佐野貞吉、深田銀行借款継続契約を携へ来る。記名調印して之れを返す。

成清徳太郎（憲政新聞記者）、古池某（聿三）（杉渓男紹介）来訪。繁忙の故を以て辞して逢はず。

竹原釗太郎、九炭社在職中の恩を来謝。

時事記者内藤憲一、時事意見を来問。

重野伯母来訪。

此の日、式部職に対し、来る新年は旅行の故に依り拝賀欠席及び新年宴会不参の届書を呈す。

諸学校昨今年末歳首の為め休業し、諸児一家に団欒。此の日、最も幼き三児玉川荘に赴く。

此の夕、奥田夫人来訪し、嚮に嘱せし所の杉村家内状調査の状況を談ず。

此の日、田中浅太郎紀州より帰り、浦神鉱山実査の労を来謝し、且つ清滝鉱山資金を交附す。

十二月二十九日　晴寒

午前、宮部清（羅州丸機関長）来訪。

刀剣商田中清次郎、嚮に托せし所の兼吉刀及び月山刀を納付し来る。

後一時参内し歳末祝意を言上す。転じて青山御所に候し、又祝意を言上す。

関宗喜氏及び寺内正毅伯を歴訪して帰る。

夜、鈴木徳松来訪。

此の日、電話を以て入江子と深野一三氏辞職勧告の件

（坂本鈴之助氏を介さず清浦奎吾子を介す）を交渉し、之れを小松原英太郎氏に転報す。

十二月三十日　晴寒

朝、昌、杉村氏に関する信書を送り来る。則ち安をして五十嵐氏を訪はせ、意を致さしむ。

工兵大尉大久保寛三氏（松島淳妹夫）、将に久留米工兵隊に赴任せんとして告別に来る。

賀田金三郎、永橋至剛二氏来候。

後三時勤児を伴ひ玉川荘に来る。幼児等先に在り、安、誠、芳、輝等、童婢を随へ相次で来る。夜に及び一家悉く来集して一室に団欒し、将に当荘に於て新年を迎へんとす。

不在中、重野翁来訪、赤銅鍔一個を贈らる。

菅田政次郎亦来候。

十二月三十一日　快晴

歳茲に暮るる。一家団欒して都会の粉塵を避けて閑地に年を送る。隣人迎春の準備の為めに来るの外、世累絶へて無く、是亦閑人の特権也。

此の日、子女及び傭役等を役して図書一切を新倉庫に移し、略ぼ整理を行ふ。又屋内を掃除し、新年を迎ふるの計を為す。田中氏助けに来り、夕刻略ぼ了る。独り正児学校に返す。既に兵士の資格を備へ外泊を許されざる也。

吉松駒造氏実母の訃を聞き、書を発して之れを弔す。

夜、一家炉辺を囲みて集ひ、以て旧年を送る。

大正三年

一月

一月一日　快晴朗和
一家一堂に集ひ屠蘇を酌し新年を祝す。散歩の次に重野隠宅を礼訪す。田中隣家の外、賀客到らず、児童と庭園を徘徊、静に風光を弄ぶ。天朗日麗、遠近山野玲瓏画の如し。真に是俗裏脱却の仙境也。
午後、賀状数百通本邸より送付し来る。晩、誠、勤二児をして整理返書せしむ。賀状の交換は人間交際の誼礼に属し、且つ知人居住の異同を識るの便有ると雖も、実に一大煩務と為り閑居を累すること頗る甚し。

一月二日　蔭晴相半　南風小雨を送り　暖
書蕪詩二絶を試筆す。
満天不翳群生悦　旭日曈々輝嶽雪
居僻復無賀客来　児孫団裏迎新節
又
世上風雲不我牽　村居耕読又迎年
老来稚気真堪笑　漫伍児童飛紙鳶

夕、岩井敦来訪。老婢の弟也と云ふ。

月来晴天相次ぎ寒気強烈。客月十六日の降雪、樹蔭屋後に在りて尚未だ全くは融けず。此の日西南風、暖を送り時に雨意を帯ぶ。夜に及びて再び快晴。

答の賀状数百通を発す。

一月三日　快晴
僕宝作、来書数百通を携へて本邸より来園。
常吉徳寿氏拜年に来り囲碁三局す。二勝一敗して去る。
清水半次郎、其の妹を伴ひ拜年に来る。
誠、典、勤東京に赴く。親族回礼の為め也。
芳、輝の二女亦東京に赴く。

一月四日　好晴暄　日曜日
正児、同学生二名を伴ひて来遊。午後、群児を集め芝地枯草に火を放つ。広袤千余歩、焔烟盛んに起り甚だ快。

此の日、又答の賀状百数十通を発す。

又数葉を揮毫。掛川外数生の嘱の為め。

芳子母子、茶寮に移住。

一月五日　晴暄

此の日、宮中新年宴会。辞して参内せず。昌夫妻、寛夫妻、新元八津雄、山崎国武兄弟及び重野紹一郎氏来賀。

新紙は上院男爵議員小池正直男の卒去を伝ふ。書を発して之れを弔す。

坪井九八郎男、男爵議補欠選挙福原俊丸男推薦の希望を来談。陸海軍団体交渉先決の必要を挙げて之れに答ふ。

杉渓言長男、又前事を以て来嘱。答ふる所同前。

誠、正、勤等皆帰来。

田中恒三氏（徳清氏弟）来賀。

一月六日　晴暄三春の如し

昼間逐暖、庭園に在りて樹枝を整剪す。

誠、勤をして東京に赴かしめ事を弁ず。

此の日、小寒節に入る。

一月七日　夜来小雨　後晴

客月中旬以来、天気晴朗雨を見ざること一月に垂とす。

此の日、小雨一両過す。纔かに大地を潤すのみ。午後風来りて雲を払ひて再び晴天と為る。

此の日、誠をして故上院議員陸軍々医総監小池正直男の葬を小石川伝通院に代送せしむ。

横浜市朝田又七氏病死の訃に接し、書を発して之れを弔す。

此の日、桶工を傭ひ浴槽を修理す。

芳子、輝子、勤児等東京に赴き即日帰る。

一月八日　昨来強風陰険　午後晴朗

此の日、小学始業。雅、勳二児登校。

勤児亦中学に登り寄宿。

午後晴暄。群児を伴ひ柴焼を為す。

一月九日　晴暄　陽春の如し

昨、誠本邸に帰り、昼間唯輝、季二児留るのみ。静閑更に加はる。

一月十日　晴

前十時安、芳、輝、季、精一及び一僮三婢を伴ひ玉川荘を出、正午帰家す。

後二時有地品之允男夫人逝去の報を聞き、之れを往弔し霊柩に告別す。

又男爵議員補欠選挙の為め、協同会幹事会を開き、陸軍同志会交渉及び候補者決定順序を内議す。

竹内友二郎氏（樺太庁拓殖部長）、将に支那視察の途に就かんとし告別に来る。且つ其の請ひに応じ之れを伊集院公使に紹介す。

夕、鈴木徳松来訪。

一月十一日　晴暄　日曜日

朝、島津久賢男来訪。男爵議員補欠選挙の談有り、協同会内議の経過を述べ、之れに答ふ。

成清徳太郎（憲政新聞記者）、時事意見を来問。

荒川済、亡父に対する弔問の恩を来謝。

和子来賀。

此の夜、静座会初会。会する者約二十名。

武田氏、六日馬耳塞上陸、七日巴里安着の報に接す。

一月十二日　晴和

前十時男爵議員補欠選挙の順序決定の為め、協同会幹事会を幸倶楽部に開く。有地、小沢二男、事故に依り不参の外、高木、武井、吉川、真田四男参会す。予の提議に依り、先づ協同会員推挙の件に関し、陸軍同志会に交渉の事を決し、次で福原俊丸男を挙げ候補者と為すの件を決す。

次で予、高木男と委員と為り、原口兼済、石黒忠悳、山内長人三男の出席を求め、前項の件を交渉し其の同意を獲、更に之れを各幹事に通知し、有地男に対し坪井九八郎男に嘱し之れを通知せしむ。

関亮（大和新聞）、森本大八郎（電報通知）、村上隆逸（日本新聞）、池田権一（独立通信）、雨森巌之進（東洋通信）の各記者、我が減税意見を来問。営業税中製造及運輸業課税、織物税中綿織物課税、通行税中市内課税廃止の必要を挙げて之れに答ふ。

午後二時倶楽部例会有り、有地夫人葬儀の為め来会者頗る少し。

今朝、平田子より来十七日夕を以て十金会を開くの協議有り。同意を表し之れを大浦子、一木、原、高橋三氏に転報す。帰途、大浦子を訪ふ。病臥、面会せずして去る。

太田玉子来訪。其の第三生児を幡生鐸一郎氏収養の件決定し、同家に於て正男と命名、来る十五日吉日を以て、山本條太郎を介し引渡しの件を報ず。

此の夕、山鹿昌治をして有地男爵夫人の葬を青山斎場に代送せしむ。

在室蘭岩波常景氏病死の訃に接し、其の嗣子太郎氏に対し、書を発し之れを弔す。

一月十三日　晴

前九時半予約に依り平田東助子を駿河台邸に訪ひ、国防問題大方針の解決、満蒙勢力範囲発展策、財政経済の刷新、正貨問題則ち国際〔ママ〕貸借均衡策及び税制整理問題等の時事緊急政策に関し、一々予の意見を開説して大に討究する所有り。談論約三時間、正午半時を過ぎて辞帰す。

夜、岡部則光氏来り、閑談一時間にして去る。

園田実亦来訪。

昨夕来、新紙頻りに鹿児島県桜島嶽大噴火の惨状を報ず。電信電話等総て切断不通を以て、被害実況未詳と雖も、鹿児島市は、激震と降灰に依り、市民避難し全市一空に似たるは酸鼻の極と謂ふべきか。

一月十四日　天候暗険　風雨時に至り午後雷雨　灰降

朝、橋本五雄氏、時事意見を来問。

成清徳太郎（憲政記者）亦来訪。

上院、政府の頒つ所の大正三年度予算綱要を配賦し来る。

紅葉屋銀行、前に購ぜし所の磐城炭礦株券を送り来る。

在熱海松方侯に書を送り、男爵互選議員候補選定の顚末を内報す。侯嚮に島津男の推挙を嘱せしに依り、故に此の事有る也。

此の日、安は山口宗義夫人の病を其の邸に訪ひ、又吉松駒造氏亡父の不幸を往弔。

後三時松方正作氏来り囲碁。対戦二十局互ひに勝敗有り、結局二局を贏ち夜半辞去。

今朝来天候陰険、温暖気温六十度。雨中灰交る。蓋し櫻島噴火の齎す所也。

午後雷雨。厳冬中稀有の現象也。

一月十五日　快晴暄和

朝、五十嵐夫人来談。

前十一時発、玉川荘に来る。安、季及び雅、勲、輝等相次で来園。武田母子亦来る。

一月十六日　晴暄春の如し
終日政府の頒付せる所の大正三年度予算綱要に就き、其の内容を審査し其の当否を筆記す。

午後、吉川重吉男、松田義雄（同男秘書）をして其の書翰を齎し来り、男爵互選議員候補者発表の件を嘱す。

山崎夫人来訪。

松方侯の返書到来、斡旋の労を厚く謝す。

一月十七日　晴和
前九時半玉川荘を出て直に幸倶楽部に赴く。吉川男と会見し、福原男候補推薦発表の件及び選挙委員五名（中川、坪井、楠本、伊丹、千秋の五男）指名の件を協定す。書記をして指名通知の手続きを行はしむ。

正午、華族会館午餐会に列し、田中遜氏と囲碁一局して去る。

同館に於て、高木、吉川の二男と列座して福原男選定の件を内田政敏男に通知し、海軍親睦会の賛同を求む。

後二時幸倶楽部幹部会に列し、江木千之氏の教育調査会審議の経過を聴く。

又原口兼済男に対し福原男選定の件を通知し、陸軍同志会の同意を求む。直ちに賛同を得る。

五時十金会を富士見軒に開く。平田、小松原、大浦、平山、原、一木、有地、武井及び予の九人会同す。会食の後、予大正三年予算綱要審査の結果を詳述し、互ひに対議会策及び減税問題の可否得失を討論す。十一時前に及びて別去す。

安、輝の二人、玉川荘より帰邸。幼児等尚留宿。

此の日、元帥海軍大将伊東祐亨伯薨去の訃に接す。伯は日清戦役の時に当り実に黄海大海戦の総司令官と為り、敵艦隊を大破し、又丁汝昌を威海衛に降す。其の勲業の大は永く青史を照らす。今溘焉を聞き痛悼に堪へざる也。

一月十八日　陰寒欲雪　夕雨　日曜日
朝、福原俊丸男、候補推薦斡旋の恩を来謝。則ち茶話会入会の事を勧告。
村木謙吉、須佐美雄蔵来訪。面せずして去る。
広瀬昌三、長瀬川湖水疏水計画書を携へて来る。
佐野貞吉来訪。
此の夕、静座会。会する者僅か十二、三人のみ。

会後、昌に対し鍋嶋陸郎男性行探訪の事を嘱す。秦秋田知県、客歳十月嘱せし所の加舎千代野女、同県教職採用決定の旨を電報し来る。則ち謝状を発し、且つ其の父稔氏に之れを転報す。

一月十九日　半晴

後二時故伊東元帥の葬を青山斎場に送る。会葬頗る盛ん。此の夕、安、輝は中央亭郷友新年宴に赴く。今朝、須佐美雄蔵、大沢金山納税滞納の困状を来訴。依て之れをして共同員の会同協定を促さしむ。

一月二十日　陰後雨

後一時松方正作氏を仙台阪邸に訪ひ、囲碁二十余局す。互ひに勝敗有り、十一時半に及びて帰る。安、玉川荘に赴き、本邸は只予と誠、輝との三人のみ。

一月二十一日　前陰後晴　節は大寒に入る

前十時、上院本会議に列す。山本首相、施政方針を演説す。

散会後、予算委員談話室に相集ひ、昨年の如く曾我子、吉川男を挙げて正副委員長と為す。直ちに幸倶楽部に赴く。協同会選挙委員を集め、補欠選挙候補者通知其の他の順序を嘱示す。又久保田、武井の二男と対予算方針を講究す。後二時帰邸す。更に予算書類を携へて玉川荘に来る。

一月二十二日　晴暄

重野伯母、将に大久保侯夫妻を湯河原温泉に訪ひ遊浴せんとし、今午後東京に向けて発つ。終日別荘に在りて三年度総務算を審査す。午時、須佐美雄蔵、大沢金山借受稼業の方法を来談。所見を挙げて之れに答ふ。共に午餐し且つ若干金を恩貸して去る。

一月二十三日　晴暄、寒威加はる

午過ぎ、安は季児及び婢等を伴ひ先に本邸に帰る。予は尚留り予算を審査す。夕刻、荘を出て帰京す。尚玉川荘に留る者は、勲児と一婢一童のみ。此の夕、輝子は招きに応じて精養軒に酒匂嬢大蔵男弟に嫁す結婚披露宴に赴く。

一月二十四日　晴陰相半　夜雨

高江三郎（市区調査会員）、本邸地積広狭の事を来問。

松浦孝治（二六記者）来訪。

岡本学来訪。面会を謝絶す。

野々村妻君来訪、安之れに接す。

新元氏、台湾蜜柑数函を贈り来る。之れを山崎、大久保諸家に分贈す。

此の日、参謀本部に嘱されし所の武田額三履歴書を同部に返付す。

一月二十五日　快晴温和　日曜日

朝、杉謙二、森田麦軒来訪。面会を謝絶す。

平山泰氏、任用斡旋を請ふ。亦之れを謝絶す。

後一時松方邸に赴き、正作氏と囲碁十余局。五時半辞して帰る。

夕静座会。会する者約二十人。

武田額三の巴里発郵箋到来、本月七日巴里安着の旨を報ず。

此の日、誠をして吉川重吉男三男重武氏の葬を谷中墓地に送らしむ。

一月二十六日　晴寒　陰暦正月元日

前十時幸倶楽部幹部会に列し、総予算得失を講究す。又大礼使官制制定方違法献議の件其の他数件を協議す。

後二時同部新年宴会を開く。会する者約五十余名。貞水講談等余興有り。予、勝田、安立、藤田諸氏と囲碁数局し、七時散じて帰る。

安、輝は季児を伴ひ同情会新年宴会に赴く。

一月二十七日　晴寒

後一時田辺輝実翁を砂土原町邸に訪ふ。翁元気昨春に比して頗る健。喜ぶべき也。二時間余時事を閑談して辞去す。

次で山口宗義氏を訪ひ、其の夫人の病を慰問す。夫人腸窒扶斯《チフス》病に罹り今漸く軽快。亦喜ぶべき也。

此の夕、松方邸に到り囲碁十余局して帰る。

一月二十八日　快晴

前十時上院本会議に列し、保托法追加法案を可決す。久保田男と政府発案督促の件を交渉す。帰途、研究会に到り牧野子と前件を談ず。十一時過ぎ、幸倶楽部に集ひ、横浜市民請願の自治権蹂躙救済の件を討究す。午後、多額議員を集め相続税減廃の件を講究す。三時再び研究会に到り、横浜市民請願の自治権蹂躙の件処分方法を交渉す。朝日記者兼田秀雄来部、時事趨勢を問ふ。蓮見義隆氏（札幌税務監督局長）来訪。蠣崎夫人来訪。

一月二十九日　快晴

午前、大和記者関亮、減税及び時事意見を来問。所見を詳述して之れに答ふ。彼悦服して去る。後二時松方正作氏邸に到り囲碁数番。六時に及びて帰る。本月十一日、昌来り、阪田巌三氏胃癌を発すと告ぐ。後、家兄と信書を往復し、諸博士の所見皆同じを知る。憂歎措く能はず。此の日、書を発して之れを慰問す。

一月三十日　晴暄

後二時安、輝二人を伴ひ華族会館に東郷安男、横河達子結婚披露会に赴く。来賓約三百名。燕林講談有り、後立食的饗を受けて散ず。此の夕、鈴木徳松来訪、款談深更に及びて去る。

一月三十一日　晴寒

午後、時事新報記者工藤十三雄、時事意見を来問。詳しく所見を挙げて之れに答ふ。本月廿二日、下院予算委員会に於て島田三郎、伯林《ベルリン》来電我が海軍々人収賄、聯犯人処刑の事実を挙げ、山本首相、斎藤海相に対し大に責問する所有り。両相の答弁、未だ暗雲を解くに足らず、是に於て疑団益々加はり物論沸騰し、遂に下院議場の質問と為り、閣臣狼狽して急に査問委員を命じ、又法衙をして英人ペーレー（強迫取財犯）を逮捕審問せしめ、其の妻恥じて自殺を謀るに至る。世論沸騰して底止する所を知らず。蓋し海軍々人私利を図るの流説、天下に流布して既に久し。今偶然独国法衙の裁判に依り其の一端実となる。世論の囂々素より其の所也。我が政府悼励風発して大に其の弊竇を一洗せざらんば、我が海軍の威信全然地に墜ち、内閣亦其の位置を保す能はざるに至る。長閥の積弊、昨春其の余殃に斃る。今や薩閥将に其の覆轍を踏んとす。藩閥暴横の余蘖亦憐れむべき哉。

二月

二月一日 快晴　日曜日

午前、林謙二、良書刊行会賛助の件を来請。諾して紹介名刺約二十葉を与ふ。

芳子、精児を携へ玉川荘より来遊。

此の夜静座会。会する者十七人。

二月二日 晴寒

前十時、幸倶楽部幹部会に列し左の諸件を議定す。

一、大礼使官制は当に皇室令を以て之れを定むべし。然るに政府は勅令を以て之れを定む。是公布式に違ふ者也。以て政府の非違を正すを建議する事。

一、海軍瀆職事件は実に帝国体面に係る重大問題也。須く時機を択び上院一致して之れを政府に質す事。

右二件、先づ之れを研究会に交渉の事。

後二時予と有地男と倶楽部を代表して研究会に赴き、入江子、牧野子、吉川男に対し交渉する所有り、熟議して答ふべしと約して帰る。

吉川男来部。華族会館評議員改選人選の件に関し、徳川館長の内意を帯びて内談する所有り。

後、勝田男と囲碁二、三局す。

夕六時徳川議長官舎晩餐会に赴く。来賓山本首相以下各閣臣、上院各派交渉委員及び上院書記官等約四十余名。食後、北米帰朝者成沢金兵衛の齎せし所の在米本邦人生業状体活動写真を観る。邦人活動発展の真状歴々眼に在り頗る奇観也。九時過ぎ散じて帰る。

又此の日、幸倶楽部に於て上院翰長依頼せる所の甲辰会（職員相互救済会）醵金発起の件を協議す。予と浅田、有地、高木の三氏と発起人と為るを諾し、之れを東久世書記官に答ふ。

二月三日　快晴

前九時五十分登院す。久保田男と法案提出督促発言の件を協定し、次で本会議に列す。牧野外相、外交経過の大要を述べ、数氏質問する所有り。次で久保田男、法案提出渋滞の不都合を述べて山本首相に対し要求する所有り。首相勉めて速かに行ふべしと答ふ。後法案三件を議して散ず。


直ちに幸倶楽部に集ふ。村田保氏、海軍瀆職事件糺明、軍艦製造増費削減の件を来談。

尾崎男と囲碁数番す。

議長官舎に到り昨夕の招宴を謝す。

大浦子を訪ふ。適ま不在にして乃ち去る。

此の日、青山元男に対し会館評議員辞任の件を談ず。

二月四日　晴寒　立春節に入る

前十時大浦子を訪ひ、時局問題に関し大に意見を戦はす。縦横論談一時半間して帰る。

後一時武井守正男を其の湯島邸に訪ひ、時局問題に関し大に上下議論し、遂に左の結論に帰す。

一、海軍瀆職事件に関し、政府は査問委員を設置し、又司法検挙に附して種々洗雪手段を講ずと雖も、概ね枝葉問題に属し積年の宿弊を一洗して海軍の信用を恢復するに足らずと決す。下院は政府党の多数を恃みて正義公論総て抑圧する所と為る。是時に当り唯上院、中流底柱と為り天下の危急を救ふべきのみ。

一、既に然り、上院は宜しく厳正の体度を持し、海軍拡張予算を否決し、以て海軍積弊一洗の途を開くべし。

一、之れが為め若し内閣の更迭を致す、亦止むを得ざる也。宜しく純正至公の内閣を組織し以て善後の策を講ずべし。

是に於て両人連名書状を在逗子別荘の平田東助子に致し、其の急速帰京を促す。談論二時間半して去る。

次で久保田男を土曜会に訪ひ、前項談論の大旨を告げて其の意見を叩く。男亦深憂を抱き、既に曾我子、小沢男と講究する所有りと云ふ。内談約一時間、尚考慮を約して別る。

帰途再び大浦子を訪ひ、前々項の経過を談ず。

此の夕、久保田男、電話にて報じて曰く、本日の貴話、別後之れを曾我、小沢の二氏に伝へ共に討究する所有り、二氏亦大体上同意を表し、上院は厳正の体度を持し、以て時局の急を済ふを切に期す、唯海軍腐敗の真相は深く探求せざるべからず、事後善後の方策は、責任を帯びて確立する所無らざるべからず、此の二事は実に慎思熟慮万違算無きを要す云々と。

二月五日　快晴

後一時幸倶楽部に到り、有地男と海軍瀆職事件糺弾、政局善後の方策を内談す。

東京実業組合聯合会員高橋政右ヱ門外四名来部、予之れを出接し営業税全廃請願の陳情を聴く。

津田官治朗亦来候。

夕、岡部則光、帝国瓦斯電灯会社整理困難の事情を来談。

二月六日　小雪後霽

此の日、一昨日我れ等の急檄に依り平田子、小松原氏帰京の報に接す。前十時予と有地、江木、武井の三氏と幸倶楽部に集ひ之れを俟つ。十一時半、小松原氏先づ至り、後三時半平田子亦来る。予先づ先日来海軍瀆職事件に関し弾劾事件立論及び交渉の顚末を詳述す。有地、江木二氏亦報告する所有り。二氏全然予の意見に同意す。乃ち其の方法順序に関して互ひに意見を交換し、夕刻に及びて散ず。

昨、坪井九八郎男は福原俊丸男当選後茶話会加入の件と安場、杉渓の二男同意を表す旨を答ふ。本日之れを有地男に伝へ其の同意を求む。

二月七日　晴風寒

前十時上院本会議に列し遠洋漁業奨励法改正案を可決す。散会後、幸倶楽部に集ふ。後一時伊東子を永田町邸に訪ひ、帝国瓦斯電灯会社整理の件を交談す。後時事を談じ、予は海軍瀆職事件に関し内閣不信任を表し、海軍補充費全廃の必要を論ず。子爵は海軍非違の実否審明の為め、高等審問会議特設の必要を切論す。弁論討究約二時間半して辞去す。

橋本五雄、大森松四郎（中華民国通信社）来訪。逢はずして去る。

今朝九時家兄上京し五時来訪。晩食後、岡部則光、永橋至剛の二氏亦来会、帝国瓦斯電灯会社善後策に関して数時間協議す。請ひに依り予亦参与す。常吉徳寿氏来訪。

二月八日　朝降霰、午後降雪満地白　日曜日

前十一時平田子を駿河台邸に訪ふ。小松原英太郎、有松英義の二氏座に在り。平田子曰く、今朝、山本首相予の会見を求む、蓋し時局救済の策を欲求する也。予は病蓐に在るの故を以て、安広伴一郎をして山之内翰長官邸に到らせ、謝絶の意を伝へしむ。暫くして安広氏帰り来り座に列す。予は則ち伊東子の論ぜし所の高等審問会議開設の議を語りて参考に供す。列座之れに賛する者無し。午食後、時局応急問題に関し互ひに意見を闘はせ、明後十日を以て海軍瀆職問題の質問を本会議提起の事を決す。談論数刻し、後三時に及びて帰る。

不在中、各派聯合全国有志大会代表者平嶋、松尾、大津淳一郎、国吉良太、江島久米雄等、内閣弾劾決議書を携へ来り、賛助尽力を求む。

大木修子、腸窒扶斯病を以て久しく赤十字病院に在り、漸く軽快、昨七日を以て退院し帰家す。此の日、彝雄氏病中慰問を来謝。

此の夕静座会。家兄其の他約二十人来会。会散後、後藤男留り時局趨移の形勢を論ず。

二月九日　夜来大雪午に至り漸く歇み、地上積約六七寸

前十時雪を侵して幸倶楽部に赴く。幹事会に列し海軍瀆職問題質問提起の時機を協議し、先づ之れを土曜、研究両会と交渉に決す。

後一時半予と有地男と華族会館に赴き、土曜会曾我、小沢の二氏と前事を交渉し、予算案附議の時に於て質問を

為すを決す。次で海軍問題大体に関し互ひに意見を交は
す。二氏所見も亦予等意見と異ならざる也。
倶楽部に返し前事を報告し、尚予算委員会質問順序を協議す。大事を先とし、小事を後にすと決す。
常吉徳寿氏、将に支那国税務委員の聘に応じて北京に赴かんとし、此の日僑居を閉じ、妻子及び重野伯母を伴ひ我が家に来宿。

二月十日　晴寒

前十時上院本会議に列し、災害地地租免除法案外一件を可決す。次で予算第六分科会に臨み、浅田徳則氏を推して主査と為す。

幸倶楽部に集ひ、同志数名と海軍瀆職問題善後方策を講究す。

是に先だち伯倫電報は、我が海軍々人収賄の消息を伝ふ。下院に於て在野党員は摘発的質問を発して以来、弁難攻撃日亦足らず、政府狼狽急遽法衙に附し、内外人数名を検挙し、又海軍査問会議を設け事実の闡明を試むると雖も、十余年来の海軍に対する疑団一時に勃発、新聞及び演説の論鋒日に激烈を加へ、煽動挑発至らざる所無く、人心激昂、国論沸騰、殆ど嚮近すべからざるの勢有り。

此の日、下院同志会、中正会及び国民党の三在野党は弾劾決議案を提出し、院外有志者は日比谷公園に国民大会を開きて之れを声援す。朝来議事堂附近、群聚数万殺気衝天の勢有り。後一時半再び議院に赴き、下院議事を傍聴す。在野党の攻撃頗る鋭く、政友会員応戦に頗る努むると雖も、論理薄弱にして反対勢の鋒を論破するに足らず、其の間紛乱争闘屢々起り、後四時に及びて採決す。

不信任賛成者　百六十四
反対の者　　　二百五

四十一票の差を以て不信任案は敗る。是素より既定の運命。政友会は絶対的多数を擁して其の党内閣勝敗の数を援く。採決を俟たずして明らか也。

此の時に当り院外群集大に加はり、約十万の大衆、議院を包囲し真に立錐の地無し。在野党議員は意気揚々群集の喝采を受け漸次退散す。唯閣臣及び政友会議員は院門を出る能はず、予等上院議員は特に守衛をして、貴族院議員と大書したる木牌を捧持せしめて前進し、以て群民の錯認を避け、無事を得て退散し帰家す。

政府は遂に軍隊を発して群集を鎮圧す。群集は益す憤激

し中央、毎夕両新聞社を襲ふ。巡査斬害せる為め負傷者数人に上ると云ふ。嗟昨年の此の日の騒擾、遂に桂公内閣の瓦解を致す。今や山本内閣、特に下院多数党の援助尚其の位置に恋々すと雖も、民心離反の甚しきは、昨年に倍蓰する者有り。豈能く其の首領を保ち得るか。覆没の日蓋し遠きに非ざるべし。山本伯は、何ぞ昨年桂公に勧むる所の者を以て自ら顧み、以て天下に謝罪せざらんや。

常吉氏、夕七時を以て北京に向けて発つ。家族は我が家に留め、将に玉川荘重野隠宅に僑寓せんとす。

深更、松元剛吉氏、時事形勢を来談。

二月十一日　半晴　紀元節

此の日、宮中、紀元節祭典且つ賜宴を行ふ。予は所労の故を以て辞して参内せず。

朝、朝日記者細井肇、時事意見を来問。

午後、林謙吉郎氏、時局の趨勢を来談。

夜家兄来訪。其の談に依り佐賀県杵島郡橘村大字片白上野鳴瀬地内石炭礦区弐百九拾余万坪、家兄、小島友吉、荒川秀太郎と共同試掘出願参加の件を諾し、直ちに委任状を製して之れを交付す。尚帝国瓦斯電灯会社整理の件外数件を協議す。

本日、重野伯母、常吉家族を伴ひ玉川荘に移る。

二月十二日　晴

前十時幸倶楽部幹部会に列し、予算、海軍問題質問を上ぐるの順序及び予算委員総会各要件質問順序等を協議す。

後二時同部総会に列し、請願委員提出の横浜市自治権蹂躙問題外一二件を協議す。

此の日、坪井九八郎男をして目賀田種太郎男を病床に訪はしめ、時局に関し予及び有地男の意見を致し一致行動を求めしむ。

後四時半帰家す。家兄及び永橋至剛先に来り、予の帰るを俟つ。則ち其の帝国瓦斯電灯会社善後策の協議に参加す。

此の時、吉川男電話を以て、来る十五日上院各派交渉会催開の事を協議し来る。

此の夜、家兄、昌夫婦、和子、寛夫婦を招き夕飯を共にし、後松島琴寿箏曲を聴く。山崎秀子、梅子を伴ひ亦来会。

此の日、又幸倶楽部に於て男爵議員十六名を一室に集め、海軍問題上院議員の体度に就き上院の本分職責を説く。大に警戒する所有り。

二月十三日　半晴

朝、関亮（大和記者）、時局意見を来問。

前十時幸倶楽部予算委員協議会に列し、予算会質問順序及び予算上重要事項の賛否を協議す。

後二時更に幹部有志会を開き、明十四日本会議の予算案質問順序及び海軍瀆職事件に関し、内閣に対し不信任を表す方法順序を協議し、又同志議員糾合の方法順序を内議す。

後四時研究会に到り、吉川男、前田、酒井二子と会見し、予算会質問順序及び第四分科主査据置、山内男回避等の件を協議す。後予は上院固有の職責、海軍瀆職事件を看過すべからざるの理由を大に論じて別る。

家兄、夕七時発列車に搭りて帰途に就かれる。安之れを新橋駅に送る。

二月十四日　快晴

前十時十五分前登院す。江木、村田、目賀田諸氏と本会議質問順序及び担当方法を協議し、之れを徳川議長に通告す。

十時開会。高橋蔵相予算綱領演説の後、通告順に依り江木氏先づ楠瀬陸相に対し師団増加案不提出の理由を厳しく詰問す。陸相の答ふる所支離滅裂にして、徒に満場の嘲笑を博すのみ。次で村田氏海軍艦艇購買等の情弊を質問し、遂に海軍瀆職事件に及ぶ。斎藤海相答ふる所有り、予、之れを受けて左の諸件を詰める。

第一問　昨年十一月海相不礼《プーレー》恐喝取財事件を聞知の時、直ちに検挙に着手せば今日の醜体に陥らざるを得べし、然し当時機宜を誤り此の大問題を致す、果して職責を尽すと謂ふべきや。

海相答ふ所有り。正午休憩。

後一時再開。予、前問に続き順次左の諸件を質す。

第二問　海相は、下院に於て海軍部内に断じて不正者無し、故に追て咎めざるの意を答ふ。是不正者の部内に在らざるを予断し監督を怠る者也、如何。

第三問　日数を以て之れを計るに、独逸国裁判書類は既に到着すべき時也、宜しく之れを開示すべし。

海相の答ふる所、概して遁辞のみ。次で予、山本首相に対し左の件を質す。

第四問　海軍査問会議は、畢竟海相の組織せる唯一の行政機関にして、法律の信倚定むる所に非ず、斯くの如く区々薄弱機関、能く真相を捕ふべけんや。

首相及び海相交互に之れに答ふ。之れを要するに糊塗遁責の答のみ。一として要領を得る所無し。二時散会す。

直ちに幸倶楽部に赴き、画策する所有り。

次で華族会館に赴き其の定時総会に列す。事務会計報告の後、会長及び評議員選挙を行ひ、次で多田好問氏の即位大礼講話を聴く。六時、約百人と晩餐を共にして散ず。

此の夜、八時後藤男来訪。時局趨勢に関して意見交換の後、数年来政局転変の裏面談を聴く。夜半に及びて去る。

二月十五日　晴夜雨　日曜日

広瀬宰平翁の訃音に接し、嗣子広瀬満正氏（上院議員）に書を送りて之れを弔す。

前十時曾我子、小沢男（土曜会）、有地男（無所属）と研究会に会し、同会幹部入江、牧野、前田三子及び山田氏と会同す。海軍嫌疑事件に関して互ひに意見を闘はせ、問責方法を討究す。所見略ぼ一致すと雖も、其の具体的方法順序に関し尚後会の講究を約して散ず。

正午幸倶楽部に赴く。武井、原、江木諸氏来会。則ち前項内交渉の顚末を報告し、且つ協議する所有り。

後二時半鉄道協会に赴く。是に先だち岩倉鉄道学校長野村龍太郎氏、南満州鉄道会社長就任の故を以て其の職を辞す。此の日評議員会を開き曾我祐準子を挙げて校長と為す。

後五時男爵互選議員三十二名華族会館に集る。予は衆嘱に依り今回海軍嫌疑問題に関し、憲法上両院制度の精神及び上院固有の職分を詳説し、秋霜烈日の体度を以て大正政府の責任の不可止を論じ、大に激励を加ふ。各員皆感発し、共同一致部署に就くべしを誓ふ。晩餐後、尚意見を交換、九時過ぎに及びて散ず。此の挙大に益する所有り。

不在中、加藤敬三郎、東郷夫妻、平井千太郎（報知記者）及び朝鮮増税反対運動員楠田善達外三人来訪。

〔欄外〕東郷夫人の名達子。

二月十六日　陰

前十時上院予算本会議に列す。予、尚前会に継ぎ斎藤海相に対し海軍収賄軍人指名及び罪状報告を求む。

海相答へて曰く、

海軍大佐沢崎寛猛、一昨日を以て之れを軍法会議に移し、機関少将藤井光五郎、昨日収賄嫌疑を以て之れを軍法会議に移せり。

予、乃ち質問を進めて曰く、

事前に部下監督を怠るに於て、斯くの如き犯罪事件を生出し、事後に於て処分緩慢機宜を誤り、之れが為め目下の重大難局に陥るに到る。直接責任者たる海軍大臣及び当に統率の任に当るべき内閣総理大臣、如何して其の責任を明らかにするや。

山本首相答へて曰く、

不幸にして犯罪者を出すと雖も、尚審理中に属す。其の責海軍に止まるか、将た全内閣に及ぶか、未だ之れを決する能はず、審判の局を告ぐを俟ち決する所有るべき也。

是より目賀田、江木、村田、石黒、西村、曾我、柳沢、柳原諸氏、交も難詰する所有り。後三時過ぎ散会す。

此の間、下院議事を傍聴す。

三時過ぎ伊東子を訪ひ、時局解決方法に関し大に上下議論す。弁難討究二時半間して去る。

五時五十分華族会館に赴き、多額議員招待会に列す。主客三十余人。食前食後、減税及び予算等に関し互ひに意見を述べ、九時散会す。

二月十七日　陰

前九時過ぎ大浦子を訪ひ、時局趨勢を談ず。

十時上院予算総会に列す。先づ予の発議に依り各者質問順序を決す。陸海両省に関して質問答弁有り、正午散会す。

直ちに幸倶楽部に集ひ、各予算委員と質問其の他の件を協議す。

後三時帰邸途中俄に腰痛を感ず。蓋し急性良麻質斯《リューマチス》の発作也。帰り来り蓐に入り休養す。数日来睡眠不足、労苦過度の致す所か。

二月十八日　陰

前十時予算総会に列す。直ちに秘密会と為し、山本首相の国防方針を聴く。江木氏先づ連年単に海軍拡張案を提出し、陸軍二個師団拡張案排斥の理由を問ふ。山本首相の答ふる所要領を得ず。予、則ち其の後を受け、過日来首相答ふる所の左記各理由に就き一々其の妄を弁じ、進めて其の確答を求む。

一、首相「財政事情拡張の余裕無し」と答ふると雖も、三年度予算に於て現に減税財源約二千万円、一時剰余金七千六百万円有り、増師経費百四五十万円、臨時費千二百万円を支弁能はずと云ふを得ざる事。

二、首相「陸軍勢力減耗せず、海軍軍艦艇老朽を以て補充の必要有り」と答ふると雖も、海軍補充費其の実は拡張に属すを以て老廃艦補充と謂ふを得ざる事。

三、首相「陸軍の発動は戦争の時に限り、海軍は平時出動の要を以て特に拡張の要有り」と答ふると雖も、平時の発動は水雷駆逐艦、砲艦若しくは巡洋艦に止まるを以て、戦艦又は戦闘巡洋艦増築の要有りと云ふを得ず。

四、首相「露国と交親上陸軍の拡張を好まず」と答ふと雖も、今日列国の平和は兵力均衡に依り之れを保持するは世界の真相也、毫も須く露国を顧慮すべからざるべしと、本野大使曾て之れを明言す。

五、首相「日露戦争後陸軍既に四個師団を増し、海軍は之れ無し、故に特に拡張を要す」と答ふると雖も、海軍は戦役後二年度以前既に三億三千万円の拡張費を支弁し、其の中二億三千万円は全て軍艦製造費に係る。海軍拡張の実無しと言ふを得ず。

以上五問に対し山本首相の答ふる所、極めて曖昧模稜要領を得る能はず。正午散会。

直ちに幸倶楽部に集ひ、予算委員を集め予算審査の事を協議す。

浅田氏の求めに依り、予と古市氏とは朝鮮全羅北道地主総代平野嘉七郎、折橋時太郎の地租増課反対の陳情を聴き、之れを予算委員に報告す。

松本恒之助（中正会代議士）、時事意見を来問。

国民新聞記者山口和一、里見謹吾、同事を来問。

時事記者工藤十三雄亦来邸。不在にして逢はずして去る。

此の日、誠をして東京帝国大学工科大学教授工学博士中野初子氏の葬を駒込吉祥寺に送らしむ。

二月十九日　午前降雪　後雨と為る

前十時予算総会に列す。各員交も陸軍及び海軍予算の質問を行ふ。午後、大蔵省予算の質問を進行す。其の間、久保田男と時局解決方法に関し意見を交換す。同男の説く所、頗る柔軟に傾く。

後三時過ぎ、小松原、江木、武井、有地、目賀田五氏と幸倶楽部に会し、内閣弾劾の方法順序を討究す。

鈴木徳松、岡部則光相次で来訪。

竹内綱氏来訪、政治難局解決の方法に関し意見を交換し、局面転解の方法を討究す。

昌、寛二人来訪。則ち時勢趨移の真相を告ぐ。深更に及びて辞去。

二月二十日　濛雨霧の如し

前十時上院本会議に列す。営業税法改正案を議し、第一読会質問を行ふ。正午前休憩す。

正午、徳川議長は各派交渉員を集め、村田保氏請求の臨時発言許否の件を諮る。衆議は緊急動議の形式を以て許否を決すべしを議決す。

午後、小松原、江木、有地、目賀田、武井、原諸氏と華族倶楽部に集ひ、海軍瀆職事件内閣問責の方法に関し内議し、予が研究会内交渉の任に当るを決す。

二時、研究会に赴き、吉川、山田、牧野、入江、前田五氏と会見し討論を反覆す。略ぼ左の問責方法順序を採るを協定す。

一、本月若しくは来月上旬、海軍査問会査問結果略明の時を期し、同志各派代表者を選出、斎藤海相に対し其の引責処決を勧告の事。

二、其の勧告応否の結果に依り、更に海軍補充費削減の程度を協定の事。

三、前二項実行の必要に応じ予算審査の期限を延長し、時宜の必要に於て各分科の予算審査を結了し、独り第四分科（陸海軍予算）に限り其の査定決議を延期する事。

四、予算決定の時機若しくは議会閉会数日前に於て、更に山本首相に対し徳義的処決の勧告を行ふ事。

以上研究会立案の大綱也。我が幸倶楽部多数の決心は、直ちに内閣総理大臣及び海軍大臣の責任を問ふに在りと雖も、数日以来、土曜会曾我、久保田の輩、嚮に予の海軍補充費全部の削減に同意せしにも拘らず、一両日来漸く軟化の色を顕はす。若し研究会をして之れに一致を与へしむれば、大局を謬るの憂ひ無きに非ず。是予の単身研究会と内交渉を行ふ所以にして、予の来訪は実に最上の機会を投じ、研究会をして我が幸倶楽部と共同動作を執るの最良策と為すと感ぜしむ。予則ち略ぼ賛同の旨を答へ、堅く提携を約して去る。

予乃ち幸倶楽部に返し、前記諸子に之れを報告す。諸子皆予の苦心斡旋の篤きを諒し皆同意を表す。夕刻散じて帰る。

須佐美雄蔵来部、大沢金山貸借稼業の件を談ず。

枢密顧問官青木周蔵子、本月十六日を以て薨ぜられ、本日築地三一教会に於て葬儀を行ふ。予は研究会交渉の故を以て会葬する能はず、有地男に嘱して之れを代送す。

二月二十一日　陰後半晴

前十時予算総会に列す。順次各省質問を了り、後四時二十分に至りて散ず。

直ちに研究会に赴く。曾我、小沢、有地三氏来会、吉川、入江、前田、牧野、山田五氏と会談、海軍問責方法を協議す。昨日内議せる所の方法順序に就き意見を交換す。土曜会軟化の説漸く明らかなり。而して研究会の意向は寧ろ強固に属し、遂に直ちに海軍補充費の削減を行ふべしと内定す。其の程度は尚保留して再議に附す。後六時過ぎ、夕食の饗を受けて散ず。

直ちに幸倶楽部に赴く。江木氏独り在り。乃ち大要を告げて去る。

此の夜、竹内綱氏再訪、政局転換の方法に関して大に意見を闘はす。予は憲法運用の大局に関し超越的政策を行ふの急要を論ず。同氏首肯して去る。

林謙吉郎氏亦来訪、政局内情に関し内報する所有り。

芳子、精児を携へ来遊。

今朝、鈴木徳松、加藤強（樺太人）を伴ひ来訪。

二月二十二日　陰雨夜雪　日曜日

田辺勉吉、鈴木右吉〔ママ〕来訪。

朝日記者兼田秀雄、時局問題解決の意見を来問。

佐竹義準男、男爵議員候補推挙の事を来請。

須佐美雄蔵、大沢金山整理の件を来談。

後一時半平田子を駿河台邸に訪ふ。小松原氏来会、三人鼎座し、予先づ過日来の時局問題、研究会其の他交渉の顛末を語り、政局転回策に就き交も意見を述べ、五時半に及びて辞去す。

此の夕静座会。会する者二十人。池田勝吉男初参加。後藤男、後に留り時局に関して談論する所有り。

二月二十三日　夜来積雪約三寸　霏々午後に及びて歇む

前八時雪中車を飛し、三島弥太郎子を千駄谷邸に訪ふ。時局問題に関し意見を上下し、議会閉会の時を期して首相引責退隠の止むべからざるを切論す。子大に之れを賛し、則ち其の実行の為め力を致すべしを約す。談論一時間余して辞去す。

直ちに登院し、第一分科会に列して大蔵部質問を行ふ。後一時幸倶楽部に赴く。小松原、有地、武井、原諸氏と会談し、一昨日研究会交渉の顚末を報じ、予算査定の方針を協議す。

四時研究会を訪ひ、入江、吉川、牧野三氏と会見す。予及び曾我子起草せる所の海軍補充費削減理由決議案二通を示して、其の比較推敲を求めて去る。

五時半竹内綱氏来訪。時局展開策と牧野外相談論の顚末に関して談ず。

七時平岡定太郎氏（樺太長官）来訪、樺太経営の経過を語る。刺網禁止問題漁民請願事件に関して訴ふる所有り。

後、鈴木徳松来会、数時閑談して去る。

二月二十四日　晴

前九時高橋新吉氏来訪、時局救済の方策を問ふ。予、政局展開の必要を大に論ず。縦横談論し、意見交換約二時間にして去る。

十一時竹内綱氏来訪。前日に継ぎ時局展開に関して意見を上下す。

後二時曾我祐準子を駿河台邸に訪ひ、予算査定理由草案修正の件を協議す。後、時局解決方法に関し意見を交換し、約一時間して去る。

三時平田子を訪ひ、三島子、高橋氏、曾我子対談の顚末を告ぐ。予算査定、政府問責等の方法理由に関し討究する所有り。数時談論す。晩餐の饗を受け、更に憲政運用、時局展開の方法等に関し、互ひに意見を闘はす。七時半辞して帰る。

二月二十五日　陰

前十時第一分科会に列す。

後一時第六分科会に列し、朝鮮総督府予算質問を行ふ。

二時過ぎ幸倶楽部に赴き、幹部員数名と海軍補充費削減理由書協定の件を協議す。

夕、昌来訪。篤の勧業銀行採用の件を語り、更に其の斡旋を嘱す。

竹内綱氏来訪。時局展開問題に関し、牧野外相と会談の顚末を語る。

此の日、坪井男に托し、本田親済男母堂の喪を青山斎場に送らしむ。

此の夕、安は芳、輝を携へ有楽座所催の美音会に赴く。

二月二十六日　陰　微雨時に至る

前九時半大浦子を訪ひ時事を談ず。子の求めに応ずる也。

十時登院、本会議に列す。

此の際、曾我子、牧野子と海軍費削除理由書訂正の件を協議す。

後一時第六分科会に列し、朝鮮予算質問を行ふ。

三時幸倶楽部に赴き、小松原、有地諸氏と予算削除理由書修正の件を議す。

四時有地男と新聞社総代黒岩周六、大谷誠夫外一名を引見し、人権蹂躙問題に関し原内相弾劾の陳訴を聴く。是に先だち去る十日都下騒擾の際、警官剣を抜き二新聞記者を切傷す、各新聞社其の横暴を大に怒り原内相監督無状の罪を責む、内相は巡査抜剣の事無しと固執し、之れを斥く。是に於て各社連合して内相の罪を鳴らす。下院在野三党は、本日を以て内相弾劾の決議案を議す。然し衆寡敵せず、案の運命は表決を俟たずして之れを知るべき也。故に之れを上院議員に来訴する也。直ちに弾劾を採るは難しと雖も、政府不徳の致す所、民心離反、威信失墜の甚しく、斯くの如きは未曾有にして、山本首相、原内相の頑冥剛愎、此に至りて尚未だ自ら覚悟なく、政界揺動の結果如何破裂すべきや、未だ知るべからず。慨嘆すべき也。

下夫人来訪。翠川潔、和子求婚の事を談ず。

二月二十七日　晴寒

前十時第六分科会に列す。次で第一分科会に移り、継続費編成方変更の理由及び国際貸借上正貨維持《〔ママ〕》の質問を行ふ。

後一時幸倶楽部に赴き予算問題を講究す。

兼田秀雄（朝日記者）、関亮（大和記者）来部、時事意見を問ふ。

吉川重吉男来部、明日午後内交渉会開会の事を談ず。予は則ち海軍削減理由書対案の提示を求む。此の夜、同男之れを我が家に送り来る。

夜、岡部則光氏来訪。

二月二十八日　晴暄

朝、山之内一次氏嫡子一郎氏、高橋新吉氏の紹介を以て来り静座会参加を請ふ。諾して之れを返す。

前十時第六分科会に列し、台湾総督府予算質問を行ふ。

正午幸倶楽部に赴く。

後一時有地男を伴ひ研究会各派協議会に赴く。曾我、小沢氏来会、研究会入江、牧野、前田、吉川、山田、日高諸氏と過日来の懸按に係る海軍補充費削減理由書決定の事を協定す。決定要旨左の如し。

一、補充費全額壱億五千四百万円中、昨春認可せる所の八千四百万円に対し協賛を与へ、新要求に係る七千万円全部削除を行ふ事。

右削減理由、左の如し。

一、国防計画は固より陸海両軍其の須要程度に応じて施設を定む《〔めざる〕》べからず。然し政府は大正三年度予算に於て特に海軍に重きを置き、陸軍に到りては何等計画見るべきもの無し。応に是頗る偏倚の嫌ひ有るべし。

二、目下海軍部内の瀆職問題は大に国民の疑惑を醸し、延ひては我が海軍の威信を傷つくに至る。政府は宜しく其の責任の所在を明らかにし廓清の実を挙ぐるべし。

以上削減理由は予の起草せる所也。土曜会起草せる所は曖昧模稜として、殆ど将に問責の精神を没却せんとす。研究会は逡巡決する能はず、数日の間論弁督励し、許多の精神を費して、遂に二派をして全然予の起草せる所の大精神を容認せしむ。正義の嚮ふ所、風靡かざる莫し。快甚々々。

二時半幸倶楽部に返し幹部会を開く。会する者は小松原、武井、原、仁尾、浅田、古市、細谷（以上茶話会）、高木、有地、関、小牧、安場、三宅、馬屋原、田中（以上無所属）の十五氏。予則ち各派内交渉開始以来の経過、各派各人の種々意見を交換せる所に関して述べ、一々理義を正し当否を論じ、終に前記帰結の健穏正当を詳論し、共同一致の賛成を切望す。正論堂々誰か能く之れを拒まんや。高木男（薩人）の如き直ちに賛成の意を表し、全会一致を以て之れを可決す。

海軍瀆職事件の突発するや、政海風雲俄然極めて洶湧し、都下一大騒擾と為り、下院大混乱を為し、新聞各社一大連合を為し、人心惶惑し、国論沸騰して窮極する所を知らず。満天下唯延首して上院体度如何を仰望するのみ。今や上院各派体度大に定まり、正々堂々将に政府に対して一大斧鉞を下さんとす。政府之れに対し果して如何の処置を取るか。将に刮目して之れを観んとす。

不在中、田中武雄氏来訪。

芳子、精児及び婢を携へ玉川荘に帰る。

三月

三月一日　晴
朝、兼田秀雄（朝日記者）来訪。

十時幸倶楽部に赴く。男爵議員約二十六名を集め、予海軍補充費に関し削減案理由及び交渉顚末を述べて其の同意を求む。全員皆賛同の意を表す。

是に先だち山崎氏と昌と協議し、篤の勧業銀行採用の件を斡旋す。略ぼ其の約諾を得て、此の日昌及び関宗喜氏電話を以て諮する所有り。則ち篤をして拓殖銀行を辞して帰京せしむべしと答ふ。

井上鑲（士風会主事）来訪。

此の夜静座会。山之内一郎始めて来り参加。

〔欄外〕阪井重季男独り内閣弾劾説を唱ふ。予、憲法上国務大臣責任論を演述して之れを教示す。男則ち止む。

三月二日　陰後雨
前十時登院す。第一分科第六分科共に開会すと雖も、予は時局問題他派交渉頻繁の故を以て、之れに参列する能はず。

吉川重吉男、朝鮮増税案認否の可否を問ふ。予は寺内総督の施政大方針糺明の必要を以て答ふ。乃ち其の嘱に依り、先づ朝鮮政府委員児玉秀雄伯を内談室に招き、伯をして寺内総督の邸に就き之れを質せしむ。

十一時半幸倶楽部に赴き、平田、小松原氏と時局解決問題を講究し、海軍補充費決議案賛成演説者撰定の件（皆古市公威氏を推す）を協議す。

後一時半児玉伯、荒井賢太郎氏と寺内総督の命を帯びて来り、予の問ひに答へて曰く、朝鮮増税の挙は原とは統治政策予定の計画に係り、決して行政整理内地補助額減少補充の為めに非ず、突然之れを行ふは、而して米価騰貴の今日民力之れに堪へ難き増額に非ず、総督の方針中途挫廃せしむ勿らんことを希ふ云々と。予と小松原氏と之れを諒す。

二時半多額納税議員十余名を集め、予は海軍補充費削減の理由を述べ賛同を求む。衆皆之れに賛す。

次で幹部会を開く。会する者十七名。予は朝鮮増税認可の意見を陳べ其の賛同を得る。次で全国新聞社総代来部陳情の顛末を報告し、次で下院議決の産業奨励基金四千六百万円否決の意見を述べ、亦賛同を得る。

又古市氏と本議場演説の件を協議す。

篤、来る五日出発帰京の旨を電報し来る。

三月三日　前二時頃迅雷　朝細雨後晴

前九時杉渓言長男訪問し協同会の件を談ず。

十一時半幸倶楽部に赴き、小松原氏と時局問題を交談す。

後零時半登院す。曾我子、吉川男、鎌田勝太郎氏と左の諸件を順次協議し、其の賛同を得る。
一、朝鮮総督府予算を是認する事。（三氏に対し）
一、海軍補充費削減年度割金額を整理する事。（曾我子に対し）
一、軍艦、水雷艇基金下院の削除を黙過し、下院提出の産業奨励基金法を否決する事。（曾我、吉川二氏に対し）
一時半幸倶楽部に返り、勝田男と囲碁一局す。

三時原保太郎氏（茶話会代表）、有地、安場二男（無所属代表）を伴ひ研究会に赴き、各派交渉会に列す。会する者は研究会幹部の外、土曜会代表曾我、本多、木村、鎌田四氏、交友倶楽部代表福永吉之助、河村譲三郎二氏、辛亥倶楽部代表奥平、柳原二伯の計十八名也。吉川、曾我二子より各派内交渉決する所の海軍費削減の理由を略述し、賛否の意見を求む。交友代表者、反対の意見を述べ、辛亥代表者賛同の意を述べて散ず。交友倶楽部員以外尚留り、予算査定発言等の順序を協議し、樋口子を推して発言者と為して別る。三たび幸倶楽部に返し幹部員と協議して散ず。夕、兼田秀雄来訪。

三月四日　晴暖　春色漸く動く

前十時上院本会議に列し、追加予算説明の後、二、三法案を議決す。村田保氏、支那陜西油田権米人獲得に関し外相の説明を求む。正午過ぎ散会す。直ちに幸倶楽部に赴き、後一時四十分議員総会を開き海軍補充費削減案を議す。会する者約九十名。小松原氏先づ開会の辞を述べ、予各派交渉の顚末及び削減案の理由を演述して賛同を求む。薩人奥山政敬、高崎親章、幹部の処置に対し不平の語気を洩し、実吉安純子反対の意見を述べし外は概ね賛同の意を表す。四時十分散会す。直ちに華族会館に赴き、曾我、有地二氏と予算総会及び本会議修正案賛成演説の順序を協議す。夕刻帰宅。研究会全会一致海軍費削減案決定の報に接す。兼田秀雄、田中浅太郎、松元剛吉氏相次で来訪。此の日、安は季児を伴ひ玉川荘に赴き留宿。昨日、日置黙仙師、予が嚮に撰せし所の護国塔碑文彫刻下書を送り来る。本日之れを小牧昌業氏外数人に示し、其の刻すべきを認め、直ちに之れを返送す。

三月五日　曇温

朝、折橋時太郎、朝鮮増税反対尽力を来請。寺内総督交渉の顚末を述べて之れを慰諭す。日置師、僧某をして来訪せしむ。十時過ぎ登院し、第六分科会に列す。朝鮮増税の件を質問し、将来の注意を与ふ。午後、分科関係予算を可決す。第四分科会の海軍予算討論を傍聴す。海軍補充費七千万円削減案を可決す。予定の計画の如し。四時幹部員と幸倶楽部に集ひ、予算削減討論順序に関して協議す。篤、妻子札幌発の電報に接す。

三月六日　晴又陰　暴風の兆し有り

司法大臣松田正久男、昨五日病を以て薨ず。今朝往きて之れを弔す。男は政党界の耆宿を以て屢々台閣の重任に膺り、声望漸く加はる。政友会の隆盛は男の功居多なり。今や世を捨つ、悼むべき也。

昨漆間真学氏次男死去の訃に接し、書を発して之れを弔す。本日又杉本恵氏老母病死の訃音に接し、書を発して之れを弔す。

朝日記者兼田秀雄、時事記者工藤十三雄来訪。

安は季子を携へ玉川荘より帰邸。

夕、有松英義氏、時局の趨勢を来談。

福原俊丸男、議員当選後茶話会加入の決心を来談。

大僧正密門宥範（高野山管長）、藤邨密憧二氏、寺院上地下戻法案通過の尽力を来請。予は立法上容易に実行すべからざるの理由を答へ、尚研鑽を悉すべしと告げ暫く閑談して去る。

此の日、奥田義人氏司法大臣に転任し、大岡育造氏文部大臣を任じて松田男の欠を補ふ也。

三月七日　暴風小雨を送り　午時晴

前九時半登院す。徳川公の招きに応じて各派交渉委員と議長室に集ふ。議長左の諸件を内談す。

一、頃者、新聞紙時局解決斡旋の報を伝ふ。是訛伝也。議長は決して政治に不干渉也。

二、上院海軍費削除の結果、或ひは両院協議会員選挙の要有らん。前例に照らし之れを議長の推薦に委托するを弁ふ。否らざれば諸君議長を不信任する嫌ひを生ず。

三、太田翰長病篤く議事整理上欠失有るを恐る。諸君の援助を願ふ。

四、今秋の御即位大典、議長は上院を代表して賀表を呈すべく、予め其の方法を定むることを希ふ。

各員協議して返報すべしと約して散ず。

十時本会議に列し、相続税法外数件第一読会を行ふ。予は産業奨励基金法案委員に撰ばる。総員十八名也。

後一時予算総会に列して追加予算を議決し、次で大正三年度総予算中陸海両省所管を除き、各省所管全部を可決す。

三時半幸倶楽部に集ひ、幹部員と徳川公内談応否の件を協議す。

陸軍歩兵大尉渋谷伊之彦氏、将に官命を以て仏国巴里に赴かんとし不在中告別に来る。
〔挟み込み、新聞切抜、年月日不明〕「貴族院内閣の夢」

□貴族院内閣の夢

三月八日　好晴温暖　日曜日
朝、橋本五雄（万朝記者）、渋谷作助（時事記者）相次で時事意見を来問。
中山佐市氏来訪。
松本恒之助氏（代議士）、時事意見を来問。
後一時故法相松田正久男の喪を青山斎場に送る。男は現職にて薨ず。会葬者頗る多し。
此の日理髪す。
此の夜静座会。会する者二十人。

三月九日　陰雨終日歇まず
前十時登院し、予算総会に列す。午前、陸軍省所管各予算を可決す。
後一時再開。海軍省所管予算を議し、補充費七千万円削除決議案を以て、曾我子先づ海軍瀆職問題に関し海相の責任を痛論し、其の引責処決を勧告す。斎藤海相、山本首相は時機未だ到らずと答へ、之れに応ずるの色無し。次で石渡氏反対演説を述べ、予賛成演説を述べて首相及び石渡氏の説を粉砕す。松岡康毅氏、又反対説を述ぶ。論ずる所浅薄にして聴くに堪へず。江木氏又之れを弁駁し討論終決と為す。乃ち賛否を問ふ。委員六十三名中欠席七名。

　削減を可とする者　　四十八名

　之れを非とする者　　　七名

最大多数を以て削減案を可決し、後四時卅五分散会す。嗚呼天下の輿論内閣の失敗を咎め、激甚斯くの如きは維新以来無き所。上院の一致して内閣の不信任を表す斯くの如きは亦憲政以来見ざる所にして、首相及び海相の罪責貫盈なり、天下皆其の肉を食さんと欲するに、頑冥不霊にして尚其の椅子を嬰守し反省を知らず、政界の前途暗黒にして帰着する所を知らず、慨すべき也。

夕、佐野貞吉来り、本邸火災保険継続契約を改訂す。篤は美枝、喜多子及び一婢を携へ後十時四十分を以て上野駅に着く。安、誠、輝子及び各親族往きて之れを迎ふ。深夜帰家す。

三月十日　陰

前十時本会議に列し、追加予算外数件を議決す。

十一時産業奨励基金特別会計法案委員会を開く。委員十八名。徳川達孝伯委員長と為り、予副委員長と為る。高橋蔵相、山本農相の説明を聴き、正午散会す。

後一時幸倶楽部に集ひ、法案審査順序を協議す。

二時過ぎ平田子を駿河台に訪ひ、時局趨勢を談ず。子は山県公と対話の顚末を以て告ぐ。

常吉曾登子来り、明後日を以て登程し北京に赴く事を告ぐ。

兼田秀雄来部、時局趨勢を問ふ。

〔欄外〕此の日渋谷大尉仏国に向けて発つ。誠をして之れを新橋駅に代送せしむ。

三月十一日　陰寒

午前、梅代、桂来訪。

午後、安、輝は奥田夫人、常吉曾登子を誘ひ新富座観劇に赴く。

夕、昌、寛相次で来訪、時事を談ず。

此の日家に在り、議案及び関係文書を調査す。

三月十二日　陰雨

今朝、常吉曾登子、幼児及び一婢を携へ北京に向けて発つ。安等之れを新橋駅に送る。

前十時過ぎ幸倶楽部に赴き、幹部会に列す。減税其の他諸法案の取捨を協議す。

阿部鶴之輔（国民新聞社参事）、時事を来問。

曾我子来部し、左記二件を談ず。
一、明十三日本会議劈頭日程を変更し、即日可決を行ふ。即位大礼費予算の事。
二、海軍補充費削除に関して、両院協議会委員の選定は、之れを徳川議長に委ね、全部之れを削減案賛成議員中に於て採らしむる事。
後二時倶楽部総会を開き、先づ減税法案を議す。議論紛起し採決し難く、則ち委員六名を挙げ上院特別委員六名と共同審査して取捨を決せしむる。予及び浅田、江木、一木、仁尾、安場六氏委員と為る。

福原俊丸男、本日男爵互選議員に当選し茶話会に入る。予、之れを総会に紹介す。

再び幹部会を開き、予は曾我子来部交渉の件を報告して夕刻散ず。

三月十三日　半晴

朝、福原俊丸男、推薦の恩を来謝。


前九時半登院す。本日海軍費討論の準備全く成る。十時本会議に列す。曾我予算委員長、先づ即位大礼費追加予算を発議し、直ちに之れを可決す。

直ちに予算総会を開き、山本首相、原内相の説明を聴く。全会一致を以て之れを可決す。

十一時本会議を再開す。委員長、可決の旨を報告し、全員起立して之れを可決す。次で黒田副議長、即位大礼挙行の時に当り、議長をして議院を代表して賀表を奉らしむるの件を発議し、全会一致之れを可決す。是に於て、過日来政府の党与は、総予算不成立の為め累を受くべきの流言を放ち、不学議員を蠱惑するの口実全て水泡に帰す。

十一時十五分上院未曾有の大問題、海軍補充費削減の議事に入る。曾我委員長は委員会の経過を報告し、極めて剴切に論弁す。閣臣殆ど顔色無し。正午休憩す。

後一時議を開き、石渡氏修正反対説を述べ、古市公威氏賛成演説を述ぶ。徳川頼倫侯、久保田譲男交も賛成の説を述ぶ。久保田男は先頭第一予の硬論に賛同し、半途俄然体度を変へ隠然政府を曲庇す。既に世論の物議を招き今日唱ふる所、陽に政府を攻撃し、隠に之れを弁護する首鼠両端の醜体、嘔吐すべきなり。

次で鎌田栄吉氏反対説を述べ、村田保氏山本首相を攻撃す。痛切肺肝を刺し、自裁を迫り、処決を勧めて首相をして殆ど完膚無からしむ。終りに臨みて議長及び議員に告別し、憤然袂を振りて去る。蓋し氏は、時事を憤慨し議員辞表を懐にして痛く内閣を弾劾し、直ちに議長に辞表を致して鎌倉の草廬に帰りし也。老翁の為す所、憲政の趣旨に協はずと雖も、其の慷慨憂国の至誠は惰夫をして立たしむべき者有り。感歎すべき也。

目賀田男賛成説を述べ、山本首相原案成立の希望を述べし後、記名投票を以て採決す。其の結果左の如し。

投票総数　二百八十四

修正案を可とする者　二百四十票

之れを否とする者　四十四票

其の差百九十六票、則ち五倍以上の大多数を以て、我が同志主張の海軍費削減案を可決す。嗚呼山本首相失政の甚し、立法府に於て其の信を失する也。我が着実穏和の上院をして此の極みに到らしめ、而して尚自ら反省せず傲愎無恥尚其の位に恋々とす。慨すべきなり。六時半散会す。


夕、奥田象三氏来訪。

夜、菅田宙馬（報知記者）、松本成美（大和記者）、時事を来問。

芦田敬蔵病死の訃に接し、書を発して之れを弔す。

三月十四日　陰雨　土曜日

前八時半高木兼寛男、時局救済の策を来問。予客月十九日以来、竹内氏、三島子、高橋氏と会見し、救済策に関して尽す所有ると雖も、遂に之れを行はざる事情を述べ、院議確定の今日に於て妥協の途無しと答へ、約二時間対談して別る。

十時半松岡康毅氏来訪し、財政方針に関して意見を交換す。又農業及び工業保護政策に関して議論を上下し、遂に航路補助政策の得失に及ぶ。尚審慮研究を約し、正午辞して去る。

後一時半幸倶楽部に赴き、税制法案に関し各委員と減税種目及び其の程度を協議す。予先づ左の意見を述ぶ。
一、営業税法案は下院修正案に同意する事。
　但し施行期限は亦大正四年度より。
二、相続税法案は政府案に同意する事。

三、地租法案は下院案に同意する事。
四、織物税減額は下院金額を採り、之れを木綿織物に適用し絹其の他織物には及ばざる事。
五、通行税は賃金十銭以内に対しては総て廃税を行ふ事。
六、国税手数料交付金は仁尾氏立按を採り、各種税金を通して断行し、均しく之れを給付する制とし、現交付金額に就ては之れを適用して増額を為さぬ事。
七、蚕種検助費は国庫より全額給付の事。
八、営業税調査委員会費は国庫より給付の事。
九、其の他交付金給付案は否決の事。
十、以上各項を通じて減税及び国庫負担額は恒久財源千五百万円以上千八百七十万円以下の範囲内に於て適宜按配の事。
以上演説を了りて去る。

三時伊東子を訪ひ、時局問題及び其の善後策に就き上下議論約六時間余、九時過ぎ辞して帰る。

代議士竹村欽次郎氏来部、軽便鉄道補助法改正案の賛同を請ふ。

不在中、山之内内翰長来訪。一書を遣り山本首相の命を伝へ、明十五日午前十一時首相官邸往訪を請ふ。同じく招きを受けし者は、三嶋子（研究会）、曾我子（土曜会）、有地男（無所属）、予（茶話会）の四人の外、徳川議長有り。蓋し時局問題解決の法を講ぜんと欲する也。時機既に去り果して良策有るや否や。

三月十五日　晴又陰　夜雨　日曜日

前九時半有地男、小松原氏と幸倶楽部に会談す。十時過ぎ有地男を伴ひ研究会に赴く。曾我氏来会、入江子、吉川男、山田氏と会談す。

十一時曾我子、有地男、吉川男（三島子、病の為め代理）と車を聯ねて首相官邸に到る。徳川議長先に在り。山本首相之れを一室に延き左の懇談を述ぶ。

上院海軍補充費七千万円の大削減に関して自ら不徳を謝す。大正三年予算に於て二個師団増設計画を提出する能はざる理由及び海軍拡張の必要を詳述し、終に両院協議会に於て交譲の意を以て和衷協賛し予算不成立に陥らざるを希望す。

徳川公、首相の希望は時機を失し、事協し難しの意を述ぶ。

十二時半食堂に入り午餐の饗を受く。款談湧くが如し。

一時半辞して去る。

直ちに幸倶楽部に赴き、幹部員十余人に対し右の顚末を報告す。

山川瑞三（国民記者）、兼田秀雄来部、面談。

津田弘道男、神田鐳蔵来訪。

林謙吉郎氏、取引所法改正案の件を来談。

高木兼寛男、首相会見の顚末を来問。

鈴木徳松、夜来訪。

三月十六日　晴寒

前九時四十分登院す。中川興長男に樺太漁制改更の請願不採択の旨を各部員に伝へしむることを嘱す。

十時本会議に列し、衆議院議長長谷場純孝氏の薨去を弔す件を決す。次で海軍補充費削減案に関し両院協議会員選挙問題に入り、其の指名を徳川議長に委托す。其の指名左の如し。

公　二條基弘　　伯　柳沢保恵　　子　曾我祐準
子　入江為守　　子　牧野忠篤　　男　有地品之允
男　田健治郎　　男　目賀田種太郎
男　吉川重吉　　　　桑田熊蔵

各員直ちに内談室に集ひ、二條公を挙げて議長と為し、柳沢伯を副議長と為す。書記官をして之れを下院に通ぜしめ、且つ開会期日を協議す。

会議に於て法律案数件を議し、例に依り未成丁者禁酒法案を否決す。横浜市自治蹂躙請願に関し、原内相に対し詰責的質問を為し、遂に之れを採択す。

是に先だち請願委員は予の与へし注意に拘らず、樺太漁業制度改正請願採択の決議を為す。予は樺太経営の方針を障害するを慮り、昨一木喜徳郎に嘱して政府の方針を質問し、且つ不採択の議を起さしめ、今朝各派幹部に対し其の同意を求む。此の日議事に入り、一木氏約に依りこれを発議し採決に及ぶ。原案に賛成する者僅か二十人許り、大多数を以て之れを否決す。快甚し。

再び協議員打合会を内談室に開き、会議発言、主張及び方法順序に関して協議す。下院は来る十九日を以て開会を求む。則ち之れを諾し、午前十時半を以て開会時刻と為す。

五時半研究会に赴き、入江、牧野、前田、水野諸子と減税諸案の取捨を交渉す。

六時幸倶楽部に赴き幹部所員と前件を協議し、且つ押川則吉（特別委員）に対し左件調査を嘱す。
一、社寺上地下戻法案の精神を改め管理委托の方法と為す。而して其の所得の全部を社寺をして之れを収得せしむ。是名を捨てて実を取るの方法にして、累を既往処分済の上地に及ぼさざる也。
日暮れて帰る。

夜、鈴木徳松来謝。

昨日、広瀬昌三長男真男危篤の報に接し、安往きて之れを慰問す。此の日遂に死去の訃に接す。年十七。悼むべき哉。

三月十七日　晴寒
朝、中山佐市氏、農工銀行法中改正の件を来談。
後一時幸倶楽部に赴き減税法案委員会を開く。左方針を略ぼ決す。
　営業税法、地租条例、相続税法、織物税法及び国税徴収法改正案は原案可決の事。
　通行税法及び蚕絲業法中改正案は否決の事。
藤井千代雄（中外商業記者）来部し会談す。
此の日、篤は勧業銀行書記月俸廿八円の辞令を受く。
安は広瀬氏宅に赴き之れを弔賻す。

三月十八日　陰雨
前十時上院本会議に列し、法案数件を議す。

此の間、研究会幹部員と減税諸案の取捨及び議事の順序を協議す。

散会の際、前田正名氏予を一所に延き、時局趨勢に関し山本首相処決の意既に決し、唯議会結了の時を俟ちて実行を欲するの意を告ぐ。予は嚮に三島子、高橋氏及び竹内氏に対し懇談せる所を答へ、切に其の断じて誤り無きを勧む。

十一時過ぎ幸倶楽部に集ひ、減税諸案其の他の事を協議す。

代議士伊藤英一氏、勧業銀行法案通過の事を来請。

後二時故衆議院議長長谷場純孝氏の葬を青山斎場に送る。

工藤十三雄（時事記者）、時事を来問。

夜、林謙吉郎氏、時局趨勢を来談。

三月十九日　晴寒
朝、中山佐市氏来訪。

前九時四十分登院し、両院協議会員と協議会の順序を協定す。
十時勧業銀行及び農工銀行法改正法案特別委員会に列して質問を行ふ。
植村俊平、飯田精一二氏来院、取引所法案の可決を請ふ。代議士竹村金太郎、白川友一、水間此農夫三氏来院、勧業銀行法案の賛成可決を請ふ。
後一時半海軍補充費に関し、両院協議会を協議会室に開く。下院委員左の如し。
議長　伊藤大八　副議長　改野耕造
長嶋鷲太郎　佐竹作太郎　野田卯太郎　鶴原定吉
村野常右ヱ門　井上角二郎　小川平吉　菅原伝
先づ抽籤にて此の日の議長を定め、二條公之れに当る。改野氏先づ上院七千万円削減の理由を問ふ。予下院三千万円削減の理由を反問す。改野氏之れに甚だ簡単に答ふ。予は則ち起立して、先づ削減を議決せし所の二大理由を約三十分詳述す。小川氏之れに対し数回質問し、予一々之れに答ふ。曾我子も補足する所有り。二時四十五分、下院委員の求めを容れて一時休憩す。彼れ等蓋し返りて幹部と進止を謀る也。
五時再開し、伊藤氏懇話を為すを求む。我れ等之れを許し小時懇談す。彼等更に小委員を設けて妥協を講ずるの法を求む。我れ等相謀り亦之れを允す。双方各議長指名を以て之れを定む。
上院側　柳沢伯　曾我子　田男
下院側　伊藤氏　改野氏　野田氏
小委員六人、上院内談室に入りて坦懐款話、互ひに上下意見約三十分す。然し主義上相容れず、殆ど氷炭の如く、遂に何等妥協点を見る能はず。素より恠しむに足らざる也。
六時三たび開き、小委員の無結果を報告す。直ちに討論に入り、井上氏下院案維持説を述べ、目賀田男之れに反駁す。小川氏上院説反駁論を述べ、曾我子之れを弁駁す。直ちに無記名投票を行ひ採決す。
下院案を可とする者　十票
之れを否とする者　九票
則ち下院案成立して散ず。議長上院より出で、此の結果素より必然の数也。
返りて待つ所の新聞記者三十余名を集め、曾我子秘密以外の情況を報告す。又書記官長室に集ひ報告順序を協議す。予、亦第六部室に待つ所の幸倶楽部幹部員に対し協議会顚末を報告す。八時半帰邸、漸く夕飯を喫す。

兼田秀雄、工藤十三雄来訪。

昌、寛相伴ひ来訪。

三月二十日　好晴

藤郇密憧、橋本五雄、中山佐市の諸氏相次で来訪。

前十時上院本会議に列し、営業税、相続税法、地租条例改正案外数件を議決す。

根津一氏（東亜同文会幹事長）来院、面会す。

後一時幸倶楽部総会に臨む。予両院協議会の顚末を報告す。

此の日、徳川議長は各派交渉委員各一名を招きて議院法中改正案の協議有り、予と有地男とこれに与る。幸倶楽部に返りて之れを報告す。一木氏異議有り、乃ち同氏及び原氏に嘱して、之れをして研究会に交渉せしむ。

尚法律諸案の取捨を協議す。

岩下清周氏来部、後継内閣組織に関し大いに論弁する所有り。然し其の説は首肯し難きもの有り。

久保田宗作（日本新聞記者）、来訪。

七時、同倶楽部に於て十金小会を開く。会する者、平田子、小松原氏、平山、有地、一木、武井、原の諸氏、予を併せて八人。内閣更迭善後策に関して大に討究する所有り。十一時に及びて散ず。

〔欄外〕此の日、東京市は大正博覧会開会式を行ふ。時局急迫の故を以て招待に応ぜず。

三月二十一日　晴和　春季皇霊祭

朝、池田十三郎、関宗喜氏相次で来訪。

松元剛吉氏来談。後継内閣組織に関し村野常右エ門（政友会幹事長）の意見を伝ふ。予は明治三十一年に草せし所の政権消長論を示して、我が意を答ふ。

後一時築地精養軒徳川議長招待宴に列す。会する者殆ど三百人。頗る盛会也。

散会後、幹部員八、九名と幸倶楽部に集ひ、諸法案の採否を協議す。特に取引所法案可決、航海補助法案処置に関し講究協定する所有り。

三時前約に依り平田子を駿河台邸に訪ひ、数時間対座す。後継内閣組織に関し百方討究する所有り。昨夕平田子、山元老総出論を提出す。予、之れに対し適否を詳論す。

県公、松方侯共に時勢に適せず、独り大山侯最も適任と為す。然し公は一介の武弁を以て自居す。退譲すと雖も敢へて当らざるべし。国家興廃の分かる所、須く強制して就任せしむべし。是二人研鑽して得せし所の結論也。乃ち努力成功を約す。遇ま下岡枢密翰長、小田原より帰りて来邸。平田子と別室に会語し山県公の意を伝ふ。一時半余之れを俟ち、下岡氏辞去の後、平田子座に復して之れを予に伝ふ。乃ち他日同伴して山県公を説くを約す。後十一時帰家す。

新元氏、台北出発上京の報に接す。

三月二十二日　晴温　日曜日

前八時半、中山佐市氏来訪。

九時長嶋隆三〔二〕氏来り、予算成立に関し大詔煥発の説有りと告ぐ。乃ち弾劾上奏文案を草す。

十時過ぎ後藤男来訪、時局趨勢に関し予の意見を問ふ。所見を挙げて之れに答ふ。

午後、伊藤医を延き家族且つ僕婢悉く種痘を行ふ。

此の夜静座会。会する者二十六人。

夕刻、中山氏再び来訪。

三月二十三日　陰暖後雨

本日は上院対山本内閣の最後の決戦日也。予は万一詔勅濫請の挙に出るに備ふる為め、上奏文を懐にして午前九時半登院す。

十時議を開く。午後に渉りて法律案二十三件、予算案四件決議す。其の中特に記すべき者は左の如し。

一、戸籍法改正案	可決
一、寄留法案	可決
一、売薬法案	可決
一、蚕糸法案	否決
一、郡制廃止法案	否決
一、医師法改正案	可決
一、取引所法案	可決
一、耕地整理法改正案	可決
一、裁判所構成法改正案	可決
一、弁護士法改正案	可決
一、日本勧業銀行法改正案	可決
一、農工銀行法改正案	可決

此の間予算総会を開き、大正三年度追加予算四件を議決

す。直ちに本会に報告して之れを可決す。唯航路補助案（四大航路五年間補助案）は決議の時を得ず、自然廃滅に帰す。後四時両院協議会成案日程に加へられ、二條公経過及び結果を報告す。曾我子反対説を述べ、石渡氏賛成説を述ぶ。徳川慶久公は前に上院修正案に反対し今重ねて院議反対説を述ぶ。採択に及ぶ。

下院案に賛成する者　僅か十八名

大多数を以て之れを否決し、総予算全部否決と為る。帝国議会開設以来満二十五年、下院解散に依り予算の不成立を招くこと数回なりと雖も、斯くの如く総予算を否決するは未曾有。矧や上院は常に慎重恭敬の体度を持して、一致政府を扶け、斯くの如く激しきは未だ曾て有ること なし。山本首相剛愎無知にして無能無策、幾微を察せず人言を容れず。執拗自用、遂に此の窮地に陥り自ら覆没に陥るのみ。其の国を害し、人を害して亦自らを害するの罪、数を挙ぐべからず。蓋し政友会閣臣は首相の開悟不可を覚り、相引きて辞表を呈す。首相独り留る能はず、否決の瞬間則ち停会を奏請す。徳川議長起立して詔勅を伝へて曰く、

朕帝国憲法第七条に拠り二日間帝国議会停会を命ず。

総員起立し奉承して散ず。時に後四時五十分也。直ちに幸倶楽部に赴く。部員概ね来会す。予算不成立の結果を講究し、之れを部員に宣伝す。後六時散ず。

三月二十四日　大雨

朝中山佐市氏、農工銀行法改正案可決の斡旋を来謝。後一時平田子を駿河台邸に訪ひ、後継内閣組織事宜を内議す。昨来新聞紙上種々流説を伝ふ。一も信を措くべき者無し。蓋し諸政党等皆自己の便に依り、姑息的組織を擬す也。

此の日、山本首相以下各大臣及び政友会係属次官等、皆辞表を提出すると云ふ。

後三時幸倶楽部に赴き幹部会を開く。

五時多額議員十三名の招きに応じ、幹部員と共に築地精養軒晩餐会に赴く。食後卓上演説を試みる者数人。予亦需に依り一説を述ぶ。九時半散じて帰る。

三月二十五日　半晴後陰、深夜雷雨

午前、橋本五雄（万朝記者）、庵崎貞俊（大和記者）、工藤十三雄（時事記者）、相次で来訪、後継内閣組織に関

し意見を問ふ。

松元剛吉氏又来り、政友会内事情を語る。

正午、幸倶楽部に赴き午餐会に列す。会する者約七十人。

食後、勝田男と囲碁二番す。

関亮（大和記者）来部、後継内閣論を為す。

此の日、安は諸児を携へ大正博覧会に赴く。

夜、昌来り緩話す。菅田政次郎来訪。

三月二十六日　細雨淋瀝　寒冷

此の日、帝国議会閉院式行はれる。予、所労に依りこれに赴かず。

正午、山本首相招宴に接す。亦これに赴かず。

朝、樺太水産組合長加藤強、鈴木徳松と来訪、刺網許可請願否決尽力の恩を謝す。

西牧季蔵（毎日記者）、時事意見を来問。

此の夜、鈴木徳松、時事を来談。

三月二十七日　陰寒　小雪飛ぶ

朝、成清徳太郎（憲政新聞記者）、時局意見を来問。

松元剛吉氏、村野常右ヱ門氏の時局に対する意見を来告。其の要旨左の如し。蓋し政友会最高幹部の意向を暗示する也。

一、此の際超然内閣を組織するも亦止むを得ざる也。唯純長閥及び同志会派を除き、主に上院及び枢密院より組織すべき事。
一、新内閣は左記諸件を決行すべし。
　一、増師問題を解決する事。
　二、海軍廓清の実を挙ぐる事。
　三、海軍充実を行ふ事。
　四、新聞紙制裁法を設くる事。
　右四件当今の急務也。政友会これを賛助すべき事。


正午、華族会館に赴き徳川議長の茶話会に列す。山本首相以下各大臣及び上院議長、百余名招きに応じて来る。

宴後、山本伯、原氏、斎藤男と款話す。

一時半徳川議長、各派交渉委員を別室に集め白仁関東民政長官を紹介し、満州戦跡保存会の援助を求む。各員発起人と為るを諾して別る。

松元氏来館し、時事を語る。

二時半平田子を訪ひ、昨日来元老三人（山県、松方、大山）に対する勧説の顛末及び元老会議真相に関して聴く。

更に松元氏来話の政友会内状を告げ、之れを元老に転報するを嘱す。三時辞して去る。

田友吉、柴田善継来訪。

五時林謙吉郎氏来り、時事を談ず。

陸軍中将飯田俊助男薨去の訃に接し、書を発して之れを弔す。

兼田秀雄、此の夕来り、時事意見を問ふ。

三月二十八日　好晴、冱寒、後陰

昨皇太后陛下沼津に於て御発病の報有り、国民憂愁せざる莫し。今朝稍佳良を報ず。切に御平快の迅やかなるを祈る。

朝、松元剛吉、本間徳次郎（区会議員候補者）来訪。

植村俊平氏、取引所法案の通過を来謝。

平野光雄（時事記者）、時事意見を来問。

正午、華族会館午餐会に列す。会する者約五十人。

後五時、幸倶楽部員懇親会を芝紅葉館に開く。会する者約五十人。皇太后陛下御病気の為め、宴会に変へて茶会と為す。数刻款談して散ず。

三月二十九日　晴寒　日曜日

朝来井上雅二、今倉百合之介（日出通信社員）、加藤敬三郎、松元剛吉、尼崎伊三郎（上院議員）諸氏相次で来訪。

一昨廿七日新内閣政策綱領を起稿し、此の日之れを浄書す。

後五時友吉氏を招き昌、寛を以て伴客を以て《〔ママ〕》予と篤と列座して支那料理を饗す。

六時半幸倶楽部に赴き平田子、小松原氏、平山氏、武井男、一木、原二氏と会合す。平田氏より内閣組織元老勧説の顛末に関して報ず。其の概要左記の如し。

廿五日、三元老帰京す。平田、小松原、平山三氏直ちに山県公を叩き元老総出大山公大局に当るの必要を説く。

廿六日早朝、三氏は松方侯を訪ひ同事を説く。此の日、三老宮中に会議し、決する所無し。

廿七日朝、三氏は大山公を訪ひ同事を説く。大山公反対意見を述ぶ。此の日、元老は内大臣邸に会議し、山公は松方侯の局に当るを勧説す。松侯熟考を約して散ず。

廿八日朝、三元老は三たび会議を開き、松方侯辞意を述ぶ。則ち一転して徳川家達公を奏薦に決し、参内して之れを奏聞す。

廿九日朝、大命徳川公に降る。公熟考して奉答すべしと奏答すと雖も毫も受任の意無し。三元老は松方邸に集ひ平山氏をして徳川公の真意を叩かしむ。公之れを固辞すと云ふ。

是に於て衆相議して、三老総出し山県公首相に当るの議を勧告するに決して散ず。

此の日不在中の静座会、後藤男等十余人来会。

三月三十日　雨

昨日来稍風邪を感じ今朝体温を験ずるに約一度登る。伊藤氏を延き診治す。

松元剛吉、松本恒之助氏相次で来訪。寝牀に於て接話す。

新元鹿之助氏、台湾より着き直ちに我が家に入る。

兼田秀雄、鈴木徳松、臥室に来りて面談す。

田友吉氏、此の夜帰途に就き、誠等之れを送る。

此の夜、平田子電話を以て報じて曰く、元老会議は昨日清浦子を推薦するを略ぼ決し、将に明日を以て大命同子に降らんと云ふ。

三月三十一日　快晴温和

朝、伊藤氏来診。体度常に復す。

松元剛吉、工藤十三雄相次で来訪、時事を談ず。

後五時平田子を訪ひ、時局趨勢を談じ、且つ山県公予の来訪を求むるの意を告ぐ。夕食の饗を受け六時半辞去す。

七時山県公を目白邸に訪ふ。公は今回元老会議の顚末を詳しく告ぐ。娓々〔ママ〕尽さず其の要点を左の如く摘記す。

廿六日、三元老会議に参内し、談論約八時間を費して何等決する所無し。山本辞表頗る長文に渉り、行政整理等の功績を述べ、対米問題未決を以て遺憾と為し、海軍事件に対して不徳を謝し辞表を呈するの意を述べたる也。

談話中、大隈内閣説に対して松方は大騒動の種と答ふ。

翌廿七日の会議中、予、維新の責任を論じ、元老の難局を譲ること避くべからずと述べて、最も健なる者松方の大局に当るを促す。松方は一夜熟考すと答へて散ず。

此の日、西園寺侯の召否を宮内官に質し、召命無しと答ふ。則ち之れを松方に謀る。今更致し方無しと答へ、之れを放擲す。

廿八日会議は、松方受任を辞し、乃ち後任を議し、松方曰く、徳川公如何と。予は未だ公の人と為りに詳らかならず、之れを反問す。適任為るべしと答ふ。予は公は嶋津家姻戚と為す為めを以て、故に松方の公を知るや予より熟し、乃ち同意を表し、直ちに之れを奏上す。

廿九日午前、伏見内大臣宮電話にて来訪を報ぜらる。予之れを辞し直ちに参殿すべしと答ふ。殿下は急を要するの旨を以て我が邸に枉車され、且つ大命既に降ると雖も、徳川公毫も承認無しの意を告げらる。則ち三人松方邸に集ひ、平山をして徳川公に就き之れを質せしむ。果然是に於て議再び初めに復す。松方侯は清浦説を説き、二人之れに同ず。松方は予の勧説を托し、予は犠牲論を以て之れを説くべしと答ふ。二人之れに同じ、即夜清浦を招きて之れを告げ、其の承諾を得る。

三十日参内奏上す。三十一日を以て大命降る。

右談話後、談は昨年政変桂公失敗談に及ぶ。対話三時間、十時辞去す。十一時近く帰家す。途中悪寒大に起り、返りて体温三十九度を検ず。則ち温めて汗す。

四月

四月一日　晴和

昨夜来体温三十九度。困憊甚しく褥を重ねて困睡、流汗湧くが如し。

岡部則光、松元剛吉氏来訪。

伊藤代診来り、午後伊藤氏来診。

後三時清浦奎吾子会見を求む。臥病を以て往訪能はずと答ふ。子は自働車を飛し自ら来訪。則ち病を勉めて会見す。子曰く、予昨朝を以て内閣組織の大命を受け今方に人選中に在り、君入閣し翼賛する所有るを希ふ云々と。予は熟考し且つ同志と相謀りて後決答すべしと約す。更に時局に関し談論を交はして別る。

岡部則光を招き、之れを伊東子に転報せしむ。又電話を以て之れを平田、小松原、武井、原の四氏に転報し、明日を以て幸倶楽部に会し熟議することを約す。

四月二日　陰

前八時半求めに応じて伊東子を訪ふ。子は就任を極めて懇到に勧告す。其の旨趣は主に今後憲政運用の円満に力を致すに在り。

九時半幸倶楽部に赴く。幹部例会日也。則ち小松原、平山、有地、江木、武井、一木、原の七氏を別室に延き、昨清浦子入閣を求めし所の談を告げて、其の意見を求む。

平山氏先づ意見を述べ、予、入閣の求めを辞すと雖も、全然自家の故障に係り毫も政治に関らず、清浦子既に海軍廓清、陸海国防充実の二大要件の実行を誓ふ、上院議員の義之れを助けざるべからず、既に然り、君入閣し、之れを翼賛する亦当然の理也、宜しく決然受任すべし云々と。小松原、有地氏以下多く之れに同意す。江木、武井の二氏は、予の一身上利害の見地より入閣は時機に非ずとの意を述ぶと雖も、寧ろ親切論にして反対論に非ず。予は尚充分清浦子決心の所在を叩き、良心の判断に依り受否を決すべしと述べて散ず。

後四時清浦子再び来り決答を促さる。予、則ち海軍廓清及び国防問題に関して所見を叩く。子、答ふる所決心の堅を示す。則ち進んで政策の大綱を論じ、且つ頃日草せる所の意見書を示す。子、大に之れに賛し、約二時間半意見を上下す。大体政策方針の一致を見、則ち受任を確答す。子満足して去る。

伊藤氏来診。軽快。大久保侯夫妻来訪。

関宗喜、鈴木徳松、松元剛吉、工藤十三雄、今井郁三郎（新愛知記者）の諸氏来訪。

四月三日　陰寒冬の如し　神武天皇祭
此の日の熱度は平と雖も、胸部炎気未だ退かず百方薬治す。

野村竜太郎氏、鉄道院総裁の件を来談。

荒井賢太郎氏、嘱せし所の池田十三郎氏身上の件を来談。乃ち海軍補充費責任支出の件及び司法大臣人選の件に関し意見を交換す。

松元剛吉、鈴木徳松の二人来候。

重野伯母、湯川原より帰来。

家嫂上京し昌邸に入り、本日来訪。

田村市郎夫妻、二女児を伴ひ来訪。

重野安居翁来訪。井上雅二氏来訪。


四月四日　降雪霏々終日歇まず　地上積ること幾寸
医戒に依り厳しく訪客を謝して面談せず。

林謙吉郎氏来り、特に岸太一氏（咽喉耳鼻専門）来診を嘱す。後一時過ぎ、伊藤氏と共に診て鼻腔及び咽喉洗除を行ふ。頗る快を覚ゆ。

電話局をして急ぎ卓上電話を設けしむ。工夫来営して忽ちにして完成し、大に安便を獲る。病中出室を禁じ、然し重要事件如何ともし難し。是に於て安んじて臥し要務の便を達するを得る。

荒井、清浦、原保太郎、有地男、目賀田男と電話に依り要件を談ず。

平川潤亮氏外数人来訪。面接せず。

勝野秀麿を招き東邦火災保険会社取締役の辞表を托し、之れを若宮正音氏に伝へしむ。

四月五日　前晴後雨　日曜日
午後、岸氏来り鼻腔及び咽喉に施術す。
荒井氏来訪、本日清浦子、加藤中将海相就任条件に関する交渉の顚末を伝ふ。此の日の加藤氏要求は、責任支出に在らずして臨時議会開設に在り。固より同意すべきに非ず、明朝再交渉を約して散ずと云ふ。若し彼主張を撤せざれば清浦内閣の組織は爰に頓挫すべし。未だ如何変遅するや知らざる也。二時間余研究して別る。

林、関、工藤、平川の諸氏来訪。

此の夜、若宮正音氏来訪、東邦火災保険会社退任後善後の件を談ず。

此の夕静座会。予は列する能はず。昌大阪、和歌山より帰り該地消息を伝へ来る。

松元氏来り、鵜沢聡明氏の伝言を伝ふ。

〔欄外〕家兄裏書事件憂ふべき也。

四月六日　晴暄
朝、大久保侯、浅野夫人来訪。
此の日の清浦子と加藤中将との交渉は遂に破裂す。時後三時を過ぐること十分。荒井氏報告の要略ぼ左の如し。
一、加藤氏初め責任を以て戦艦三隻の工事（工費九百五十万円）支出継続を主張す。後憲法精神に違ふを覚りて昨此の説を撤回す。
一、昨は臨時議会召集し海軍補充費を附議するを主張す。而して本朝又憲法の旨趣に違ふを覚り、之れを撤回す。亦何等具体的条件を提出せず。
一、今午後に到り海軍部内の激昂甚だ強く、微力鎮静する能はざるの事情を挙げて、海相を謝絶すと云ふ。
嗚呼是海軍同盟罷業也。今や海軍瀆職事件発覚し、尚検挙中に在りて廓清の実を挙ぐるに到らず、而して却て公然徒党を結び、海相の交迭に反抗す。是勢を挟み〔ママ〕大命に抗する者也。横暴是に於て極れり。清浦子則ち元老及び内大臣を訪ひて事状を報告し、大命を拝辞す。亦止むを得ざる也。嗚呼憲政治下、此の軍人跋扈を観る。瞶々たる政党者流、果して何の顔を為すか。

夕、岸氏来り鼻及び咽喉治療を行ふ。

工藤八十雄来訪。

四月七日　陰湿蒙〔ママ〕雨
朝、森久保作蔵、米沢善十郎をして慰問に来らしめ、且つ政友会内に留任又は一部改造主張者有ると雖も、原敬氏断じて之れを容れざるの意を伝ふ。
関宗喜、岡部則光、松元剛吉、鈴木徳松の諸氏、例に依り来集、予謝を述べて之れを辞す。
後一時荒井氏来訪、清浦、加藤交渉破裂の顚末を詳しく語り、且つ海軍廓清の急要を切論す。約二時間談論して去る。

四時、伊藤氏来診。

此の日午前十一時、清浦子参内し、内閣組織の命を拝辞す。

夜、関宗喜氏来話。

四月八日　晴和　午後雷雨降雹
中山佐市、岡部、松元の諸氏来訪。
後二時美枝安産、男児出生。体量九百二十目、頗る健全也。

四月九日　半晴強風
前六時関氏電話にて内報して曰く、今午前一時皇太后陛下狭心症発作、救薬かなわず二時大漸すと。両三日来諸症良好を呈し、臣民歓喜せざるは莫し。今忽ち此の悲報に接して痛歎極り罔し。即位大礼未だ挙行せざるに却て再び大喪に遭ふ。悲しむべき哉。

天皇、皇后倉皇輦を発し沼津に幸せらる。

一昨夕、男爵議員鹿野勇之進男卒去。

島津久賢男来訪。

大野亀三郎氏（代議士）病死の訃を聞き、松元氏をして往きて之れを弔せしむ。

後三時伊藤氏来診。

四月十日　晴和
尾崎麟太郎男来訪。
松元氏に嘱し、故上院翰長太田峰三郎氏の葬を青山斎場に代送せしむ。
三時伊藤氏来診。
此の夜深更、皇太后陛下沼津より青山御所に還啓される。

四月十一日　晴
今暁皇太后の喪を発す。諒闇一年の喪に服し、今秋即位の礼を延す。

前十一時新元氏、篤と自働車に同乗して参内し、敬弔の意を恭表す。弔する者陸続織るが如し。

兼田秀雄、松元剛吉氏来訪。

午後、伊藤氏来診。

松方正作氏来り病を問ふ。

此の夕、誠をして故鹿野勇之進男の葬を青山に送らしむ。

四月十二日　晴暄　日曜日
林謙吉郎氏、京阪より帰りて来訪。

午後、伊藤氏来診。

咽喉炎未だ癒へずと雖も、体温常に復し既に数日。此の日蓐を撤ひ暫時庭園を徜徉す。夕刻悪寒を感じ之れを験すに八度半。乃ち再び蓐に入り温を取る。

此の夕静座会。病に依り之れに列す能はず。

四月十三日　陰後小雨
朝、家嫂帰途に就かる。安、篤之れを新橋駅に送る。

午後、武井守正男来訪、一木喜徳郎氏文相推挙の事情を語り同意を求めらる。昨大隈伯内閣組織の内意を受け、同志会其の中心と為る。大浦子内相に擬され、加藤氏外相に擬せられ、若槻氏蔵相に擬せらるる也。則ち異議無しと答ふ。

松元剛吉氏来訪。

伊藤氏来診。

新元氏、朝鮮支那に向けて発つ。安等之れを新橋駅に送る。

四月十四日　夜来風雨　後晴
此の日生児七夜に当り則ち健一と命名す。易の乾卦天行健君子以自彊不息の義を取り、且つ予の偏字を与へる也。
関宗喜、平野光雄、山鹿昌治の諸氏来訪。
夕岡部、松元、鈴木の諸氏来問。

四月十五日　晴暄
花房崎太郎来問。
昨今伊藤氏来診、殆ど平常に復すと云ふ。
内田、浅野各夫人、太田玉子等来訪。
山本綾子来訪。

四月十六日　暄晴　午後雷雨交雹
橋本五雄、井上雅二、西牧季蔵（毎日記者）、松元剛吉の諸氏来訪。

竹内友二郎氏、支那視察を了りて帰京来訪。

伊藤氏来診。

此の日新組織〔ママ〕親任式有り、大隈伯首相兼内相、加藤男外相、若槻氏蔵相、岡中将陸相、八代中将海相、尾崎氏法相、一木氏文相、大浦氏農相、武富氏逓相、是也。大

浦子初め内相に擬せられ、尾崎氏の要請に依り大隈伯之れを兼ぬ。初め大隈伯の大命を受くるや、世人多く在野三党聯合内閣の成立を期す。犬養氏入閣を肯ぜざるに依り、是事遂に敗る。尾崎氏を除く外、殆ど桂内閣の再生の如く看来る。是畢竟長閥に倚りて成るを仰ぐの致す所也。

新内閣の異色は特に尾崎氏の入閣と、大隈伯の内相兼摂に在り。而して此の内閣の禍根亦此の二事に在るや疑ひ無し。果して能く一年以上の性命を保ち得るや否や。此の内閣の運命を顧みるに、外患（外部の攻撃）に在らずして内憂（内訌乎）在り、之れを将来に徴すを請ふ。

遠野富之助氏母の訃音に接し、書を発して之れを弔す。

四月十七日　陰後晴

原口兼済男来り病を問ふ。

島津久賢男、男爵議員補欠選挙候補の件を来談。

午後一時松方正作氏来り、囲碁七局し一局を輸す。五時に及びて辞去。

伊藤氏来診。

四月十八日　晴暄

黒沢廸来訪。

東邦火災保険社員来り、本邸火災保険契約継続の約を訂す。社員の名は曰く片田猪之助。

田中筑閑氏来り疾を問ひ、且つ大正二年玉川荘経費及び臨時費決算書を提出。

平岡定太郎氏、樺太漁制変更請願否決斡旋の恩を来謝。

伊藤氏来診。

此の夕十金会の開催有り。予は病に依り辞して赴かず。

四月十九日　晴暄　日曜日

松元剛吉氏来訪。

松方正作氏来り囲碁す。

伊藤氏来診。

此の夜静座会。会する者三十人。久保田勝美氏初参加。予亦列す。

四月二十日　曇

家兄今朝着京、後三時来訪。高見丑松約束手形裏書事件善後策を諮される。乃ち関宗喜、林謙吉郎、田辺勉吉、松元剛吉の四氏及び昌の来会を求め審議討究す。十時に及びて散ず。

伊藤氏来診。

四月二十一日　好晴温和
貯金払戻の為め麻布郵便局に赴く。
兼田秀雄来訪。
伊藤氏来診。
田友吉氏娘小富病死の訃に接し、書を発して之れを弔賻す。
此の夕、家兄と昌と来訪。高見手形一件及び帝国瓦斯電灯会社善後策の談有り。

四月二十二日　晴暄昨の如し
午前、家兄、林、田辺の三氏来会。田辺氏、林健氏交渉顚末を報告、尚交渉順序を協議す。

鈴木徳松、樺太産剥製馴鹿頭を贈り来る。其の角峨嶒愛すべし。

伊藤氏来診。

夜、鈴木徳松、平岡氏に嘱せし所の竹内友二郎転任の件を来談。

四月二十三日　晴温
午後、石黒忠悳男、病を来問。時事を閑談して去る。
松方正作氏来り囲碁数番して別る。
今夜、家兄は昌、寛を伴ひ来訪、園田家務及び高見手形の件を協議す。

四月二十四日　晴和
午前、原保太郎氏来り病を問。

家兄、関、林、田辺、松元の諸氏来会、早川、林二氏交渉の顚末を聴き、尚善後策を講究す。午餐を饗して散ず。

桂二郎氏来問。

夜、松方正作氏来り囲碁す。

四月二十五日　雨
前十時幸倶楽部例会に列す。浅田、有地の二氏、御大喪費臨時議会に関し大隈首相、各派交渉委員に対し演述を希望せる件を報告す。
午後、中谷弘吉氏来訪、逓信次官受命披露の意、竹内氏

転任の議は行はざることを述ぶ。乃ち之れを平岡氏に伝ふ。

伊藤氏来診。

四月二十六日　晴暖　日曜日

後一時新橋を発ち清浦奎吾子を大森邸に訪ひ、内閣組織受命の際、再度来訪、推輓の謝意を述ぶ。小一時款話して辞し帰る。

午前家兄来訪、高見手形一件及び帝国瓦斯電灯社善後策の経過を聴く。

家兄後七時新橋発列車に搭りて帰途に就かる。

此の夕静座会。会する者二十余人。

四月二十七日　晴又曇　夜雨

前十時徳川議長の招きに応じ登院す。各派交渉委員集ふ者約二十人。議長の発言に依り臨時議会開会の順序を協定す。其の項目は概要左の如し。

　来月四日召集、六日開院式、七日大喪費議決、九日閉院式。部属及び常任委員は総て前会の既定に拠る。奉答及び哀悼上奏文起草委員十五名は議長指名に依る。

　服装は第一期喪服を用ゆ。其の他数件也。

九炭会社に赴き、株式名義書替を行ひ且つ近状を聴く。

帰途大浦子私邸を訪ひ、栄任祝意を述ぶ。

山内喜兵衛来訪。平川潤亮氏、不在中来訪。

伊藤氏来診。

平岡定太郎氏来訪、其の進退に関し詢す所有り。予其の泰然自若自然に任すべしを勧む。

過日若宮氏来訪、予東邦火災保険社取締役重任を請ふ。予は昨年来の決心を述べて固く之れを辞す。一昨廿五日株主総会に於て満期退任を決し、此の日、佐野貞吉をして来告せしむ。

中村敬太郎、将に丸亀に赴任せんとし告別に来る。

四月二十八日　夜来雨

午後、松方正作氏来り、囲碁す。夕刻辞去。

四月二十九日　晴冷

前九時半、大久保夫人来訪。十時安、誠、季児を伴ひ玉川荘に赴く。一月中旬以来、来らざること三月余、桜桃既に謝し、躑躅、藤花将に盛んに開かんとす。新緑洗ふが如く、春色正に十分也。夕刻帰邸す。芳子と精児と本邸より玉川荘に帰る。

不在中、本郷中将来り告別。将に十七師団に赴任せんとす也。

四月三十日　快晴冷

朝、町田厚備氏来訪。逢はずして去る。

午後二時協同会幹事会を幸倶楽部に開く。小沢、有地、高木、武井、真田五男来会、再び男爵議員補欠（鹿野男補欠）選出方法を議す。協同会或ひは海軍親睦会の議、輙ち決せず、則ち投票採決に依り、協同会より選挙の議を議定し、島津久賢男を挙げて候補者と為す。予の主張に依る也。

次で次期候補者選定の件を協議し、佐竹義準男を挙げて候補者と為して散ず。

四時本郷中将を陸軍次官々邸に答訪して告別す。氏は増師問題の経過を頗る詳しく語る。

鈴木徳松、小寺英粲来訪。

不在中、伊藤氏来邸。

夜、松方正作氏来り、囲碁す。


又島津久賢男を招き候補決定の事を告げ、且つ茶話会入会の事を約す。

五　月

五月一日　晴後曇　烈風
午前、井上雅二氏来訪。
関亮（大和記者）、海軍補充善後意見に関して来問。
午後、尾崎三〔良〕郎男来訪。
伊藤氏来診。
関夫人来訪。

五月二日　昨来強風　陰後雨
夜、松方氏来り囲碁す。

五月三日　雨　日曜日
前十時半大浦子を其の私邸に訪ひ、時局趨勢を談じ、且つ平岡樺太庁長官進退の事を問ふ。又第二臨時議会開設の可否を談じて別る。
後一時、松方氏を仙台坂邸に訪ひ囲碁す。夕刻に及びて帰る。
此の夕静座会。会する者二十七人

五月四日　好晴冷涼
臨時帝国議会召集に応じ午前九時登院し、直ちに議場に列す。徳川議長、議会成立を宣して散ず。直ちに幸倶楽部に集ふ。予は特に先日選定せし所の男爵議員選挙委員伊東、太秦、山内、長松、黒田の五男を集めて島津男候補決定の旨を告げ、選挙斡旋の方法順序を嘱示す。
次で幹部会に列す。大浦農相、一木文相、若槻蔵相、海軍補充費追加予算の為め第二臨時議会開会の必要を述べて其の同意を求む。各員述ぶる所有り、予は航路補助問題併議の意見を陳べて散ず。
後一時半伊藤氏来診。
二時発、勲児を伴ひ玉川荘に赴く。安、輝、季の三人は一婢を携へ続きて来る。庭山は躑躅花盛んに開き、絢爛燃へんと欲す。藤花又紫瀾の潮、牡丹其の他百花妍を競ふ。春光正に十二分。津軽老伯、家人を伴ひ来観。

五月五日　半晴烈風
輝、勲の二児、早朝学校に赴く。
家僕宝作、官報を携へ来る。本日開院式挙行の事を報ず。

一日先を予期し、遅参を慮りて登院せず。

夕刻、家人を伴ひ帰る。

五月六日　晴冷

前十時登院して本会議に列す。勅語奉答文及び皇太后に対する哀悼上奏文を議決して休憩す。

幸倶楽部に集ひ午餐す。

午後一時登院す。暫くして再び本会議に列し、大喪費予算案を議す。大隈首相、若槻蔵相紹介演説の後、全会一致を以て之れを可決して散ず。

夕、庵崎貞俊（大和記者）来訪。

五月七日　晴

朝、合川豊三郎来訪。請ひに依り之れを大阪知県大久保利武氏に紹介す。

三島弥太郎子、三月中の往訪を来謝。

河手長平を招き本邸売却斡旋の件を嘱す。

紅葉屋銀行佐藤善夫（営業部長）来り、定期及び当座預金の決算を行ふ。

午後、松元剛吉氏来訪。

五月八日　晴　此の日　日月赤し

午前、臨時議会閉院式有り。辞して参列せず。

午後、原保太郎氏、原口男、石黒男、小松謙次郎氏、武井男邸を歴訪して予の病中慰問の謝意を述ぶ。

此の夜、篤は青山御所皇太后殯宮に祗候す。

夕、松元剛吉氏来り、小泉策太郎氏斡旋に依り、株式取引所理事と為るの件を謀る。予之れに賛す。電話に依り更に之れを大浦農相に諮り、其の賛同を求む。

後八時同気倶楽部に赴き評議委員会に列し、家屋増築寄附金募集の件を議定す。

五月九日　晴温

朝、安、季玉川荘に赴く。

広瀬昌三氏来り、長瀬川水力願白石直治氏参加届に同意を求む。諾して之れに署名捺印して之れを返す。

奥田夫人来訪。

午後一時伊東子を訪ふ。子は清浦子内閣組織の経過及び入閣勧誘の理由を甚だ詳しく語る。三時間閑話して辞去す。

直ちに玉川荘に赴く。雅、勲等夜に入りて来る。

五月十日　晴温　日曜日

学習院教授上村晋外二氏、園景を観に来る。紫白藤花頗る盛んにして賞歓措く能はず。乃ち午餐を共にす。

〔欄外〕二人の氏名は村山熊太、川島猛太郎。

後一時青山御所殯宮祇候の為め、予独り先づ園を出て帰邸す。四時前参入す。

四時各爵各一人皇太后宮殯宮に祇候す。宮は常御殿に設け在り。一時間謹侍し控所に休憩す。六時再び祇候し、七時控所に退く。八時同爵田正敏男と交代して退出す。

〔欄外〕此の日故皇太后に追尊し昭憲皇太后と為す。

此の夕静座会。既に終り則ち之れに列せずして止む。

五月十一日　半晴晩雨

後一時半平田子を訪ひ、清浦内閣失敗の経過を談ず。子は山県公の清浦子に対し、予の入閣を推挙せるの顚末を甚だ詳しく話す。閑談壱時半間して去る。

小松原英太郎、若宮正音、関宗喜の諸氏を歴訪して久闊を叙し、又病中来訪を謝せんと欲す。皆家に在らず、乃ち其の意を述べて去る。

四時寺内伯を訪ひ、池田十三郎氏進退に関する斡旋の謝意を述べ、談は時局に及ぶ。談論壱時間余して辞して帰る。

此の日、山本海軍大将、斎藤大将は予備役と為り、中将財部彪（前次官）待命と為る。海軍廓清の実初めて挙がると謂ふべきか。国家の為め祝すべき也。初め予は三島子及び高橋氏に対し、又竹内氏を経て牧野男に対して、山本伯引責退官勧告の切要を痛切に論ぜしは、実に之れの為め也。伯、頑冥剛愎にして人言を容れず遂に今日の醜状を致す。啻に自災にあらずして実に国家を災す也。憐れむべき哉。

〔欄外〕此の日刀剣商田口某来訪、乃ち小刀二柄購求す。

五月十二日　晴

午前、鈴木徳松、平岡定太郎氏進退の件を来問。

後二時幸倶楽部定会に臨み、後役員会を開く。一木文相、第二臨時議会に航路補助追加契約問題不提出の件決定の事を報告す。

五時竹内綱氏を笄町邸に訪ひ、三月中再三の来訪に答へ、且つ一時間余時事を閑談して去る。

五月十三日　快晴温暖

朝、西野喜与作（自由通信員）、時事意見を来問。

上院議員大久保忠順子薨去の訃音に接し、書を発して之れを弔す。

大庭啓及び亨、其の父貫一平壌に於て病死の事を報ず。書を発して之れを弔す。

尾崎勇次郎氏（樺太庁内務部長）来訪。

伊藤氏来診して尚薬用の必要有りと云ふ。

五月十四日　晴暖

午前、西牧季蔵、時事意見を来問（毎日記者也）。

午後、兼田秀雄（朝日記者）、政務次官設置及び国防会議開設に関して意見を来問。予の所見を詳説して之れに答ふ。

五時鉄道協会評議員会に列して、前年度決算及び本年度予算等を議決す。晩食後款談数刻し九時に及びて散じ帰る。

五月十五日　陰雨

前八時半山県公を目白邸に訪ふ。過般清浦に対し推挙の厚意を謝し、更に国防問題及び朝鮮満州将来の方針に関し意見を交換す。一時間余閑話し、公小田原行の時迫るを以て九時半過ぎ辞去す。

後一時伊東子を訪ひ前項会見談を談じ、又本願寺事件に関し朝日新聞記事謬妄の弁明を聴く。

三時幸倶楽部に赴き、由比中将の露満蒙に対する兵力均衡維持の講演を聴く。

此の夜、水尾訓和氏来訪、談後囲碁数局す。

五月十六日　陰雨

朝、西野喜与作（自由通信社員）時事につき来訪。

関亮（大和記者）来り、大隈首相政綱及び若槻蔵相財政経済政策に対して意見を問ふ。乃ち三月廿七日予の草せし所の財政経済意見を示して、其の異なる所を指摘して之れに答ふ。

五月十七日　陰霖梅候の如し　日曜日

此の夜静座会。会する者二十余人。

後十一時半殯宮祇候の為め青山御所に参内す。

五月十八日　快晴

前零時殯宮に祇候す。一時休憩所に退入。二時再び祇候。三時退て休憩。四時退出して帰邸す。

午前、大久保夫人来訪。

安は季児を携へ玉川荘に赴く。

後二時幸倶楽部に赴き、海軍軍務局長秋山少将の海軍充実の講話を聴く。

四時美濃部俊吉氏を拓殖銀行支店に訪ふ。不在、乃ち篤眷顧の謝意を述べて去る。

直ちに玉川荘に赴く。

五月十九日　晴暖

後零時半発、幸倶楽部に到り、陸軍大学校長由比中将の日露の東洋兵力比較及び集中力変遷の講話を聴く。

四時過ぎ、関氏を拓殖銀行支店に訪ひ家兄来書の手形事件の経過を談ず。後、美濃部氏と面晤して去る。直ちに帰邸す。

夜、岡部則光来り、瓦斯電灯会社重役無責任の事情を訴ふ。

〔欄外〕予の所蔵泰元作刀身に即心即仏の刻有り、大覚懐璉禅師は曾て此の四字甚だ巧みに表示あり、一偈を作す。左に記す。

有節非干竹　三星遠月宮　一人居月下　与衆人弗同

五月二十日　疾風時に微風を送る

朝、神田鐳蔵、経済界の趨勢を来談。

十時関宗喜氏来訪、財政経済意見を問ふ。則ち曾て草せし所の財政意見を詳述し数時上下談論す。午餐を共にし、後三時過ぎ辞去す。

晩、稲垣豊来訪。

五月二十一日　雨後晴

午前、美濃部俊吉氏答訪、経済界趨勢を談じ、一時間余して辞去す。

帝国小学校長西山哲治氏来訪。

篤、今朝殯宮に祇候。

五月二十二日　好晴

前九時青山御所に大礼服参入し、殯宮拝別の礼を行ひて退出す。

杉謙二代理佐藤浩洋来訪。

午後、安、季玉川荘より帰る。

夜、松方正作氏来り囲碁す。

五月二十三日　曇、南風暖を送る

朝、橋本五雄来訪。尚衾中に在り面せずして去る。後三時青山墓地に赴き重野老母満一年祭に列す。大久保、重野、山崎其の他親族集ふ者二十五、六人。祭儀の後、皆故大久保内府〔右府〕の墓を展る。又家族を伴ひ、故乃木大将夫妻の墓に詣づ。来拝者、今尚途に相望み、大将の遺徳人心の深くに感孚するを知るべき也。夕刻帰家す。重野伯母来宿。

夜、松方氏を叩き囲碁数局す。

五月二十四日　陰又晴晩小雨　日曜日

今朝家兄上京し、午後昌を伴ひ来訪。瓦斯電灯会社善後策を協議し、家兄満期退職の事を切に勧告す。

安は諸児を伴ひ大喪拝送の為め、青山某家に赴く。家兄其の他も又之れに赴く。輝、勤、雅、勲の諸児は学習院の列に入り沿道に赴きて奉送す。

昭憲皇太后大葬奉送の為め大礼服を装ひ、午後七時十分前青山御所内第三朝集所に参集す。幕舎内に約一時間憩ひ、七時十分前五列縦隊を作りて正門前に臚列す。時に小雨降下し雨具有らず皆頗る之れを憂ふ。又乍ち歇み却て砂塵を圧するの利有り。八時練兵場内に分時砲を発して同時霊轜発引す。四牛之れを輓き輪軸相軋み、一種微妙の哀音を発す。古例に遵ふ也。皇族、大官、有爵有位者次第に鹵簿に入り、粛々緩歩して進む。沿道は陸海諸兵両側に堵列し、喇叭隊は順次哀譜を奏す。首尾相聯り殆ど間隙無く、其の背後に拝観の大衆約数十万人寸隙無く塡塞す。

九時半霊轜は代々木練兵場内の葬場殿に着御。規模雄大にして庭燎及び電灯煌燿して白昼の如し。天皇皇后之れを第二鳥居に迎へ、列国特派大使以下奉送者、皆幄舎内所定の位置に就く。霊轜奉安了りて祭典の儀を行ふ。荘重厳粛にして唯祭官誄歌の声を聞くのみ。

十二時祭儀終了し、列国使節先づ退き、各奉送者一時休憩す。

五月二十五日　前陰暁来快晴

午前一時頃、霊轜を葬場殿裏臨時停車場列車内に奉遷す。二時、桃山御陵に向けて発す。天皇、皇后、皇族及び親任官は停車場内にて奉送し、其の他の奉送諸員は幄舎内に起立して之れを奉送す。車発し次で楽隊哀譜を奏る。暫くして両陛下還御され各員退散す。人多く途狭く混沓極り無し。三時帰家す。

吉田平吾氏、上京来訪。

五月二十六日　快晴温暖

二十四日以来大喪儀執行の為め廃朝、諸官庁以下執務停止。本日昭憲皇太后霊柩を伏見桃山東陵に葬る。陵は明治天皇御陵東畔に在り、故に名づく。

本日南洋協会々頭秋元興朝子の同会評議員推薦状を接受す。

前十時家兄関係の東神倉庫手形事件善後策講究の為め、家兄、昌、関、田辺、松元の諸氏来会して協議す。午餐後、三時半に及びて散ず。

後五時半家兄を昌邸に訪ふ。寛亦来会、少時交話す。夕刻相伴ひ園田邸に赴き晩餐の饗を受く。数時閑話し十時辞して帰る。

五月二十七日　快晴暖

前三時四十五分玉川別荘より電話にて報じて曰く、武田芳子出産の徴有りと。即時之れを産婆岩崎奈於子及び赤十字社産科主任医大森英太郎氏に転報し、自働車又は人車を飛して急行之れに赴かしむ。安又、車を飛して之れに赴く。産婆到着後僅か二十分、則ち五時廿五分を以て安産女児出生し、母子共健全。予亦六時二十分を以て着園す。皆安んじ且つ喜ぶ。即ち之れを親族諸家に報ず。

此の日洋館柱礎の修繕に着手し、田中氏来りて之れを督す。

此の日、書を裁して家兄手形一件調停斡旋の事を増田信一氏（大阪府泉南郡浜寺公園南在住）に転嘱す。

五月二十八日　晴

武田精一児、近来腸炎を病み小児科医下條氏の診治を受く。荏苒未だ全癒せず、此の日安をして携へ往きて之れを詳問せしむ。遂に本邸に留宿。

午前、田中右平氏大阪より上京来訪。則ち之れを松元剛吉氏に紹介し、午飯を饗して去る。

中山佐市氏室、武田安産を来賀。

洋館寝室修繕工事竣成。

此の日、書を裁して女児出生の事を在巴里武田額三に報ず。

今朝始めて杜鵑の声を聞く。数声して去る。園を領して以来十星霜、今初めて之れを聞く。蓋し珍事也。

〔欄外〕不在中、角觝横綱常陸山谷右ヱ門来訪、五月場限り退隠の意を述べ、且つ相撲大鑑一冊を贈り来る。

五月二十九日　曇　微雨一再過し夜雨
此の日、大工等廊下畳敷拡張工事を行ふ。
輝子帰邸。留る者は予と季児の二人のみ。

五月三十日　夜来大雨
前九時季児と一婢を携へ雨を侵して帰邸す。

安は玉川荘に赴く。芳子近状を看る為め也。

家兄来訪し瓦斯電灯会社善後の件を談ず。

此の日、滝本生をして徳富猪一郎氏父湛水徳富一敬の葬を青山斎場に送らしむ。氏は九十二齢を以て長寿して終る。稀有と謂ふべき也。佐野貞吉妻竹来訪。

五月三十一日　晴温　日曜日
朝、佐野金城、時事意見を来問。
砲兵中佐北山弥三郎氏（砲工学校勤務）、仏国より帰朝し武田家族を来訪。
前十一時瓦斯電灯会社重役の請ひに応じ、精養軒有力株主協議会に赴く。会する者約十五人。午餐の饗を受け、後二時九州倶楽部に於る株主総会に列す。常例決議の後、重役満期改撰を行ふ。予と久野昌一、佐々木清麿の両氏詮衡指名委員と為りて別室に退き、吉村錬之助、指田義雄の二氏と協議す。議事を再開し、予委員を代表して左の諸氏を指名す。

取締役　前記三人再任　後記四人新任
松尾寛三　田　艇吉　永橋至剛
園田実徳　松本留吉　青山録郎
樺島礼吉
監査役　上一人再任　下記二人新任
星野　錫　吉村錬之助　指田義雄

前記吉村氏は監査役を為すと雖も、其の実経営の中軸に当るの約也。予亦委員を代表して相談役両三名設置の希望を述べ、又退任重役岡部、福島、芹沢、田口の四氏に対し謝辞を述ぶ。且つ新重役に向ひ、此れ等四氏に対し相当の敬意を尽すの希望を述べて四時散会す。

該会社善後の方法は頗る至難に属し、関係者は半歳苦慮す。今円満解決を告ぐ。該社前途の為め祝ふべき也。

此の日、安、篤以下諸児玉川荘に赴き夕刻帰邸。

家兄、此の夜帰途に就かる。

此の夜静座会。会する者約二十人。

鈴木徳松来候。

是日、鉄道協会は総会を精養軒に開き、重ねて予を評議員に挙ぐ。

六　月

六月一日　陰微雨一過

朝、富樫虎次郎（大国民記者）、時事意見を来問。

九時田中浅太郎氏来り、滝沢鉱山計算を行ふ。

平岡樺太庁長官、将に任地に帰らんとし、其の進退に関して斡旋の恩を来謝。

各務幸一郎氏、九州炭礦会社を代表して株主総会の決議に依り慰労金壱万円を齎し来り、創業以来社長勤労の謝意を述ぶ。

山崎秀子来訪。

後五時十金会を一木文相官邸に開く。会する者は平田子、大浦子、有地男、武井男、平山、原、小松原の三氏、予と主人を併せて九人也。六時晩餐の饗を受け、大浦子第二臨時議会予算案の事を述べ、一木氏本願寺大谷光瑞伯退隠顛末及び各省参政官参与官新置及び任用令改正の趣旨を述ぶ。時事を交談し十時散じて帰る。

此の日、武田女児の名を撰し喜久子と命ず。

東亜同文会長鍋嶋侯、予を其の評議員に推撰し来る。

六月二日　陰雨終日歇まず

前十時幸倶楽部幹部会に列す。

後一時玉川荘に赴く。大久保侯夫妻、重野隠宅に来り在り囲碁数番す。更に我が邸に移り、夕食を饗して後九時辞去す。

此の日、武田喜久子生後七夜。本籍役場に対し出産届を提出す。

六月三日　陰暴風

此の日、師範学校生徒疾駆競争を行ひ、隣園梅楓園に集ふ。生徒細見啓太郎我が園を来観。

六月四日　陰溽暑　夜微雨

後〇時半発、安、季の二人を伴ひ帰京す。予は直ちに幸倶楽部に赴く。三時海事協会評議員会に列し、大正二年度決算及び三年度予算案を議す。

四時過ぎ、蜂須賀侯の招きに応じ、其の高輪別邸に赴く。幽邃閑雅、青翠欲滴、好き別荘也。侯は来賓十六名に対し同気倶楽部増築費募集案を諮り、皆之れを諾す。晩餐前後、中田、新田の二氏と囲碁す。十時辞して散ず。

客月中、平岡樺太長官の進退に関し、大浦農相に対して嘱する所有り。今朝、大浦子玉川に書を致して、大隈内相は休職の議を決し、好意上其の辞職を促し来るを伝ふ。此の夜平岡氏、鈴木徳松を随へ来り待ちて、昨下岡次官は此の事を伝へ、依て今日井上侯を興津に訪ひ之れを報じ、帰京後直ちに辞表を呈す云々と云ふ。蓋し漁場問題新聞紙上に囂々、其の真相未だ知るべからずと雖も、其の退官の動機は此に基づく也。

不在中、園田栄五郎、園田実、日置健太郎男、大西朝夫、岡田修、佐野金儀の諸氏来訪。

六月五日　前陰後晴

朝、岡部則光、瓦斯電灯社在職中の苦衷を来訴。

鈴木徳松来訪、清崟太郎氏来訪。

吉田平吾氏、将に明日帰任せんとするを以て告別に来る。

園田栄五郎氏、将に札幌に赴任せんとし、告別に来る。

日野鶴之進、荒井泰治の紹介を以て来訪、大正生命保険の加入契約を勧請。

午後、刀剣商田口清次郎来候。

六月六日　晴暑
東洋協会は嚮に組織を改め社団法人と為し、更に評議員の再任を嘱し来る。
岡田修来訪、其の請ひに依り之れを神谷伝兵衛に紹介す。
田中浅太郎、将に鈴木右平を伴ひ明日を以て滝沢鉱山視察の途に上らんとすとして来り、指揮を乞ふ。

六月七日　好晴　日曜日
朝、大草愿吉来候。蔵書を整頓す。
田鍋安之助来り、満蒙問題解決の急要を切論す。
山崎四男六氏来り、宮内省転任の可否を諮る。予は之れに賛す。
夕、静坐会。会する者約二十人。

六月八日　半晴有風　夜雨
午前、隣家の荒川巳次氏を訪ひ、過般帰朝来訪に答ふ。
次で大久保侯を訪ひ、閑話二時間して帰る。
税所篤の一子鹿児島市に卒去を聞き、電を発して之れを弔す。
菅田政次郎、瓜生剛氏求婚の件を来談。
午後、安、季を伴ひ玉川荘に来る。雅、勲二児先に在り。

六月九日　前陰後晴
倉庫に入り蔵書を整理す。
輝子来園。田中氏、隣接山林買収の件を来談。
此の夜、昌来り、吉田平吾氏の宮内省採任応否の可否を諮る。予其の之れに応ずべきを答ふ。而して去る。

六月十日　晴
朝、輝子本邸に帰る。
此の夜、家を挙げて下裏門前に蛍狩りを行ふ。

六月十一日　晴暑
午前、安は東京に赴き夕刻帰園。
午後、季児四十一度余発熱し氷嚢にて頭を冷し摂養す。

六月十二日　陰　午後雨　時は入梅の候
季児の体温常に復し、初めて意を安んずる。
午後一時前出園し、直ちに幸倶楽部総会に臨み、三時半帰邸す。阪田巌三氏危篤、昌、今夜馳赴の報を聞き、直ちに笄町を訪ふと云ふ。逝去の訃、次で至る。則ち弔賻の事を托し、昌、将に九時を以て発し之れに赴かんとす。滝川秀雄、柏原町西楽寺住職に任ずの披露に接す。不在中、若宮貞夫、増谷新三、永橋至剛の諸氏来訪。

六月十三日　晴　深夜雷雨

朝、福島宣三氏、明夕小宴来臨を来請。之れを諾す。佐野実観氏、日本銀行新潟新支店在勤受命の事を来報。前十一時半大隈首相の招きに応じ其の官邸に赴く。徳川議長以下、各派交渉委員概ね集ふ。首相は外、蔵、海、農、文の各相を率ひ、第二臨時議会を開き海軍補充費六百五十余万円予算案提出の止むを得ざる理由を演述し、其の協賛を求む。蔵、海二相敷衍する所有り、質問応答数回し、後食堂に入り午餐の饗を受く。後二時散会す。直ちに幸倶楽部に集ふ。工藤十三雄来訪。此の日、男爵議員補欠選挙を行ひ、島津久賢男予定の如く当選す。四時同男推挙の恩を来謝。

六月十四日　暁雨午霽　後快晴　日曜日

昨家兄の電嘱に依り、前九時増田進一氏を水明館に訪ひ、相伴ひ同気倶楽部に赴き、東神倉庫会社手形事件調停の事を懇談す。後に経済界趨勢を閑談し、正午別れて帰る。帰宅後之れを関氏及び家兄に報ず。不在中内田嘉吉氏来訪。吉田平吾氏、宮内省に転ずる為め上京来訪。後五時福島宣三氏の招待に応じ其の桜川寓に赴く。大和田房七氏外二人来会、明珍作の霊鷹を観る。制作精巧、妙技驚くべし。晩餐の饗を受け、款談十時に及び辞去す。安等皆帰来。静座会例の如し。

六月十五日　晴後半陰

前九時田中浅太郎、鈴木右平来訪。滝沢視察実況を報告す。則ち探鉱順序を変更し、又鈴木氏に嘱して更に橋立金山を探検せしむ。松元剛吉氏、近時政況を来談。後二時発、玉川荘に赴く。

六月十六日　陰後微雨

輝子及び山崎季子来園。勲児本邸に宿す。

内苑排水工事を行ふ。

六月十七日　雨

後三時発帰邸す。勲来園。

勝野秀雄来り、深田銀行手形を改訂す。

神田鐳蔵、松元剛吉二氏、経済事情を来談。

鈴木徳松来訪。

昌、和歌山より帰京し来訪。坂田氏葬儀の状を聴く。

海事協会、評議員再選の事を通報し来る。

六月十八日　陰　微雨時に到る

朝、謙七福原氏来訪。求めに依り之れを橋本五雄氏に紹介す。

十一時半徳川議長の招きに応じ其の官邸に赴く。大隈首相以下各大臣（武富逓相欠席）及び上院各派交渉委員来会し、共に午餐の饗を受く。食後款話して別る。

三時更に各派交渉会を開き、第二臨時議会常任委員据置其の他方法順序を協定す。概ね第一臨時議会の例に依りて決す。而して散ず。

夜、松元氏来訪。

新元鹿之助氏、支那旅行を終り台北に安着の電報到来。

六月十九日　晴

前七時大浦農相を私邸に訪ひ、経済界刷新の事を談ず。約一時間談論し辞して帰る。

九時鈴木右平来訪、将に今夕を以て橋立鉱山視察に赴かんとすと云ふ。

十時幸倶楽部に赴き、鈴木海軍次官の海軍補充費予算の説明を聴く。

山之内一次氏、将に欧州に赴かんとして告別に来る。

後三時田辺輝実翁を砂土原町邸に訪ひ夕刻帰る。

夜、神田鐳蔵、経済界刷新の方法を来談。

六月二十日　陰雨

前九時第二臨時議会召集に応じ登院す。議長、議会成立を宣告して散ず。

直ちに幸倶楽部に集ふ。会する者約七十人。予は先づ新議員島津男、次で高木男を紹介し、首相邸及び議長邸交渉会顛末を報告す。後藤男、満蒙殖民政策及び支那に対する外交政策、則ち亜細亜門朗《〔アジアモンロー〕》主義を一時間余演述して散ず。

後二時故山座円次郎氏（全権公使）の喪を青山斎場に送る。

四時協同会春季総会を幸倶楽部に開き、予は庶務会計を報告す。後、晩餐会に列す。会する者約七十人。夕刻散会す。

此の日、安は玉川荘に赴き夕刻帰る。

六月二十一日　微雨断続　日曜日

午前、松元剛吉氏来訪。

此の夜静座会。会するもの廿五人。木佐木幸輔（海軍機関少将）、鈴木重春（徳松長男）の二氏参加。

六月二十二日　陰欝　晩微雨

午前、天皇親臨され開院式を行ふ。予は大礼服修理中の故を以て参列能はず。

九時半発、玉川荘に赴き田中氏と庭園改修を指示す。夜に入りて帰る。

此の日、松尾寛三氏妻君病死の訃に接し、安往きて之れを弔賻す。

又誠をして佐藤愛麿氏母堂の葬を谷中斎場に送らしむ。

六月二十三日　晴薄暑

朝、日置健太郎、協同会加入の件を来談。

羽室庸之助氏来訪、久闊を叙す。

前十時上院本会議に列し、勅語奉答文を議決し、一時休憩。再開後、大隈首相の施政方針演説を聴き散ず。

幸倶楽部に午食。代議士伊藤英一、竹村欽次郎二氏、軽便鉄道補助法改正案の通過を来請。

松元剛吉、吉見奎堂（毎日通信）外一人来部し面談す。

後一時下院議事を傍聴す。質問論難四時半に及びて散ず。

五時松方侯、島津男の招きに応じ星岡茶寮に赴く。小沢、有地、武井三男と予と正客と為り、高木男、高橋、柚木二氏之れに陪す。款談九時に及びて辞し散ず。

六月二十四日　晴暑

前九時予、安二人、松尾寛三氏細君の喪を青山斎場に送る。

午後、玉川荘に赴く。輝外三幼児、太田大右エ門を伴ひ来会。

六月二十五日　前陰後晴
午前十時安、誠、勤等相次で来園。
乃ち家を挙げ太田氏を誘ひ玉川に到り、客船に搭りて下り、下野毛渡場に到る。漁人をして投網漁をせしめ、年漁獲る所頗る多し。直ちに共に割烹し午食、後三時船を返して上陸し、大彦染工場を観る。小休して帰園す。夜に入り太田氏辞去。

六月二十六日　陰
前七時発、単身帰邸す。安其の他相次で皆帰邸。

佐藤玄斎来訪。

関宗喜氏来訪。嚮に托せし所の漬装護国塔碑文石摺を齎し来る。尚樺太長官更迭事情を談じて去る。

後二時幸倶楽部幹部会に列し、明日の本会議議事順序を協議す。

代議士伊藤英一外六人来部、軽便鉄道法改正案可決尽力を請ふ。之れを浅田、高木の二氏に紹介し、且つ之れを研究会に交渉す。

五時山之内一次氏を其の邸に訪ひ、其の洋行告別の来訪に答ふ。

夕、誠をして太田氏の帰郷を新橋駅に送らしむ。

六月二十七日　暁雨、後晴
前十時上院本会議に列し、海軍補充費予算及び追加日程を議し、軽便鉄道補助法案を議し共に委員に附す。

直ちに予算委員を開き、午後に渉り質問を行ふ。二時半原案を可決して散ず。

武井男と自働車を飛して上野に赴き、大正博〔設〕覧会を観る。工業館東半部、鉱山館、林業館、東京市特務館、美術館、拓殖館、朝鮮館を歴視し、四時半精養軒に入る。

此の日、過日の茶寮招宴に酬ゆる為め、武井、有地、小沢の三男と予の四人主人と為り、松方侯、島津男を同軒に招く。五時過ぎ主客皆集ふ。宴中日暮れ瞰下の第二会場飾装電灯、赫爍衆星の如く美観名状すべからず。主客快談、九時過ぎに及びて散ず。予は有地、武井の二男を伴ひ第二会場内を一巡して帰る。

六月二十八日　朝曇　後晴薄暑　日曜日
前十時本会議に列し、海軍予算及び軽便鉄道補助法改正案を可決し、決算に関し議案を決して散ず。

山崎四男六氏、予定の如く昨宮内省内蔵頭（高等官一等）に転任す。蓋し栄転也。午時来告、午食を共にして去る。

岡田修、将に大阪北浜銀行に赴任せんとして告別に来る。

此の夕静座会。会する者二十五人。長島氏留り時局趨勢を談ず。

六月二十九日　晴溽暑
此の日午前、議会閉会式挙行す。参列せず。

八時発、大森に赴き清浦子を訪ふ。本年既往将来の政局に関し約三時間談論し、後一時帰邸す。

田中浅太郎来訪、将に明日を以て紀州に赴かんとすと云ふ。

後四時華族会館に赴き、幸倶楽部幹部員及び多額議員懇親会に列す。七時過ぎ散会す。

平田子と車を聯ねて幸倶楽部に赴き、現下政局特に廃減税問題に関し意見を上下す。税制調査会の設置を同志閣臣に勧告するの議を決す。帰途大浦農相私邸を訪ふ。不在、乃ち帰る。時十時也。

六月三十日　晴暑　気温八十七度
六時半早起きして大浦農相を其の私邸に訪ひ、内閣の内決せる所の営業税全廃案の地租と権衡を失するの不当を痛論し、平田子と協議せる所の税制整理調査会設立必要の意を致して、其の決行を切に勧む。子は深く好意を諒し、本日閣議に上ぐべきを約す。約一時間談話して辞去す。

九時松元氏を招致し、時局に関する各政党形勢探問の事を嘱す。

島津久賢男来謝。

後四時東洋協会評議員会に列し、桂公墓所設備費寄贈の件を議決す。

此の日限り、車夫宝作の傭ひを解く。玉川荘に移住実行の為め也。

吉田平吾氏、嚮に宮内書記官の命を拝し本夕来訪。

七月

七月一日　晴暑温度八十七度
朝、橋本五雄来訪。

野口栄世、越後より帰り、油田開鑿の状を来話。

午後、島津久賢男を氷河町邸に訪ひ、其の来訪に答へ、併せて其の贈品を謝す。不在、乃ち去る。

帰途、伊東子を訪ふ。又不在、乃ち去る。

林玉子来訪。

夜、岡部則光、帝国電灯会社重役更迭後の近状を来談し、其の整理の姑息を訴ふ。

七月二日　烈暑昨の如し
前十時幸倶楽部幹部例会に列す。
午食後、玉川荘に赴き阪路拡大工事を視る。
安は輝、雅、季の三児及び一婢を率ゐ夜に入りて来園。

七月三日　烈暑依然
午後、瀧本生、郵便及び新聞紙を齎し来る。
其の中に大浦子来翰有りて云ふに、過日勧告の税制調査会設立の件は之れを大隈首相に転知し、伯、其の厚意を深謝し、之れを他の閣臣に謀るべきを約す云々と。

七月四日　暑熱益々加はり強風
前十時約に依り島津久賢男来訪し、協同会方針及び政局趨勢を細かく話す。午餐を共にし、款談後三時に及びて辞去す。
数日来暑気漸く烈しく、此の日我が荘の気温は八十九度に止むと雖も、隣接荘邸は九十三度に昇る者有り。梅候中稀に見る所の天候也。
夕八時発、安、勲、季及び一婢を伴ひ帰京す。

七月五日　晴陰相交りて溽暑く微雨一過す　日曜日
朝、斎藤隆夫氏（兵庫県代議士）来訪。問ひに依り憲政運用の枢機を大に談ず。
星野錫、指田義雄（二人代議士）、松尾広吉（上院議員）、松尾寛三の四人来訪、松尾寛三氏将来の処世方針に関して懇求する所有り。其の要は勧《ママ》行銀行理事若しくは常任監査役と為るを欲すに在り。同氏現に監査役を為すと雖も、更に常任と為るを欲する也。乃ち山口宗義氏及び若槻蔵相に勧説するを諾して別る。

後一時前約履行の為め山口氏を払方町邸に訪ひ、約二時間懇談す。尚配意尽力を約して帰る。

此の日馬車二軸〔ママ〕を傭ひ蔵書数函を玉川別荘に送る。

夕静座会。会する者二十余人。

七月六日　半陰有風　夕烈風雨を送り来る

前九時指田義雄、松尾広吉、松尾寛三の三氏を招致して、昨山口氏と懇談せる所の要領を詳しく告げ、今後斡旋の方法順序を協議す。十一時半辞去す。

平岡定太郎氏来訪、政局趨勢を話す。後一時辞去。

後二時指田、両松尾の三氏、藤山雷太氏を伴ひ来訪。再び斡旋方法を講究し、藤山氏をして大隈伯を再訪、其の尽力を求めしむるを協定して去る。

後四時発、平田子を駿河台に訪ひ、税制調査会に関する対大浦子勧告顛末及び同子返翰の旨趣を報告す。後、時局趨勢に関し意見を交換し、約二時間閑談して辞し帰る。

七月七日　晴暑　後陰微雨一過

朝、佐野金儀（東洋通信記者）、時事意見を来問。

前十時松尾二氏、今朝藤山氏と大隈伯往訪の顛末を来告、茶業組合中央会議所に於て大谷嘉兵衛と会談するを請ふ。之れを諾す。

十一時半車を飛して同所に赴く。松尾二氏の外、藤山、指田、星野の三氏来会。乃ち大谷氏に対し一昨日来奔走斡旋の顛末を告げて、其の援助を求む。同氏は監査役を以て松尾氏と同僚と為り、其の快諾を得て別る。

夕、安は諸児を率ゐ大電飾光を観る為め、上野博覧会場に赴く。

七月八日　晴冷

朝、松元剛吉氏、近時政況趨移の真状を来談。

上條鍬次郎氏来訪。久闊を叙し其の義兄故上條迂太郎氏の事歴を談ず。迂太郎氏は慶応年間我が同窓旧友也。才識超絶し明治初年米国に遊学。病を獲て帰航に就き、其の癒ゆべからざることを自覚し海に投じて死す。聞く者歎惜せざる莫し。数時閑話して午餐を共にし、後四時に到りて辞去す。

中央記者今井健彦、時事意見を来問。

六時半鉄道院総裁仙石貢氏の招きに応じ、新喜楽の宴に赴く。来賓は鉄道協会評議員約三十名。十時興を尽して散ず。

富永夫人、安場保健氏求婚の件を来談。

七月九日　晴

朝、下村貯金局長来り、小口保険官業経営案を説明し、独占権の必要を論ず。

中山佐市氏存問に来り、且つ佐久間鋳園の画く所の蘇東坡像画幅一軸を贈る。

山崎夫人来訪。

午後、仲小路廉氏来訪、憲政運用及び時局趨勢に関して意見を交換す。約二時間縦論して去る。

七月十日　半晴溽暑強烈

松方正作氏、午前午後を通じて再び来り囲碁す。

其の間、時事記者工藤十三雄来訪。

松元剛吉氏、南満鉄道葛藤事情を来談。

家兄午後上京、昌亦大阪より夜帰る。両未だ面晤せず。

七月十一日　雨

朝、家兄来訪、要件数項を談ず。

林謙吉郎氏、台湾より帰りて来訪、南洋経営の事を談じ、又会津水力問題解決の件を嘱す。午餐を共にして去る。

吉田平吾氏一家、函館より移居し来り、誠、輝等之れを上野駅に迎ふ。

午後、家兄再び来訪。則ち昌、吉田氏及び園田寛を招き晩餐を饗す。寛独り遅く来り閑話して別る。

時事記者平野光雄来訪。

客月末来、微雨時に到ると雖も、地を湿らすに至らず、関東地方頗る涸渇に苦しむ。朝来膏雨、草木蘇活の色を呈す。

正児、夏期休校を以て帰宅。

七月十二日　陰　日曜日

朝、鈴木右平、越後より帰り、橋立鉱山実地視察の状況を復命す。

午後、松元剛吉氏来訪。

此の日、藁谷鎧一郎、其の妻金と傭ひに応じて来仕。本邸を留守せしむ為め也。本籍は芝区兼房町十五番地に在り。

七時家兄帰途に就かる。勤児、之れを新橋駅に送る。

此の日、誠をして故三好退蔵氏夫人の喪を青山斎場に送らしむ。

夕静座会。会する者約二十人。

七月十三日　快晴
朝、大和記者関亮、時事意見を来問。

林譲二来訪。乃ち其の嘱せし所の素絹揮毫一葉を交付す。

大石貞次郎氏室鶴子（太田太右エ門氏長女）、太田家に於て病死の訃音に接し、両家に書を発して之れを弔賻す。

大木修、病中慰問を来謝。

林謙吉郎氏、会津水利権処分問題及び対南洋開発の件を来談。

松尾寛三、指田義雄の二氏来訪、勧業銀行総裁勧説の経過を談ず。

夕、鈴木徳松来訪。

七月十四日　好晴
朝、松本誠之代議士、時事意見を来問。

松方氏来り囲碁す。偶ま関宗喜氏来訪、則ち三人交番競技す。午餐後、後五時に及びて散ず。

後藤勝蔵、林謙吉郎の二氏、後藤新平男の嘱を帯びて来り、安場末喜男嫡子保健氏求婚の意を述ぶ。其の好意を謝し後日の確答を約す。

正児休校中、一学友と紀州熊野検検〔ママ〕旅行を約し、今夜十一時新橋発列車に搭りて発つ。

七月十五日　晴
前九時誠、勲、季の諸児及び一婢を伴ひ玉川荘に来る。

午後、誠、勲の二児及び為三郎を督して、数日前本邸より送致せる所の蔵書を区分整理す。

此の日、俗間尚中元を祝ひ、労働者及び傭役人等暇を放ち快を取る。一月十五日と奉公人の一大休暇日也。

薄暮園林の間を徜徉し、適ま眼鏡を失ひ夜間に及ぶ。書を看ること不可にして老来最大の苦痛を感ず。笑ふべし、嘆ずべし。

七月十六日　晴暑気温八十四度
早起きして前庭に出で眼鏡を探す。花園の間に忽ち之れを獲、意始めて安んず。

午前、再び誠等を督して間に図書を整理し、略ぼ全ふす。末吉以下園丁六人に対し中元祝儀を与ふ。

徳富猪一郎氏本邸に過日の会葬を来謝。

日暮れて安、輝、雅等来園。

勤児、今早出発し、同級生六人と富嶽登山の途に就く。且つ将に本栖湖に於て侶伴と別れて、独り甲州御嶽山を探険せんとすと云ふ。

七月十七日　晴暑
午前、大久保侯夫妻重野隠宅に来る。則ち往きて安場家求婚の件を協議す。後対棋し二局を輸す。
夕、我が邸に移りて夕餐を饗し、九時辞去す。

七月十八日　晴暑
新元新、本日台北発上京の電報に接す。
本日、園丁土功中古土器三個を発掘す。縁由未詳。
今夕、玉川磧に於て大烟火の挙有り。七時、闔家相携へ之れに赴く。客船に搭り上流に溯りて之れを観る。奇巧賞観すべき者有り、児輩大に喜ぶ。九時終了。此の夜観る者川磧に充満し、玉川未曾有の群集也。

七月十九日　晴烈暑　八十七度　日曜日
朝、安、輝帰京。

武田省吾氏、芳子母子を来訪、午後辞去。

歩兵第一聯隊一分隊六十余名、行軍の途次午休を来請、之れを諾す。休憩午食して去る。

五時半発、誠を伴ひ帰邸す。

今夕静座会。約二十人。岡田氏旅行の故を以て、八月十六日に到る間休会と決す。

小嶋誠氏、将に仙台に赴任せんとし告別に来る。

七月二十日　晴暑昨の如し
前十時単り車にて家を出、途に吉田氏新居を訪ふ。主人不在、貞子に面して去る。
正午萬象閣に入る。雅、勲、季の三児甚だ悦ぶ。
一昨年三月興津農事試験場に嘱し桃梨新種を求め、之れを園下旧田に植ゆ。其の種類左の如し。

梨　早生赤　十株
　　太白　十株

長十郎　十株
今村秋　二十株
独　逸　二十株
以上和梨
パーレット　三十株
ジュセスダングーレーム　二十株
以上洋梨
桃　アムスデシス・デューン　三十株
トライアンフ　三十株
天津水蜜桃　二十株
無花果　ブラウン・ターキー　五株
ホワイトゼノワ　五株
葡　萄　ハートフォード・プロリフィック　一株

以上各種中、独り桃樹多く実を結び、数日来摘みて之れを噉す。味頗る美。桃栗三年の諺、我れを欺かざる也。

〔欄外〕此の日土用節に入る。

七月二十一日　晴暑依然

午前、大久保侯夫妻重野隠宅に来る。午後之れを訪ひ、更に園内緑陰風冷の地に席を設けて相対し囲碁す。更に三局を輸す。近来の珍事也。黄昏相別る。

夕刻、安本邸より来る。

昨、山崎氏、新発明捕蝿機を贈り来り、本日之れを試す。機は自働作用を為し、蝿は貪食の間徐々に鉄網の中に陥りて脱する能はず。一日の中能く百余匹を捕へる。奇巧賞すべし。

勤、甲州旅行より帰邸。

七月二十二日　晴暑益々烈

前九時新元新子、静子、鉄雄の二児を携へ台湾より着京し、直ちに我が邸に投ず。安は接迎の為め本邸に帰る。

本日、田中氏の幇助を借りて竹製漁具を造り、之れを園下用水に沈設す。

夜九時安は昌が報ぜし所の安場家家系調を齎して来園。報ずる所最も佳良也。此の婚事必ず成熟す。

俗間に土用入り三日間を呼びて土用三郎と為し、其の晴雨冷熱に依りて年の豊凶を予測す。一昨日来快晴熱暑、気候の適順は近年稀に見る所。本年の豊穣予知すべき也。

七月二十三日　天候変らず

朝、安は本邸に帰りて、自ら富永、林両家を訪ひ安場家求婚応諾の意を内答せしむ。

前九時松元剛吉氏来訪。閑談、午餐を共にす。後二時に及びて辞去。

新元八津雄と滝本生と来園。

此の日、家兄及び太田、小谷の二家に書を致し、輝子結婚の同意を求む。其の他郵書数通を発す。

七月二十四日　晴益固まりて暑益烈　気温九十度

昨、安は帰邸し、林氏を訪ひ、安場家求婚応諾の意を致す。林氏直ちに之れを後藤男及び安場男夫妻に伝へ、両男大に悦ぶ。

本日林氏来園して婚約確定の意を致し、且つ清浦奎吾子夫妻媒酌人と為る事を嘱す。予同意の旨を答へ、来廿八日吉辰に於て結納の儀を行ふに決定す。

少しして安亦来園。

夕刻、輝子は新元新、同静子を伴ひ来園。勤、鉄雄等前後して皆来集。

七月二十五日　晴暑　微雨一過地を湿さず

正児、今午、熊野探険を終りて帰る。午後、誠、正、勤の諸児皆来園、篤一族以外一家悉く団欒す。武田母子之れに加ふるを以て、真に是螽斯の振々乎者なるか。

七月二十六日　晴暑　午後大雷雨　日曜日

朝、安本邸に帰る。昨来の大掃除を督す為め也。

午前、篤、北海道拓殖銀行二課長を誘ひ伴ひ来園。午餐を供し後三時頃辞去。

午後一時過ぎ、黒雲墨を溌す如く北方より蔓延し来る。電光、迅雷と疾風を伴ひ、勢怒涛の如く雨を送り来る。猛然沛然盆を覆す如く快名状すべからず。忽ち潦溢れ行き、溝続きて満ち、斯くの如き者約一時間余。雲霧乍ち霽れ、快日山河を照らす。月来既に幾旬雨せず、之れに炎威強烈に加はりて、地方は将に旱害に苦しまんとす。我が園は嚮に園形を修せしめ幾十株の園樹を移植す。涸渇将に枯死せんとし、園丁をして日々潅水せしむも、水を焼け石に投ずる如し。今此の膏雨に遭ひ、草木皆生色を蘇活す。地方農民額手して喜雨を祝はざるは莫し。喜ぶべし々々。

七月二十七日　前晴後陰　気温八十度
朝八時勤、季、雅の三児及び一婢を携へ帰邸す。新元母子四人、正、勲、輝、誠并に諸婢等前後して皆帰る。芳子亦二児二婢を携へ来邸。

吉田貞子来訪。

晩、新元一行及び輝等、大正博覧会を観る。月初来日々炎暑にして人皆酷熱に苦しむ。昨大雨熱塵を洗ひ涼風人を可す。

夕、昌来訪。


七月二十八日　微雨断続　晩に至りて霽
此の日、最上吉日也。安場男、人を使はして結納品を贈り来る。祝納後、更に林謙吉郎に托し婿引出物を贈り、併せて親族名簿を交換す。清浦奎吾子夫妻に媒酌人と為るを嘱し、其の承諾を獲る。

梅代来賀、且つ鮮魚を贈り来る。

家人相伴ひ大正博覧会を往観す。

夕刻、大浦農相を訪ひ、林氏の企てし所の南洋博覧会観光団組織助成の件を談じ、其の同意を得る。又税制整理調査会の件を談ず。子は其の実行難を語る。

七月二十九日　快晴烈暑　正午九十度
前十時伊東子を訪ひ、外交経済の得失を縦論す。正午に及びて辞し帰る。
新紙は墺塞両国開戦の報を伝ふ。之れに対し露独の体度は果たして如何。刮目して之れを観る。

七月三十日　快晴酷暑　正午九十度
前九時発、玉川荘に来る。
雅、勲及び滝本生は、新元八津雄、同鉄雄を伴ひ来る。

七月三十一日　炎暑依然
前七時松元剛吉氏来訪。閑談数刻し、主に近時政況を話して十一時去る。
大久保侯夫妻来園、午後囲碁す。夕食後再び戦ひ、前後十余局す。予二局贏つ。夜半を過ぎて罷む。
近来高温概ね九十度。故老は斯くの如く持続するは二十年来無き所也と云ふ。稲禾肥秀し豊穣知るべき也。

八月

八月一日　晴暑酷烈
昼間夜間を通じ大久保と石戦す。互ひに勝敗有ると雖も、黒白雌雄遂に決せずして散ず。
誠、用務を以て来荘、直ちに帰京。将に近日を以て北陸道探険の途に就かんとすと云ふ。
武田一家、夕刻本邸より帰寓。

八月二日　晴暑気温八十八度　日曜日
昼間大久保侯と石戦を重ね、夕刻に及びて止む。
大久保侯夫妻、夜に入りて辞去。
広瀬昌三氏来訪、遂に留宿。
安、末子及び新元母子を伴ひ来園。

八月三日　晴暑昨の如し　夕微雨一過
朝、我が一家、新元四人、重野伯母及び広瀬氏を伴ひ一行十人、園後より瀬田台を倘佯し、大山街道に到りて帰る。広瀬氏は途中より別れて去る。
輝子及び新元静子来園して、正児痔疾治療の為め、昨肛門病院に入ると云ふ。
誠、今朝岩越及び北陸探険の途に登る。
昨二日、露独両国間は各宣戦公告し、其の駐剳大使を召喚す。欧州強国大戦乱の端、是に於て発す。世界未曾有の戦禍は、其の来る無きを期すべからず。蓋し汎露主義と汎独主義と軋轢の結果斯の極に至る。人種的競争は真に世界の真相哉。是に先だち塞耳比亜《セルビア》人、墺国皇太子及同妃を勃斯爾亜《ボスニア》にて暗殺し、墺国は塞国を伐ちて其の仇を復さんと欲し、露国は同種の故を以て之れと争ひ、独国亦同種の故を以て墺国を援けて、遂に開戦に到る。而して仏国は同盟の義を重んじて、勢ひ露を援けざるを得ず、英国、伊国亦同盟又は協約に依り、各一方を援くるを免がれざるべし。是に於て欧州六大強国は戈を執りて雌雄を決するに到る。亦其の勝敗の決果〔ママ〕如何を知るべからず。真に曠古の大変哉。

八月四日　晴暑
朝、昨侶十人を伴ひ東京府農芸学校を観る。校は我が園と僅か十町許り距つ。野菜、花卉、果樹、苗木の類頗る広く培養し、温室中に各種蘭科及び熱帯植物を培ひ、又盆栽区を備ふ。約二時間倘佯徘徊して帰る。

不在中、東郷安男来訪。逢はずして去る。憾むべし、々々。

五十嵐秀助氏、不在中本邸を訪ふ。

八月五日　晴暑依然

此の日、嚮日嘱に依り書せる所の揮毫各一葉を、増谷新三（御影町）、上條鍬次郎（信州神林村）、佐藤義雪（広島県芦品郡服部村）の三人に分贈す。

前十時発、一行十二人本邸に帰る。

午後、正児退院して帰来。

英仏両国は果して独国と戦端を開き、是に於て欧州強国中伊国を除く外、両分して相戦ふ。蓋し世界未曾有の珍事也。

八月六日　晴暑

大久保夫人来訪。

八月七日　晴暑益烈

前八時幸倶楽部臨時幹事会に列す。会する者、小松原、原、平山、浅田、武井、目賀田、下條、予（以上茶話会）、有地、高木、関、小牧、三宅、安場、馬屋原の計十五人也。英露仏対独墺戦争に関し意見を交換す。予は此の時機に乗じて日英同盟の規定を利用し、膠州湾より独逸勢力を駆逐する必要を切論す。各員概ね之れに賛同す。乃ち委員二名を選び加藤外相を訪問して真相及び政府方針を質問し、且つ前事の議を勧告するを決す。予と高木男、委員に推さる。

前九時四十分高木男の自働車に同乗し、加藤男を総理官邸に訪ふ。先づ事件真相を以て問ふ。男は英国政府と交渉の顚末を以て答ふ。蓋し英国政府は、我れ同盟の誼を重んずるを深く悦ぶと雖も、累を我れに及ぼさざるを期すに務む也。予、乃ち膠州湾奪回の必要を勧告す。男は敢へて之れを拒否せず。其の意は蓋し深く戦争の進行を鑑みて、臨機応変以て善謀を尽すに在り。別に交渉筆記有る故、之れを略す。

十一時幸倶楽部に返り、前項の顚末を各員に報告して散ず。

兼田秀雄（朝日記者）来部、時事意見を問ふ。

飯田帋蔵氏病死の訃に接し、書を発して之れを弔す。

八月八日　晴暑益固

朝、多田満長（内外通信社主幹）、時事意見を来問。世界列強興廃盛衰の大勢を詳述して、内治外交国防経済の要を論じ、我が国の取るべき国是方針を挙げ、二時間余論弁して辞去。

此の夕、臼井哲夫氏来訪、近時支那より帰ると云ひ、頻りに支那近状を語る。談後、囲碁数番し、十時半に及びて去る。

八月九日　晴暑依然　日曜日

朝、東郷安男、列強戦争に関して意見を来問。乃ち欧州各国の形勢、我が帝国の位置を詳述して、外交国防の要を論ず。談論二時間して辞去。

大城戸仁輔、小林米蔵氏来訪。

〔欄外〕小林氏の請ひに依り、三木健次を家兄及び中道伊兵ヱ氏に紹介す。

昨橘炭礦処分に関し、家兄及び小島友吉氏来信に接す。答書を裁して之れを郵送す。

曾根鎮盛氏来候。

後七時時局問題を議す為め、幸倶楽部幹部会を再開す。一昨日の会員皆集ひ、小松原氏、廟議決定の真相を内報して曰く、

一昨七日午後、英国大使加藤外相を訪ひ、日本の援助を請求す。其の意に曰く、本月四日英国北海に於て英国艦隊、独国水雷の襲撃を受け、弩級戦艦三隻を失ひ、数隻を損傷す。其の損害の大は大に英人の意気を阻喪し、此の損害を報復の為め膠州湾独逸根拠地攻陥の要有り、日本政府海陸の兵を派して之れを援助すを願ふと。

即夜閣議を大隈首相私邸に開き、英国政府の要求に応じ出兵援助の事を決議す。

八日早朝、加藤外相日光に赴きて謁見上奏し、其の裁可を獲る。

即夜、元老及び内閣聯合会議を開き、前事を報告して出兵方法を議定す。

今朝、加藤外相は英国大使を訪ひ、出兵援助応諾の旨を決答す。

廟議の決、全然一昨朝予の発議と一致し、国家の為め

喜ぶべき也。而して其の進撃順序は概ね左の如し。

英国大使、直ちに此の意を本国に報告し、英仏両政府は三国一致の後、互ひに協商を行ふ。

英国仏国は各其の東洋艦隊を我が近海に集め、我が艦隊と合同して一大聯合艦隊を編成し、我が出羽大将を挙げて総司令官と為し、膠州湾を攻撃の事。

膠州湾は到底海軍力を以て之れを攻陥するは難く、別に我が陸軍団を編成し、約二師団の兵を以て之れに充て、威海衛より陸路背面を攻撃の事。

各員概ね満足を表して散ず。

八月十日　陽炎赫燿

出水弥太郎氏の訃音に接し、書を発して之れを弔す。勤児、遊泳練習科程を終りて沼津より帰来。

後三時半平田子を駿河台邸に訪ひ、欧州列強戦争、対外政策に関し大に意見を上下す。須く世界の大勢を顧み、廃減税等内治小政策を排斥し大に対外（殊に支那方面）根本政策を振ふべしとの意見、略ぼ同見に帰す。約二時対談して辞去す。

直ちに玉川荘に赴く。途に大王松苗一株を購ひ携へ来る。日暮れて雅、勲、季の三児、新元八津雄は滝本生を従へて来園。一婢亦随ひ来る。

八月十一日　炎日烈暑

午後、二位景暢氏、武雄より上京して来園。橘炭礦隣区所有礦区処分の談有り、尚数日後の面談を約して去る。氏は赤坂区田町対翠館に留宿すと云ふ。

八月十二日　晴暑依然後曇　十時半より雨

夜来腸痛み三四回暴瀉す。蓋し昨日西瓜過食の咎也。火酒を服し温養し、且つ滝本生をして帰京薬を齎せしめ摂養す。

大鳥富士太郎男、此の日仏国大使館赴任の途に就く。安之れを新橋駅に送る。

夕七時半発、帰邸す。

八月十三日　夜来暴風雨　暮に到りて止む

八時暴風雨を侵して幸倶楽部臨時幹部会に臨み、日英対独逸共同作戦決行遷延の事情を議す。委員を派して大隈首相に質問するに決し、予と高木男と自働車に同乗して前十時官邸に首相を訪ふ。遇ま閣議開会中の故を以て、午後二時半再訪を約して去る。

後二時半予は有地男及び面談希望者目賀田男を伴ひ、首相官邸を再訪す。土曜会谷森真男、中島永元の二氏亦同件を以て先に在り。

俟つこと少時、首相は我れ等五人を引見す。有地、目賀田、予の三人交も質問を為す。首相答弁の概要左の如し。

欧州列強交戦の結果、日英同盟の規定に依り我が邦将に之れに参加し、独逸と鉾を交へんとす。元来膠州湾の占領は、三国干渉の結果に原因し、独逸に之れの放棄を迫るは固より当然の理也。其の平和手段と戦闘行為とに拠るは須く彼の択ぶ所に任すべし、唯英国と交渉案件は未だ悉く定まる者には有らず、事は外交中に属し未だ其の内容を明示する能はず。数日の中に事決し、直ちに陛下の還幸を仰ぎ詔勅を奉請して事理を明らかにする亦必要の事に属す。支那国は欧州列強の援助を失ひ、恐怖して唯我が鼻息を窺ひ、敢へて恣擅事を構ゆるを許さず、米国は遠く隔たり未だ何等の異状を示さず、我が邦断然正義に依り東洋平和の大局を保つ。誰か敢へて抗するや。領土侵略の如きは機会均等の根本義を害す。敢へて取らざる所、云々。

後五時半、倶楽部に返りて之れを報告し、且つ電話を以て牧野子爵に交渉し、明日を以て研究会、土曜会及び我が二派の交渉を行ふことを決す。

工藤十三雄（時事）、兼田秀雄（朝日）、西牧季蔵（毎日）、西野喜与作（自由通信）来部し、首相会見の顚末を問ふ。唯機密外の概要を挙げて之れに答ふ。

夜来の暴風雨に因り、我が邸の板塀及び庭前杉樹倒失す。然し久しく旱する草木は枯死せんと欲する時、遇ま此の膏雨に浴し天地蘇活の色有り、其の天沢浅少ならず。祝ふべき也。

八月十四日　晴暑強烈

前九時約に依り千駄ヶ谷三島邸に赴く。牧野子外一人及び谷森、有地氏来会。予先づ過日来の加藤外相、大隈首相会談の顚末を告げて、現下対外政策の得失を議す。其の結論左の如し。

一、我が国の東洋に於ける活動の程度は、一に日英同盟の精神に遵ひ、英国要求の範囲に於て之れに応じて共同動作を行ふべし。其の範囲を超越すると之れを忌避するも共に不可也。
一、右旨趣を以て便宜内閣大臣に勧告すべし。
一、世界的趨勢に応ずる為め、財政経済の基礎を鞏むるを大に要す。此の際廃税減税を行ふ如きは、充分講究深慮を要す。須く再議して遺策無きを期すべし。
右二時間余談論し、意見略ぼ一致して散ず。

勤、雅等玉川荘に赴く。

此の日、田中浅太郎の請ひに応じ、滝沢鉱山資金を豊川武雄に郵送す。

八月十五日　炎日赫灼

前七時発、大森に赴き清浦子を訪ふ。既に出て家に在らず。則ち夫人に面し安場家と結婚媒酌の厚誼を謝し、少時閑話して辞去す。

帰途伊東子を訪ふ。子将に他出せんとし、乃ち少時時局趨勢を談じて帰る。

安は新元新子を伴ひ玉川荘に赴く。

郷信に依り田辺貞吉氏夫人の長逝を聞き、書を発して之れを弔す。

大浦子の発起に依り、後七時十金会を農相官邸に開く。小松原氏を除くの外、会員九名皆集ふ。大浦子、列強交戦に関し、東洋に於る日英共同働作、日英交渉の顚末及び本日御前会議に於る廟議一決の旨趣を報告す。其の要領左の如し。
一、最初独英国交の破るるや、英国政府本月二日頃通知して曰く、日英同盟の精神に依り緩急援助を求むべしと雖も、勉めて戦乱東洋に波及するを防ぎ、当に累を日本に及ばさざるに務むべしと。
二、同月四日頃、又若し香港、威海衛が敵国の侵害を受くること有れば、日本の援助を求むべしの意を通告し来る。
三、七日夕、英大使、我が援助を求めて曰く、独逸兵船我が商船を嚇して我が貿易を妨ぐ、日本軍艦を発してこれを討掃すを願ふと。
四、即夜閣議の決に依り、翌八日加藤外相日光に到り、拝謁して顚末を上奏す。即夜之れを元老会議に報じ、応諾の旨を決して、之れを英国大使に答ふ。
五、然し十日に到り、英使又英政府の意を致して、北京駐在の英公使の状報に拠れば、独逸艦隊は日英商船を嚇す事無し、前日独艦討掃の要求を撤銷すを希ふと云ふ。
六、此の時、日本陸海官憲は既に戦闘準備に着手し、撤鎖の交渉に応じ難しと報じ、此の意を英政府に致す。英国頗る取捨に苦しみ、遂に各自適応の行動を取る意を答ふ。日英同盟共同動作の意、殆ど将に減失せんとす。

七、是時に当り、英国政府は偶ま北京英使の報に依り、独逸公使と支那政府と膠州湾還付の談判を開く事状を知り得て其の姦策に陥るを大に恐れ、之れを日本政府に顚〔ママ〕報して其の意見を問ふ。日本政府は其の姦講は日英攻撃を避くるの詐術と切論して之れに答ふ。

八、英政府は又独逸の詐術に陥るを切に恐れて、十三日以来正交渉の間に英国陸相は我が陸相に、膠州湾攻撃の際、其の在支那陸兵千二百人をして共に交戦に従事せしめるの意を電致す。英海相又同一の意を我が海相に致して、共に我が海陸二相の同意を得る。

九、英国政府部内の不統一は恠訝に堪へずと雖も、既に双方合意を見て、英国外相亦之れを認承せざるべからず、遂に日英協同作戦の議に同意す。根本政策是に於て決す。

十、之れを上奏し陛下十五日午前還御、午後御前会議を開きて廟議一決す。直ちに独逸政府に対し左記最後通牒を発す。

日本政府は東洋平和を確保し、日英同盟の権益を擁護する為め、誠意を以て独逸政府に対し左の条件を要求す。

第一　独逸軍艦は須く即時日本及び支那海間より退去すべし。否らざれば須く即時其の武装を撤廃すべし。

第二　膠州湾を支那に還附するの目的を以て、九月十五日限り須く無償条件を以て之れを日本官憲に交附すべし。

第三　此の要求に対し八月廿三日正午を限りて諾否を答ふべし。若し之れに応ぜざれば日本は当に自由行動を取るべし。

右通牒写は同時に之れを露仏米支四国政府に移報すと云ふ。夜半散じて帰る。

八月十六日　晴暑昨の如し　日曜日

安場末喜男、保健氏を伴ひ来訪。過日安、輝の往訪に答ふ也。

福原俊丸男、時局意見を来問。

松元剛吉氏来訪。

正午、大隈首相の招きに応じて其の官邸に赴く。上院議長及び各派交渉員数十人来会。首相、各相列席し前記対独関係を演述し、次で加藤外相通牒全文を朗読して其の旨趣を説明す。後立食の饗を受け、後一時半散会す。

直ちに幸倶楽部に赴く。市野光雄（時事）、山口和一（毎日）、竹内正捕（帝国通信）来部、面談す。

午後三時帰邸す。兼田秀雄（朝日）、横関愛造（毎日）来訪。

安は新元一行及び諸児を伴ひ玉川より帰邸。

〔貼付、新聞切抜、省略〕

八月十七日　半晴暑

前八時後藤男来訪、日独開戦の利害を談ず。

九時幸倶楽部臨時総集会を開く。会する者五拾余人、予、即ち過日来の加藤外相及び大隈首相質問応答の顚末、并に昨日総理官邸の政府外交方針報告の顚末を約一時間詳述報告し、後に数回議員より質問する所有り、予、皆之れに答ふ。十一時過ぎ散会す。

藤野至人（帝国通信）来部、集会状況を問ふ。

午後、上西圭之来訪、其の請ひに依り之れを安楽兼道氏に紹介す。

松尾寛三氏来訪、勧業銀行重役希望の件の経過を談ず。

八月十八日　晴暑稍減

午前、後藤男を訪ひ、前日の訪問に答ふ。且つ夫人に面し聯婚の誼を敦くす。

又安場男を訪ふ。不在、乃ち夫人に面し、答訪の意を述べ暫く話して帰る。

安は諸児及び新元一行を伴ひ、鶴見花月園に遊ぶ。

重野伯母、武田精一児を伴ひ来遊、夕帰去。

武田頴三に送るの書を裁し、之れを発送す。

八月十九日　朝冷後晴

朝、福田純一、沖男家負債整理の始末を来談。

大久保夫人来訪。山崎夫人亦来会。

橋本増次郎来訪。

安場、富永両夫人来訪、結婚時日及び儀式披露会等の件を協議し、十月十七日を以て荷を送り、十九日吉辰挙式の事を協定す。

八月二十日　晴暑さ再び加はる　正午八十六度

朝、林謙吉郎氏来訪。即ち婚儀周旋の事を嘱す。

日野鶴之進（大正保険員）来訪。

後藤夫人来訪。答礼也。

誠、北陸旅行を了へ夕刻帰邸。

夜、岡部則光来訪。

新元新、同鉄雄、山崎氏を訪ひ、遂に留宿。告別の為め也。

八月二十一日　晴暑昨の如し

前九時発、単身玉川荘に来る。

雅、季二児、安場加智子及び一僮一婢を伴ひ、夜に入り来園。

八月二十二日　晴暑依然

安、誠、輝、勤、勲、新元八津雄、鉄雄、山崎梅子、国武等相次で来園。

夕六時半、一行二十名相携へ玉川磧に赴く。直ちに亀屋艤する所の遊船に入り、烟火を観る。火威前回と相同じと雖も、水多く気清く、観客数千喝采止まず。十時散じて帰る。

八月二十三日　晴暑　日曜日

前七時過帰邸す。家族及び新元一行相次で帰る。

十時、二位景暢氏、樋口秀房氏（砲兵大尉）を伴ひ来訪。武雄炭鉱処分に関する村井商会交渉の顚末を談ず。未だ要領を得ざるが如し。

後六時、新元新子、鉄雄を伴ひ、帰台の途に就く。安、誠の諸児、之れを新橋駅に送る。

此の夕静座会。中村幹治（山元町三六）、橋本増次郎の紹介を以て始めて来り参加。

本日正午、我が最後通牒に対し独逸政府諾否決答の最終時也。而して回答遂に到らず。蓋し彼亦実力解決に決意す也。是に於て我が天皇は大詔を煥発して、開戦の止むを得ざる理由を中外有衆に宣示し、且つ同時に勅令を以て来る九月三日を以て臨時帝国議会を東京に召集し、三日を以て会期と為すの件を布告す。本年臨時議会前後三回に亘り開く。国事多端と謂ふべき也。既に開戦宣言有り、陸海軍隊時を移さず活動を開始して膠州湾攻撃に従事すること素より言を俟たず。刮目して我が軍の成功を俟つ。

八月二十四日　夜来雨午後に及びて霽

午前、山本忠興氏来訪、去る十五日女児出生し啓子と命名すと云ふ。

又安をして重野紹一郎氏を訪はせ、輝子婚姻願の連署を求む。昌亦之れに連署す。

夕、吉田平吾、鈴木徳松の二氏来訪。

八月二十五日　晴暑復来

午後、大久保夫人来訪、将に明日を以て侯と同伴し、摂州芦屋の僑居に赴かんとすと云ふ。

八月二十六日　晴暑依然

此の夕、家眷八人を伴ひ、銀座街辺りを散歩す。

八月二十七日　快晴烈暑

前九時徳川議長の招きに応じて上院談話室に赴く。各派代表員集ふ者約三十名。同公発議に依り左数件を協議す。

一、勅語奉答案は特別委員を選挙せず、起草を議長に委任する事。

一、全院委員長、各常任委員は選挙を新しく行はず、前回委員を再任する事。

一、決算委員一名の補欠は議長指名の事。

右二件は黒田侯発議の事。

一、予算案及び法律案に対し委員長報告の外、賛成演説の必要無き事。

一、服装は第三期喪章制に拠る事。

一、細川侯薨去の為め、第四部に於て部長補欠選挙を行ふ事。

右協議了り、各自退散して幸倶楽部に集ふ。

曾我祐準子特に来部、予及び有地男に対し、日独開戦反対意見を大に述ぶ。政府今回の政策は、蓋し日英同盟の精神を超越し、是国家の慶福に非ず云々と謂ふを以てなり。

十一時半散じて帰る。

午後、山崎氏来訪、重野安居老家政整理の件を談ず。

此の日、我が第二艦隊は膠州湾実力封鎖を行ひ、之れを独逸同湾総督に宣言す。交戦行動是に於て始まる。

墺国大使は、其の政府の電命を受けて我が政府に対し国交断絶を通告し、将に旗を捲て帰途に就かんとす。墺国は原と我れと嫌ひ無く、其の此れに出づる所以は、蓋し独逸政府の慫慂辞すべからざるに因る也。其の苦衷寧ろ同情すべき也。

八月二十八日　炎陽燬くが如し　午後微雨時に到り涼冷
吉田貞子来訪。
夕、臼井哲夫氏来り囲碁す。互ひに敗勝有り。
久しく旱し庭樹枯損する者多し。微雨来ると雖も、未だ蘇活を促すに足らず。憂ふべき也。

八月二十九日　夜来大雨終日歇まず
宮内大臣の輝子婚姻認許書到来。
本日豪雨闊沢。旱魃の患全く去る。
夕、新元新の台北安着の報に接す。暴風の為め一日延着する也。

八月三十日　暁雨霽後晴暑復旧　暴雨　日曜日
朝八時勤、勲の二児を伴ひ、出水を観る為め暴風を侵して玉川に赴き、双子渡口に達す。朝来水勢漸減し、民家に及ぶ浸水は既に退く。満川の濁水洶湧し、波を揚げて流る。勢ひ、近づくべからず。去りて萬象閣に入る。後二時帰邸す。勲独り留宿す。

後五時二位景暢氏、村井交渉の顚末を来談。

此の夕静座会。会する者約二十人。

昨来の豪雨盆を覆す如く、関東地方水害を被る者尠からず。今朝来の暴風雨を伴はず、幸ひ害を致さず。喜ぶべき也。此の日鈴木徳松来訪。

〔欄外〕東京の雨量は三石九升余を算す。蓋し稀有の数也。然し秩父大宮は則ち五石四斗を算す。驚くべき也。

八月三十一日　晴暑
本日天長節。諒闇中を以て儀礼無く、唯喪章を附して国旗を掲げ、祝意を表するのみ。
前八時半山崎氏来り、重野安居翁負債の真状を談じ、整理方法を協議す。遂に電話を以て翁を招き、午後に及びて翁漸く来る。則ち根本的整理の必要を論じ、翁をして予め其の覚悟を以て準備を為さしむ。三時半別れて去る。

九　月

九月一日　快晴烈暑

前八時電招に応じ、大浦農相を桜田町私邸に訪ふ。予は今午首相官邸所催の臨時議会準備の上院各派代表員会に関して懇談する所有り。則ち卑見を挙げて之れに答ふ。

前十一時首相官邸に抵る。上院議長及び各派代表員集ふ者三十余人。

大隈首相先づ第三臨時議会開会の理由を述べ、和衷協同して軍国大事に協賛するの希望を述ぶ。

次で加藤外相、八月十五日以来の外交経過、則ち独逸と交戦状体に入り、墺国と国交断絶の顚末を述ぶ。

次で若槻蔵相、陸海軍々事費五千参百万円の内訳及び其の財源を説明し、尚軍事費特別会計法案及び関税税率適用法案提出に関する理由を説く。

次で大浦農相、戦時保険補助法案提出の理由を説明す。

次で八代海相、軍事費要求理由、就中駆逐艦十隻急造必要の理由を説明す。次で現下膠州湾封鎖及び支那海、印度交趾海、太平洋（北緯二十度以北）に於る我が艦隊活動の状況を詳述す。

次で岡陸相、出征軍隊編成の大要及び予算要求の理由を詳述す。

後一時食堂に入り午餐の饗を受く。食後再び集会室に返し、岡陸相膠州湾防備の現状及び攻囲方略大要を詳説す。

後三時散じて帰る。

五時兼田秀雄（朝日記者）、交渉会の実状を来問。

山崎秀子及び武田芳子一家来遊し、即夜帰去。

此の夕、室伏高信（時事記者）、時事意見を来問。

九月二日　半晴苦熱

前十一時各派代表員再び上院に集ふ。徳川議長、両院議員給与内議の結果を報告し、次で三日以後の議事日程を協定して散ず。

直ちに幸倶楽部に赴く。後二時臨時総会を開く。会する者約七十人。予は廿七日及び今朝上院交渉会の顚末を報告し、次で昨日大隈首相邸に於る各大臣演説の要領を約一時間半詳報す。

次で岡商工局長の戦時保険法律案に関する説明を聴く。後、平田、有地、小松原、平山、武井、原の諸氏と時局問題に関し、意見を交換す。五時半散じて帰る。此の日二百十日に当る。無風平穏、只残暑益々甚だしきを感ずるのみ。

〔欄外〕此の日、我が出征軍は山東省龍口湾龍溝に上陸す。敵兵無し。

九月三日　晴暑益窄

前九時第三臨時議会召集に応じて登院す。直ちに議場に集ひ、議長、議院成立を宣して散ず。予は昨日不参の議員に対し、上直ちに幸倶楽部に集ふ。院交渉会の大要を報告す。後、幹部会を開き、議員歳費臨時増給の件を協議し、不同意の意に決す。

午後、高木兼寛男来訪、欧州列強交戦結局の成敗に関して、卑見を見問す。予則ち戦局消長の現勢を挙げて、独逸の失敗に帰すべしと論じ、之れに答ふ。

夕七時半前約に依り平田子を駿河台邸に訪ふ。時局趨勢及び対応政策に関して大に意見を闘はせ、二時間半余縦論す。十一時辞して帰る。

九月四日　晴暑依然

午前十一時天皇親臨され臨時帝国議会開院式を行ふ。予は礼服損傷の故を以て参列能はず。

夕、家眷六名を伴ひ、芝公園を散歩して滑走戯を観る。

此の夜月蝕八歩余。

九月五日　晴暑

前八時上院本会議に列し、勅語奉答文を議決す。次で大隈首相、臨時議会召集の旨趣を演説す。次で加藤外相、独墺国交断絶、交戦成立の経過を詳述。而して議長参内の為め小憩す。

下院議事を傍聴す。外交質問の為め秘密会に入り、則ち去る。十一時半議事を再開し、議長奉答書上奏の事を報告す。全院委員長及び常任委員据置の件を決して散ず。

直ちに幸倶楽部に赴き、服部兵庫知県の貿易業救済の希望、及び蚕業会理事吉池慶正の蚕糸業者救済、及び戦時保険損害の全部政府負担の請願を聴く。

後二時再び登院し、工兵大佐井上幾太郎氏の要塞戦の要義、及び歩兵少佐荒木貞夫氏の欧州戦争の大要講話を聴く。共に有益の講話也。

此の日、誠をして、故上院議員細川護成侯の葬を品川同家別邸に送らしむ。

麻生政包氏の訃に接し、書を発して之れを弔す。

九月六日　晴暑　日曜日

前十時登院し、海軍中佐日高謹爾氏の欧州列強海戦講話を聴く。各国海軍の現状、及び軍艦兵器改良の状を頗る詳しく説く。講話約二時間半にて散ず。

午後二時松方正作氏来り囲碁し、夕刻去る。

夜静座会。会する者廿余人。

昨来下院政友会議員は、駆逐艦十隻新造予算及び戦時保険法案に関し、頗る異議有り。政界多少漸湧の色を呈す。此の夕、大浦農相の電話にて政友会併息議会平静に帰すの状を報ず。此れ等の事情に依り、本会期三日中、未だ一事も決せず。本日勅令を以て九日に至る三日間会期延長の事を公布す。

九月七日　晴暑窄平

午前、今井健彦（中央記者）時事意見を来問。

午後、松元氏、政局趨勢及び原敬氏会見の状況を来談。

重野安居翁負債整理の件に関し、書を裁して新元氏に送り、其の同意を求む。

九月八日　快晴烈暑

前九時上院本会議に列す。軍事費予算及び軍事費特別会計法、関税率法、戦時保険補助法案の第一読会を開く。

前十時予算委員会に列し、当局大臣の説明を聴き、次で質問を行ふ。予、日英同盟解釈の件及び貿易業打撃救済の件を質問し、外相、蔵相交も之れに答ふ。正午休憩、後一時再開。予又、経済政策及び戦時需用品輸出奨励の件を質問し、三時原案を可決して散ず。

直ちに幸倶楽部に集ひ、数同志議員と時局に関し意見を交換し、夕刻帰邸す。

九月九日　晴暑昨の如し

前九時登院。軍事予算及び三法律案、総員皆起立し可決。軍国議会は是に於て終了す。

直ちに幸倶楽部に集ひ、正午帰家す。

平野正雄（時事記者）、時事意見を来問。

此の夕、松方氏来り、囲碁す。

九月十日　薄陰稍涼　夜微雨

午前九時帝国議会閉院式を行ふ。不参列。

正午両院議員、国務大臣を新宿御苑に召し、酒饌を賜はる。依仁親王、旨を奉じて臨席し、令旨を賜はる。大隈首相は之れに奉答し、一時過ぎ退散す。

後五時内閣各大臣の招きに依り、精養軒の慰労宴に赴く。両院議員集ふ者数百人。

神田鐳蔵氏、輝子婚約を来賀。

九月十一日　朝小雨後陰冷

午前松尾寛三、松尾広吉二氏来訪。勧業銀行重役候補の件を談ず。

午後一時松方氏を訪ひ囲碁す。床次竹次郎〔二〕氏来り、座に在りて之れを観る。夕刻帰る。

晩食後、松方氏亦来戦す。連戦連勝、二字を贏得す。十一時過ぎ辞去す。

林玉子来賀。

国民新聞社員奥元清、現代叢書予約購入を来請。諾して之れを返す。

九月十二日　朝小雨後半晴

二位景暢氏、将に武雄に帰らんとし告別に来る。且つ炭鉱処理助力の件を嘱して去る。

藤山雷太、指田義雄、星野錫、松尾広吉、松尾寛三五氏来会、寛三氏勧業銀行重役推挙の方法を協議す。

又藤山氏に付し、二位氏の武雄炭礦処理斡旋の件を嘱す。

後二時幸倶楽部総会に赴き、高木男の国民衛生談を聴き、又刀剣会に臨む。

此の日二百二十日に当る。無風平穏。

九月十三日　夜来の雨　午後に及び益激　日曜日

午前、清浦子来訪。予の客月の訪に答ふる也。

山崎氏、重野老人負債整理の件を来談。共に午餐して去る。

此の夕静座会。大雨の為め来会者僅か十余人。

九月十四日　夜来豪雨終日歇まず

午後、松方氏来り囲碁す。一子を復せらる。

四時東亜同文会評議員会に臨み、支那貿易誘導部設置案及び大正元年度決算報告を議決し、夕刻散じて帰る。

昨来の豪雨、盆を覆すが如し。地方必ず洪水有らん。

九月十五日　暁細雨　後晴暑　八十七度

午後、島津久広男来り、久闊を叙す。

松元氏、露国需用品供給斡旋の事情を来談。

九月十六日　晴暑

午前、安は輝子を伴ひ、清浦子夫妻を大森邸に訪ふ。媒酌の労を謝す為め也。

九時発、単身玉川荘に来る。

午後、田中氏と築庭工事を監視す。

九月十七日　晴暑夕刻大雷雨　後晴

夕刻、勲学習院より直ちに来園。

次で雅、季の二児、一僮一婢を伴ひ来園。

九月十八日　晴暑　朝夕涼冷　秋気大に動く

午後、安来園。

此の日、盆栽三個造る。

九月十九日　秋晴清温

雅子登校後、直ちに本邸に帰る。

庭前築山工事略ぼ竣工。

九月二十日　秋暄　日曜日

此の日、学習院父兄会の催し有り、誠之れに参列す。勲は同級万里小路氏を伴ひ来園。

午後四時安を伴ひ帰邸す。勲、季等諸児皆相次で帰邸す。

此の日午前、松尾寛三、同広吉の二氏来園、勧業銀行重役の件に関して、若槻蔵相勧説の事を懇請。乃ち之れを諾す。

不在中、田中武雄、野々村政也の二氏来訪。

此の夕静座会。会する者約三十人。

九月二十一日　快晴穏和　節は彼岸の候に入る

朝、昌、輝子結婚祝品を贈り来る。

午後二時若槻蔵相を大蔵省に訪ひ、松尾寛三氏勧業銀行重役推選の件を談ず。氏は頗る之れを難ずと雖も、志村総裁に試談の事を約して別る。

帰途伊東子を訪ひ、数刻閑談して帰る。

夜、松方邸に赴き、囲碁数局して深更に帰る。
此の日、誠をして故徳久恒範氏未亡人の葬を青山斎場に送らしむ。

九月二十二日　好晴秋暄　夜雨

前九時両松尾氏を招致し、若槻蔵相勧説の顚末を詳告す。午後、若槻蔵相書を致し、志村勧業銀行総裁と内談の顚末を報じ、且つ重役増員不可行の件を答ふ。乃ち松尾広吉氏を招きて之れを告げ、且つ松尾寛三氏に之れを伝へしむ。

佐野貞吉来る。

九月二十三日　朝雨後晴暄

前九時発、玉川村荘に来る。田中氏と築山工事を督す。夕刻、輝子、新元静子を伴ひ来荘。

留守居島田薫、熱海に赴く。

中村豊次郎、不在中本邸に来訪すと云ふ。

九月二十四日　陰雨冷湿

此の日秋季皇霊祭に当る。

此の日、誠をして故織田一氏の葬を青山斎場に送らしむ。

九月二十五日　小雨冷湿

早朝、輝子、静子先に帰邸、予亦次で帰る。

昨日家兄上京し昌邸に在り、則ち之れを往訪す。遇ま松尾氏亦座に在り。安亦継で来訪。暫く話して別る。家兄今夕帰途に就くと云ふ。

正午、幸倶楽部午餐会に列す。食後、平田子外数名と増師問題決行の可否を内議す。

新聞同盟会員里見謹吾（国民記者）、今井健彦（中央）の二人来り、外務省令（外交記事取締の件）廃撤の情願を陳ぶ。

又藤田四郎氏と囲碁数番す。

後四時東洋協会評議会に列し、協会規則及び数件を議決す。夕刻退散。

九月二十六日　晴和

朝、田中浅太郎、滝沢鉱山冬季中経営の方針を来議。則ち積雪中休業の件を決す。

高津亀久太郎、書を以て、其の父高津亀太郎八月八日崎戸炭坑に於て変死の訃を報ず。書を発して之れを弔す。高津工学士は頗る鉱務に通じ、崎戸副長と為り適才の誉れ有り。今遽焉を聴き痛惜に堪へざる也。

吉田貞、大木修来賀。

山鹿昌治来邸。則ち協同会本月給与金を交付す。

麻布郵便局、吏員をして過日配達夫の非行を来謝せしむ。

九月二十七日　半晴冷涼　日曜日

廿五日風邪を感じ喉痛未だ癒へず、此の日伊藤医を延き調治す。廿三日以前、気温常に八十四、五度を上下し、次日急降六十四、五度を上らず。其の差約二十度、之れの為め感冒者頗る多き也。

此の夕静座会。会する者約三十人。

九月二十八日　晴和

朝、結城廉造（憲政記者）、時事意見を来問。

午後、石井千太郎、樺太炭礦開発の助勢を来請。考ふる所有りて之れを謝絶す。

清浦子爵夫人来訪。我れ等の往訪に答へ、且つ輝子の結婚を賀す也。

伊藤医来診。

九時蠣崎中将の露国より帰るを、新橋駅に迎ふ。氏嚮に露都大使館武官と為り、今第十一師団長に栄任して帰る也。

九月二十九日　陰雨冷湿

午後、松方氏来り囲碁す。

伊藤氏来診。

重野伯母来遊、留宿。

神田鐳蔵氏来訪。

我が青嶋征討軍は、本月二日を以て山東省龍口湾に上陸し、大雨洪水を侵して進軍す。十二日即墨に達し、十七日後発隊は労山湾に上陸す。廿一日英国陸兵亦茲に上陸し、我が軍に参加す。廿六日進撃を開始し、第一哨兵線敵兵を撃ち之れを走らす。廿七日李村河以北の地を占領し、廿八日浮山亘孤山を進攻して防禦地帯に先進し、激戦数合〔ママ〕遂に之れを取る。我が軍死傷百五十、敵兵五十を捕へ機関砲四門を奪ふ。三日間の猛撃は真に迅雷疾風の如く、敵をして半途抵抗の遑無からしむ。直ちに之れを要塞内に駆逐す。快又快。蓋し今より要塞の包囲攻撃に入る。奇襲か、正攻か。将に刮目して其の成果を俟たんとす。

九月三十日 陰雨終日歇まず

此の日、松方氏互ひに午前後再来し囲碁す。

伊藤氏来診。

十月

十月一日 陰霖朝歇む 強風後半晴

午後、松方氏来り囲碁す。暮れに及びて去る。

中山佐市氏来訪。

重野伯母并に武田一家、相伴ひ玉川荘に帰る。

十月二日 快晴冷気大に加はる

朝、田中武雄氏来訪。

前九時幸倶楽部幹部会に列し、時局に関する意見を交換し、遂に委員を派し、陸相、海相、蔵相、其の他主務大臣に交渉、国防財政外交等に対し督励を行ふの議を決し、予と高木男と選ばれ委員と為る。正午退散す。

午後、林謙吉郎、増田次郎二氏来訪、輝子婚儀執行方法順序に関し協定す。嚮に二氏に対し婚儀周旋方を嘱託の故也。

伊藤氏来診。

〔欄外〕増田次郎、芝区田村町二番地住、電話芝四〇二一番。

十月三日　晴涼

午前八時半橋本増次郎氏を招き、其の製する所の自働車脱兎号に搭乗し、更に高木兼寛男を鳥居阪邸に誘引し共乗、陸軍省に赴き、岡陸相と会見し、師団増加問題其の他に関し質問する所有り。陸相答弁の大要左の如し。

一、増師問題は、嚮に国防会議に対し三個年完成の成案を提出す。蔵相は之れに対し、財政屈紐の事情、亦未だ可否を決するに到らざるを述ぶ。然し予は財政の事情を顧み、別に六個年完成の腹案有り、以て大隈首相亦増師決行の意見有り。予、固より之れを来年必ず実行を期す。

一、我が兵の山東省濰県に入るや、支那政府は以て中立違反と為し、之れを我が政府に抗議す。然し山東鉄道の独逸所有に属するは毫も疑ふべき無し。故に我が政府は支那の抗議に関せず、尚進んで済南に到るの全線を収めんと欲す。是独り政府一致の決心にあらず、英国政府亦是認同意する所也。万一之れが為め支那と衝突を来す、又止むを得ざる所也。

一、新紙伝ふる所の兵器改良を以て師団増加に代へるの説、世界的戦乱の終局を俟ちて国防方針を決するの説及び露国と国交親和を加はるを以て中止増師の説は、皆取るに足らざる謬説也。当局者の意見、毫も変更せず。

一、近時の豊橋旅団の出征は、之れを山東鉄道守備及び青島攻撃予備軍に充当せんと欲する也。

一、列国開戦後、我が政府は与国痛切の懇求に依り、仏露英三国に対して略ぼ兵器の譲渡を諾す。其の数目約左の如し。

仏国向　新式歩兵銃　五万挺

露国向　三十年式旧銃

第一等　十三万挺

第二等　七万挺

第三等は損傷甚しきを以て不譲渡

海岸砲数種　五十門

英国向　新式歩兵銃　五万挺

尚英国に対し同盟の誼みを以て辞すべからず、特に青嶋陥落後に於て、新式最鋭の攻城砲約十門を譲るべきことを諾す。

問答約一時廿五分間。陸相の答ふる所頗る鄭寧詳悉に渉る。前十時半辞して帰る。

午後、三好重通氏夫人来賀。

後一時半勲児を伴ひ玉川荘に来る。田中氏来訪。

〔欄外〕山東鉄道、青島より済南に到る延長約二百五十哩也。

十月四日　晴　日曜日
午前、武田省吾氏、千葉県より来着。武田一家来訪、共に午食して別る。

後二時勲児を伴ひ帰邸す。

五十嵐夫人来賀。

伊藤氏来診。橋本氏来謝。

蠣崎中将来謝。露国近状を聴く。将に来る八日を以て第十一師団に赴任せんとすと云ふ。

此の夕静座会。廿余人在り。

此の夜、中秋節に当る。名月空に懸り、清光言状すべからず。

陸軍砲兵大尉中島弥高氏、将に仏国に赴任せんとし、武田一家を訪ふ。

十月五日　晴
朝、西牧季蔵（毎日記者）、時事意見を来問。
塚口邦之亮病死の訃に接し、其の男積太郎、賰治二氏に書を発して之れを弔す。
兵庫県人山内春渓、其の著兵庫県人物列伝一巻を寄贈し来る。
午後、松方氏石戦に来り、暮去る。
関宗喜夫人来賀。

十月六日　晴和
吉松駒造、田辺勉吉、野々村政也各夫人来賀。
昌方昨夜男児出生の報に接す。
午後、伊藤氏来診。

十月七日　晴温
午前、蠣崎中将を笄町邸に訪ひ、答訪且つ送別す。佐野金儀（千代田通信）、時事意見を来問。

午後、大島男爵、塩原又策、島安次郎各夫人来賀。

夕、佐野貞吉来訪。

此の日、我が兵は済南停車場に進入し、山東鉄道全部及び所属炭礦を占領す。

十月八日　夜来雨

午前、浅野夫人来賀。

後〇時半幸倶楽部に赴き、一時少し前、高木男を伴ひ同車して海軍省に到り、八代海相と会見し、防務会議の海軍補充計画の経過を質問す。海相の答ふる所左の如し。

一、海軍補充計画に関し、海軍省は既定の成案有ると雖も、欧州大戦の結果を鑑み、制其の宜しきを取捨折中の要有るを以て、暫く之れを次年度以降に譲る事。

一、大正四年度に於ては、単に今春提案の既定計画を取用し、工事中の三戦艦を完成するの目的（此の残額約七千八百万円）と、駆逐艦残部約八隻新造（此の費額約二千万円）の計画を以て予算を編成する事。

一、右二件は、既に防務会議の内決を得る。然し既定の戦艦八隻、巡洋戦艦八隻、軽巡洋艦若干、駆逐艦三十六隻、潜水艇二十四隻を編成の方針は、変改を得ざる事。

一、マーシャル群島に於る軍事行動は、単に之れを軍事的占領（ミリタリーヲキュペーション）と称すべく、毫も領土的占領の意味に有らざる也。

後二時辞去す。

即ち高木男を伴ひ華族会館に赴き、故桂公記念事業計画発起会に列す。会する者約六十余人。渋沢栄一男を推して座長と為し、委員五十名推選の件を可決し、其の指名を座長に托して散ず。

別室に於て、高木と若槻蔵相と会見し、国防充実の施設を質問す。蔵相の答ふる所左の如し。

一、現内閣の当初政綱を定むるの時に於て、減税と国防計画と并行の方針有ると雖も、世界大戦乱の影響、財政経済の窮迫を大に来し、減税の挙は其の実を挙ぐる由無し。二師団増加并に海軍補充の計画は、既に数年来の懸案に属し、之れを遷延するは国家の福に非ず。故に財政と調和を得るの程度に於て執行を決するの議は、未だ閣議、防務会議の所決を経ざると雖も、恐らく閣議の同意を得る云々。

一、工場法の施工準備は、之れを四年度予算に編入すべき胸算也。

尚暫く時局の趨勢を談じて別る。

此の夕、昌、寛来訪。伊藤氏来診。

十月九日　晴温和　夜雨

前十時幸倶楽部に赴く。幹部員十二名来会。予は則ち三日以来の陸相、海相及び蔵相交渉の顚末を詳悉報告し、時局に関し談論する所有り。予は独逸、墺利亜両国人の特許権失権の処分を行ひ、之れを本邦人に与ふるの必要（英独露三国皆此の処置を採る）を大痛論す。聴く者皆之れに賛同、大浦農相に向ひ其の決行を勧告するを決す。後二時秦源祐氏を築地邸に訪ふ。氏は両三日前、大患に罹り頃日之れを初聞、之れを存問す。病頗る軽快と雖も、手脚麻痺尚未だ全癒せず、起居大に困難を感ずと云ふ。氏は齢八十一歳、近年殊に衰頽を致し、一見惨然の感を起す。

帰途、大浦農相私邸を訪ふ。不在、乃ち去りて帰る。

増田次郎氏来り、結婚儀式執行の順序を協議す。

此の夕、岡部則光氏来訪。

巡査梶塚武松（芝高輪警察署甲部勤務）、一家三人と我が邸の車夫部屋に来寓。

十月十日　快晴温和

前八時大浦農相を桜田町私邸に訪ひ、交戦国人特許権及び著作権等失効処分の必要を痛論す。子、深く之れを諒し、其の決行に務むるを答ふ。

九時田中浅太郎、滝沢鉱山視察状況及び其の弟田中貞三渡米斡旋の件を来談。

後〇時半、有地男、江木、浅田、原、馬屋原四氏と幸倶楽部に会し、自働車二輛に分乗し、世田谷に赴く。約三十分にて着す。故長雲院殿桂公薨後満一周年法忌日也。故に之れを参拝する也。

直ちに車を返し、二時三田桂邸に達し法会に参ず。参者数百人。三時過ぎ立食の餐を受けて散ず。

十月十一日　晴温夜雨　日曜日

前十時発、玉川山荘に赴き四時帰邸す。

不在中、牧野男爵夫人、秦氏代人来賀。

此の夕静座会。会する者二十余人。

十月十二日　夜雨暁霽　半晴冷湿

午前、松元氏来訪。

午後、幸倶楽部例会。会する者約三十人。予は幹部を代表し三日以来の陸海蔵農四相交渉の顚末を報告す。

夕刻、伊藤氏来診。

佐野貞吉を招き、十九日の輝子結婚披露宴招待状九十余通を調製発送せしむ。

勤帰来、即日帰校。

十月十三日　快晴冷涼
正午、西村公明（日々記者）、時事意見を来問。
午後、重野紹一郎氏来賀。
佐野氏を招き、婚儀目録を浄書せしむ。
夜、昌、幼児の命名を来議。即ち名を保と決定す。
又篤、喜多子発熱を来訪。乃ち小林靖氏の往診を嘱す。

十月十四日　好晴穏和
朝、奥田謙二郎、時事意見を来問（自由通信記者也）。
代議士松本恒之助氏、時事意見を来問。世界列強縦横に連衡し興廃盛衰の形勢を詳論し、我が国の採るべき外交国防財政経済の方針を述べ之れに答ふ。同氏は感銘して去る。
夕、広瀬昌三、佐野貞吉来訪。

十月十五日　快晴春の如し
武田額三氏、勃爾堂《ボルドー》（仏国新京）より九月九日発送の信書今朝到来す。其の略ぼ云ふに、仏独交戦し、独軍侵入以来巴里は一時危殆に瀕し、九月二日を以て大使と仏国新都に遷る云々と。

重野蓉子来賀。

重野伯母、武田一家相次で来寓。

美枝は、喜多子、健一の二児を伴ひ来遊、喜多子病既に癒ゆと云ふ。

三輪市太郎氏（代議士）、揮毫を来請。

後五時大隈伯の招きに応じ其の官邸晩餐会に赴く。来賓は幸倶楽部幹部員約二十名也。蓋し伯は、上院有力者と相互の意思疎通を謀るを欲して、特に此の会を開く也。

七時食事終るや、座を客間に移す。

先づ臨時議会閉会後の英仏露三与国との共同作戦及び之れに援助を与へし真相、并に膠州湾攻撃外交に関する対支対米政策の顚末を述ぶ。

次で国防問題、則ち防務会議の経過及び二師団増設、海軍充実決定の理由を詳述す。

終りに財政経済の推移、則ち列強戦乱の我が財政に大影響し、之れが為め予定酒税地租の繰り下げを決行する能はず、而して緊粛予算を作成せる実況を語る。又十二月五日頃を以て（一日召集の予定）、帝国議会召集の予定を述ぶ。

諄々一時間余談話し、其の誠意大に聞くべき者有り。談後外交政策等に関して各員質問する所有り、亦約一時間弁論応答す。後九時辞して散ず。

此の時、亦米国大統領「現時局与米国」印刷書を各員に受く。

昨村山熊太氏（学習院教員）の需に依り、予の草せし所の萬象閣記の稿を贈る。同氏書を致して之れを深謝し来る。

此の日、午前十時輝、季の二児を伴ひ、上野公園内文部省美術展覧会を観る。昨年と大同小異也。

十月十六日　晴暄昨の如し
午前、増田次郎氏来り、結婚順序を議す。

午後、大隈首相官邸に到り、昨夕招宴を謝す。

伊東子を訪ひ、時事を閑話す。

林母子、吉田貞子、大木修、園田桂、和子等、輝子嫁装を観に来る。午餐を共にして散ず。

夕、鈴木徳松、山崎秀子来訪。

夜、広瀬氏を招き、嫁装品目を書かしむ。

此の日、大隈伯演説の大要を筆記す。

又桂公記念事業発起協議会より、予を其の特別委員に指名嘱托し来る。五十人中の一人也。

十月十七日　秋暄麗於春　神嘗祭
午前十時輝子嫁装を安場家に送る。田嶋薫等八人玉川より来り服事す。佐野貞吉等来り助く。

林謙吉郎、荒川済の二氏来候。

細川護立男、故細川侯葬儀会送《〔ママ〕》の誼を来謝。

田中浅太郎と弟貞三来訪。貞三将に米国に赴かんとして告別に来る也。

重野紹一郎氏を招き、羅馬尼《〔ルーマニア〕》皇太后に対する弔書を書して之れを発送するを嘱す。明治廿九年七月、予の羅国に遊ぶ時、国王皇后両陛下特に優渥待遇を賜る。今国王の登遐を聞きて哀悼の情に堪へず。書を発して弔意を表す也。

篤、本村町近隣に居を移す。本多為三郎以下七人をして之れを助けに往かしむ。

昨麻布区長、赤十字社義捐を来請。本日又亦問ふ。則ち諾して若干金を喜捨す。

十月十八日　陰後小雨　日曜日

朝、伊丹春雄男、関義臣夫人来賀。

高島嘉右エ門氏十六日病死の訃を聞き、書を発して之れを弔す。年八十三、氏は資性闊達容貌魁偉、維新の初めに当り、鉄道敷設、瓦斯灯建設其の他西洋文明移入の壮挙を首行して、其の国家に貢献する者鮮少ならず。今溘亡を聴き、哀悼殊に深し。

午後、増田次郎氏来り、明日精養軒披露宴の席次表を協定す。

家兄、婚儀参列の為め上京し来訪。

此の夕静座会。会する者約二十人。

十月十九日　晴暖春の如し

輝子結婚期日来るなり。家人皆早く起き嫁装を整ふ。後零時半輝子迎への馬車に乗り、林玉子、重野伯母外一人陪乗して発つ。家族前後して之れに伴ひ、日比谷大神宮に集ふ。媒人《（ママ）》清浦子爵夫妻来会。

一時神殿に於て式を行ふ。両家父母、至親参列す。四十五分間にて式全て結了す。控室に退入し、両家各通家の誼を述べ、二時過ぎ築地精養軒に赴く。

五時招客陸続来集。来賓百四十余人、家族十余人、六時食卓に就き、清浦子式辞を述ぶ。関男爵来賓を代表して祝詞を述べ、七時宴了る。新夫妻は直ちに汽車に搭りて鎌倉に向ひ、新婚旅行の途に登る。

来賓は更に客室に集ひ活動写真を観る。九時過ぎに及びて散ず。是に於て婚儀全て了る。安の尽力居多。

末延道成夫人来賀。

十月二十日　前風雨後霽　温暖

阿川彦七、同夫人、鶴見祐輔、同夫人、後藤一蔵、同初勢、鈴木徳松、松本剛吉の諸氏、相次で来謝。

午後、重野伯母玉川荘に帰る。

勤児、日光地方に向けて修学旅行に発つ。

十月二十一日　晴又陰　稍冷

朝、竹井貞太郎氏（福岡県総務部長）来訪。

家兄、関男夫妻、関宗喜氏、佐野彪太氏夫妻、太田玉子来謝。

後四時大浦農相の催しに依り、十金会を富士見町官邸に開く。会員十人皆集ふ。晩餐前後、予算決定及び時局趨勢に関して、大浦、一木二氏の報告説明を聴く。後、敵国特許権等失効処分及び米価調節方法、其の他時事応急政策に関して互ひに意見を述べ、大に論究する所有り、後十時に及びて散ず。

不在中、東郷男夫妻、関義寿、羽室蒼治氏来謝。

十月二十二日　晴

前八時四十分新橋発、安場男を伴ひ、清浦子を大森邸に訪ひ、媒酌の礼を述ぶ。閑談数刻、正午過ぎ帰邸す。

奥田象三、浅野応輔夫妻、野々村夫妻来謝。

午後、山口堅吉氏、其の弟張雄氏を伴ひ来訪。氏は英米正金銀行支店に満五年在勤して両三日前帰朝。初めての来訪也。

後藤男を訪ひ、其の夫人の病を慰問す。頃日少し軽快と云ふ。少時閑談して帰る。


夜、佐野貞吉来訪。

十月二十三日　朝陰雨後好晴　冷

後藤男、安場、富永二夫人来訪。

原邦造氏（六郎氏養嗣）、高砂生命保険会社相談役の受諾を来請。実業関係謝断の事由を述べ、暫く之れを謝絶す。

午後、勲児を伴ひ篤新居、阿川彦七氏邸及び安場新夫婦新居を歴訪す。

勤児、修学旅行を終りて帰る。

夜、池上慶造来候。

十月二十四日　晴冷

前九時半馬越恭平氏邸を訪ひ、其の長男徳太郎氏の喪を弔す。氏は独逸に二十余年留学す。交戦前病を獲て帰朝能はず、遂に敵地に歿す。悼むべき也。

十時幸倶楽部幹部会に列し、徳川議長移文の青嶋征討軍慰労員派遣の事を協議し、遂に之れを延期と決す。有地男をして之れを往答せしむ。

後二時大嶋陸軍次官の師団増加提案の説明を聴く。氏は其の経歴及び必要の理由、現下欧州大戦の原因等を甚だ詳しく述ぶ。約二時間講演し、後約一時間質問応答して散ず。

橋本五雄来訪。

野々村政也氏来謝。

十月二十五日　微雨時に到る　日曜日
此の日、学習院初等科は運動会を行ふ。勲児之れに列すの外、雅、季の諸児往きて観る。

午後、篤をして故代議士浅羽靖氏の葬を青山斎場に送らしむ。

昌、寛来謝。

岩崎小弥太男、大町桂月をして故後藤象次郎伯伝を編纂せしめ、昨一本贈り来る。書を発して之れを謝す。

安場保健、輝子来訪。

今夕静座会。会する者約二十人。

十月二十六日　快晴穏暄、後曇
朝、大木彝雄氏来謝。

二位景暢氏来り、武雄炭礦と村井商会との交渉破裂の顚末に関して告げ、且つ曰く、将に明夕を以て帰郷の途に就かんとすと。

正午、幸倶楽部午餐会に列す。

後二時陸軍当局者の欧州列強戦況講話を聴く。約二時間して散ず。

十月二十七日　晴暄
朝、高橋虎豹太（大東通信社）、時事意見を来問。

前九時半発、玉川荘に赴く。田中氏と松茸培養法を試行す。未だ果たして有効か否か知らず。夕刻帰る。

不在中、山口宗義、山方泰の二氏（台湾日々、遼東新報記者）来訪。

此の日、誠をして故木村久米市氏の葬を築地本願時に送らしむ。

此の夜、松方氏来り囲碁す。

十月二十八日　晴暄陽春の如し
本夕、安場新夫婦、清浦子夫妻等を招き祝宴を張る為め、朝来其の準備に忙し。
山方泰、揮毫を来請。

島夫人来謝。

後五時我が招きに依り、清浦子夫婦、安場男夫妻、後藤男、富永氏夫妻、保健夫妻、昌、林玉子来宅して、北野屋割烹の茶料理を饗し、予と安、篤の二人陪す。食後、輝子及び松島母子箏曲を聴く。款笑湧くが如く、主客興を尽して九時散じて去る。

中村兼弥氏、上京来訪。

十月二十九日　陰燠南風
朝、田中貞三、米国旅券下付の斡旋を来請。
増田次郎氏来り、精養軒披露宴清算を行ふ。
門石松次郎、和田山より来訪、家政整理に関して哀願する所有り。
後二時門石松次郎を伴ひ玉川荘に赴く。
後藤男来謝。
久保田勝美氏、田中二郎氏（田中源太郎氏二男）静座会参加を来請。

十月三十日　陰雨冷湿
前十時発、門石と帰邸す。
富永敏麿氏来謝。

十月三十一日　陰雨昨の如し　天長祝節
松本剛吉氏、桝内金鉱売却予約の件を来談。乃ち認諾を与ふ。

夜、鈴木徳松来訪。信託組合九、十両月の経費を給与す。

此の日は我が皇天長祝日に膺る。諒闇中に属すを以て賀礼を廃され、一般臣民は唯休業して祝意を表し、敢へて祝賀の式を挙げず。

此の日、征討青嶋軍司令官は総攻撃決行の事を発表す。

十一月

十一月一日　細雨冷湿梅霖の如し　日曜日

午前、安場男と服部時計店に到り、清浦子に贈呈すべき床置物外一件を購買す。

帰途、富永敏麿氏を訪ふ。答礼也。

午後、松方氏を訪ひ囲碁数番し、夕刻帰る。

武田母子三人、一婢と半月を超へ滞留、本日夕刻相携へ玉川荘に帰る。

此の夕静座会。会する者約二十人。

十一月二日　好晴暄和

前十時幸倶楽部幹部員例会に臨む。議件無く、暫く時事を談じて散ず。

十五銀行に赴き当座勘定を行はしむ。近年絶へて之れを利用せず、則ち解約を為して多岐の不利を避く。

途、嚮に敵水雷の為めに轟沈されし我が軍艦高千穂艦長伊東大佐以下十九佐尉官の葬儀に遭ふ。乃ち下車し弔意を表して過ぐ。

勲児、今早同学生数百名と秩父近傍修学旅行に赴き、夕刻帰宅。

此の日、徳川家達公、三輪市太郎（代議士）、山方一泰（新聞記者）に嘱されし所の揮毫数葉を書き、之れを発送す。

十一月三日　快晴温暄

午前、安は安場男夫人を伴ひ清浦子を大森邸に訪ひ、媒酌の謝意を表す。

五十嵐秀助氏来り、逓信省退官の事を告ぐ。浅野応輔、長谷川廷、伊東治五郎等、勅任技師数名亦同時に退官。蓋し行政整理の結果也。

尾崎勇次郎氏来り、樺太庁退官の事情を告ぐ。

上院翰長柳田国男氏来訪。

田中貞三来り、渡米旅券下附出願上必要の理由を述べて、旅費出資証明書の交付を請ふ。諾して之れを与ふ。

岡部則光来訪。

午後、誠をして故西徳次郎[二]男夫人の葬を青山斎場に送らしむ。

門石松次郎、後三時四十五分発列車に搭りて帰途に就く。

朝日記者兼田秀雄、時事意見を来問。

小林蕃氏老母、靖氏細君及び幼児を伴ひ来訪。

岡部則光、井上儀兵衛（井上鉄工所長）、林寛明（同所技師）の二人を伴ひ来訪、排水灌漑用喞筒普及の希望を談ず。予は賞揚して之れを激励す。

十一月四日　前陰後晴温

朝、長浜和吉郎、緒方稜威雄（筥崎宮主典）、筥崎宮神苑資金寄附を来請。之れを謝絶す。

午後、誠をして故上院議員鳥居忠文子の葬を谷中斎場に送らしむ。

夕、安、誠、雅、勲、季児等を伴ひ、篤寓を訪ふ。更に転じて安場保健新居を訪ふ。

徳川公及び清浦子謝状到来。

十一月五日　晴暖　後烈風小雨を送り来る

前十時発、玉川荘に赴く。

田中氏と園内を巡りて庭樹移植を議す。

夕刻、滝本生来園。

十一月六日　半晴温暖

午後、安は季児を伴ひ来園。

十一月七日　晴暖春の如し

午前、安、季は重野伯母を伴ひ帰京。

夕刻帰邸。

不在中、伊東巳代治氏来訪。

滝沢鉱山四号鈍六寸鉱発掘の報に接す。

今朝我が軍は青嶋要塞を攻陥す。十月三十一日以来、我が軍は攻城巨砲及び海軍重砲を以て日夜敵砲塁を砲撃し、今暁山田旅団兵は強襲して、先づ中央堡塁を陥し、堀内旅団亦小湛山砲台を陥し、次で敵本防禦地の伊留知寸《（イルチス）》砲台、比斯麦克《（ビスマーク）》砲台及び午留登気《（モルトケ）》砲台を攻め陥す。青嶋市街は既に握中に在り。是に於て敵兵白旗を掲げて降を告ぐと云ふ。

此の日、山方泰来り、乃ち其の嘱する所の揮毫を交す。

東洋協会より、拓殖各般事項調査委員を嘱托し来る。委員総員約百名也。

十一月八日　晴冷　日曜日

朝、西牧季蔵（毎日記者）、時事意見を来問。

松原恒二、日下安左エ門氏及び太田慎の添簡を携へ、就官斡旋を来請。

午後二時小松原英太郎氏来訪。青嶋及び南洋占領地処分問題外交政策に関し、談論講究する所有り。款談二時間余にて去る。

右談話中、久保田譲男来訪。閑談少時にて去る。

此の日一詩を作し、青嶋出征軍堀内旅団長に攻陥の祝意を表し、遥に寄す。其の詩は左の如し。

敵扼険要能用兵　恩看大旆圧辺城

皇城赫燿彌殊城　如湧満都万歳声

午後一時、滝本生をして福島宜三氏母堂の葬を築地本願寺に送らしむ。

本夕静座会。会する者約二十人。

十一月九日　陰寒　終日小雨

朝、橋本五雄来訪、則ち大連新聞社入社斡旋不調に関して、白仁民政長官返翰の趣を告ぐ。

前九時半小松原、有地、武井、原、高橋の五氏と幸倶楽部に集ひ、昨小松原氏と講究せし所の青嶋等処分外交問題に関して、大に意見を上下す。遂に明日を以て幹部会を開き討究を行ふに決し、後二時に及びて散ず。

此の夜、前項問題に関する意見書を起草す。

此の夕、安場新夫婦、予等夫妻を招きて小宴を張る。予は行く能はず、安独り之れに赴く。

此の日、後藤男夫人、卵巣水腫切開施術の為め将に病院に入らんとす。安往きて之れを慰問す。

十一月十日　陰晴相半

前九時半幸倶楽部幹部会に臨み、対支那政策を協議す。互ひに上下議論して決する所無く、午後散会す。

山本綾子来訪、三好丑郎、土田睦子結婚の事を談ず。且つ請ひに依り、其の預金全部を精算返金す。

山崎秀子来訪。

十一月十一日　晴寒

大木戸由喜子来訪。

後、関義臣男、前日の招宴を来謝。

五時東亜同文会長鍋島直大侯の招きに応じて、其の本邸晩餐会に赴く。来賓三十余人。皆同会役員者、評議員と為す。食前、主侯は同文会賛助の謝辞を述ぶ。食後、清浦子衆に代りて答辞を述ぶ。侯及び夫人周旋款待、款談八時を過ぎて散ず。

此の日、東京市は日比谷に於て青嶋陥落大祝賀会を行ふ。都人亦盛んに旗若しくは提灯行列を為して、祝賀の意を表す。此の夕、家人等相携へ往きてこれを観る。

十一月十二日　快晴

朝、国民新聞社（政治部長）杉中種吉、時事意見を来問。前十一時家兄来訪し、今朝上京して本日帰途に就かんと欲すと云ふ。談話中偶ま厨下熬油大いに移り、将に窓障を焼かんとす。家人皆集りて之れを撲滅し、幸ひ大事に至らず。喜ぶべき也。午餐了りて家兄辞して去らる。

田中貞三来り、渡米旅券受領の事を告げ、且つ保証斡旋の恩を謝す。

後二時幸倶楽部例会に列し、高木兼寛男の国民健康減退調査談を聴く。頗る有用聴くべきの談也。

四時過ぎ伊東子を訪ひ、少話して去る。

途、鍋島侯邸に到り昨夕招宴を謝す。

又大浦子を訪ふ。不在、乃ち帰る。

此の日、滝本藤助の願を容れて、陸軍士官学校入学願の保証連署を与ふ。

十一月十三日　晴和

天皇、今朝大演習統監の為め大坂府に向けて発輦す。

午後、玉川荘に来り桃樹移植を視る。

夕刻、安亦来園。

武田額三、十月十日仏国勃堂市発信書本日到来。

十一月十四日　晴温後陰

明日の氷上郷友会集会準備の為め、園丁をして庭園内を掃除せしむ。

夕刻、雅、勲、季三児は、安場嘉知子及び一婢を伴ひ来園し、此の日後藤夫人施術を受くと云ふ。

十一月十五日　風雨暖燠　日曜日

此の日、氷上郷友会を我が別荘に開く。適ま風雨驟至、会員来集者約四十人。約して来らざる者十余人。予は前回以来の会務を報告し、次で評議員増員の五人を指名す。

田昌　安藤広太郎　上山良吉　井上雅二　阪東富雄

又、新幹事三名を指名す。
田篤　池上慶造　津田慎治
了りて午餐を饗し、互ひに闊語して散ず。
安場新夫婦亦来園。
此の日、風雨に沮まれ、庭園の雅遊を尽すを得ざるは遺憾也。
夕刻、相次で帰邸し、唯雅、勲、季三児及び安場嬢留宿す。
福原俊丸男、不在中来訪。
此の夕静座会。会する者二十余人。田中二郎氏初来参。
夜、下敬助氏来訪、水産講習所文部省移管及び生徒反抗同盟退校の顚末を詳語。

十一月十六日　陰

前九時半大浦子を其の私邸に訪ひ、青嶋処分問題に関し、対支那根本政策樹立の必要を大に論ず。又竹内友次郎再任斡旋の件を嘱し、談論約一時間して帰る。

午前、河手長平来訪。

夜、鈴木徳松来訪。

十一月十七日　晴暖後陰

前十時半発、玉川荘に赴く。日暮れて帰る。

十一月十八日　終日陰雨　冷湿

朝、佐野金儀（千代田通信記者）、時事意見を来問。

十一月十九日　晴冷

午前吉田善佐（独立通信社員）、多田満長（中央通信社員）、竹内正輔（帝国通信社員）、相次で時局に対する意見を来問。

午後、前田文吉（時事新報社員）、片平茂市郎（報知新聞社員）又来り同件を問ふ。予所見を挙げて之れに答ふ。各数刻を要し寸隙を得ず、後四時に及ぶ。

四時松本剛吉氏、露国軍用砲弾製造受托の件を来語、助言を請ふ。之れを諾し、夕飯を共にして別る。

夜、福原俊丸男来り、対時局政策に関して質問する所有り。乃ち上下談論し、数刻して去る。

大久保夫人、摂州より単身帰京し来訪して留宿。

芳子、近日郷親を省る為め二児を携へ来宿。

十一月二十日　晴寒
前十時大浦子を其の病床に訪ひ、松本氏の来請せる所の砲弾製造用製鉄所水圧機借下げの件を懇談す。

大浦子の談に依り、更に押川製鉄所長官を其の私邸に訪ふ。氏は半月前より胆石病に罹り、呻吟して病蓐に在り。則ち就きて之れを慰問し、且つ前事を談ず。其の調査の約諾を得て帰る。

金子末利（毎夕記者）来訪。

正午、松本氏を招致し、前項大浦、押川二氏交渉の顚末を詳告す。

園田桂、幼児里美を携へ来遊。

午後及び夜間、松方正作氏来り囲碁す。

押川氏、電話を以て水圧機は使用中に在り、貸附け難き事情を報知す。則ち之れを松本氏に転知す。

十一月二十一日　陰
午前、松本剛吉、神田鐳蔵、橋本五雄の諸氏相次で来訪。
午後、三輪田真佐子女史来訪、話次松本一家前途生計の件に及ぶ。
芳子、二幼児一婢を携へ茂原老母を省る為め、自働車に搭り千葉県に向けて出発。
夜、松方氏来り囲碁す。

十一月二十二日　晴暄夕小雨　日曜日
前十時安を伴ひ玉川荘に赴き、夕刻帰る。
夜、静座会。会する者二十五人。

十一月二十三日　晴　新嘗祭
一昨日来寒威益加はり今朝薄氷を結ぶ。

午前、内閣文庫に赴き珍書展覧会を観る。文庫は旧幕図書十余万冊を蔵し、其の中古書は珍賞すべき者少からず。今其の中最も貴ぶべき者数百部を陳列して篤志者の観覧に供す。

今後、田中浅太郎、滝沢鉱山経費支弁を来請。

夕、松本剛吉氏来訪、一昨夜原敬氏（政友会総裁）と会談の顚末を語り、政界将来の趨勢を論ず。蓋し大隈内閣は漸く与望を失し、将に此の期議会、政府と決戦を期す也。此れより国事再び多端なるべし。

大久保夫人、昨夕他泊し今夕再び来る。

芳子一行、茂原より帰京。

十一月二十四日　陰寒

前十時平田子を駿河台に訪ひ、前日討究せる所の対支那政策の概要を語る。次で原敬氏の抱く所の現政府反対決心の有る所を詳告し、将来政局応変の手段に関して、大に意見を上下す。正午辞して帰る。

午後、松方氏来訪。

五時、十金会を富士見軒に開く。会する者、平田子、平山、原、一木、小松原、武井の諸氏。予を併せて七人と為す。先づ一木文相より伝染病研究所及び水産講習所所管変換物議の顚末を聴き、次で対支那政策及び時局趨勢に関し、互ひに意見を交換す。午後十時半散じて帰る。

此の夕、安、誠は山崎老母、奥田夫人を誘ひ歌舞妓〔伎〕座に赴き観劇、深更に及びて帰る。

十一月二十五日　暄晴

朝、松元剛吉氏、政友会在京代議士数十人、議会開会劈頭内閣不信任案提出を決議せる事の顚末を来報。

万朝報記者大久保八朔、時事意見を来問。

正午、幸倶楽部午餐会に列し、後、浅野総一郎外一名の大平洋航路経営実況談を聴く。

後四時東洋協会調査委員初会に列し、委員会規程を決議す。次で分科三部の議を決定し、小松原会長の指名に依り、予は第二部主任と為りて支那及び満蒙調査を担当の事を決して散ず。

五時郷誠之助男の招きに依り、其の晩餐会に赴く。来賓は武井、小沢、目賀田、吉川、真田、原口、安場の諸男及び平山、藤田氏等上院議員十一名也。席上典山講談、芳原〔吉〕芸妓木遣節等の助興有り、款笑九時半に及びて散ず。

十一月二十六日　晴暄

朝、前田又吉（時事記者）、時事意見を来問。

前十時半、安を伴ひ玉川荘に来る。静子先に来り在り、大久保夫人外二名来園。

竹内友次郎氏、樺太より罷官上京して来園。時事を話し、数刻して去る。

十一月二十七日　晴暄

夜来感冒の気有り、読書静養す。

十一月二十八日　晴寒

午前、林謙吉郎、松本剛吉氏相次で来訪。共に時局趨勢を談じ、午食を饗して去る。

夕刻、安を伴ひ帰京す。

不在中、坪井九八郎男、松本代議士来訪。

過日若宮貞夫氏、管船局長に栄転し、仙台より着任して来訪。

夕、松方氏来り囲碁す。

十一月二十九日　晴寒漸烈　日曜日

午前、中山佐市氏来訪。

午後、松本剛吉氏、時事を来談。

松方氏来り囲碁す。

此の日静座会。会する者二十余人。

十一月三十日　晴寒

午前、山本綾子、三好丑郎の土田睦嬢に対する求婚の件を来談。乃ち之れを家兄に移牒して、土田、田村両家の応否の意向を質すを嘱す。

夕、安、誠、静子等相携へ有楽座に赴き、美音会演奏を聴き、大久保夫人を伴ひ帰る。

十二月

十二月一日　晴寒

前十時大隈首相の招きに応じて其の官邸に赴く。世に所謂予算内示会也。会する者は上院各派交渉委員及び徳川議長、柳田諭長等約三十人。各国務大臣等参列す。大隈首相、先づ大正四年度予算編成の要旨を述べ、次で若槻蔵相、交付せる所の四年度予算綱要に就き、逐次其の要旨を説く。然し概して現内閣組織以来稔聞する所にして、聞くべき新策の一つも無し。説了り一、二質問する所有り。正午過ぎ食堂を開き、午餐の饗を受けて散ず。

後一時半幸倶楽部に赴く。兼田秀雄（朝日記者）、竹内正輔（帝通記者）、前会の状況を来問。

一昨日、田中浅太郎滝沢より電を致し、其の落馬して帰京遅延の旨を報ず。今朝其の家族より、負傷の為め起居不自由の為め、青森旅館に淹留の報有り。則ち電を発して之れを慰問す。

多田満長（内外通信社）、島崎新太郎（東京日々新聞記者）相次で時事に対する意見を来問。

此の夕、横田千之助（代議士）、松本剛吉の二氏相次で来訪。時局問題解決の方法順序に関して、大に意見を上下し、深更に及びて去る。

十二月二日　快晴穏和

前十時幸倶楽部幹部会に列し、議会開会中会務処理の方針順序を協議す。

午後一時陸軍少将田中義一氏の欧州実見講話会を開く。会する者四十余人。氏は先づ英仏露伊及び独列強青年団創立の旨趣及び其の実状を詳説し、以て之れを我が国各地青年会に適用するの必要に説き及ぶ。次で各国軍隊の編制、兵器独立の方法、予後備兵の訓練、交通機関の設備、兵力集中遅速の利害及び現時欧州列強交戦上各国優劣勝敗の所以因分の理由等に関して詳論細議す。大に傾聴すべき者有り。蓋し氏は近時欧州列強の兵制を巡察して大に発明する所有り、我が邦近時世論の国防政策に対し、皮相浅見の多かりし現状を感慣し、此の機会を以て吐露し、之れを矯せんと欲する也。三時間余講演して終る。

此の日、高木男、古市氏は我々交渉委員を代表して、徳川議長の召集せる所の各派交渉会に赴く。此の時、高木男其の顚末、青嶋征討陸海軍に対し、院議を以て感謝状を送るの件及び議会召集数件に関して報告する也。

此の日、永橋至剛氏来訪。

夕、勝野秀麿（東邦火災保険社員）、若宮氏の命を以て、我が所有同社株式の件を来談。若宮氏の言動は我が意を得ぬ者多く、怪しむべき也。

山崎夫人来訪。

本夕、園田実徳、松尾寛三氏、三河屋に於る晩餐の招きに接し、予は感冒の故を以て辞して赴かず。家兄亦今朝来京して之れに列し、未だ面会の機を得ず。

十二月三日　晴

午前、家兄来訪、三好丑郎氏求婚談及び橘炭礦処分談を約二時間談じ、辞去して、将に今夕を以て帰途に就かんとすと云はる。

夜、松方氏来り囲碁す。深更去る。

十二月四日　朝

午前、松本剛吉氏、政党界内紛の状況を来報。

竹腰正己男、上京し来訪。

午後、島津久賢男来訪、時局趨勢を談ず。

東邦火災保険社員来り、玉川別荘保険契約を訂す。

十二月五日　晴穏

前九時帝国議会召集令に応じて登院す。十時議を開き、部属抽籤を行ふ。予は第三部に属し、松平頼寿伯を挙げて部長と為し、尾崎三郎〔良〕男理事と為る。

十一時議を再開し、部長、理事選挙報告を聴く。徳川議長、議院成立を報じて散ず。

直ちに幸倶楽部に集ひ、茶話会総会を開く。先づ一年間の庶務経過を報じ、次で役員選挙を行ひ、総て現員重任に決す。

次で幹部会を開き、常任委員予選交渉の協議を行ひ、予と浅田、江木の二氏、交渉会に臨むを決す。

午後、小野光景氏の蚕糸業救済運動の顚末を聴き、其の方法を研究して散ず。

重野伯母来宿。

大久保夫人来訪。

十二月六日　陰雨点滴終日　日曜日

前九時研究会に赴き、各派交渉委員会に列す。江木、浅田、有地、安場、馬屋原の五氏及び各派土曜会、交友倶楽部代表員及び研究会幹部員参列す。上院常任委員予選を行ひ、次で分科増減の可否及び委員配属の方法を協議す。正午過ぎ散会す。

直ちに幸倶楽部に赴き午餐す。

後二時新中央停車場に赴き、故鉄道局長官井上勝子銅像除幕式に列す。大隈首相以下貴紳参列者数百人。子爵の数孫児、綱を牽き幕を下して銅像忽ち現はる。面貌生けるが如し。大隈伯、坂〔阪〕谷市長、仙石総裁等、祝辞を交も述べ、式終りて茶菓の饗を受けて散ず。

直ちに鉄道院吏の導きに依り、新停車場を観る。建築は宏壮高楼三層、中央を帝室用乗降場、右翼（則ち北側）を降客場、左翼を則ち乗客場と為す也。背面高架は鉄道八線、其の四線は電車用と為し、四線は汽車用と為す。工費は弐百七十万円、実に東洋無比の大停車場と為す。唯恨むは背面乗降場、単に各個覆屋を設け、風雨の際未だ帽飛襟湿の憂ひを免れず。西洋の大都会地は、概ね一大円蓋を設け、以て乗降場の全部を覆ふの構造を倣ふ能はず。蓋し工費有限の致す所、止むを得ざる也。本停車場は将に来る廿日を以て公衆の用に公開せんとする也。

夕、関宗喜氏来訪、時局趨勢を談ず。夕餐を共にして辞去す。

此の夜静座会。会する者約二十人。

静子は武田精一の誕辰を賀す為め玉川荘に赴く。重野伯母亦辞去す。

十二月七日　半晴夜雨

午前、松本氏、政党界反政府熱消長の形勢を来報。午餐を共にして去る。

前十一時天皇親臨帝国議会開院式を行ふ。予は感冒未だ全癒せざる故を以て参列せず。

後二時幸倶楽部に赴き、小松原氏等と予算各分科委員分担の件を協定す。

又高崎親章氏、請願委員当選に関して不平の意を抱く事を聴き、乃ち氏を別室に招きて、請願委員選挙の経歴及び同氏推薦の理由を述べ、慰諭する所有り。氏深く之れを諒し誤解全く去る。

三時倶楽部総会を開き、幹事、庶務会計事務経過を報告す。会後、貞水講談を聴く。夕、倶楽部創立十五年祝宴を開く。

十二月八日　暁雨歇　晴寒

前十時当院し、本会議に列す。

先づ勅語奉答案を議し全会一致之れを可決す。

次で大隈首相、施政方針を演説す。

次で加藤外相、外交経過を報告す。

次で岡陸相、青嶋攻陥の経過を報告す。

次で八代海相、青嶋封鎖、南洋印度洋及び太平洋索敵行動に関する経過を報告す。

次で陸軍及び海軍に対する功労感謝案を議し、之れを可決す。

次で全院委員長選挙を行ひ、二條基弘公当選す。

休憩して部室に退き、常任委員の選挙を行ふ。其の結果は皆予選の如し。

徳川議長参内し、奉答上奏文を捧呈す。帰院して再び議を開き之れを報告す。次で常任委員選挙の結果を報告して散ず。

直ちに幸倶楽部に集ひ、予算委員分科担当及び各分科通信員の選挙を協定す。

後一時半再び登院し下院議事を傍聴す。首相、外相、陸海両相は上院と同一の演説を為すの外、若槻蔵相は予算の要領を演説す。代議士質問応答三、四有り、四時退散す。

華族会〔ママ〕に赴き幹部員、多額議員懇親会に列す。晩餐後、各自所見を述ぶ。予、亦欧米度量衡其の他鵜呑みの弊害に関して演述する所有り。九時半散会す。

本夕、報有りて、園田桂今朝分娩し女児出生すと云ふ。

十二月九日　晴寒

前十一時半華族会館に赴き清浦奎吾子と会見して、昨夜平田東助子に嘱されし所（我れ等三人宛）の島田三郎匪行に関する投書の件を談じ、尚時局趨勢を閑話して別る。

正午、幸倶楽部に赴き午食す。

吉田善佐（独立新聞社員）来部し、時事意見を問ふ。

今朝、若槻蔵相に対し電話を以て、予算説明の為め来部を求め、来る十二日夕来部承諾の返答を得る。之れを小松原、有地の二氏に転報す。

後一時下院に赴き、内閣員と代議士との質問応答を傍観す。

二時談話室に入り、陸軍騎兵大佐植野徳太郎氏の青嶋攻囲戦経過の講話を聴く。四時過ぎ散会す。

此の夜、横田千之助氏、松本剛吉氏を伴ひ来訪、予算及び財政経済に関して質問する所有り。則ち反復上下して詳悉弁析し、之れに答ふ。氏等大に喜び十一時を過ぎて去る。

十二月十日　晴寒

前九時兼ての約に依り、平田子を駿河台邸に訪ふ。先づ昨日清浦子と会談の顚末を報じ、次で左の諸件を論談講究す。

一、対支那外交経過に関し、大隈首相は何等定見無く、元老親切の忠告は概ね之れを等閑視去る。加藤外相亦山県、松方二老の密使を派遣して、袁世凱と折衝（袁実の希望。伊集院公使の北京より来て云ふ）せしむべしとの忠告を用ひず、今に至るも何等施設する所無し。是を以て山県、松方、井上の三元老は、既に現内閣の外交政策に絶望し、下院在野党亦将に外交不振の罪を責め、其の責任を問はんとす。然し事は機微に渉り、未だ公論の時機に達せず。故に上院者に於ては暫く之れを傍観し、其の成り行きに注意する外、他策無き事。

二、目下政界は頻りに下院解散、若しくは反対党議員買収の風説を伝ふ。議会の解散停会は憲法所与の権能に原づき、政府断じて之れを行ふ、亦止むを得ざると雖も、議員買収の一事に到りては、仮令一時の苟安を得るも、名節を汚し風教を乱し、永く毒を将来に流害して、憲政の進運を大に瀆す。断じて黙止すべからず。急ぎ大浦農相（同志者の故也）を問ひ痛論切止すべき事。

三、世界戦乱影響の為め、蚕糸販路の閉塞、米価の暴落等、民間惨状の激甚は殆ど名状すべからざる者有り、宜しく臨機応急の救済策を講じ、以て生産力破滅の虞を予防すべし。来る十二日若槻蔵相来部の時を以て、其の必要を大痛論し、相当必需の政策を取らしむべき事。

約三時間談論して辞去す。

幸倶楽部に赴き午餐して帰る。

午後、河手長平、手塚某外一人を伴ひ我が本邸を来観。

十二月十一日　晴寒

前十時登院し、本会議畜産組合法案外一件第一読会に列す。

次で予算委員会に臨む。座長指名に依り、曾我子を委員長、吉川男を副委員長に挙ぐ。各分科分担委員の氏名を指定し、予は第一分科に属す。

前約に依り、大臣室に於て大浦農相と会見し、昨平田子と協議せる所の趣旨を伝へ、議員買収の非立憲的行為を痛論し、之れを行ふ勿れと勧告す。大浦子は之れを深く謝し、且つ曰く、断じて之れを為さず、意を安んずるを請ふ、政友会代議士白川友一外九人、一昨夜来幹部に対し増師賛成の意を陳べ、将に反旗を掲げんとす、然し是我が知る所に非ざる也、成敗の数は未だ知るべからざると雖も、内閣は唯正々堂々旗鼓相戦ふのみ、現内閣中、首相と原敬と会見して妥協すべしと勧説する者有りと雖も、我れ未だ之れに賛せず云々と。予は其の意を諒し、返りて之れを平田子に電話にて伝ふ。

退院後、幸倶楽部に到る。

武井男と同乗し、酒井子の求めに依り、伯剌西爾拓殖会社に赴く。社長酒井子、常務川田鷹氏と会見して、移民及び開墾事業の経過及び将来施設の方針を質問し、後一時帰邸す。

井上雅二氏来訪、其の経営せる所の馬来半島護謨樹栽培進況の実況を語り、且つ時局趨勢に関して問ふ所有り。乃ち所見を答へ、数刻款談して去る。

此の日、山崎秀子来訪。

山本綾子の求めに依り、家兄に書を発し、三好丑郎氏求婚の件に関して報ずる所有り。

十二月十二日　晴寒

午前、大久保夫人来訪。

後二時幸倶楽部例会に列し、石黒五十二氏の朝鮮満州及び支那漫遊談を聴く。

後四時若槻蔵相、予の交渉に応じて来部。先づ四年度予算説明を聴く。概ね予算内示会所説の如し。

次で予、幹部を代表して、世界的戦争の我が経済界に与へる悲惨の状況を詳述す。就中蚕糸輸出の杜絶、米価暴落の結果、農工商民苦痛の真相を詳説して、政府は適当なる金融救済の方法を逬立し、生業機関破滅の惨を予防するを痛論勧告す。

若槻蔵相は又、大戦前後各国経済財政の悲惨及び之れに対する応急政策の真状を詳述し、以て我が邦経済界消長の真相を論及し、且つ切に廟議を尽して、相当施設する所有るべきを答ふ。後七時に及びて散ず。

此の時、予、亦若槻蔵相に対して、貯金銀行破綻監督救済の急務を切論勧告し、同氏深く之れを諒す。

此の夜、松方氏来り囲碁す。

十二月十三日　晴寒益加　日曜日

午前、西竹一男（幼年後見人副）、故徳二郎男葬儀往弔の礼を来謝。

村木謙吉来訪。

午後、松方氏来り囲碁す。

此の日、安場末喜男次女富美子、後藤男夫妻の媒酌を以て清野勇氏長男謙次氏と結婚式を行ひ、後六時築地精養軒に於て披露宴を開く。予は安、篤の二人と招きに応じて之れに赴き、卓上予は来賓に代り祝辞を述ぶ。宴後小三落語を聴き、九時過ぎ散じて帰る。

此の夕静座会。宴会の故を以て之れに不参。

十二月十四日　晴寒

午後松方氏来り囲碁す。

四時安場邸を訪ひ、夫人に面し昨夕の招宴を謝す。

又清野氏を六本木町福嶋邸に訪ふ。不在、乃ち昨夕招宴の謝意を述べて去る。

五時美濃部俊吉、関宗喜二氏の招に応じ、香雪軒の筵に赴く。来客山崎四男六、吉田平吾、田昌三氏也。款談数時、十一時、自働車にて送られ帰る。

十二月十五日　晴寒

山之内一次氏、客英国より帰り、今午前来訪。談は欧州戦争及び時局趨勢に及び、閑話数刻、後一時過辞去。

菅田政次郎氏来訪。

午後五時安場男の招きに依り、清野新夫婦里帰りの宴に赴く。新夫婦及び家族の外、清野勇氏、後藤男夫妻、赤星鉄馬氏夫妻、福島夫人、富永氏夫妻之れに列す。談笑湧くが如く。後九時過ぎ散じて帰る。

十二月十六日　好晴暄

朝、重野伯母、玉川荘より来り、其の妹井田信子の病を看る為め、将に近日を以て泉州浜寺に赴かんとすと云ふ。

安は同伯母を伴ひ、共に大久保侯を訪ひ、夜に入りて帰る。

前十時単身玉川荘に赴く。数日前精一、喜久子二児は百日咳に罹り、下条、小林二医の診治を受く。此の日之れを看る。共に軽快にして憂ふるに足らず。

嚮に田中氏に嘱せし所の楓樹移植既に終り、園内冬期の風趣亦観るべき者有り。夕刻帰家す。

十二月十七日　晴

前十時上院本会議に列し、畜産組合法案外一件を議す。

正午退散す。

此の時、尾崎三郎〔良〕男、東邦火災保険会社将来の方向を内議す。

直ちに幸倶楽部に集ふ。三宅秀博士、海員法改正請願に関して説く所有り。予亦若槻蔵相に嘱されし所の、過日財政答弁中正誤の件を報ず。

後二時東洋協会に赴き、調査各部主任幹事及び小松原会長と調査着手の方法を協議す。

五時内田台湾民政長官来り、台湾生蕃討伐及び其の後の蕃情を演述す。八時頃退散す。

重野伯母、玉川荘に帰る。

福原俊丸男、独逸主戦論一冊を贈り来る。

此の日、清野謙次氏、新婦富美子と来訪。

十二月十八日　晴寒

此の日午前、鉄道院、東京市と聯合して、東京中央駅開場式を行ふ。次で青嶋征討軍司令官神尾光臣中将凱旋歓迎式を挙ぐ。頗る盛会を為し、予は其の雑沓甚しきを恐れて、之れに参列せず。

午前、神田鐳蔵来り、預金精算を為す。

後五時男爵選挙団体聯合発起人懇話会を華族会館に開く。会する者は、予と吉川男と幹事と為すの外、原口、武井、阪井、内田、山内、梨羽、村上、藤井、真田諸男也。小沢、黒瀬二男、事故を以て来会能はず。此れ等の諸人は、去る明治四十二年四月廿二日、偕行社に集ひ、協同会と陸海軍同爵者と聯合し、以て二七会の暴横擅私を制するを謀る。時に二七会は有権者の多数を擁し、事は頗る至難に属す。然し我が同志糺合の鞏、遂に二七会の分裂を来し、遂に全勝を占むるに到る。央焉匆々、船越、矢吹二男既に物故し、松平男、亦枢密に入る。則ち此の会を催し、以て旧情を温む。談笑湧くが如く、皆今後の継続を促す。則ち原田、藤井二男を挙げ、次回の幹事と為し、後九時款を尽して散ず。

十二月十九日　晴

前九時半登院し、第一分科会に臨み、柳沢伯を挙げて主査と為す。

十時即位大礼費、伊勢神宮々域拡張費及び明治神宮建設費の議事の為め、本会議に列す。若槻蔵相、謹んで予算提出の理由を説明し、直ちに予算総会を開く為め、之れを審査し休憩す。

直ちに予算総会に列し、即時全会一致を以て右予算案四件を可決す。

十一時再び本会議に列し、全会一致之れを可決して散ず。

直ちに幸倶楽部に集ひ、畜産組合法案修正の件を協議し、電話を以て之れを研究会三島子に交渉す。

藤井千代雄（中外商業記者）、前田文吉（時事記者）来部、時局趨勢に関して意見を問ふ。

後零時半華族会館午餐会に列し、食後囲碁を観る。

四時、東洋協会に赴き、第二部会（支那満蒙の部）を開き、白仁民政長官の教育産業等に関する講話を聴く。七時に及び散ず。

十二月二十日　晴寒気加　日曜日

午前、大木亀太郎（帝国育英会員財界新報記者）時事を来問、且つ育英会の件を談ず。

松本剛吉氏、時事を来談。

午後五時安と築地精養軒に赴き、山口宗義氏長男堅吉氏、山田直矢氏二女照子結婚披露宴に列す。来賓約二百八十名、頗る盛会也。九時退散す。

本夕静座会。右宴会の故を以て列する能はず。本年之れを以て終会と為す。来る一月十七日を以て来年の初会と為す。

新元新子腹痛、午後十時伊藤医を招き診治す。

十二月二十一日　晴寒

朝、関亮（大和記者）、時事を来談。

前九時半幸倶楽部幹部会に列し、左記二件を協議す。

一、畜産組合に関する法案中、「羊」の存廃の意見を交換す。衆説二分して一致を得ず。

予、三島子と電話交渉の結果、遂に研究会の議は原案可決に賛成するに決し、各部員に通知することを全委員に伝へしむ。

二、蚕糸業救済及び米価調節問題に関し、予は先づ蔵相及び三嶋子（日本銀行総裁）交話の顚末を述べ、遂に委員を派して、再び之れを若槻蔵相に交渉催促するを決す。予と高木男と選ばれて委員と為る。

午餐後、高木男と自働車に同乗して登院し、若槻蔵相を内談室に延き、右二件廟議の経過を問ふ。蔵相答弁の要旨は左の如し。

一、蚕糸業救済に関して、政府は低利資金（日本銀行公定利率日歩二銭壱厘）、生糸担保貸付及び損失を生ぜし場合に於る全部政府負担の議を定め、将に本日を以て下院に提出せんとす。偶ま小事故に依り之れを止むと雖も、不日之れを提出すべし云々。

二、米価調節問題に関しては、蔵農の二省に於て頻りに調査に務むと雖も、未だ成案を得ず。故に閣議未だ決定せず云々。

予は依て蚕糸救済問題に関しては満足同意の旨を述べ、次で米価調節に関しては、予が数日前起案せる所の貯穀資金運用現米買収の方案を提示し、貸付法の行ふべからず、買揚法の時宜に適ふの理由を詳論して、其の英断決行を大に勧めて別る。

幸倶楽部に返り、之れを幹部員に報告す。後三時退散して帰る。

大久保夫人来訪。

伊藤氏、静子を来診。大に快。

此の日、篤をして上院議員松岡康毅氏夫人光子の葬を青山墓地に送らしむ。

此の夜、安、誠と大久保夫人は有楽座音曲会に赴く。

宇高老母来訪。

十二月二十二日　半晴寒　夜雨

前十時登院し、本会議に列す。畜産組合法を可決し、外諸件を委員に付托して散ず。

直ちに大臣室に到り、若槻蔵相に面す。今朝作成せる所の米価調節に関する国庫負担契約案を提示して、其の実行を勧告す。次で大浦農相病気の故を以て、上山次官に面し、前案を提示して、其の急速断行を勧告す。

幸倶楽部に赴き、予は部員に対し、昨日来米価調節及び蚕業救済に関して蔵相其の他と交渉の顚末を報告す。衆皆其の労を感謝す。

次で三島子の交渉に応じて、市町村制中改正法案に関し慎重審査の件を協議し、之れを特別委員に通知す。

又小松原、武井二氏と内議し、武井男をして欧州出兵論鎮遏の件及び米価調節の件に関して大浦農相を訪ひ、我々同志の所見を致さしむ。

午後、山田直矢、山口宗義二氏の邸を訪ひ、一昨夕招宴の謝意を致す。

田辺翁を佐土原町邸に訪ふ。適ま原保太郎氏先に在り、暫く話して去る。

伊東子を訪ふ。不在、乃ち帰る。

下安子、幼児及び田中文子を伴ひ来訪。

重野伯母、将に明日を以て井田信子病気慰問の為め泉州浜寺に赴かんとして来宿。

十二月二十三日　暁小雪屋上白を敷く　後陰寒

朝、三嶋子来訪。蚕業救済法案に関し、議院提出に到る経過の談有り。予依て米価調節の為め政府購入の必要を大に論ず。子は深く同意を表し、則ち同子の自働車に同乗して登院す。

昨夜、上山農商務次官より、今朝議院に於て浜口大蔵次官と共に会見し、共に米価調節問題を講究するの求めに接す。則ち先づ上山次官に面し、政府の意向を問ふ。氏は貸附法に拠るべくを以て答へ、予は依て其の無効を痛論し、現米購入法を断行すべしと勧告し、午後再会を約して別る。

直ちに幸倶楽部に赴き、松本氏を招き、下院各党の情勢を聴く。政友会中に軟論者有ると雖も、硬論者の結束頗る堅きを以て、議院と政府との大衝突、勢不可避也云々と云ふ。

後零時再び登院し、上山、浜口両次官に対し、大浦農相、若槻蔵相の出席対談を要求す。是問題急決の必要有るを以て也。一時、二相二次官内談室に集ひ、偶ま武井男、我が電招に依り来会し、若槻蔵相は米穀担保貸附法案（金額一千万円）を提示し、政府の意は貸附法に在るを述ぶ。

予は則ち米価調節に貸附法の無効の理由を詳述し、現米購入法決行の必要を痛論し、上院、幸倶楽部の輿論皆之れに一致して持すの真情を説き、之れを断行するを勧告す。両相乃ち即時閣議を開き、両説の取捨を決すべきを約して別る。

其の時、大浦子、亦内閣は欧州出兵の意有らざるを決し、内閣党与に対し鎮圧を行ふべしとの意を告ぐ。

昨夕、柳田上院翰長、電話に依り、下院の形勢に関し尋問する所有り。則ち同氏を其の官邸に訪ひ、予の聞知せる所の各党の近況を告げて去る。

再び幸倶楽部に返り、電話を以て平田子、小松原氏に対し、農蔵二相交渉の顚末を報じ、四時帰邸す。

重野伯母、後三時十五分発列車に搭り、浜寺に向けて発つ。家族等皆新東京駅に送る。

此の夜、電話にて上山次官に向け、閣議の決定する所を問ふ。次官曰く、閣議は購入法を行ふに決し、其の資金千五百万円、之れを減債基金に取り、其の法案と予算案は現に上奏中に係る云々と。我が意見漸く行ふ。国家の為め喜ぶべき也。乃ち之れを三島子、小松原氏、武井男に転報す。

松本氏電話にて、政友会は議員総会を開き、出席人員百八十六名、全会一致を以て師団増設費等を否決の事を報ず。是に先だち大隈首相、尾崎法相等、時局重大、挙国一致を要するの時会を顧みず、亦大言壮語し、在野党に対して漫罵痛撃、遂に窮鼠猫を噬むの窮境に陥らしめ、自ら時局の糾紛を招く。其の愚劣無策、真に憐むべし。勢の窮する所、遂に必ず議会解散、予算不成立の止むを得ざるに到らん。邦の亡良、我が国の沈瘁、慨むべき哉。

〔欄外〕此の日、冬至節。

十二月二十四日　快晴寒

朝、南部甕男男来訪。小畑大太郎男の男爵互選議員推薦の事を懇嘱。

牧野伸顕男夫人、其の令嬢結婚祝品の贈呈を来謝。

前十時登院し、本会議に列す。斎田免租法外数件を議決して散ず。

若槻蔵相に面し、米穀調節問題の解決如何を問ふ。答へて曰く、閣議既に決し、将に本日午後を以て其の法案及び予算案を下院に提出すべしと。

乃ち議長室に到り、徳川議長、柳田翰長と面会、蚕業救済法案及び米価調節法案等、下院より送付の場合に於て即決の手段を取るを求む。

直ちに幸倶楽部に集ひ、予は米価調節案に関する政府と交渉、閣議決定の顚末を報告し、更に多額議員を別室に集め、両院通過の手段を協議す。時に一両日下院の形勢険悪、将に解散の挙有らんとす。其の前に於て之れを急に決するを欲す也。

津田官次郎来訪。則ち餅代小金を恵与す。

夕、昌来訪。

此の夜、松方氏来り囲碁す。深更に及びて去る。

十二月二十五日　晴寒昨の如し

此の日、実に政府と反対党と決戦の日也。正午登院し、下院議事を傍観す。是に先だち大隈首相、尾崎法相等、内閣組織以来、頻りに政友会に向ひ、挑戦的体度を現はす。世界大戦乱勃発、挙国一致軍国に従ふを要するの時に当り、尚且つ其の体度を改めず、遂に政友会をして政府に反抗せざるを得ざるに到らしむ。本期議会の開会するや、政友会と国民党と連衡して、二師団増設案に対し延期的否決の議を決す。是素より政友会の好む所に非ず、政府の圧迫、遂に是に至らしむる也。之れが為め我が輩数日来奔走尽力、政府をして下院に提出せしめし、蚕糸業救済法案及び米価調節法案等、皆下院議員の最も熱望する所にも拘らず、決戦機既に迫り之れを議了する遑あらず、遂に之れを高閣に束ねる。国民の不幸、挙算し難し。慨すべき也。

後一時開会す。大岡委員長、先づ予算委員削減の結果を報告し、次で賛否両論者交も登壇して互ひに相反撃し、蔵相又主張する所有り。政友会と国民党と反対の位地に在り、同志会と中正会とは専ら政府案を主持す。夕六時休憩。

七時議事を再開し、賛否両論者の外、岡陸相及び大隈首相、原案維持説を述ぶ。十時討論終結し、記名投票に因り採決す。其の結果、

増師に反対する者　弐百十数人

増師に賛成する者　百四十七人

六十五票の差を以て政府案先づ敗る。次で海軍新要求造艦費の決を採り、七票の差を以て原案勝を得る。次で参政官監督、官設置及び伝染病研究所水産講習所移管案を多数を以て否決す。則ち海軍以外の政府重要案は皆敗る。是に於て大詔渙発し、衆議院解散の大命降り、衆皆拍手して散ず。時に午後十一時也。

嗚呼、此の千歳一遇世界的交戦参加の非常時に当り、閣臣の状は、補弼の責を尽し挙国一致の実を全ふする能はず、徒らに党争に没頭して時局をして糾紛に陥らしむ。其の責は匪軽。閣臣たる者は何を以て此の責を塞ぐと為す哉。国家の為め痛歎に堪へざる也。

此の日、誠をして故上院議員松平親信氏の葬を谷中斎場に送らしむ。

十二月二十六日　寒雨欲凍

前十時、幸倶楽部幹部会に列す。互ひに時局趨勢を論じ、且つ明日懇親会開設の事を決して散ず。

午後、梅代、大木修、松本剛吉氏細君相次で来訪。

山口堅夫氏、新婦照子を伴ひ礼訪に来る。

夕、鈴木徳松来訪。

夜、松方氏来り囲碁す。

十二月二十七日　晴寒　日曜日

朝、昌、大阪家兄の嘱し来る中村兼弥（多紀郡長。将に近日を以て休職と為す故也）業務斡旋の件を来談。

前十一時半幸倶楽部に赴き、地方議員留送別懇親会に列す。来会者約五十余人。

十一時幹部会を開く。来会者、若槻蔵相を別室に延き、予は幹部を代表して、左の趣旨を述ぶ。

蚕糸業救済法及び米価調節法の二案、議会解散の為め消滅に帰す。然し経済界救済必要の事実は毫も変更する所無し。政府に於て緊急処分若しくは責任支出等の方法を用ひて、法案の趣旨を照前し之れを決行するを願ふ。

若槻蔵相は深く我が意を諒し、深く研究を遂げて、相当の方法を実行すべしと約して別る。

午後、松元卓、池上慶造、荻野栗蔵等相次で来候。

太田玉子来訪。故輝次著す所の朝鮮不動産証明令大意一冊を贈る。

三輪市太郎氏（前代議士）来訪。則ち曾て嘱し来る所の揮毫二葉を交付す。

夜、山崎四男六氏来訪、重野安居翁負債整理資金補助支出の懇談有り。予之れを諒す。則ち新元氏の兼約に基き、以て予は同氏の負担の補助支出千余金を与ふ。

又同氏に対し、中村兼弥宮内省採用の件を懇談し、略ぼ其の承認を得、之れを土田卯之助氏に返報し、又昌をして之れを大阪家兄に返報す。

十二月二十八日　快晴

朝、松本剛吉氏、時事を来談。

第三十五回帝国議会書類を整理す。

後二時雅、勳、季諸児、新元静子及び一老婢を伴ひ萬象閣に来る。静閑なる処にて新年を迎へる為め也。

十二月二十九日　晴

此の日、勤児来園。

十二月三十日　天晴気穏

静子、本邸に赴き、夕刻帰来。

田中氏来訪。則ち相伴ひ園内を巡視し、園住開通の計画を指示す。

我が園は高敞にして、館屋亦南西に面す。晴日に在りては、日の出より日没に至るの間、日光照射し、些も陰翳無し。燠温乾燥、絶へて奇寒刺骨の苦を覚へず。児童嘻々終日屋外に在りて遊歓す。是本邸に於て夢想せざるの一楽事也。

安、誠及び一婢、夜に入りて来園。

宮部清氏（羅州丸機関長）、本邸に来訪。

海軍機関大尉中島知久平氏、仏国より帰朝、本邸に来訪、且つ武田氏贈る所の其の幼児等の洋服二具を伝達し来る。

此の日、送歳の辞を起草す。

十二月三十一日　快晴　暴風温燠

朝、正は幼年学校より来園。

読売新聞記者後藤国彦、時事意見を来問。閑談一時間して去る。

昨庭園散歩中、塵埃眼中に入り、稍燃衝を感じ、本日婢をして古沢眼科医に到り、薬品を請ひ来らしめ、洗滌を行ふ。

夜、本多為三郎来候。

諒暗中の故を以て、朝廷は歳暮祝言の儀を停せらる、故に参内せず。

〔巻末記事〕

送　歳　辞

甲寅之歳、臘月末旬、譲山子、去黄塵万丈之帝都、卜居于玉川荘之萬象閣。境静気清、心広体胖也、則作送歳辞曰、往矣虎歳、予与汝相逢、不過十二年一会、然其相逢也、形影追随、三百六旬有五日、寝食坐臥、寸時不相離、雖親戚朋友、未有如此相親者也、汝之初来也、海外万里、齎海軍瀆職之恠報、有所警告、而当局者不顧也、於是乎、天下騒然、正論儻議、欝勃于議政壇上、以効其曠職、罪魁正刑、内閣亦黙、海軍之積弊、漸就廓清、是汝之功也、欧州列国大戦之起也、世論多以為汝之罪、予独以為是騎者之罪也、非汝之罪也、初墺国皇儲之遭害也、墺国問罪于塞国、独国隠然為後援、将乗機而逞南欧併呑之慾、露国諜知而抗之、独墺騎虎之勢、不能半途而止、遂至宣戦、英仏両国、素支持露国、誼不可避、亦乗騎虎之勢、助露国而与独墺戦、如斯而曠古未曾有之戦乱、全成于騎虎之勢、是所以予罪騎者而不罪汝也、近時、大隈内閣之臨議会也、正当我邦参加于世界大戦之時、義宜挙国一致翼賛皇猷也、而内閣与在野政党、鬩争漸積之所致、不能翻然捨旧怨而共主持大局、各乗騎虎之勢、衝激紛争、遂到観議会解散之不祥事、是亦非騎者之罪而何耶、独悲我邦、頻遭大喪、神人共愁、天也命也、予与汝不知所言也、到青嶋攻略之偉業、幸得雪二十年来之国辱、以紓臥薪嘗胆之苦衷、当永留名于竹帛、光耀于千歳之後也、約而言之、今歳、実国家艱難之年也、然予寧録汝功、而不多咎汝者、其責多存于人也、嗚呼、歳年云暮、往矣、暫与汝別、予将迎我慈母乙卯氏、而楽観其脱兎之妙機也。

大正三年除夜　　　　　　　　譲山　田健　識

〔欄外〕騒を囂に改作す。当局者の四字を其に改作す。

田 健治郎　関係系図

- 田 文平 ＝ 園田長喜
  - 田 艇吉
    - 小静 ＝ 西村淳蔵
      - 西村 潔
      - 西村捨子
      - 西村淳次郎
      - 西村長江
      - 西村鶴子
      - 静枝 ＝ 栗村 健
    - 田 昌 ＝ 坂田梅代
      - 田 浩
      - 田 進
      - 田 清
      - 田 望
    - 小谷 哲 ＝ 富貴
      - 小谷正雄
    - 園田 寛 ＝ 山口 桂
      - 園田里美
      - 大原喜美子
      - 押田多喜子
    - 貞子 ＝ 吉田平吉
      - 後子 ＝ 作間 昇
      - 吉田哲郎
      - 吉田禮子
      - 吉田文吾
      - 吉田郁子
      - 吉田晶子
      - 吉田達男
    - 修子 ＝ 大木彝雄
      - 渡邊孝子
      - 大木正路
    - 和子
      - 生駒高原 ＝ 生駒高常
  - **田 健治郎** ＝ 佐野光子
    - 田 篤 ＝ 奥田美枝
      - 田貴多子
      - 田 健一
      - 田 襄二
      - 田 敬三
      - 田佐喜子
      - 田喜代子
    - 田 誠 ＝ 本尾榮子
      - 田美智子
      - 田 敏夫
      - 田 英夫
    - 芳子 ＝ 武田額三
      - 武田精一
      - 武田喜久子
      - 武田愼二
      - 武田弘子
    - 輝子 ＝ 安場保健
      - 安場登喜子
      - 安場美代子
      - 安場保雅
    - 田 正
    - 田 勤
    - 雅子 ＝ 町田襄治
      - 町田清子
      - 町田純子
    - 季子 ＝ 野村正二郎
  - 愼 ＝ 太田太右衛門
    - 太田休蔵 ＝ はつ
      - 太田保一郎
      - 太田はる
      - 太田正治郎
      - 太田藤田郎
      - 太田秀太郎
    - 佐登子 ＝ 内田眞造
      - 内田眞佐實
      - 内田道男
      - 内田 登
  - 晴 ＝ 小谷保太郎
    - 小谷富貴
    - 小英 ＝ 上村達治
      - 上村光男

- 重野安居
  - 安

編者

社団法人 尚友倶楽部（しょうゆうくらぶ）

1928年（昭和３年）設立の公益事業団体。
旧貴族院の会派「研究会」所属議員により、相互の親睦、公益への奉仕のため設立。戦後、純然たる公益法人として再出発し、学術研究助成、日本近代史関係資料の調査・研究・公刊、国際公益事業、社会福祉事業の支援などに取り組んでいる。

櫻井 良樹（さくらい りょうじゅ）

1957年生まれ。1988年上智大学大学院文学研究科博士後期課程修了。博士（史学）。現職は麗澤大学教授、東洋大学非常勤講師。著書は、『大正政治史の出発』（山川出版社、1997年）、『地域政治と近代日本』（編著、日本経済評論社、1998年）、『帝都東京の近代政治史』（日本経済評論社、2003年）、『宮本武蔵の読まれ方』（吉川弘文館、2003年）、『日本・ベルギー関係史』（共著、白水社、1989年）など多数。

田《でん》 健治郎日記《けんじろうにっき》２［明治四十四年～大正三年］

2009年8月20日　第１刷発行

編 者
社団法人尚友倶楽部《しょうゆうくらぶ》
櫻井《さくらい》 良樹《りょうじゅ》

発行所
㈱芙蓉書房出版
（代表 平澤公裕）
〒113-0033東京都文京区本郷3-3-13
TEL 03-3813-4466 FAX 03-3813-4615
http://www.fuyoshobo.co.jp

印刷・製本／モリモト印刷

ISBN978-4-8295-0457-4